Türkisches und deutsches Vertragshändlerrecht im Rechtsvergleich

Studien zum vergleichenden und internationalen Recht -
Comparative and International Law Studies

Herausgeber: Bernd von Hoffmann†, Erik Jayme
und Heinz-Peter Mansel

Band 187

PL ACADEMIC RESEARCH

Pınar Şamiloğlu-Riegermann

Türkisches und deutsches Vertragshändlerrecht im Rechtsvergleich

PL ACADEMIC RESEARCH

Bibliografische Information der Deutschen Nationalbibliothek
Die Deutsche Nationalbibliothek verzeichnet diese Publikation in der Deutschen Nationalbibliografie; detaillierte bibliografische Daten sind im Internet über http://dnb.d-nb.de abrufbar.

Zugl.: Köln, Univ., Diss., 2013

Gedruckt auf alterungsbeständigem,
säurefreiem Papier.

D 38
ISSN 0930-4746
ISBN 978-3-631-64234-4 (Print)
E-ISBN 978-3-653-03744-9 (E-Book)
DOI 10.3726/ 978-3-653-03744-9

PL Academic Research ist ein Imprint der Peter Lang GmbH.

Peter Lang – Frankfurt am Main · Bern · Bruxelles · New York · Oxford · Warszawa · Wien

Dieses Buch erscheint in einer Herausgeberreihe bei PL Academic Research und wurde vor Erscheinen peer reviewed.

www.peterlang.com

für

Reşat Şamiloğlu

Vorwort

Die vorliegende Arbeit wurde im Wintersemester 2012/13 von der rechtswissenschaftlichen Fakultät der Universität zu Köln als Dissertation angenommen. Literatur und Rechtsprechung konnten bis Stand Oktober 2012 berücksichtigt werden.

Die Erstellung dieser Arbeit bedeutete für mich zugleich eine große Herausforderung sowie eine bereichernde Erfahrung. Bei den zahlreichen Personen, die mich während meiner Promotionszeit begleitet und mir den notwendigen Rückhalt gegeben haben, möchte ich mich an dieser Stelle ganz herzlich bedanken.

Mein besonderer Dank gilt zunächst meinem Doktorvater, Herrn Prof. Dr. Hilmar Krüger. Auf seine fachliche und persönliche Unterstützung, seine jederzeitige Diskussionsbereitschaft und seine besonders herzliche Art der Betreuung konnte ich mich immer verlassen. Mit ihm zusammenzuarbeiten, war mir eine große Freude. Weiterer Dank gebührt Herrn Prof. Dr. Heinz-Peter Mansel für die freundliche Übernahme des Zweitgutachtens.

Der Klingmüller-Stiftung, der Dr. Carl-Arthur Pastor-Stiftung und der Dr. Wilhelm Westhaus-Stiftung danke ich für die Stipendien, die es mir ermöglichten, meine ganze Zeit und Kraft auf die Arbeit zu fokussieren. Ich hoffe, durch das Ergebnis meiner Bearbeitung das in mich gesetzte Vertrauen erfüllt zu haben.

Bei meinen langjährigen Freundinnen aus Ankara, Av. Gözde Sevinç Meral und Av. Zuhal Tosunbayraktar bedanke ich mich ganz herzlich dafür, mir stets Zugriff auf aktuelle Veröffentlichungen aus der türkischen Rechtsprechung und Literatur ermöglicht zu haben.

Mein weiterer Dank gilt meiner Mutter, Sıdıka Şamiloğlu, meinen Schwiegereltern, Ingrid und Jürgen Riegermann sowie meiner Schwester, Çağla Koçtürk. Sie haben mir während dieser Arbeit stets Rückhalt gegeben und für meine innere Ausgeglichenheit und Stärke gesorgt, die ich dringend gebraucht habe.

Mein letzter Dank gilt meinem Hauptunterstützer, meinem lieben Ehemann Thomas. Er war zu jeder Zeit für mich da und hat mich vorbehaltlos mit voller Kraft und Liebe unterstützt. Durch sein sorgfältiges Korrekturlesen hat er im wesentlichen Maße zum Gelingen der Arbeit beigetragen.

Köln, im Oktober 2013

Dr. Pınar Şamiloğlu-Riegermann, LL.M.

Inhaltsverzeichnis

Abkürzungsverzeichnis

a. A.	anderer Ansicht
a.a.O.	am angegebenen Ort
ABl.	Amtsblatt
ABlEG	Amtsblatt der Europäischen Gemeinschaften
Abs.	Absatz
AEUV	Vertrag über die Arbeitsweise der Europäischen Union, Konsolidierte Fassung
a.F.	alte Fassung
AGB	Allgemeine Geschäftsbedingungen
AGBG	Gesetz über Allgemeine Geschäftsbedingungen
Alt.	Alternative
Anh.	Anhang
Art.	Artikel
AÜHFD	Ankara Üniversitesi Hukuk Fakültesi Dergisi (Zeitschrift der Rechtswissenschaftlichen Fakultät der Universität Ankara)
BATIDER	Banka ve Ticaret Hukuku Dergisi (Zeitschrift für Bank- und Handelsrecht)
BB	Der Betriebs-Berater (Zeitschrift)
Bd.	Band
BeckRS	Beck-Rechtsprechung
BG	Bundesgericht (Schweizerisches)
BGB	Bürgerliches Gesetzbuch
BGBl.	Bundesgesetzblatt
BGE	Entscheidungen des Schweizerischen Bundesgerichts
BGH	Bundesgerichtshof
BGHZ	Entscheidungen des Bundesgerichthofs in Zivilsachen
BT-Drucks	Bundestagsdrucksache
bzgl.	bezüglich
bzw.	beziehungsweise
DB	Der Betrieb (Zeitschrift)
d. h.	das heißt
dHGB	deutsches Handelsgesetzbuch

DNotZ	Deutsche Notarzeitschrift (Zeitschrift)
ds.	derselbe
E.	Esas (Rechtssache)
EG	Europäische Gemeinschaft
EGV	Vertrag zur Gründung der Europäischen Gemeinschaft
Entsch.	Entscheidung
e. V.	eingetragener Verein
EU	Europäische Union
EuG	Europäisches Gericht Erster Instanz
EuGH	Europäischer Gerichtshof
EuZW	Europäische Zeitschrift für Wirtschaftsrecht (Zeitschrift)
EWG	Europäische Wirtschaftsgemeinschaft
EWiR	Entscheidungen zum Wirtschaftsrecht (Zeitschrift)
EWS	Europäisches Wirtschafts- und Steuerrecht (Zeitschrift)
f./ff.	folgend(e), fortfolgend(e)
Fn.	Fußnote
FS	Festschrift
GbR	Gesellschaft bürgerlichen Rechts
gem.	gemäß
GG	Grundgesetz
ggf.	gegebenenfalls
GRUR	Gewerblicher Rechtsschutz und Urheberrecht (Zeitschrift)
GRUR-Int	Gewerblicher Rechtsschutz und Urheberrecht, Auslands- und Internationaler Teil (Zeitschrift)
GRUR-RR	Gewerblicher Rechtsschutz und Urheberrecht- Rechtsprechungs-Report (Zeitschrift)
GVO	Gruppenfreistellungsverordnung
GWB	Gesetz gegen Wettbewerbsbeschränkungen
HD	Hukuk Dairesi (Zivilsenat)
HGK	Hukuk Genel Kurulu (Großer Senat in Zivilsachen)
Hs.	Halbsatz
h.L./h.M./ h.A.	herrschende Lehre / herrschende Meinung/ herrschende Ansicht
Hrsg.	Herausgeber
HVG	Handelsvertretergesetz (österreichisches)
HVR	Handelsvertreterrecht – Entscheidungen und Gutachten (Zeitschrift)
İBD	İstanbul Barosu Dergisi (Zeitschrift)

i.d.R.	in der Regel
i. S. d	im Sinne des
i. S. v.	im Sinne von
i.V.m.	in Verbindung mit
JuS	Juristische Schulung, Zeitschrift für Studium und Ausbildung (Zeitschrift)
JZ	Juristen Zeitung
K.	Karar (Entscheidung)
Kap.	Kapitel
KOM	Dokumente der Kommission der EG
Komm.	Kommentar
K&R	Kommunikation & Recht (Zeitschrift)
KSzW	Kölner Schrift zum Wirtschaftsrecht (Zeitschrift)
LHD	Legal Hukuk Dergisi (Zeitschrift)
LG	Landgericht
Lit.	Literatur
lit.	littera
MDR	Monatsschrift für Deutsches Recht (Zeitschrift)
m. E.	meines Erachtens
MMR	Multimedia und Recht (Zeitschrift)
MünchKomm.	Münchener Kommentar zum HGB
m.w.N.	mit weiteren Nachweisen
n. F.	neue Fassung
NJOZ	Neue Juristische Online Zeitschrift (Zeitschrift)
NJW	Neue Juristische Wochenschrift (Zeitschrift)
NJW-RR	NJW-Rechtsprechungsreport (Zeitschrift)
Nr.	Nummer
o. ä.	oder ähnliche
OEM	Original Equipment Manufacturer
RG	Resmî Gazete (Amtsblatt)
RGZ	Amtliche Sammlung von Entscheidungen des Reichsgerichts in Zivilsachen
RIW	Recht der Internationalen Wirtschaft (Zeitschrift)
RKK	Rekabet Kurulu Kararı (Entscheidung des Wettbewerbsausschusses)
Rn.	Randnummer
Rs.	Rechtssache
S.	Seite

SchwOR	Schweizerisches Obligationenrecht
SEK	Dokumente der Kommission der EG (interne Berichte)
Slg.	Gerichtshof der Europäischen Gemeinschaften, Sammlung der Rechtsprechung des Gerichtshofs und des Gerichts erster Instanz
sog.	sogenannte
s. u.	siehe unten
SZW	Schweizerische Zeitschrift für Wirtschafts- und Finanzmarktrecht
tGSW	Türkisches Gesetz über den Schutz des Wettbewerbs
tHGB	Türkisches Handelsgesetzbuch
TicD	Ticaret Dairesi (Handelssenat)
tVertikal-GVO	türkische Gruppenfreistellungsverordnung über vertikale Vereinbarungen
tLeitlinien	türkische Leitlinien (Dikey Anlaşmalara İlişkin Kılavuz)
tOG	(türkisches) Obligationsgesetzbuch
tGSW	türkisches Gesetz über den Schutz des Wettbewerbs
Tz.	Teilziffer
tZGB	Türkisches Zivilgesetzbuch
OLG	Oberlandesgericht
u. a.	unter anderem
Unterabs.	Unterabsatz
Urt.	Urteil
u. U.	unter Umständen
UWG	Gesetz gegen den unlauteren Wettbewerb
v.	von/vom
VersR	Versicherungsrecht (Zeitschrift)
Vertikal-GVO	Verordnung (EU) Nr. 330/2010 der Kommission vom 20. April 2010 über die Anwendung von Artikel 101 Abs. 3 des Vertrags über die Arbeitsweise der Europäischen Union auf Gruppen von vertikalen Vereinbarungen und abgestimmten Verhaltensweisen
Vgl.	vergleiche
VO	Verordnung
Vorb.	Vorbemerkung
WM	Wertpapier-Mitteilungen, Teil IV der Zeitschrift für Wirtschafts- und Bankrecht
WRP	Wettbewerb in Recht und Praxis
WuW	Wirtschaft und Wettbewerb (Zeitschrift)
YasaHD	Yasa Hukuk Dergisi (Zeitschrift)

YHGK	Yargıtay Hukuk Genel Kurulu (Großer Zivilsenat des Kassationshofs)
YKD	Yargıtay Kararları Dergisi (Entscheidungssammlung des Kassationshofs)
YÜHFD	Yeditepe Üniversitesi Hukuk Fakültesi Dergisi (Zeitschrift)
z. B.	zum Beispiel
ZHR	Zeitschrift für das gesamte Handelsrecht und Wirtschaftsrecht
Ziff.	Ziffer
zit.	zitiert
ZIP	Zeitschrift für Wirtschaftsrecht
ZPO	Zivilprozessordnung
ZvglRWiss.	Zeitschrift für vergleichende Rechtswissenschaft

§ 1 Grundlagen des Vertragshändlerrechts

A. Einführung

Das länderübergreifende Angebot von Markenwaren erfordert ein umso straffer geregeltes Vertriebssystem, je höherwertiger das Erzeugnis und je andauernder die Kaufentscheidungen der Verbraucher sind. Im modernen Wirtschaftsleben ist es daher schlechterdings undenkbar, dass der Hersteller/Unternehmer in jeder Stadt und jedem Land selbst präsent ist bzw. eigene Tochtergesellschaften gründet, um seine Produkte auf den Markt zu bringen. Es ist deswegen übliche Praxis, dass der Unternehmer die von ihm angestrebten Märkte durch mehr oder weniger selbständige Hilfspersonen erschließen lässt. Durch die Zusammenarbeit mit diesen Absatzmittlern kann der Unternehmer seinen Absatz fördern und seine Produkte vermarkten, ohne selbst die Kosten und Risiken des Vertriebs tragen zu müssen. Der Vertragshändlervertrag ist dabei neben dem Handelsvertretervertrag in der Praxis wohl der meist gewählte Vertragstyp, bei dem die Hilfsperson die Produkte des Unternehmers selbständig für diesen absetzt.

Das deutsche und das türkische Gesetz kennen als Formen des mittelbaren Vertriebs des Warenabsatzes insbesondere den Handelsvertreter (§§ 84 bis 92c dHGB bzw. Art. 102 bis Art. 123 tHGB[1]) und den Kommissionär (§§ 383 bis 406 dHGB bzw. Art. 532 bis 546 tOG). Der Handelsvertreter wird entsprechend seiner gesetzlichen Ausgestaltung im Rahmen eines Dauerschuldverhältnisses im fremden Namen und für fremde Rechnung tätig; der Kommissionär ist ein selbstständiger Kaufmann, der Waren oder Wertpapiere im eigenen Namen, aber nicht auf eigene Rechnung, sondern gegen Zahlung einer Provision ausstellt und verkauft.

---

1 Die in dieser Arbeit zitierten Vorschriften des tHGB sind – soweit nicht anders gekennzeichnet – solche des am 01.07.2012 in Kraft getretenen neuen türkischen Handelsgesetzbuches (Gesetz Nr.: 6102, RG v. 14.02.2011, 27846; Gesetzestext abrufbar unter www.resmigazete.gov.tr oder bei Kendigelen, Gerekçeli-Karşılaştırmalı Yeni Türk Ticaret Kanunu) in der Fassung nach dem Änderungsgesetz Nr. 6335 (RG v. 30.06.2012, 28339; abrufbar unter www.resmigazete.gov.tr).

Die zitierten Vorschriften des tOG beziehen sich – soweit nicht anders gekennzeichnet – auf das zum 01.07.2012 in Kraft getretene neue türkische Obligationengesetz (Gesetz Nr. 6098, RG v. 04.02.2011, 27836, abrufbar unter www.resmigazete.gov.tr).

Die Rechtswirklichkeit hat jedoch weitere Zwischenformen für den Warenabsatz durch mehr oder minder selbständige Absatzmittler herausgebildet. Als die für die wirtschaftliche Praxis bedeutsamsten Mischformen zwischen dem Handelsvertreter und dem vom Unternehmer völlig unabhängigen Vertriebshändler haben sich insbesondere das Franchising und der Vertragshändlervertrag entwickelt.

Setzt man die Typenreihe vom Handelsvertreter über den Kommissionär unter dem Blickwinkel steigender Selbständigkeit noch eine Stufe fort, so gelangt man zu einer Gestaltungsform, bei der der Absatzmittler sowohl im eigenen Namen als auch für eigene Rechnung handelt. Tritt dabei für den auf diese Weise tätigen Eigenhändler zugleich eine Eingliederung in das Vertriebssystem des Unternehmers und eine intensive Bindung an dessen Interessen hinzu, so ergibt sich eine atypische vertragliche Mischfigur, die den auf diese Weise tätigen Absatzmittler von einem selbständigen Unternehmer weg und in die Nähe eines Handelsvertreters oder Kommissionärs rückt. Ein solcher Absatzmittler wird gemeinhin als Vertragshändler bezeichnet.[2]

Soweit der Bundesgerichtshof für diese in der wirtschaftlichen Praxis herausgebildete Vertriebsform teilweise synonym den Begriff des „Eigenhändlers" verwendet,[3] so ist dies zumindest missverständlich. Der Begriff des Eigenhändlers beinhaltet nämlich lediglich die Merkmale des Handelns im eigenen Namen und für eigene Rechnung und wird demgemäß in aller Regel in einem wesentlich weiteren Zusammenhang, nämlich wenn ein Unternehmer seine Produkte über völlig eigenständige Groß- und Einzelhändler vertreibt, gebraucht.[4] Während wesentliches Merkmal des Eigenhändlers daher eben nur der An- und Verkauf der Waren ist, kommt bei dem Vertragshändler insbesondere die wesentliche Pflicht zur Wahrnehmung der Interessen des Unternehmers hinzu, die es überhaupt erst rechtfertigt ihn in die Reihe von Handelsvertreter und Kommissionsagent einzuordnen.[5] Dass dies im Ergebnis auch der BGH so sieht und es sich bei der durch ihn benutzten Terminologie mithin lediglich um eine sprachliche Ungenauigkeit handelt, zeigt sich schon daran, dass auch der BGH in seiner Definition des Vertragshändlers/Eigenhändlers vorgibt, der Vertragshändler habe die Interessen des

---

2 Canaris, Handelsrecht, §17 Rn. 4; Schmidt, Handelsrecht, S. 758/759; Busche, in: Oetker, HGB, § 84, Rn. 8; Stumpf/Jaletzke/Schultze, Der Vertragshändlervertrag, Rn. 1 ff.; İşgüzar, Tek Satıcılık Sözleşmesi, S. 7.

3 BGH NJW 1967, 825; BB 1970, 99, 100; NJW 1971, 29; NJW 1984, 2102, 2103; BB 1993, 2399.

4 Busche, in: Oetker, HGB, § 84, Rn. 8; Canaris, Handelsrecht, §17 Rn. 2; Thume, in: Thume, Vertriebsrecht, Teil II, Kap. 1, Rn. 20; Schmidt, Handelsrecht, S. 758/759.

5 Canaris, Handelsrecht, §17 Rn. 4 ff.

Unternehmers „in einer der Geschäftsbesorgung ähnlichen Weise wahrzunehmen" oder zwischen den Parteien müsse eine „agenturvertragsähnliche Interessenverbindung" bestehen, wobei deren Vorliegen durch eine einzelfallbezogene Analyse des jeweiligen Vertrags zu prüfen sei.[6] Um etwaigen Missverständnissen von vornherein vorzubeugen, wird im Folgenden allein der Begriff des „Vertragshändlers" benutzt werden.

Für die andere Vertragspartei soll generell der Terminus des „Unternehmers" Verwendung finden, da diese sowohl in der Funktion des Herstellers der Vertragsware als auch als bloßer Lieferant derselben am Markt tätig sein kann.

B. Der Begriff des Vertragshändlers

Wie bereits angedeutet ist Vertragshändler nach allgemeiner Meinung derjenige, der als selbständiger Gewerbetreibender ständig damit betraut ist, die Produkte eines anderen Unternehmers im eigenen Namen und für eigene Rechnung zu vertreiben sowie dessen Absatz in ähnlicher Weise wie ein Handelsvertreter oder Kommissionsagent zu fördern.[7]

I. Dauerhafte Tätigkeit

Der Vertragshändler muss mit dem Vertrieb der Produkte eines anderen Unternehmers „ständig" betraut sein. Der Begriff „ständig" ist dabei zwar nicht im Sinne von „auf immer" oder „auf unbestimmte Zeit" zu verstehen; entscheidend und genügend ist vielmehr, dass die Parteien den Vertragsabschluss nicht nur als „vorübergehend" ansehen.[8] Allerdings darf sich das Vertragsverhältnis nicht lediglich in einer einmaligen Leistung erschöpfen.[9] Durch diese dauerhafte Tätigkeit entsteht zwischen den Parteien ein Vertrauensverhältnis, welches bei Bestimmung

6 BGHZ 54, 338, 344; 74, 136, 140.

7 Ebenroth, Absatzvermittlerverträge, S. 32; von Hoyningen-Huene, in: MünchKomm zum HGB, Vor § 84, Rn. 13; Emde, in: Staub-HGB, Vor § 84, Rn. 295; Demir-Gökyayla, Milletlerarası Özel Hukukta Tek Satıcılık Sözleşmeleri, S. 33; Ayan, Acentenin Denkleştirme Talep Etme Hakkı, S. 109.

8 Ulmer, S. 252; İşgüzar, Tek Satıcılık Sözleşmesi, S. 66.

9 Martinek, Aktuelle Fragen des Vertriebsrechts, Rn. 37; Demir-Gökyayla, Milletlerarası Özel Hukukta Tek Satıcılık Sözleşmeleri, S. 44.

der Rechte und Pflichten der Parteien ständig zu beachten ist.[10] So ist es dem Vertragshändlervertrag immanent, dass die Verpflichtung des Vertragshändlers zur selbständigen Wahrnehmung fremder Vermögensinteressen und zur Absatzförderung sowie die Obliegenheit des Unternehmers zu einer besonderen Treue- und Rücksichtnahme zu den Hauptpflichten der Parteien gehören.[11]

II. Rahmenvertrag

Das Verhältnis zwischen dem Unternehmer und dem Vertragshändler ist durch eine zweistufige Beziehung gekennzeichnet. Der Vertragshändlervertrag selbst stellt nach h. M. in der deutschen und türkischen Literatur einen Rahmenvertrag dar, der durch den Abschluss dazugehöriger Einzelkaufverträge zwischen den Parteien ergänzt wird.[12] Die Einzelgeschäfte lassen sich in dem Vertragshändlervertrag nicht vollständig antizipieren. Die Ausgestaltung konkreter Einzelheiten, wie etwa die Anzahl der dem Vertragshändler zu verkaufenden Produkte oder deren Ersatzteile, werden daher nicht schon im Rahmenvertrag, sondern erst im Rahmen der jeweils abzuschließenden Einzelkaufverträge näher geregelt.[13] Generellere Vorgaben, wie beispielsweise die Bezeichnung der Vertragsprodukte, die Festlegung des Vertragsgebietes, Regelungen über sonstige Vertriebsberechtigte oder ggf. die Vereinbarung eines Alleinvertriebsrechts, der Umfang der Rechte und Pflichten des Vertragshändlers, etwaige Mindestabnahmemengen, Bestimmungen über Lagerhaltung, Muster, Rabatte, möglicherweise bereits Preise für die Vertragsprodukte, Art und Weise der Belieferung des Vertragshändlers mit den Vertragsprodukten, Gewährleistungsbestimmungen, Regelungen über Kundendienst, Herstellergarantien, Vorgaben für den Bezug von Ersatzteilen, Haftungsbegrenzungen für den Unternehmer, die Vertragsdauer, Folgen der Vertragsbeendigung und das Verfahren über den Abschlusses der Einzelkaufverträge finden ihre Ausgestaltung hingegen bereits in dem

---

10 BGH NJW 1985, 623, 625; BB 1997, 1860 (Benetton).

11 Ausführlich zu den gegenseitigen Rechten und Pflichten unten § 2.

12 Canaris, Handelsrecht, §17 Rn. 7; Ebenroth, Absatzvermittlerverträge, S. 34; Martinek, Aktuelle Fragen des Vertriebsrechts, Rn. 35; İşgüzar, Tek Satıcılık Sözleşmesi, S. 33; Demir-Gökyayla, Milletlerarası Özel Hukukta Tek Satıcılık Sözleşmeleri, S. 44 f.; allgemein zum Rahmenvertrag: Eren, Borçlar Hukuku Genel Hükümler, S. 196.

13 Genzow, Vertragshändlervertrag, Rn. 82; Ebenroth, Absatzvermittlerverträge, S. 34; Demir- Gökyayla, Milletlerarası Özel Hukukta Tek Satıcılık Sözleşmeleri, S. 45.

Rah-men-, also dem eigentlichen Vertragshändlervertrag.[14] Durch die Fixierung derartiger Bestimmungen in einem Rahmenvertrag wird erreicht, dass der Vertragshändler in die Absatzorganisation des Unternehmers eingegliedert wird. Nach der konkreten Ausgestaltung dieses Rahmenvertrages bemisst sich daher auch der jeweilige Umfang der Eingliederung des Vertragshändlers in die Absatzorganisation des Unternehmers.

Durch die vertragliche Gestaltung in Form eines Rahmenvertrages mit diesen ergänzenden und ausgestaltenden Einzelkaufverträgen ergeben sich zwei rechtlich und faktisch voneinander unabhängige Ebenen, für die das jeweils anzuwendende Recht separat bestimmt werden muss.[15] Soweit das Konstrukt des Vertragshändlervertrages von der h. M. im Grundsatz daher zwar zu Recht als ein eigenartiger, gemischttypischer Vertrag mit Kaufelementen und handelsvertreterähnlichen Dienstleistungselementen beschrieben wird,[16] ist andererseits jedoch zu konstatieren, dass sich das „kaufrechtliche" Element doch weitgehend auf die Abwicklung der einzelnen Lieferungen innerhalb des Rahmenvertrages beschränkt. Im Hinblick auf das aus dem Rahmenvertrag resultierende Übergewicht der Dauerrechtsbeziehung und dem nachhaltigen Einfluss des Unternehmers auf den Vertragshändler ist bei der rechtlichen Eingruppierung des Vertragshändlervertrages darüber hinaus daher insbesondere auch das unverkennbare Geschäftsbesorgungselement hervorzuheben.[17]

III. Vertrieb im eigenen Namen und für eigene Rechnung

Der Vertragshändler verpflichtet sich durch den Vertragshändlervertrag die Produkte des Unternehmers im eigenen Namen und für eigene Rechnung zu vertreiben. Der Vertragshändler verkauft die Produkte also an Dritte, nachdem er sie zuvor selbst vom Unternehmer gekauft hat. Anders als beim Handelsvertretervertrag

---

14 Wauschkuhn, Der Vertragshändlervertrag, S. 5 ff.; Demir-Gökyayla, Milletlerarası Özel Hukukta Tek Satıcılık Sözleşmeleri, S. 45.

15 Demir-Gökyayla, Milletlerarası Özel Hukukta Tek Satıcılık Sözleşmeleri S. 45.

16 BGHZ 29, 83, 87 f.; 34, 282, 285 f.; 54, 338, 340 f.; Schmidt, Handelsrecht, S. 759; Poroy/Yasaman, Ticari İşletme Hukuku, S. 239, Rn. 309c; İşgüzar, Tek Satıcılık Sözleşmesi, S. 36; Demir-Gökyayla, Milletlerarası Özel Hukukta Tek Satıcılık Sözleşmeleri, S. 51.

17 Canaris, Handelsrecht, § 17, Rn. 7, 9; Schmidt, Handelsrecht, S. 759; Oetker, Handelsrecht, S. 172, Rn. 73; Rittner, ZHR 135 (1971), 62, 69 f., 73; İşgüzar, Tek Satıcılık Sözleşmesi S. 36.

besteht somit beim Vertragshändlervertrag kein Vertragsverhältnis zwischen dem Endabnehmer und dem Unternehmer, da der Vertragshändler mit dem zwischenzeitlichen Ankauf der Produkte vielmehr selbst Eigentümer derselben wird.[18] Seinen Gewinn ermittelt der Vertragshändler folglich aus der Preisdifferenz zwischen dem An- und Verkauf der Produkte. Ein Anspruch auf Aufwendungsersatz steht ihm im Hinblick auf sein Handeln im eigenen Namen und für eigene Rechnung nicht zu. Derartige Aufwendungen hat der Vertragshändler entsprechend zu kalkulieren und von seinem Gewinn abzudecken.[19]

IV. Absatzförderungspflicht (Vertriebspflicht)

Von der bloßen Käufer-Verkäufer-Beziehung unterscheidet den Vertragshändlervertrag neben der Dauerhaftigkeit der Händlerbeziehung vor allem die vertragliche Verpflichtung des Vertragshändlers gegenüber dem Unternehmer, dessen Produkte auch tatsächlich zu vertreiben bzw. ihren Absatz zu fördern.[20] Diese Verpflichtung ergibt sich – soweit sie nicht zwischen den Parteien zusätzlich ausdrücklich vereinbart wird – bereits aus der Natur des Vertragshändlervertrages.[21] Alternativ zu ihrer vertraglichen Fixierung kommt die Absatzförderungspflicht in der Vertragspraxis häufig auch durch die Vereinbarung einer Mindestabnahmepflicht des Vertragshändlers zum Ausdruck. Auch diese verlangt es dem Vertragshändler zwangsläufig ab, sich ständig um den Weiterverkauf der von dem Unternehmer angekauften Produkte zu bemühen.[22]

C. Abgrenzung zu anderen Vertriebs- und Vertragsformen

Neben dem Vertragshändlervertrag gibt es eine Reihe weiterer Absatzformen, von denen es den Vertragshändlervertrag abzugrenzen gilt. Zu nennen sind insoweit

---

18 Demir-Gökyayla, Milletlerarası Özel Hukukta Tek Satıcılık Sözleşmeleri, S. 48.

19 Ulmer, S. 415; Canaris, Handelsrecht, §17 Rn. 22; Dau, in: Schultze u. a., Der Vertragshändlervertrag, Rn. 50f.; Demir-Gökyayla, Milletlerarası Özel Hukukta Tek Satıcılık Sözleşmeleri, S. 48.

20 Jaletzke, in: Stumpf/Jaletzke/Schultze, Der Vertragshändlervertrag, Rn. 8; Manderla, in: Martinek/Semler/Habermeier/Flohr, Handbuch des Vertriebsrechts, § 22, Rn. 13.

21 Jaletzke, in: Stumpf/Jaletzke/Schultze, Der Vertragshändlervertrag, Rn. 8; Demir-Gökyayla, Milletlerarası Özel Hukukta Tek Satıcılık Sözleşmeleri, S. 50.

22 Näher dazu unten § 2 B. III. 2.

insbesondere die Vertragstypen des Handelsvertreter-, Kommissions-, Franchise-, Alleinvertriebs- und OEM (Original Equipment Manufacturer)-Vertrages.

I. Handelsvertretervertrag

Sowohl im deutschen (§ 84 bis § 92c) als auch im türkischen Handelsgesetzbuch (Art. 102 bis Art. 123) ist der Handelsvertretervertrag gesetzlich geregelt. Nach der gesetzlichen Definition des § 84 Abs.1 dHGB wird als Handelsvertreter derjenige bezeichnet, der als selbständiger Gewerbetreibender ständig damit betraut ist, für einen anderen Unternehmer Geschäfte zu vermitteln oder in dessen Namen abzuschließen. Die Definition des Art. 102 tHGB unterscheidet sich hiervon nur geringfügig. Hiernach wird als Handelsvertreter definiert, wer das Gewerbe der Vermittlung von Geschäften, die ein Handelsunternehmen betreffen, in dauerhafter Weise und an einem bestimmten Ort oder Bezirk auf der Grundlage eines Vertrages ausübt, ohne dabei eine abhängige Rechtsstellung wie ein Prokurist, Handelsbevollmächtigter, Verkaufsangestellter oder Betriebsarbeiter inne zu haben, oder wer diese Geschäfte im Namen eines Unternehmers abschließt.

Demnach sind sowohl Vertragshändler als auch Handelsvertreter selbständige Gewerbetreibende. Auch ist beiden Vertragstypen das Element der Dauerbeziehung gemein. Weiterhin trifft auch den Handelsvertreter, ebenso wie den Vertragshändler eine Absatzförderungspflicht. Der entscheidende Unterschied zwischen beiden Absatzformen besteht somit darin, dass der Handelsvertreter die Waren in fremden Namen und der Vertragshändler demgegenüber in eigenem Namen verkauft.[23] Folglich hat der Vertragshändler anders als der Handelsvertreter auch kein Recht und keine Befugnis, den Hersteller zu vertreten.[24] Da der Handelsvertreter nicht im eigenen Namen, sondern im Namen des Unternehmers handelt, hat er zudem kein Recht eigene Verkaufspreise festzulegen. Demgegenüber kann der Vertragshändler in seiner Preisgestaltung grundsätzlich nicht gebunden werden.[25] Vielmehr ermittelt der Vertragshändler seinen Gewinn gerade aus der

---

23 BGH BB 1994, 1881; Yargıtay 19. HD., 03.11.2003, E. 1710, K, 10859 (www.kazanci.com.tr); İşgüzar, Tek Satıcılık Sözleşmesi, S. 39; Arkan, Ticari İşletme Hukuku, S. 203; Genzow, Der Vertragshändlervertrag, Rn. 20.

24 Yargıtay 19. HD., 03.11.2003, E. 1710, K. 10859 (www.kazanci.com.tr); Kayıhan, Türk Hukukunda Acentelik Sözleşmesi, S. 74; İşgüzar, Tek Satıcılık Sözleşmesi S. 40; Teoman, Tek Satıcılık, S. 27.

25 Jaletzke, in: Stumpf/Jaletzke/Schultze, Der Vertragshändlervertrag, Rn. 23.

Preis-Differenz zwischen An- und Verkauf, während der Handelsvertreter für seine Tätigkeiten vom Unternehmer eine Provision erhält.

II. Kommissionsvertrag

Sowohl § 383 dHGB als auch Art. 532 Abs. 1 tOG verstehen unter einem Einkaufs- oder Verkaufskommissionär denjenigen, der es gegen Zahlung einer Kommissionsgebühr (gewerbsmäßig) übernimmt, in eigenem Namen für Rechnung eines anderen (des Kommittenten) den Einkauf oder Verkauf von beweglichen Sachen oder Wertpapieren zu besorgen.

Wie eingangs bereits angedeutet[26], steht der Kommissionär nach dieser Definition in Bezug auf sein Abhängigkeitsverhältnis zum Unternehmer direkt zwischen Handelsvertreter und Vertragshändler. Ebenso wie der Vertragshändler handelt auch der Kommissionär im eigenen Namen. Allerdings handelt er anders als der Vertragshändler – dafür in Übereinstimmung mit dem Handelsvertreter – nicht auf eigene, sondern auf fremde Rechnung.[27] Anders als der Vertragshändler erhält der Kommissionär für seine Tätigkeit daher eine Provision und hat Anspruch auf Ersatz seiner tätigkeitsbezogenen Aufwendungen. Im Gegensatz zum Vertragshändler, der durch den Ankauf der Waren vom Unternehmer selbst Eigentum an diesen erwirbt[28], wird der Kommissionär zu keinem Zeitpunkt Eigentümer der Waren, deren Ein- oder Verkauf er zu besorgen übernommen hat. Dieses verbleibt vielmehr stets beim Kommittenten. Der Kommissionär ist grundsätzlich nicht durch eine vertragliche Dauerbeziehung an einen bestimmten Unternehmer gebunden.[29] Aus diesem Grund unterliegt er im Unterschied zum Vertragshändler auch keiner Tätigkeits-, geschweige denn einer Absatzförderungspflicht.[30]

III. Franchisevertrag

Die offizielle Definition des Begriffs „Franchising" lautet nach der European Franchise Federation (EFF) folgendermaßen: „Franchising ist ein Vertriebssystem, durch das Waren und/oder Dienstleistungen und/oder Technologien vermarktet werden.

---

26 Vgl. oben § 1 A.
27 Yargıtay 13. HD., 28.03.1996, E. 2616, K. 3067 (www.kazanci.com.tr).
28 İşgüzar, Tek Satıcılık Sözleşmesi, S. 52.
29 Arkan, Ticari İşletme Hukuku, S. 202.
30 İşgüzar, Tek Satıcılık Sözleşmesi, S. 52.

Es gründet sich auf eine enge und fortlaufende Zusammenarbeit rechtlich und finanziell selbständiger und unabhängiger Unternehmen, den Franchise-Geber und seine Franchise-Nehmer. Der Franchise-Geber gewährt seinen Franchise-Nehmern das Recht und legt ihnen gleichzeitig die Verpflichtung auf, ein Geschäft entsprechend seinem Konzept zu betreiben. Dieses Recht berechtigt und verpflichtet den Franchise-Nehmer, gegen ein direktes oder indirektes Entgelt im Rahmen und für die Dauer eines schriftlichen, zu diesem Zweck zwischen den Parteien abgeschlossenen Franchise-Vertrags bei laufender technischer und betriebswirtschaftlicher Unterstützung durch den Franchise-Geber, den Systemnamen und/oder das Warenzeichen und/oder die Dienstleistungsmarke und/oder andere gewerbliche Schutz- oder Urheberrechte sowie das Know-how, die wirtschaftlichen und technischen Methoden und das Geschäftssystem des Franchise-Gebers zu nutzen".[31] Ein solcher Vertragstyp findet sich gleichsam im Handel wie insbesondere auch im Gaststätten- und Dienstleistungsgewerbe.[32]

Sowohl Vertragshändler als auch Franchisenehmer sind auf Dauer in die Absatzorganisation des Unternehmers bzw. Franchisegebers eingegliedert und bieten ihre Waren bzw. Dienstleistungen im eigenen Namen und auf eigene Rechnung an.[33] Bei beiden entsteht durch die Begründung eines Dauerschuldverhältnisses und die langfristig angelegte Interessenverknüpfung eine Mischform eines selbständigen Unternehmers mit handelsvertreterrechtlichem Einschlag.[34]

---

31 Die Definition wurde zuletzt am 04.03.2012 unter http://www.franchiseverband.com/Franchise-Nehmer.77.0.html abgerufen.

Ähnlich die Definition nach der alten EG-Gruppenfreistellungsverordnung für Franchise-Vereinbarungen (EG-VO Nr. 4087/88), ABlEG Nr. L 359, in Kraft getreten am 01.02.1989 und abgelöst am 01.06.2000 durch die bereits zum 01.01.2000 in Kraft getretene allgemeine GVO für vertikale Vereinbarungen und aufeinander abgestimmte Verhaltensweisen, wonach als „Franchise" eine Gesamtheit von Rechten an gewerblichem oder geistigem Eigentum wie Warenzeichen, Handelsnamen, Ladenschildern, Gebrauchsmustern, Geschmacksmustern, Urheberrechten, Know-how oder Patenten anzusehen sei, die zum Zweck des Weiterverkaufs von Waren oder der Einbringung von Dienstleistungen an Endverbraucher genutzt werde.

Vgl. auch Yargıtay 19. HD., 25.06.2001, E. 819, K. 4917 (YKD 2002, Bd. 28, Heft 11, S. 1698 f.).

32 Prominente Beispiele sind die Fachhandelssysteme Obi und Fressnapf, Systemgastronomien wie McDonald's, Burger King oder Subway, die französische Hotelgruppe Accor (Ibis, Mercure u. a.) oder die Autovermietung Hertz.

33 Skaupy, Franchising, S. 13; Eckert, WM 1991, 1237; Kırca, Franchise Sözleşmesi; S. 90 f.

34 Schmidt, Handelsrecht, S. 772; Genzow, Der Vertragshändlervertrag, Rn. 21.

Die Unterscheidung zwischen dem Franchise- und dem Vertragshändlervertrag besteht darin, dass der Franchisenehmer vom Franchisegeber gegen Zahlung einer Franchisegebühr über die Vertragsprodukte hinaus ein Gesamtkonzept für den Vertrieb der Produkte erhält. Hierdurch verallgemeinert das Franchising das Vertragshändlerprinzip über den Warenhandel hinaus und bewirkt eine noch intensivere Einbindung des Absatzmittlers in das System einer Gesamtmarke.[35] Daher tritt der Franchisenehmer regelmäßig auch nicht unter eigener Firma, sondern unter der derjenigen der jeweiligen Franchise auf.[36] Im Unterschied zum Vertragshändler ist der Franchisenehmer jedoch selbst beim Warenvertrieb nicht notwendig an einen bestimmten Unternehmer gebunden. Die von ihm vertriebenen Waren müssen nicht vom Franchisegeber herrühren, eine Bezugspflicht zu diesem besteht grundsätzlich nicht.[37]

IV. Alleinvertriebsvertrag

Bei dem sog. Alleinvertriebsvertrag handelt es sich nicht um eine vom Vertragshändlervertrag abzugrenzende Absatzform. Vielmehr handelt es sich hierbei lediglich um eine besondere Erscheinungsform eines Vertragshändlervertrags, bei dem sich der Unternehmer verpflichtet, dem Vertragshändler in einem bestimmten Gebiet ein Alleinvertriebsrecht einzuräumen.[38] Mit der Einräumung eines solchen Alleinvertriebsrechts wird während der Vertragsdauer im Vertragsgebiet allein der Vertragshändler mit der betreffenden Vertragsware des Unternehmers beliefert. Der Unternehmer darf seine Vertragswaren im Vertragsgebiet grundsätzlich weder selbst noch durch Einsetzung eines anderen Vertragshändlers vertreiben.[39] Ohne seine ausdrückliche Vereinbarung gewährt der Vertragshändlervertrag dem Händler ein solches Alleinvertriebsrecht nicht.[40]

35 Skaupy, Franchising, S. 13 f.; Jaletzke, in: Stumpf/Jaletzke/Schultze, Der Vertragshändlervertrag, Rn. 31, Eckert, WM 1991, 1237.

36 Genzow, Der Vertragshändlervertrag, Rn. 21.

37 Bulur, YÜHFD 2012, 755, 772.

38 Yargıtay 11. HD., 25.06.1992, E. 1990/8223. K. 1992/7964 (www.kazanci.com.tr).

39 BGH BB 1970, 99 f.; Yargıtay 11. HD., 12.03.1999, E. 1998/7997, K. 1999/2098 (www.kazanci.com.tr).

40 Demir-Gökyayla, Milletlerarası Özel Hukukta Tek Satıcılık Sözleşmeleri, S. 34.

V. OEM-Vertrag

Bei einem sog. OEM (Original Equipment Manufacturer) Vertrag handelt es sich in aller Regel um einen Rahmenvertrag zwischen zwei Herstellern, in dem sich ein Hersteller (der OEM-Unternehmer) zur Belieferung des anderen Herstellers (des OEM-Abnehmers) verpflichtet, der die bezogene Ware zusammen mit eigenen Produkten als Gesamtprodukt weiterveräußert und/oder die bezogene Ware mit eigenen Produkten technisch und körperlich zusammen setzt, um sie sodann als eigenes Produkt – in aller Regel mit abgeleiteten Funktionen – zu veräußern.[41] Häufiger Anwendungsbereich von OEM-Verträgen ist die Belieferung mit Halbfertigprodukten, welche der andere Hersteller mit eigenen Produktionsmitteln zu einem Produkt mit veränderten Verwendungszweck endbearbeitet und anschließend selbst über eine eigene Vertriebsorganisation vertreibt (häufig im Maschinenbau, der Automobil- und Computerbranche).

Mit dem Vertragshändlervertrag hat der OEM-Vertrag den Verkauf von Produkten eines Unternehmers durch eine zweite Partei auf deren eigenes Risiko gemeinsam. Er unterscheidet sich von diesem allerdings dadurch, dass die vertriebenen Produkte nicht als solche des OEM-Unternehmers erkennbar sind. Vielmehr soll gegenüber dem Verbraucher gerade der Eindruck erweckt werden, die Produkte stammten von dem OEM-Abnehmer, der insoweit am Markt wie ein Hersteller auftritt. Da der OEM-Abnehmer folglich nicht in die Absatzorganisation des OEM-Unternehmers eingegliedert ist, kann der OEM-Vertrag auch nicht als Vertriebsvertrag eingestuft werden.[42] Es handelt sich vielmehr um einen Bezugsvertrag eigener Art.

D. Kaufmannseigenschaft des Vertragshändlers

Nach der Neufassung der §§ 1 ff. dHGB durch das Handelsrechtreformgesetz vom 22.06.1998 ist eine Person nach deutschem Handelsrecht dann Kaufmann, wenn sie eine gewerbliche Tätigkeit in einer Weise betreibt, die einen nach Art und Umfang in kaufmännischer Weise eingerichteten Geschäftsbetrieb erfordert oder die Firma des Unternehmens in das Handelsregister eingetragen ist. Soweit der nicht in das Handelsregister eingetragene Vertragshändler somit nicht den Nachweis erbringen kann, dass der von ihm unterhaltene Geschäftsbetrieb ausnahmsweise keinen in

41 Wauschkuhn, in: Schultze u. a., Der Vertragshändlervertrag, Rn. 36.

42 Jaletzke, in: Stumpf/Jaletzke/Schultze, Der Vertragshändlervertrag, Rn. 33; Genzow, Der Vertragshändlervertrag, Rn. 28.

kaufmännischer Weise eingerichteten Geschäftsbetrieb darstellt, ist auch er gem. § 1 Abs. 1 und 2 dHGB an die kaufmännischen Rechte und Pflichten, wie etwa die Buchführungs- und Bilanzierungspflichten nach den §§ 238 ff., 242 ff. dHGB, gebunden.[43]

Eine ähnliche Regelungssystematik findet sich nunmehr auch in am 01.07.2012 in Kraft getretener Neufassung des tHGB. So definiert Art. 12 Abs. 1, Abs. 2 tHGB künftig denjenigen als Kaufmann, der einen Handelsbetrieb, wenn auch nur einen Teil davon, im eigenen Namen führt oder über entsprechende Medien gegenüber der Bevölkerung angezeigt bzw. durch Veröffentlichung im Handelsregister kund getan hat, dass er ein Handelsgewerbe gegründet hat. Ein Handelsgewerbe ist gem. Art. 11 Abs. 1 tHGB ein Gewerbe, das eine dauerhafte und unabhängige Tätigkeit entfaltet und darauf abzielt, ein die für Kleingewerbebetriebe vorgesehene Grenze überschreitendes Einkommen zu erzielen. Art. 12 Abs. 1 tHGB a. F., der noch eine Reihe von Regelbeispielen kannte, wonach ein Unternehmen allein aufgrund seines Tätigkeitsbereiches – so u. a. der Anschaffung und Weiterveräußerung von Waren – als Handelsgewerbe galt, ist demgegenüber entfallen. Betrieb der Vertragshändler unter der Altfassung des tHGB daher im Hinblick darauf, dass der vorzitierte An- und Verkauf von Waren gerade das Kerngeschäft seiner Tätigkeit darstellt, stets ein Handelsgewerbe und war somit *ipso jure* Kaufmann, so ist es nach der Neufassung ebenso wie im deutschen Recht zumindest denkbar, dass er als Kleingewerbetreibender nicht dem Kaufmannsbegriff des tHGB unterfällt.

In aller Regel wird freilich sowohl im deutschen wie im türkischen Recht davon auszugehen sein, dass sich der Vertragshändler an die kaufmännischen Rechte und Pflichten gebunden zu sehen hat.

E. Das auf den Vertragshändlervertrag anwendbare Gesetzesrecht

Der Vertragshändlervertrag ist weder im deutschen noch im türkischen Recht gesetzlich geregelt. Es handelt sich vielmehr um einen regelmäßig für eine gewisse Dauer abgeschlossenen Rahmenvertrag eigener Art,[44] der im Wesentlichen ein Ergebnis von privatautonomer Vertragsgestaltung ist, welche

---

43 Wauschkuhn, Der Vertragshändlervertrag, S. 2; Genzow, in GK- HGB; § 84 Rn. 34.

44 Emde, in: Staub, Vor § 84, Rn. 302; v. Westphalen, in: Röhricht/v. Westphalen, HGB, S. 2624, Rn. 1; İşgüzar, Tek Satıcılık Sözleşmesi, S. 32; Demir-Gökyayla, Milletlerarası Özel Hukukta Tek Satıcılık Sözleşmeleri S. 51; Poroy/Yasaman; Ticari

jedoch in einigen Bereichen durch die Rechtsprechung – meist zum Schutz des herkömmlicher Weise wirtschaftlich schwächer gestellten Vertragshändlers – begrenzt worden ist.

I. Rechtsdogmatische Einordnung des Vertragshändlervertrages

Für die Beantwortung der Frage, welche gesetzlichen Bestimmungen auf den Vertragshändlervertrag Anwendung finden, ist der Blick zunächst noch einmal auf die rechtsdogmatische Einordnung dieses Vertragstyps in das System der zivil- und handelsgesetzlich geregelten Vertragstypen zu lenken.

Während die frühere Rechtsprechung des Bundesgerichtshofs den Vertragshändlervertrag noch als gemischttypischen Vertrag mit Elementen eines Kauf- und eines handelsvertreterähnlichen Dienstleistungsvertrages bezeichnete,[45] wird heute zu Recht vorrangig die geschäftsbesorgungsrechtliche Komponente mit Dienstleistungscharakter (§§ 611, 675 ff. BGB) in den Vordergrund gerückt.[46] Wie oben bereits angedeutet,[47] beschränkt sich das kaufrechtliche Element nämlich de facto auf die Abwicklung der einzelnen Lieferungen innerhalb des Rahmenvertrages,[48] während die Vertragsbeziehung im Übrigen maßgeblich durch die einzelnen Bestimmungen des Rahmenvertrages geprägt wird. Diese auf eine Dauerrechtsbeziehung ausgelegten Bestimmungen garantieren dem Unternehmer einen nachhaltigen Einfluss auf den Vertragshändler und verpflichten diesen zur Absatzförderung und Interessenwahrnehmung, wofür ihm der Unternehmer als Gegenleistung die Gelegenheit gibt, am Vertrieb seiner Produkte zu partizipieren und einen eigenständigen Gewinn zu erzielen.

İşletme Hukuku, Rn. 309c; Ayan, Acentenin Denkleştirme Talep Etme Hakkı; S. 109; Şenol, Bayilik Sözleşmesi, S. 34; Kırca, Franchise Sözleşmesi, S. 90.

45 BGH NJW 1957, 1026; NJW 1958, 1138; BGHZ 54, 338, 340.

46 Ulmer, S. 291; Emde, in: Staub-HGB Vor § 84, Rn. 297, 302; Jaletzke, in: Stumpf/Jaletzke/Schultze, Der Vertragshändlervertrag, Rn. 40; Ebenroth/Boujong/Joost/Strohn, HGB § 84, Rn. 100; Canaris, Handelsrecht, §17 Rn. 9.

47 § 1 B. II.

48 Schmidt, Handelsrecht, S.759; Canaris, Handelsrecht, §17, Rn. 12; Ebenroth/Boujong/Joost/Strohn, HGB, § 84, Rn. 100; Kırca, Franchise Sözleşmesi, S. 90; Demir-Gökyayla, Milletlerarası Özel Hukukta Tek Satıcılık Sözleşmeleri, S. 52.

II. Anwendbarkeit gesetzlicher Bestimmungen

Unproblematisch im Hinblick auf das zwischen den Parteien bestehende synallagmatische Schuldverhältnis ist zunächst, dass auf die Vertragsbeziehung die die allgemeinen Vorschriften des deutschen BGB bzw. die allgemeinen Teile des türkischen Obligationengesetzes und Zivilgesetzbuchs Anwendung finden.

Hinsichtlich der im Einzelfall heranzuziehenden Bestimmungen des besonderen Schuldrechts kann die rechtsdogmatische Einordnung des Vertragshändlervertrages im System der schuldrechtlichen Verträge als überwiegend dienstvertraglicher Geschäftsbesorgungsvertrag eine erste Hilfestellung leisten.[49] Indes bedeutet diese Einordnung keinesfalls, dass nicht einzelne Vertragsbestimmungen des Vertragshändlervertrages nach anderen Regeln als denen des Dienst- oder Geschäftsbesorgungsvertrages zu behandeln sind. So entspricht es allgemeiner Meinung, dass sich die Frage der analog heranzuziehenden Vorschriften in einem gemischttypischen Vertrag nicht nach den für das Gesamtbild des Vertrages prägenden Vorschriften, sondern allein nach dem konkret in Frage stehenden Vertragselement bemisst.[50] Die Diskussion um die Rechtsnatur des Vertragshändlervertrages kann daher vornehmlich im Bereich von Kündigungs- und Verjährungsfristen eine tragende Rolle spielen.[51] Im Übrigen ist zunächst zu ermitteln, welche gesetzlichen Vorschriften bei dem konkret in Rede stehenden Vertragselement charakteristisch am besten auf den Vertragshändlervertrag zugeschnitten sind.

1. Analoge Anwendung handelsvertreterrechtlicher Bestimmungen

Für die wirtschaftliche Praxis von erheblicher Bedeutung und oftmals nicht unumstritten ist insbesondere die Frage, ob und inwieweit die Handelsvertreterrechtsvorschriften, insbesondere die für den Handelsvertreter geltenden zwingenden Schutzvorschriften analoge Anwendung auf den Vertragshändlervertrag finden können. Zur Rechtfertigung eines Analogieschlusses ist allgemein – neben dem Erfordernis einer Gesetzeslücke – die Feststellung einer Ähnlichkeit (überwiegende Teilgleichheit) der miteinander in Beziehung gesetzten Größen erforderlich.[52] Auf

---

49 Demir-Gökyayla, Milletlerarası Özel Hukukta Tek Satıcılık Sözleşmeleri, S. 56.

50 Demir-Gökyayla, Milletlerarası Özel Hukukta Tek Satıcılık Sözleşmeleri, S. 53.

51 Jaletzke, in: Stumpf/Jaletzke/Schultze, Der Vertragshändlervertrag, Rn. 38.

52 Evans-von Krbek, Die analoge Anwendung des Handelsvertreterrechts auf den Vertragshändler, S. 104.

die vorliegende Konstellation übertragen bedeutet dies, dass eine analoge Anwendung der handelsvertreterrechtlichen Vorschriften dann in Betracht kommt, wenn der Vertragshändler trotz seiner rechtlichen Stellung als Eigenhändler weitgehend ähnliche Funktionen wie ein Handelsvertreter wahrnimmt und die in Betracht kommende Norm des Handelsvertreterrechts von der Interessenlage auch auf einen derartigen Eigenhändler passt.

Nach der ständigen Rechtsprechung des Bundesgerichtshofs setzt die analoge Anwendung der §§ 84 ff. HGB auf einen Vertragshändlervertrag zunächst voraus, dass sich das Verhältnis zwischen Unternehmer und Vertragshändler auch in dem konkret zu beurteilenden Fall nicht in einer bloßen Verkäufer-Käuferbeziehung erschöpft, zwischen den Parteien vielmehr eine „agenturvertragsähnliche Interessenverbindung" besteht, die den Vertragshändler so in die Absatzorganisation des Unternehmers eingliedert, dass er wirtschaftlich in erheblichem Umfang einem Handelsvertreter vergleichbare Aufgaben zu erfüllen hat.[53] Lässt sich dies bejahen, so können diejenigen Bestimmungen des Handelsvertreterrechts auf das Vertragshändlerverhältnis analog angewendet werden, bzgl. derer es nach ihrem Normzweck unerheblich ist, dass der betreffende Absatzmittler im eigenen Namen und für eigene Rechnung handelt. Nach h. M. in der deutschen und der türkischen Rechtsprechung und Literatur ist eine analoge Heranziehung wesentlicher Bestimmungen des Handelsvertreterrechts zulässig, soweit diese eben auf die charakteristische Innenbeziehung eines Absatzmittlervertrages und nicht auf die unterschiedliche Abwicklungstechnik abstellen.[54]

Welche Bestimmungen der §§ 84 ff. dHGB bzw. Art. 102 ff. tHGB in concreto auf den Vertragshändlervertrag übertragen werden können, ist nicht in allen Bereichen unumstritten und an späterer Stelle noch eingehender darzustellen. Zusammenfassend lassen sich hier jedoch bereits folgende Feststellungen treffen:

Die in § 86 Abs. 1 dHGB bzw. Art. 109 Abs. 1 tHGB niedergelegte Interessenwahrnehmungspflicht des Handelsvertreters trifft gleichermaßen auch den Vertragshändler und ist daher analog auf den Vertragshändlervertrag anzuwenden.

Die in § 86 a Abs. 1 dHGB bzw. Art. 120 Abs. 1 lit. a tHGB geregelte Pflicht des Unternehmers, dem Handelsvertreter zur Ausübung seiner Tätigkeit Verkaufsunterlagen,

---

53 BGHZ 29, 83, 87 f.; BGH NJW 1962, 1107; BB 1996, 1458; NJW-RR 1988, 42; BB 2002, 2520.

54 Evans-von Krbek, Die analoge Anwendung des Handelsvertreterrechts auf den Vertragshändler, S. 104; Westphal, Vertragshändler, Rn. 140; Emde, in: Staub-HGB, Vor § 84, Rn. 305; Demir-Gökyayla, Milletlerarası Özel Hukukta Tek Satıcılık Sözleşmeleri, S. 54.

wie Muster, Zeichnungen, Preislisten, Werbedrucksachen und Geschäftsbedingungen kostenlos zur Verfügung zu stellen, lässt sich – aufgrund unterschiedlicher Risikozuweisung im Handelsvertreter- bzw. Vertragshändlervertrag – nach richtiger Ansicht nicht pauschal auf den Vertragshändlervertrag übertragen.[55]

Auch die in § 86 a Abs. 2 dHGB bzw. Art. 120 Abs. 1 lit. b tHGB geregelte Informationspflicht des Unternehmers gegenüber dem Handelsvertreter über von ihm abgeschlossene Geschäfte ist in dieser Form nicht auf den Vertragshändlervertrag zugeschnitten.[56] Nach Auffassung des BGH findet sie im Vertragshändlerrecht lediglich einschränkend Beachtung und ist auf grundlegende Änderungen wie Produktionsumstellungen beschränkt.[57]

Die Regelungen der Vorschriften über die dem Handelsvertreter zustehende Provision (§§ 87 ff. HGB bzw. Art. 113 ff. tHGB) sind an die Vermittlungstätigkeit des Handelsvertreters angelehnt und passen schon vom Zuschnitt her nicht auf den Vertragshändlervertrag, da der Vertragshändler vom Unternehmer gerade keine Provision erhält.

Ebenso sind die Vorschriften der § 87 d dHGB bzw. Art. 117 tHGB über den Aufwendungsersatzanspruch des Handelsvertreters nach vorzugswürdiger Ansicht nicht entsprechend auf den Vertragshändlervertrag übertragbar. Da der Vertragshändler als Wiederverkäufer seine Gewinnmarge unter Berücksichtigung der allgemeinen wirtschaftlichen Risiken und der Differenz zwischen Einkaufs- und Verkaufspreisen eigenverantwortlich zu kalkulieren hat, ist ein entsprechendes Schutzbedürfnis nicht erkennbar.[58]

Die Frage, ob die ordentlichen Kündigungsfristen des § 89 dHGB bzw. Art. 121 Abs. 1 tHGB[59] oder die Zubilligung eines Schadensersatzanspruchs im Falle einer außerordentlichen Kündigung (§ 89a dHGB bzw. Art. 121 Abs. 4 tHGB)[60] auch auf Vertragshändlerverträge übertragen werden können, ist umstritten.

Von herausragender praktischer Bedeutung ist die vielfach diskutierte Frage, ob der in § 89 b dHGB bzw. Art. 122 tHGB geregelte Ausgleichsanspruch des Handelsvertreters analog auf den Vertragshändlervertrag übertragen werden kann. In der gerichtlichen Praxis wird diese Frage heute im Grundsatz allgemein bejaht,

---

55 Näher dazu noch unten, § 2 A. III.
56 Näher dazu noch unten, § 2 A. IV.
57 BGH NJW 1958, 1138.
58 Dau, in: Schultze u. a., Der Vertragshändlervertrag, Rn. 50f.
59 Vgl. unten § 4 C. 1. b. bb. i. (3).
60 Vgl. unten § 4 C. I. 2. e.

wobei die einzelnen Analogievoraussetzungen jedoch teilweise weiterhin umstritten sind.[61]

Die Regelungen des § 90 a Abs. 1 S. 2[62] und S. 3[63] dHGB zur näheren Ausgestaltung nachvertraglicher Wettbewerbsverbote sind – die kartellrechtliche Zulässigkeit des Wettbewerbsverbots unterstellt[64] – nach h. M. auf den Vertragshändlervertrag übertragbar.

2. Allgemeine Geschäftsbedingungen (AGB)

Die eine Industriegesellschaft prägenden Prozesse der Rationalisierung und der Vereinigung von Geschäftsabläufen beschränken sich nicht allein auf den Herstellungsprozess selbst, sondern erstrecken sich seit langem gleichsam auch auf die Rechtsbeziehungen der an der Produktion und dem Vertrieb der Produkte beteiligten Personen und Unternehmen. Infolgedessen finden Verträge heute branchenübergreifend häufig nicht mehr nur für einen Einzelfall, sondern gegenüber einer Mehrzahl verschiedener Vertragspartner Anwendung. Regelmäßig werden in der Praxis insoweit – zumeist von dem marktstärkeren Vertragspartner – entworfene Standardverträge mit vorformulierten Vertragsklauseln, sog. allgemeinen Geschäftsbedingungen (AGB) vorgelegt, welche die andere Vertragspartei lediglich vor die Alternative stellen, den betreffenden Vertrag in dieser Pauschalität zu akzeptieren oder die Eingehung einer Vertragsbeziehung abzulehnen. Auch im Vertragshändlerrecht ist es heute – ebenso wie etwa bei Kredit-, Versicherungs-, Reise- oder Lieferverträgen – gängige Praxis, vorformulierte AGB-Standardverträge abzuschließen.

Da zum Vertriebssystem des Unternehmers zumeist mehrere Vertragshändler gehören, ist es ein Anliegen des Unternehmers, seine Absatzorganisation durch standardisierte Regelungen rechtlich überschaubar zu gestalten. Zudem kann er durch die Verwendung von AGB vermeiden, mit jedem Vertragshändler gesonderte Vertragsverhandlungen führen und dabei möglichst für ihn günstige Vertragsbedingungen aushandeln zu müssen. Der Vertragshändler profitiert von der Verwendung solcher Standardverträge jedenfalls insoweit, als dass die hierin enthaltenen Klauseln auf alle in dem Vertriebssystem tätigen Vertragshändler einheitlich und diskriminierungsfrei angewendet werden.

---

61 Umfassend hierzu § 4 D. V.

62 Vgl. OLG München BB 1963, 1194 (betreffend einen Bierverleger).

63 Vgl. BGH WM 1987, 512 (betreffend einen Franchisenehmer).

64 Vgl. dazu § 3 F. III. 2.

Auf der anderen Seite ist es jedoch offenkundig, dass die einseitige Vorgabe der Vertragsbedingungen durch eine Vertragspartei und der damit einhergehende Ausschluss der anderen Vertragspartei, auf den Inhalt des Vertragshändlervertrages Einfluss nehmen und ihn charakterisieren zu können,[65] die Gefahr begründet, dass der AGB-Verwender den Vertrag einseitig zu seinen Gunsten ausgestaltet, indem er sich etwa von üblichen Vertragspflichten freizeichnet und alle Risiken auf den Vertragspartner abwälzt. Um einem solchen einseitigen Vertragsdiktat durch den AGB-Verwender entgegenzuwirken, haben die nationalen Gesetzgeber sich auf Grundlage des verfassungsmäßig verankerten Sozialstaatsprinzips (vgl. Art. 20 Abs. 1 des deutschen GG und Art. 5 i.V. m. Art. 2 der türkischen Verfassung) veranlasst gesehen, Schutzgesetze zu erlassen, die eine willkürliche Verteilung der vertraglichen Risiken und Pflichten durch den Verwender von AGB ausschließen.

a. Gesetzliche Ausgestaltung der AGB-Kontrolle

Im deutschen Recht ist der Maßstab für die Kontrolle der allgemeinen Geschäftsbedingungen in den §§ 305 bis § 310 BGB gesetzlich geregelt. Die Vorschriften über die Inhaltskontrolle der AGB sind erstmals durch das AGB-Gesetz vom 10.11.1976, in Kraft getreten am 01.04.1977, kodifiziert worden. Mit dem Gesetz zur Modernisierung des Schuldrechts[66] vom 26.11.2001 sind die Vorschriften des AGB-Gesetzes sodann nahezu unverändert in den allgemeinen Teil des BGB überführt worden.

Das geltende türkische Recht kannte – mit Ausnahme von Art. 6 des Gesetzes über den Schutz des Verbrauchers (Gesetz-Nr. 4077)[67], welches eine Regelung über „unlautere Klauseln in Verträgen" enthält und die auf dieser Vorschrift beruhende „Verordnung über unlautere Klauseln in Verbraucherverträgen"[68] – bis zuletzt keine explizite Regelung der AGB-Kontrolle. Im Hinblick auf die Kaufmannseigenschaft des Vertragshändlers[69] konnte der Vertragshändlervertrag indes nicht als Verbrauchervertrag i. S. d. Art. 6 des türkischen Gesetzes über den Schutz des Verbrauchers eingestuft werden,[70] so dass nach allgemeiner Meinung weder

---

65 Jaletzke, in: Stumpf/Jaletzke/Schultze, Der Vertragshändlervertrag, Rn. 68; İşgüzar, Tek Satıcılık Sözleşmesi S. 121; Atamer, Genel İşlem Şartlarının Denetlenmesi, S. 61.

66 BGBl I, 3138.

67 Zuletzt geändert durch Gesetz-Nr. 4822 RG vom 14.03.2003, 25048.

68 RG vom 13.06.2003, 25137.

69 Vgl. oben, § 1 D.

70 Art. 3 lit. e des Gesetzes über den Schutz des Verbrauchers definiert den Verbraucher als natürliche oder juristische Person, die eine Ware oder Dienstleistung zu privaten Zwecken kauft und als Endverbraucher nutzt oder verbraucht.

eine unmittelbare noch eine mittelbare Anwendung dieser Schutzvorschriften auf den Vertragshändlervertrag in Betracht kam.[71] Gerichte und h. L. verhalfen sich daher bislang damit, durch die Heranziehung allgemeiner zivilgesetzlicher Regelungsinstitute, wie den Schutz der Persönlichkeit (Art. 23 f. tZGB), des Verbots des Handelns unter Verstoß gegen die guten Sitten (Art. 19 f. tOG in der bis zum 30.06.2011 gültigen Fassung) und insbesondere des Grundsatzes von Treu und Glauben (Art. 2 tZGB), einen in vielen Punkten vergleichbaren Schutz der schwächeren Vertragspartei zu gewährleisten und eine Inhaltskontrolle vorformulierter Vertragsbedingungen zu ermöglichen.[72]

Nach der Verabschiedung des neuen tOG am 11.01.2011, welches ebenso wie die Neufassung des neuen tHGB am 01.07.2012 in Kraft getreten ist, hat nunmehr auch im türkischen Recht die AGB-Kontrolle eine explizite gesetzliche Ausgestaltung gefunden. Die in den Art. 20 bis Art. 25 tOG enthaltenen Regelungen folgen dabei dem System der AGB-Kontrolle nach dem deutschen und schweizerischen Zivilrecht, ohne mit diesen jedoch vollständig identisch zu sein.

b. Vorliegen Allgemeiner Geschäftsbedingungen

§ 305 BGB definiert Allgemeine Geschäftsbedingungen als für eine Vielzahl von Verträgen vorformulierte Vertragsbedingungen, die eine Vertragspartei (Verwender) der anderen Vertragspartei bei Abschluss eines Vertrags stellt.

Hiervon abweichend wählt der türkische Gesetzgeber in Art. 20 Abs. 1 tOG an Stelle des Begriffes des „Verwenders" denjenigen des „Erstellers". Dieser Begriff ist zumindest irreführend.[73] So ist es nach deutschem Recht völlig unstreitig, dass auch die Verwendung von standardisierten Musterverträgen, wie sie z. B. von den Industrie- und Handelskammern oder von Interessenverbänden angeboten werden, als AGB-Verträge einzuordnen sind, ohne dass es auf eine persönliche Erstellung durch den Verwender ankommen würde.[74] Dass der türkische

71 Yargıtay, 11. HD., 01.05.1998, E. 10031, K. 2995 (YasaHD 1998, 1053, 1055); Bozbel, Rechtsfragen, S. 118.

72 Vgl. Yargıtay 13. HD., 19.02.2004, E. 2003/13819, K. 2004/1888 (www.kazanci.com.tr); Yargıtay 11. HD. 09.10.2003, E. 2649, K. 9079 (www.kazanci.com.tr); Yargıtay, 3. HD., 02.06.1998, E. 4263, K. 6098 (in YKD 1998, 1140–1141); Yargıtay HGK, 15.09.1976, E. 1974/11-836, K. 1976/2510 (in Yargı, Aralık 1976, No. 8, S. 23–24; auch in Tekinay/Akman/Burcuoglu/Altop, Borçlar Hukuku, S. 161, Fn. 16); Yargıtay 13. HD. 18.11.1981, E. 6416, K. 7369; İşgüzar, Tek Satıcılık Sözleşmesi, S. 121.

73 Altop, in: FS für Ergon Çetingil und Rayegan Kender, 254, 257; Güngör, LHD 2005, 2099, 2100.

74 Dau, in: Schultze u.a., Der Vertragshändlervertrag, Rn. 55.

Gesetzgeber insoweit im Hinblick auf die abweichende Wortwahl eine andere Ansicht vertreten will, erscheint unter Berücksichtigung der Interessenlage und des Regelungszwecks einer wirksamen AGB-Kontrolle indes eher fernliegend.

Vertragsbestimmungen, die der Verwender lediglich in einem Fall zu verwenden beabsichtigt, stellen auf Grundlage der gesetzlichen Definition keine AGB dar.[75] Nach ständiger Rechtsprechung des BGH liegen „für eine Vielzahl von Verträgen vorformulierte Vertragsbedingungen“ dann vor, wenn der AGB-Verwender die Absicht hat, den betreffenden Formularvertrag mindestens dreimal zu verwenden.[76] Ob der Vertrag sodann tatsächlich mehrmals verwendet wird oder ob der Verwender beabsichtigt hat, den Vertrag gegenüber verschiedenen Vertragspartnern zu nutzen, ist demgegenüber irrelevant.[77]

§ 305 Abs.1 Satz 3 BGB stellt zudem ausdrücklich klar, dass weiterhin keine AGB vorliegen, wenn die Vertragsbedingungen zwischen den Vertragsparteien im Einzelnen ausgehandelt werden. Dies ergibt sich gleichsam für das türkische Recht implizit aus der AGB-Definition des Art. 20 Abs. 1 tOG, der insoweit eine vorherige „alleinige Erstellung“ verlangt. Um eine Umgehung des Gesetzes zu verhindern und auch insoweit eine AGB-Kontrolle sicherzustellen, stellt Art. 20 Abs. 3 tOG zudem ausdrücklich klar,[78] dass der bloße Vermerk, die Annahme sei nach vorheriger Aushandlung der einzelnen Vertragsbestimmungen erfolgt, allein nicht ausreicht, um die Einordnung eines Vertrages als Formularvertrag zu verneinen. Dass dies auch ohne eine vergleichbare ausdrückliche Gesetzesbestimmung auch im deutschen Recht gilt, entspricht allgemeiner Meinung.[79]

Der Begriff des „Aushandelns“ erfordert im Übrigen mehr als ein bloßes „Verhandeln“. Insoweit kommt es drauf an, dass die andere Vertragspartei, im Vertragshändlerrecht also regelmäßig der Vertragshändler, tatsächlich die Möglichkeit hatte, den Inhalt des Vertrags zu beeinflussen.[80] Dabei reicht es nicht aus, wenn der Vertragshändler lediglich die Möglichkeit erhält, über den Inhalt des Vertrags seine Meinung zu äußern oder kleinere Änderungen einzufügen. Vielmehr hat der Unternehmer den von ihm vorgelegten Vertragshändlervertrag inhaltlich ernsthaft

---

75 Grüneberg, in: Palandt § 305, Rn. 9; Tekinay/Burcuoğlu/Akman/Altop, Borçlar Hukuku, S. 156.

76 BGH NJW 1998, 2284, 2286; BB 2002, 66; NJW 2004, 1454.

77 BGH NJW 2004, 1454.

78 Gesetzesbegründung zu Art. 20 Abs. 3 tOG.

79 BGH NJW 1977, 432; Grüneberg, in: Palandt, § 305, Rn. 20.

80 BGH NJW 1983, 385, 386; NJW 2000, 1110; Atamer, Genel İşlem Şartlarının Denetlenmesi, S. 74.

zur Disposition zu stellen und dem Vertragshändler zur Wahrung seiner eigenen Interessen eine echte Gestaltungsmöglichkeit einzuräumen.[81]

Auch die Beteiligung von auf Seiten des Vertragshändlers gebildeten Händlerausschüssen, Händlerbeiräten, Händlerverbänden oder ähnlichen Institutionen im Vorfeld der Vertragsunterzeichnung, durch die im Rahmen der Vertragsgespräche ein gewisses Gegengewicht zur Position des Unternehmers geschaffen werden soll, führt – selbst wenn hierdurch gewisse Änderungen im vorformulierten Vertragstext durchgesetzt werden können – regelmäßig nicht zu einem „Aushandeln" AGB-rechtlichen Sinne und die betreffenden Verträge unterliegen weiterhin der AGB-Kontrolle.[82] Allerdings kann die Beteiligung einer solchen Interessenvereinigung an den Vertragsgesprächen bei der Prüfung einer „unangemessenen Benachteiligung" im Rahmen der Inhaltskontrolle[83] Berücksichtigung finden.[84] Demgegenüber ist die Grenze zum „Aushandeln" bzw. zur „alleinigen Erstellung" allerdings dann überschritten, wenn der Ausschuss oder Beirat mit Vertretungsmacht ausgestattet ist, um den Text des Vertragshändlervertrags für den Händler im Einzelnen zu gestalten und er zudem die reale Möglichkeit hat, auf den Vertragsinhalt Einfluss nehmen zu können.[85]

c. *Wirksame Einbeziehung der AGB in den Vertrag*

Die rechtmäßig vereinbarten AGB werden – gleichgültig, ob die AGB einen äußerlich gesonderten Bestandteil des Vertrags bilden oder in die Vertragsurkunde selbst aufgenommen werden, welchen Umfang sie haben, in welcher Schriftart sie verfasst sind und welche Form der Vertrag hat (vgl. § 305 Abs. 1 S. 2 BGB bzw. Art. 20 Abs. 1 tOG) – echter Vertragsbestandteil. Die für die Einbeziehung der AGB erforderliche übereinstimmende Willenserklärung erfolgt dabei regelmäßig

81 BGH NJW 2000, 1110; v. Westphalen, in: Röhricht/v. Westphalen, HGB, S. 2630, Rn. 11; Demir-Gökyayla, Milletlerarası Özel Hukukta Tek Satıcılık Sözleşmeleri, S. 64.

82 Westphal, Vertragshändler, Rn. 64; Dau, in: Schultze u. a., Der Vertragshändlervertrag, Rn. 56; v. Westphalen, in: Röhricht/v. Westphalen, HGB, S. 2629, Rn. 11.

Dies dürfte nach einer teleologischen Auslegung gleichermaßen auch für das türkische Recht gelten, obgleich die Grenze zur Annahme einer individualvertraglichen Vereinbarung auf Grundlage des türkischen Gesetzeswortlauts „alleinige Erstellung" durchaus eher erreicht sein dürfte, als nach Maßgabe des deutschen Rechts, der insoweit ein echtes „Aushandeln" erfordert.

83 Dazu sogleich § 1 E. 2. e.

84 Dammmann, in: Wolf/ Lindacher/ Pfeiffer, AGB-Recht, Klauseln, Rn. V 321 f.

85 Westphal, Vertragshändler, Rn. 64.

in Gestalt einer stillschweigend geschlossenen Einbeziehungsvereinbarung.[86] In der Praxis geschieht dies dergestalt, dass der Verwender im Rahmen des Vertragsschlusses auf die Gültigkeit seiner AGB verweist und die andere Partei insoweit keinen Widerspruch erhebt. Ein erst nach Vertragsabschluss – etwa auf dem Lieferschein oder der Rechnung – erfolgter Verweis würde demgegenüber lediglich das Angebot auf eine inhaltliche Änderung des Vertrags darstellen und könnte von der anderen Partei abgelehnt werden. Insbesondere kann in diesem Fall aus dem Schweigen des Vertragspartners oder der bloßen Annahme der Waren nicht auf seine Zustimmung zur Einbeziehung der mitübersandten AGB geschlossen werden.

Da es sich bei dem Vertragshändler in aller Regel um einen Unternehmer i. S. v. § 14 BGB handelt, finden die besonderen Einbeziehungs-voraussetzungen des § 305 Abs. 2 BGB im Rahmen des Vertragshändlervertrages keine Anwendung (§ 310 Abs. 1 BGB).

Demgegenüber setzt Art. 21 Abs. 1 tOG für die wirksame Einbeziehung der zum Nachteil der anderen Vertragspartei wirkenden AGB in den Vertrag generell, also auch für gegenüber einem anderen Unternehmer geschlossene Verträge, voraus, dass der AGB-Verwender die andere Partei bei Vertragsschluss ausdrücklich auf die AGB hinzuweisen und ihr die Möglichkeit zu verschaffen hat, von deren Inhalt Kenntnis zu nehmen. Ferner muss sich die andere Partei mit der Geltung der AGB einverstanden erklären. Die bisherige Rechtsprechungslinie, gemäß derer es beispielsweise im Banken- und Versicherungsbereich für eine wirksame Einbeziehung ausreichte, wenn ein Formularvertrag vorhanden war und derartige Verträge üblicherweise nur auf der Grundlage von AGB geschlossen wurden,[87] dürfte daher mit Inkrafttreten der neuen Bestimmungen des tOG überholt sein. Kommt der Verwender der AGB, seiner Pflicht, die andere Partei auf die AGB hinzuweisen und ihr entsprechende Kenntnis zu verschaffen nicht nach, so gelten alle Klauseln, die zum Nachteil der anderen Partei wirken, gem. Art. 21 Abs. 1 tOG als nicht geschrieben. Soweit der vom türkischen Gesetzgeber gewählte Wortlaut „gelten als nicht geschrieben“ zwar zurecht als eine dem türkischen Recht fremde Terminologie kritisiert worden ist,[88] dürften hinsichtlich der Rechtsfolge gleichwohl keine Unklarheiten bestehen. Die Gesetzesbegründung verweist

86 Grüneberg, in: Palandt, § 305 Rn. 24 ff., 41.

87 Yargıtay TicD., T. 5.6.1962, E. 90, K. 3103 (www.kazanci.com.tr); Yargıtay HGK, 3.11.1982, E. 81/11-34, K. 82/870, (YKD 1983, S. 480); Yargıtay 11. HD, 16.11.1990, E. 90/7193, K.90/7312 (YKD 1991, S. 375).

88 Atamer, Yeni Açılımlar, 291, 325.

insoweit darauf, dass die gewählte Formulierung Anlehnung am Wortlaut der Art. 995 Abs. 1 und 2, 999 Abs. 2, 1002 Abs. 1, 1006 Abs. 1, 1104, 1106, 1109 Abs. 1 und 1110 des schweizerischen Obligationenrechtes nehme und die Rechtsfolge der Vorschrift identisch mit derjenigen des § 305 c BGB sei.[89] Werden die gesetzlichen Einbeziehungsvoraussetzungen nicht erfüllt, ist somit davon auszugehen, dass die AGB nicht Vertragsbestandteil werden.

Bestimmungen in AGB, die nach den Umständen, insbesondere nach dem äußeren Erscheinungsbild des Vertrags, so ungewöhnlich sind, dass die andere Partei mit ihnen nicht zu rechnen braucht (überraschende Klauseln), werden sowohl nach deutschem als auch nach dem neuen türkischem Recht ebenfalls nicht Vertragsbestandteil (vgl. § 305c Abs. 1 BGB bzw. Art. 21 Abs. 2 tOG). Ob die betreffende Klausel als „überraschend" im Sinne des Gesetzes zu erachten ist, ist eine Frage des Einzelfalls. Erforderlich ist aber in jedem Fall, dass die betreffende Klausel so erheblich vom gesetzlichen Leitbild des Vertragstyps und den üblichen Vertragsbedingungen abweicht, dass der Verwendungsgegner diese typischerweise nicht erwarten konnte, so dass von diesen ein Überraschungs-/Überrumplungseffekt ausgeht.[90]

Werden einzelne AGB-Klauseln aus den dargestellten Gründen nicht Vertragsbestandteil, so bleibt der Vertrag im Übrigen grundsätzlich wirksam (vgl. § 306 Abs. 1 BGB als lex specialis zu § 139 BGB bzw. Art. 22 tOG). An die Stelle der nicht Vertragsbestandteil gewordenen Bestimmungen treten insoweit die gesetzlichen Vorschriften.[91] Fehlt es an für die Vertragsergänzung geeigneten Vorschriften, so ist die entstandene Vertragslücke unter sachgerechter Abwägung der beiderseitigen Interessen durch ergänzende Vertragsauslegung zu schließen, wobei der BGH ausdrücklich klargestellt hat, dass es nicht Sinn und Zweck des § 306 BGB ist, dem Kunden durch den ersatzlosen Wegfall von Klauseln Vorteile zu verschaffen, welche das Vertragsgefüge völlig einseitig zu seinen Gunsten verschieben.[92]

Stellt das Festhalten an dem geänderten Vertrag für eine der Parteien eine unzumutbare Härte dar, kann dies im deutschen Recht gem. § 306 Abs. 3 BGB die Gesamtnichtigkeit des Vertrages begründen, wobei für den Verwender nach der Rechtsprechung allerdings lediglich dann eine „unbillige Härte" i. S. dieser

---

89 Gesetzesbegründung zu Art. 21 Abs. 1 und 2 tOG, S. 66.

90 Vgl. BGHZ 100, 82, 85; 121, 107, 113; BGH NJW 1990, 576, 577; NJW 1992, 1234, 1235.

91 So im deutschen Recht ausdrücklich § 306 Abs. 2 BGB bzw. für das türkische Recht sinngemäß die Gesetzesbegründung zu Art. 22 tOG.

92 BGHZ 137, 153, 157.

Vorschrift angenommen werden kann, wenn das Vertragsgleichgewicht durch das Festhalten am Vertrag grundlegend gestört würde.[93]

Hiervon abweichend sieht das türkische Recht eine solche Härtefallklausel nicht vor. Vielmehr bestimmt Art. 22 S. 2 tOG ausdrücklich, dass sich der AGB-Verwender nicht darauf berufen kann, dass er den Vertrag in dem Bewusstsein der Unwirksamkeit bestimmter Klauseln nicht abgeschlossen hätte. Auch ein Rückgriff auf die allgemeine Regelung der Teilnichtigkeit nach Art. 27 Abs. 2 tOG ist ihm mit Blick auf die Spezialvorschrift des Art. 22 S. 2 tOG verwehrt,[94] während sich die andere Vertragspartei demgegenüber jederzeit auf die Regelung des Art. 27 Abs. 2 tOG berufen kann.[95]

d. *Auslegung allgemeiner Geschäftsbedingungen*

Grundsätzlich ist auch bei der Auslegung allgemeiner Geschäftsbedingungen ein am objektiven Empfängerhorizont ausgerichteter Maßstab anzulegen (vgl. §§ 133, 157 BGB bzw. Art. 19 tOG). Die AGB sind ausgehend von den Verständnismöglichkeiten eines rechtlich nicht vorgebildeten Durchschnittskunden einheitlich so auszulegen, wie sie von verständigen und redlichen Vertragspartnern unter Abwägung der Interessen der beteiligten Geschäftskreise verstanden werden.[96] Erst wenn nach Ausschöpfung aller in Betracht kommenden Auslegungsmethoden nicht behebbare Zweifel verbleiben und mindestens zwei Auslegungsmethoden rechtlich vertretbar sind,[97] greift die besondere Auslegungsregel des § 305c Abs. 2 BGB bzw. Art. 23 tOG, wonach Zweifel bei der Auslegung von AGB zu Lasten des Verwenders gehen.[98]

e. *Inhaltskontrolle der AGB*

Grundlage für die Inhaltskontrolle der AGB bildet im deutschen Vertragshändlerrecht § 307 BGB. Nach Abs. 1 Satz 1 dieser Vorschrift sind Bestimmungen in

---

93 BGH NJW-RR 1996, 1009, 1010.

94 Gesetzesbegründung zu Art. 22 tOG.

95 Gesetzesbegründung zu Art. 22 tOG.

96 BGHZ 77, 118; 79, 119; NJW 2001, 2165.

97 vgl. BGHZ 112, 65, 68 f.; NJW 1992, 1097, 1098.

98 Auch unter der alten Rechtslage hatte der Kassationshof bereits unter Heranziehung des Grundsatzes von Treu und Glauben gem. Art. 2 tZGB entschieden (Yargıtay 13. HD. 18.11.1981, E. 6416, K. 7369 (Tekinay/Akman/Burcuoglu/Altop, Borçlar Hukuku, S. 163, Fn. 19); Yargıtay 3. HD., 02.06.1998, E. 4263, K. 6098 (YKD 1998, S. 1140, 1141)), dass es keinen rechtfertigenden Grund gebe, die von einer Partei vorformulierten Vertragsklauseln zu Lasten der anderen Vertragspartei auszulegen.

AGB für unwirksam zu erachten, wenn sie den Vertragspartner des Verwenders entgegen den Geboten von Treu und Glauben unangemessen benachteiligen.

Die speziellen, für Verbraucherverträge geltenden Klauselverbote nach den §§ 308 und 309 BGB finden im Hinblick auf die Unternehmereigenschaft des Vertragshändlers gem. § 310 Abs. 1 BGB keine unmittelbare Anwendung auf Vertragshändlerverträge. Gleichwohl führen Verstöße gegen die Klauselverbote der §§ 308 f. BGB auch in Unternehmerverträgen regelmäßig zur Unwirksamkeit der betreffenden Klausel.[99] Dies lässt sich im Hinblick auf die Klauselverbote mit Wertungsmöglichkeit nach § 308 BGB dogmatisch so begründen, dass den kaufmännischen Besonderheiten ggf. im Rahmen der gesetzlich eingeräumten Wertungsmöglichkeit ausreichend Rechnung getragen werden kann.[100] Den Klauselverboten ohne Wertungsmöglichkeit nach § 309 BGB kann im unternehmerischen Verkehr häufig zumindest eine Indizwirkung für die Unwirksamkeit der betreffenden Klausel beigemessen werden.[101] Dass die Unwirksamkeit der Klausel bei Verstößen gegen die §§ 308 f. BGB in aller Regel auch interessengerecht ist, zeigt schon die Überlegung, dass jedenfalls der Vertragshändler, der die Waren direkt an Endverbraucher weitervertreibt, seinerseits an die Vorgaben der §§ 308 f. BGB gebunden ist, so dass er sich von einem seitens des Unternehmers auf ihn verschobenen Risiko selbst nicht freizeichnen kann.[102] In der Literatur wird dies häufig als sog. Deckungslücke bezeichnet, die im Rahmen der Angemessenheitskontrolle nach § 307 BGB regelmäßig zur Annahme einer unangemessenen Benachteiligung des Vertragshändlers führen muss.[103]

Ebenso wie im deutschen Recht vor der Einführung des AGB-Gesetzes oftmals § 242 BGB als Maßstab für die Inhaltskontrolle herangezogen wurde, griff auch die türkische Gerichtsbarkeit bis heute mangels gesetzlicher Ausgestaltung der AGB-Kontrolle einzelfallbezogen auf die allgemeinen Rechtsinstitute des Rechtsmissbrauchsverbots bzw. des Grundsatzes von Treu und Glauben (Art. 2 tZGB), der guten Sitten (Art. 27 tOG)[104] und die Persönlichkeitsrechte (Art. 23 f. tZGB) zurück, um auf diese Weise einen vergleichbaren Schutz für die andere Vertragspartei zu gewährleisten. Mit der Kodifizierung des AGB-Rechts im neuen türkischen Obligationengesetz vom 11.01.2011 richtet sich die Inhaltskontrolle

99 Grüneberg, in: Palandt, § 307 Rn. 38, 40.

100 Grüneberg, in: Palandt, § 307 Rn. 40.

101 BGH NJW 1996, 389, 390.

102 Dammann, in: Wolf/Lindacher/Pfeiffer, AGB-Recht, Klauseln, Rn. V 321–322.

103 Grüneberg, in: Palandt, § 307 Rn. 40.

104 Art. 20 tOG in der bis zum 30.06.2012 geltenden Fassung.

nunmehr nach Art. 25 tOG, der insoweit den gleichen Prüfungsmaßstab vorgibt, wie § 307 Abs. 1 S. 1 BGB.

Ob dem im Anhang zu der Verordnung über unlautere Klauseln in Verbraucherverträgen[105] enthaltenen Katalog unwirksamer Klauseln in Verbraucherverträgen in vergleichbarer Weise wie im deutschen Recht den Klauselkatalogen der §§ 308 f. BGB im Rahmen der Inhaltskontrolle von Unternehmerverträgen eine Indizwirkung beigemessen werden kann, wurde im türkischen Schrifttum – soweit ersichtlich – bislang nicht diskutiert. M. E. lässt sich die für das deutsche Recht erörterte Problematik, der – im Falle einer Negierung einer solchen Indizwirkung – für einen gegenüber Endverbrauchern handelnden Vertragshändler entstehenden Deckungslücke, in gleicher Weise auch auf das türkische Recht projizieren. Jedenfalls in diesen Fällen müssen die Wertungen der gesetzlich allein für Verbraucherverträge festgeschriebenen Klauselverbote, die ihre Grundlage im Übrigen auch für das türkische Recht in der europäischen Richtlinie 93/13 EWG vom 05.04.1993 über missbräuchliche Klauseln in Verbraucherverträgen haben,[106] daher auch auf die Angemessenheitskontrolle für einen zwischen einem Unternehmer und dessen Vertragshändler abgeschlossenen Formularvertrag ausstrahlen.

Das in § 307 Abs. 1 Satz 2 BGB niedergelegte Transparenzgebot und die nähere gesetzliche Konkretisierung des § 307 Abs. 1 BGB in Abs. 2, wonach „eine unangemessene Benachteiligung im Zweifel anzunehmen ist, wenn eine Bestimmung mit wesentlichen Grundgedanken der gesetzlichen Regelung, von der abgewichen wird, nicht zu vereinbaren ist oder wesentliche Rechte oder Pflichten, die sich aus der Natur des Vertrages ergeben, so einschränkt, dass die Erreichung des Vertragszwecks gefährdet ist“, finden in der gesetzlichen Ausgestaltung des neuen türkischen Obligationengesetzes keinen ausdrücklichen Niederschlag. Insgesamt ist jedoch allgemein für beide Rechtsordnungen festzustellen, dass die gesetzlichen Vorgaben für die Inhaltskontrolle von AGB – auch unter Berücksichtigung der näheren Konkretisierung nach § 307 Abs. 1 S. 2 und Abs. 2 BGB, deren Wertungen im türkischen Recht auch ohne explizite gesetzliche Ausgestaltung gleichsam als Prüfungsmaßstab herangezogen werden können[107] – über eine sehr weit gefasste Generalklausel nicht hinausgehen und die konkrete Bestimmung, wann eine Klausel in welchen Fallkonstellationen als unangemessen benachteiligend zu erachten ist, praktisch vollständig in die Hände der Gerichte übertragen worden ist. Die Frage, ob im konkreten Fall von einer „unangemessenen Benachteiligung“

---

105 Fn. 68.

106 Atamer, Yeni Açılımlar, 291, 304.

107 Atamer, Yeni Açılımlar, 291, 327.

des Verwendungsgegners auszugehen ist, hat daher in Deutschland, wo die Inhaltskontrolle allgemeiner Geschäftsbedingungen bereits seit einigen Jahren entsprechend gesetzlich fixiert ist, erwartungsgemäß auch bereits in einer Vielzahl von Fällen die obergerichtliche Rechtsprechung beschäftigt,[108] die hierdurch wiederholt die Gelegenheit hatte, den Maßstab der Angemessenheitskontrolle näher zu konkretisieren.

Ausgangspunkt einer jeden Angemessenheitsprüfung sind stets die Vorschriften des dispositiven[109] Rechts, welche gelten würden, wenn die betreffende Klausel nicht vereinbart worden wäre.[110] Die von diesen Bestimmungen erfolgte Abweichung muss – um zu einer Unwirksamkeit der in Rede stehenden Klausel zu gelangen – für die andere Vertragspartei Nachteile von einigem Gewicht begründen.[111] Dies lässt sich wiederum dann bejahen, wenn der Verwender durch einseitige Vertragsgestaltung missbräuchlich eigene Interessen auf Kosten seines Vertragspartners durchzusetzen versucht, ohne von vornherein auch dessen Belange hinreichend zu berücksichtigen und ihm einen angemessenen Ausgleich zuzugestehen.[112] Für die diesbezügliche Prüfung bedarf es einer umfassenden Würdigung, in welche die Interessen beider Parteien, die Anschauungen der beteiligten Verkehrskreise und die sich aus der Gesamtheit der Rechtsordnung ergebenden Bewertungskriterien einzubeziehen sind. Auszugehen ist dabei von Gegenstand, Charakter, Zweck und Eigenart des Vertrages,[113] wobei die zu prüfende Klausel vor dem Hintergrund des Gesamtbildes des Vertrages auszulegen und zu bewerten ist.[114]

Auf den Vertragshändlervertrag übertragen bedeutet dies, dass vor allem die dispositiven Regelungen der §§ 675 ff., 611 ff. BGB bzw. Art. 393 ff. tOG und – soweit diese analog anwendbar sind – der §§ 84 ff. dHGB bzw. Art. 102 ff. tHGB als Prüfungsmaßstab heranzuziehen sind. Daneben ist ein besonderes Augenmerk auf die den Vertragshändlervertrag prägenden Hauptpflichten der Parteien in Gestalt von Absatzförderungs- und Interessenwahrnehmungspflicht des Vertragshändlers einerseits sowie der damit korrespondierenden besonderen Treuepflicht des

108 Vgl. Grüneberg, in: Palandt, § 307 Rn. 55 ff. mit zahlreichen Einzelfällen, speziell zu Handelsvertreterfällen Rn. 97, zu Vertragshändlerfällen Rn. 141.

109 Zwingende gesetzliche Vorschriften können selbstverständlich nicht durch AGB abbedungen werden und entsprechende Klauseln sind unwirksam.

110 BGH NJW 1994, 1069, 1070; Atamer, Yeni Açılımlar, 291, 305.

111 OLG Hamm NJW 1981, 1049, 1050; Atamer, Yeni Açılımlar, 291, 305.

112 BGHZ 90, 280, 284; 120, 108, 118; NJW 2000, 1110.

113 BGH NJW 1986, 2102; NJW 1987, 2575, 2576.

114 BGHZ 106, 263; 136, 27, 30.

Unternehmers andererseits, zu legen.[115] Pauschale, für alle Vertragshändlerverträge gleichermaßen geltende Grundsätze können insoweit allerdings kaum aufgestellt werden. Vielmehr sind in die Bewertung der einzelnen Klauseln stets die Besonderheiten der betroffenen Branche und die im Einzelfall vorliegenden wirtschaftlichen Rahmenbedingungen der Parteien unter Berücksichtigung des gesamten Vertragswerks einzustellen. Tendenziell lässt sich dabei sagen, dass den erwarteten Belangen des Vertragshändlers umso mehr Rechnung zu tragen ist, je größer die ihm vertraglich auferlegten wirtschaftlichen und rechtlichen Risiken, z. B. in Gestalt von Investitionspflichten, sind.[116]

Typische Klauselprobleme und Risiken in der praktischen Vertragsgestaltung werden an späterer Stelle, insbesondere im Rahmen der Darstellung der Rechte und Pflichten der Parteien aufgegriffen und im dortigen Zusammenhang erläutert.

Die Rechtsfolgen einer der Inhaltskontrolle nicht standhaltenden AGB-Klausel richten sich im deutschen Recht wiederum nach § 306 BGB, wonach die betreffende Klausel zwar nicht Vertragsbestandteil wird, der Vertrag im Übrigen im Regelfall aber wirksam bleibt.

Im türkischen Recht bestimmt sich die Rechtsfolge unangemessen benachteiligender Klauseln nach der allgemeinen Teilnichtigkeitsbestimmung des Art. 27 Abs. 2 tOG, wonach im Zweifelsfall ebenfalls von der Gültigkeit des Restvertrages auszugehen ist.

Eine Besonderheit hat der Gesetzgeber allein für den Fall des Art. 24 tOG vorgesehen. Hiernach gelten Klauseln, in denen sich der Ersteller ein nachträgliches Änderungsrecht für die vertraglichen Bestimmungen vorbehalten hat, „als nicht geschrieben". Die Rechtsfolge der „als nicht geschrieben" geltenden Klauseln richtet sich indes wiederum nach Art. 22 tOG, nach dem sich der Ersteller nicht darauf berufen kann, dass er den Vertrag in Kenntnis der Unwirksamkeit der betreffenden Klausel nicht abgeschlossen hätte. Mit anderen Worten bleibt der Verwender einer solchen Klausel also auch in besonderen Härtefällen, etwa aufgrund einer gravierenden Änderung der wirtschaftlichen Verhältnisse, an den Vertrag gebunden und kann sich nicht auf dessen Gesamtnichtigkeit berufen. Warum der Gesetzgeber speziell und allein in diesem Fall eine von der üblichen Rechtsfolge für nach der Inhaltskontrolle unwirksame Klauseln abweichende Regelung getroffen und insoweit wieder einen Rückgriff auf die Rechtfolge der bereits aus formellen Gründen nicht wirksam in den Vertrag einbezogenen oder für „überraschend"

115 Dau, in: Schultze u. a., Der Vertragshändlervertrag, Rn. 61; Demir-Gökyayla, Milletlerarası Özel Hukukta Tek Satıcılık Sözleşmeleri, S. 65.

116 Dau, aaO.

zu erachtenden Klauseln genommen hat, ergibt sich aus der Gesetzesbegründung nicht. Auch ist ein sachlicher Grund für diese systemfremde Besonderheit m. E. nicht ersichtlich.

3. Kartellrechtsnormen

Die Vorgaben des europäischen und deutschen bzw. des türkischen Kartellrechts sind für die Ausgestaltung eines Vertragshändlervertrages von großer Bedeutung. Dabei birgt insbesondere die in der Praxis nicht selten zu beobachtende Heranziehung von Handelsvertreterverträgen als Muster für den abzuschließenden Vertragshändlervertrag nicht unerhebliche Risiken für die Vertragsparteien. Anders als der im Namen des Unternehmers und in dessen Vertretung handelnde Handelsvertreter trägt der Vertragshändler sein Vermarktungsrisiko selbst. In Handelsvertreterverträgen typischerweise geregelte Beschränkungen, wie Preisbindungen, Wettbewerbsverbote, territoriale Beschränkungen oder Beschränkungen des Kundenkreises, können dem Vertragshändler daher in weit geringerem Maße auferlegt werden als einem Handelsvertreter. Kartellrechtliche Verstöße führen zur Nichtigkeit der betreffenden Vertragsbestimmungen und damit zumindest zu einer Lückenhaftigkeit des Vertrages, die ggf. sogar dessen Gesamtnichtigkeit (vgl. § 139 BGB und Art. 27 tOG) nach sich ziehen kann. Zudem machen die Wettbewerbsbehörden bei der Feststellung von Kartellrechtsverstößen regelmäßig von ihrer Befugnis Gebrauch, Bußgelder in zum Teil empfindlicher Höhe zu verhängen.

a. Europäisches und deutsches Kartellrecht

Welche Vereinbarungen unter kartellrechtlichen Aspekten erlaubt sind, bestimmt sich im deutschen Recht vorrangig nach dem Vertrag über die Arbeitsweise der Europäischen Union (AEUV)[117] und nach dem Gesetz gegen Wettbewerbsbeschränkungen (GWB)[118]. Rechtsgrundlage für die kartellrechtlichen Einschränkungen der Vertragsfreiheit bilden dabei Art. 101 Abs. 1 AEUV und § 1 GWB. Im Verhältnis der europäischen zu den deutschen Bestimmungen ordnet dabei Art. 3 der VO Nr.

117 Konsolidierte Fassung in der Bekanntmachung vom 9. Mai.2008 (ABl. EG Nr. C 115 v. 9.5.2008, S. 47). Seinen heutigen Namen erhielt der AEUV mit Inkrafttreten des Vertrages von Lissabon am 1. Dezember 2009, der den Vertrag zur Gründung der Europäischen Gemeinschaft (EGV) v. 25.03.1957 entsprechend umbenannte.

118 BGBl. I S. 2114, ber. BGBl. I 2009 S. 3850; zuletzt geändert durch Art. 13 Abs. 21 Gesetz v. 25.05.2009 (BGBl. I S. 1102)

1/2003[119] den materiell-rechtlichen Bestimmungen des Gemeinschaftsrechts den Vorrang ein, was durch den im Zuge der 7. GWB-Novelle eingeführten § 22 GWB auch im deutschen Recht noch einmal ausdrücklich gesetzlich klargestellt worden ist. Voraussetzung für die Einschlägigkeit des europäischen Gemeinschaftsrechts ist gem. Art. 3 VO 1/2003 allerdings, dass „die Wettbewerbsbeschränkungen geeignet sind, den zwischenstaatlichen Handel zu beeinträchtigen" (sog. Zwischenstaatlichkeitsklausel). Hat der Vertrag demgegenüber lediglich Auswirkungen innerhalb Deutschlands, sind die betreffenden Vertragsklauseln allein am Maßstab des GWB zu messen.[120]

Rein praktisch dürfte es allerdings seit Inkrafttreten der 7. GWB-Novelle am 01.07.2005 keinen Unterschied mehr machen, ob europäisches oder deutsches Kartellrecht einschlägig ist. Aufgrund der Angleichung der GWB-Regelungen an das Normgefüge der europäischen Regelungen wird das Ergebnis der Prüfung, ob ein Kartellrechtsverstoß vorliegt, nämlich praktisch immer das Gleiche sein.

Vertragsbestimmungen, die gegen das Verbot wettbewerbsbeschränkender Vereinbarungen (Art. 101 Abs. 1; § 1 GWB) verstoßen, sind grundsätzlich nichtig (Art. 101 Abs. 2 AEUV; § 134 BGB) und können – anders als unwirksame AGB – mit empfindlichen Bußgeldern belegt werden (Art. 23 Abs. 2 lit. a VO 1/2003; § 81 GWB). Nach Art. 101 Abs. 3 AEUV i. V. m. Art. 3 VO 1/2003 bzw. § 2 Abs. 1 GWB sind derartige Vereinbarungen allerdings unter bestimmten Voraussetzungen vom Verbot des Art. 101 Abs. 1 bzw. § 1 GWB freigestellt. Durch die Einführung dieses Legalausnahmensystems mit Inkrafttreten der VO 1/2003 vom 16.12.2002 sind die Unternehmen von ihrer Anmeldepflicht gegenüber der Kommission entbunden worden und haben statt dessen eigenverantwortlich zu überprüfen, dass ihre Vereinbarungen den freien Wettbewerb tatsächlich nicht beeinträchtigen und gegen die diesbezüglichen gesetzlichen Vorgaben verstoßen. Da sich die sichere Selbsteinschätzung, an Hand der Vorgaben der Art. 101 Abs. 3 AEUV bzw. § 2 Abs. 1 GWB sehr schwierig darstellt, kommt in der Praxis den auf Grundlage des Art. 101 Abs. 3 AEUV erlassenen Gruppenfreistellungsverordnungen, die nach der dynamischen Verweisung des § 2 Abs. 2 GWB auch im Rahmen des deutschen Rechts gelten, besondere Bedeutung zu. Haben die Parteien

---

119 Verordnung (EG) Nr. 1/2003 des Rates vom 16. Dezember 2002 zur Durchführung der in den Artikeln 81 und 82 des Vertrags niedergelegten Wettbewerbsregeln.

120 Bei Prüfung der Frage, ob Zwischenstaatlichkeit zu bejahen ist, können die – allerdings unverbindlichen – Leitlinien der Kommission über den Begriff der Beeinträchtigung des zwischenstaatlichen Handelns in den Art. 81 und 82 EG (ABl. Nr. C 101 v. 27.04.2004, S. 81 ff.) als Auslegungshilfe herangezogen werden.

die Freistellungsvoraussetzungen dieser Verordnungen erfüllt, brauchen sie das Vorliegen der speziellen Freistellungsvoraussetzungen des Art. 101 Abs. 3 AEUV bzw. § 2 Abs. 1 GWB nicht mehr nachzuweisen, um einen Verstoß gegen Art. 101 Abs. 1 AEUV bzw. § 1 GWB negieren zu können (sog. safe harbour).

b. Türkisches Kartellrecht

Die normative Grundlage des türkischen Wettbewerbsrechts bildet das am 13. Dezember 1994 im Türkischen Amtsblatt veröffentlichte Gesetz über den Schutz des Wettbewerbs (Gesetz Nr. 4054) (im Folgenden: tGSW)[121]. Der in Art. 4 tGSW geregelte Verbotstatbestand bzgl. wettbewerbsbeschränkender Vereinbarungen, aufeinander abgestimmter Verhaltensweisen und Beschlüsse folgt dabei inhaltlich dem Vorbild des Art. 101 AEUV (damals Art. 81 EG). Das kartellrechtliche Verfahren weist deutliche Parallelen zu den in der VO 1/2003 (damals VO Nr. 17/62) geregelten europäischen Verfahrensvorschriften auf. Die enge Anlehnung an das europäische Wettbewerbsrecht überrascht jedoch schon deshalb nicht, weil die Rezeption fremden Rechts durch den türkischen Gesetzgeber in der Vergangenheit bereits wiederholt erfolgte.

Vorliegend kommt darüber hinaus hinzu, dass der Erlass des Gesetzes über den Schutz des Wettbewerbs nicht allein der Verwirklichung der verfassungsrechtlichen Vorgaben des Art. 167 Abs. 1 der türkischen Verfassung dient, wonach der Staat Maßnahmen zu ergreifen hat, welche das gesunde und geordnete Funktionieren der Geld-, Kredit-, Kapital-, Waren- und Dienstleistungsmärkte gewährleisten und fortentwickeln sowie die faktische oder sich aus Verträgen ergebende Bildung von Monopolen und Kartellen zu verhindern hat. Vielmehr erfüllt das Gesetz zudem auch wesentliche Vorgaben aus dem Assoziierungsverhältnis der Europäischen Gemeinschaft zur Türkei.

Am 01. Dezember 1964 trat das Assoziierungsabkommen zwischen der Türkei und der Europäischen Wirtschaftsgemeinschaft vom 12. September 1963 in Kraft, ergänzt durch das Zusatzabkommen vom 19. Dezember 1972, welches auf eine Assoziierung der Türkei zur EG abzielt. Dieses Abkommen sieht drei Entwicklungsphasen vor, deren Endphase mit dem Beschluss Nr. 1/95 des Assoziationsrates EG-Türkei vom 22. Dezember 1995 eingeleitet worden ist. In Art. 39 dieses Beschlusses wurde die Türkei im Hinblick auf die mit der Zollunion angestrebte wirtschaftliche Integration verpflichtet, die bestehenden Rechtsvorschriften im Bereich des Wettbewerbsrechts denen der Europäischen Gemeinschaft anzupassen. Insoweit musste der türkische

---

121 RG v. 13.12.1994, 22140.

Gesetzgeber vor Inkrafttreten der Zollunion ein Wettbewerbsgesetz erlassen, die Beachtung der in den EG-Gruppenfreistellungsverordnungen und der Rechtsprechung des EuGH zum Ausdruck kommenden Grundsätze gewährleisten sowie eine Wettbewerbsbehörde errichten (vgl. Art. 39 Abs. 2 lit. a und b des Beschlusses Nr. 1/95).[122] Diesen Vorgaben ist die Türkei nachgekommen. Nachdem das türkische Wettbewerbsgesetz bereits vor in Krafttreten des Beschlusses Nr. 1/95 erlassen worden ist,[123] nahm die Wettbewerbsbehörde mit der Bekanntgabe der Vervollständigung ihrer Organisation durch die Verordnung (*Tebliğ*) Nr. 1997/5[124] ihre Tätigkeit auf. Auch hat der Wettbewerbsausschuss, das wichtigste Organ der Wettbewerbsbehörde, in der Folge von seiner in Art. 5 Abs. 2 tGSW eingeräumten Befugnis Gebrauch gemacht und – dem europäischen Vorbild folgend – Verordnungen über Gruppenfreistellungen erlassen. Die Rechtsprechung des EuGH und die Praxis der Kommission haben bei Entscheidungen des türkischen Wettbewerbsausschusses wiederholt Berücksichtigung gefunden.[125]

Letztlich entsprach es zudem auch einem Gebot wirtschaftspolitischer Vernunft, das türkische Wettbewerbsrecht an den Rechtsrahmen der Europäischen Gemeinschaft anzugleichen. Die Mitgliedstaaten der Europäischen Gemeinschaften sind die wichtigsten Handelspartner der Türkei, so dass sich Wettbewerbsbeschränkungen in den wechselseitigen Wirtschaftsbeziehungen regelmäßig auch in der Gemeinschaft auswirken und dort von den Wettbewerbsbehörden entsprechend geahndet werden. Vor diesem Hintergrund liegt es aber auch im Interesse der

122 Eingehend zu der streitigen Frage, ob der Beschluss 1/95 in der Türkei ordnungsgemäß in Kraft gesetzt worden ist und die Bestimmungen des Beschlusses, insbesondere die materiell-rechtlichen Regelungen des Kartell- und Missbrauchsverbots nach den Art. 32 und 33 selbst in der Türkei normative Kraft besitzen, Körtek, Das türkische Kartellrecht, S. 194 ff.; Gürzumar, in: Atamer/Hopt, Kompatibilität des türkischen und europäischen Wirtschaftsrechts, S. 228, 239 ff.

123 Fn. 121.

124 RG v. 04.11.1997, 23160.

125 Vgl. Entscheidungen des Wettbewerbsausschusses: RKK, v. 20.7.2001, Akte Nr., S.R. 01/1, EntscheidungsNr. 01-35/347-95; RKK, v. 02.11.2000, Akte Nr. D1/1/Ç.D.-98/5, EntscheidungsNr. 00-42/453-247; RKK v. 20.10.2000, D4/1/A.I.-99/2, EntscheidungsNr. 00-40/443-243; RKK v. 19.09.2000, AkteNr. D1/1/C.S.-99/2, EntscheidungsNr. 00-35/384-214; RKK v. 28.4.1999, AkteNr. D1/1/I.A.Y.-99/3, EntscheidungsNr. 99-21/170-89 (Die Entscheidungen sind unter www.rekabet.gov.tr abrufbar).

türkischen Unternehmen, sich an die gemeinschaftlichen Standards des Marktverhaltens anzupassen.[126]

Neben den überwiegenden Gemeinsamkeiten können jedoch auch nicht zu vernachlässigende Unterschiede zwischen den Rechtsordnungen festgestellt werden. Ein wesentlicher systematischer Unterschied besteht darin, dass in der Türkei seit der Gesetzesänderung im Juli 2005 die Anmeldung wettbewerbsbeschränkender Vereinbarungen, Beschlüsse und aufeinander abgestimmter Verhaltensweisen für die Erhaltung der individuellen Freistellung zwar ebenfalls nicht mehr obligatorisch ist, die Erteilung von Einzelfreistellungen aber immer noch eine Entscheidung des Wettbewerbsausschusses erfordert (Art. 5 Abs. 1, Art. 27 lit. b tGSW). Das türkische Recht kennt also das oben dargestellte, mit der Verordnung Nr. 1/2003 in der EU eingeführte Legalausnahmeprinzip, wonach die Ausnahme vom Verbot von Wettbewerbsbeschränkungen nach Art. 101 Abs. 3 AEUV (vormals Art. 81 Abs. 3 EG) im Falle der Erfüllung der dortigen Voraussetzungen *ipso iure* eintritt, nicht.

Weitere Unterschiede ergeben sich beispielsweise hinsichtlich der Marktanteilsschwellen für die Eröffnung des Anwendungsbereichs einzelner Gruppenfreistellungsverordnungen, der Freistellungsdauer bestimmter Vereinbarungen oder den Regeln zur effektiven Durchsetzung der Wettbewerbsregeln, insbesondere der möglichen Sanktionen.

Die näheren Einzelheiten werden aufgrund der hervorgehobenen Bedeutung des Kartellrechts für das Vertragshändlerrecht an späterer Stelle in einem gesonderten Abschnitt behandelt.[127]

c. *Verhältnis von AGB- und Kartellrecht*

Welche Rolle die kartellrechtlichen Bestimmungen für die Bewertung der Angemessenheitskontrolle nach § 307 BGB bzw. Art. 25 tOG spielen, ist im Einzelnen noch nicht abschließend geklärt. Fest steht, dass eine Klausel, die gegen die zwingenden Vorschriften der Art. 101 AEUV, § 1 GWB bzw. Art. 4 Abs. 1 tGSW verstößt, stets auch als unangemessen im Sinne des AGB-Rechts einzustufen ist.[128] Umgekehrt führt eine kartellrechtliche Unbedenklichkeit freilich nicht automatisch dazu, dass die Klausel auch AGB-rechtlich hinzunehmen wäre. Vielmehr kann auch eine

---

126 Basedow, in: Atamer/Hopt, Kompatibilität des türkischen und europäischen Wirtschaftsrechts, 271, 272 ff.

127 § 3.

128 BGH GRUR 2005, 62, 64; Dammann, in: Wolf/Lindacher/Pfeiffer, AGB-Recht, Klauseln, Rn. V 319.

kartellrechtlich unbedenkliche Klausel zu einer unangemessenen Benachteiligung der anderen Vertragspartei führen.[129] Ausdrücklich offen gelassen hat der BGH indes die Frage, ob die Gruppenfreistellungsverordnungen, nebst den hierzu erlassenen Richtlinien als genereller Prüfungsmaßstab für die Inhaltskontrolle mit der Folge herangezogen werden können, dass eine nach einer Gruppenfreistellungsverordnung vom Kartellverbot freigestellte Vertragsklausel zugleich als „angemessen" i. S. d. § 307 BGB und jede durch eine Gruppenfreistellungsverordnung nicht freigestellte Vertragsbestimmung zugleich als „unangemessen" i. S. d. § 307 BGB bzw. Art. 25 tOG anzusehen wäre.[130] Nach richtiger Ansicht können die Gruppenfreistellungsverordnungen allerdings weder generell noch indiziell als Prüfungsmaßstab für die AGB-Kontrolle herangezogen werden. Dies ergibt sich bereits aus der unterschiedlichen Zielsetzung beider Rechtsgebiete.[131] So sind die Bestimmungen der Gruppenfreistellungsverordnungen primär ordnungspolitisch motiviert und nicht vorrangig auf einen Interessenausgleich zwischen den Vertragsparteien ausgerichtet.[132] Vergegenwärtigt man sich allerdings, dass die Regelungen der Gruppenfreistellungsverordnungen das Ergebnis langer Erörterungen der beteiligten Kreise unter Berücksichtigung der wirtschaftlichen Besonderheiten der betroffenen Branchen sind, liegt es nahe, dass Verstöße gegen diese Gruppenfreistellungsverordnungen regelmäßig auch zur Annahme einer erheblichen Störung des vertraglichen Gleichgewichts und daher zu einer unangemessenen Benachteiligung der anderen Vertragspartei führen.

F. Form des Vertragshändlervertrages und gesetzliche Grenzen der Ausgestaltungsfreiheit

Der Vertragshändlervertrag unterliegt grundsätzlich keinen besonderen Formvorschriften (vgl. Art. 12 Abs.1 tOG). Er kann daher schriftlich, mündlich oder durch konkludentes Handels zustande kommen.[133] Um mögliche zukünftige

---

129 BGH NJW-RR 2005, 1496, 1499.

130 BGH WRP 2004, 1378.

131 Dammann, in: Wolf/Lindacher/Pfeiffer, AGB-Recht, Klauseln, Rn. V 319; Demir-Gökyayla, Milletlerarası Özel Hukukta Tek Satıcılık Sözleşmeleri, S. 65.

132 Dau, in: Schultze u. a., Der Vertragshändlervertrag, Rn. 65.

133 Yargıtay TicD. 29.03.1972, E. 1257, K. 1590 (BATIDER 6 (1971–72), 616 f., für den Handelsvertreter); Krüger, RIW 2009, 771, 772; Nagel, in: Stumpf/Jaletzke/Schultze, Der Vertragshändlervertrag, Rn. 93.

Streitigkeiten hinsichtlich des Umfangs der gegenseitigen Rechte und Pflichten zu vermeiden, versteht es sich jedoch von selbst, den Parteien nahezulegen, den Vertragshändlervertrag schriftlich abzufassen und an die Marktgegebenheiten und sonstigen Besonderheiten der betreffenden Branche anzupassen.[134]

Den Inhalt des Vertragshändlervertrages können die Parteien jedenfalls im Individualvertrag in den Grenzen des dispositiven Gesetzesrechts frei ausgestalten. Ihre Grenze findet die Vertragsfreiheit im türkischen Recht insbesondere in Art. 27 Abs. 1 tOG und im deutschen Recht in § 138 Abs.1 BGB. Nach Art. 27 Abs. 1 tOG ist ein Vertrag nichtig, wenn einen Verstoß gegen zwingende Vorschriften, die guten Sitten, die öffentliche Ordnung oder das Persönlichkeitsrecht mit sich zieht oder sein Inhalt unmöglich ist. Nach § 138 Abs. 1 BGB sind Rechtsgeschäfte, die gegen die guten Sitten verstoßen, nichtig. Ob eine Vereinbarung einen Verstoß gegen die guten Sitten beinhaltet, bedarf stets einer Prüfung des konkreten Einzelfalls.

Im Vertragshändlerrecht können insbesondere Vereinbarungen, die zu einer zu strengen Begrenzung der Selbständigkeit und wirtschaftlichen Bewegungsfreiheit des Vertragshändlers führen, einen Verstoß gegen die guten Sitten begründen.[135] Diskutiert wird diese Frage häufig im Zusammenhang mit der vertraglich vereinbarten Vertragsdauer. Dabei wird zu Recht darauf hingewiesen, dass langfristige oder gar zeitlich unbegrenzte Vertragsvereinbarungen regelmäßig keinen Verstoß gegen §138 Abs. 1 BGB oder gegen den Art. 27 Abs.1 tOG begründen können, da eine lange Vertragslaufzeit die wirtschaftliche Bewegungs- und Entscheidungsfreiheit des Vertragshändlers gerade nicht beschränkt.[136] Häufig wird eine langfristige Laufzeit des Vertragshändlervertrags wegen der von ihm im Hinblick auf das Vertragsverhältnis getätigten Anfangsinvestitionen sogar im Interesse des Vertragshändlers liegen. Etwaige Nachteile, die ihm aus einer längerfristigen Vertragsbindung erwachsen könnten, werden jedenfalls durch das Recht zur jederzeitigen Kündigung aus wichtigem Grund weitgehend aufgefangen.

Die Gefahr, dass der Vertragshändler in seiner wirtschaftlichen Bewegungs- und Entscheidungsfreiheit unangemessen beschränkt werden könnte,

---

134 Westphal, Vertragshändler, Rn. 45; Eren, Borçlar Hukuku Genel Hükümler, S. 238.

135 BGH NJW-RR 1993, 1461, 1461; Demir-Gökyayla, Milletlerarası Özel Hukukta Tek Satıcılık Sözleşmeleri, S. 58.

136 Jaletzke, in: Stumpf/Jaletzke/Schultze, Der Vertragshändlervertrag, Rn. 607; Karayalçın, Meseleler ve Görüşler, S. 95; İşgüzar, Tek Satıcılık Sözleşmesi S. 106; Demir-Gökyayla, Milletlerarası Özel Hukukta Tek Satıcılık Sözleşmeleri, S. 60.

ist folglich naheliegender bei sehr kurz bemessenen Vertragslaufzeiten.[137] Da es in diesen Fällen für den Vertragshändler u. U. schwierig werden könne, seine Investitionen zu amortisieren, könnten zu kurz befristete Verträge daher nach einer insbesondere in der türkischen Literatur vertretenen Ansicht einen Verstoß gegcn Art. 27 Abs.1 tOG begründen.[138] Dieser Ansicht ist jedoch entgegen zu halten, dass es dem Vertragshändler als sorgfältigem Kaufmann grundsätzlich auch abverlangt werden kann, sorgfältig zu kalkulieren, ob ihm auch ein für eine sehr begrenzte Zeit abgeschlossener Vertragshändlervertrag eine ausreichende Rendite garantiert. Erscheint ihm das unternehmerische Risiko insofern zu groß oder zu ungewiss, so sollte er von dem Vertragsabschluss Abstand nehmen. Macht er dies nicht, lässt sich die Sittenwidrigkeit des Vertrages allein auf diesen Umstand m. E. nicht begründen.[139]

137 İşgüzar, Tek Satıcılık Sözleşmesi, S. 108.

138 Demir-Gökyayla, Milletlerarası Özel Hukukta Tek Satıcılık Sözleşmeleri, S. 61; İşgüzar, Tek Satıcılık Sözleşmesi S. 108.

139 Zu den Grenzen der Laufzeitbestimmung und den Beendigungsmöglichkeiten des Vertragshändlervertrages vgl. unten, § 4 B. und C.

§ 2 Die Rechte und Pflichten der Parteien

Im folgenden Kapitel sollen die wesentlichen Haupt- und Nebenpflichten der Parteien, namentlich, die Lieferpflicht, die Treuepflicht, die Pflicht zur Ausreichung elementarer Verkaufsunterlagen, die Informationspflicht, die Pflicht zur Wahrung von Geschäfts- und Betriebsgeheimnissen, die Gleichbehandlungspflicht und die Qualitätsicherungspflicht des Unternehmers sowie die Absatzförderungspflicht, die Werbepflicht, die Abnahmepflicht, die allgemeine Treue- und Interessenwahrnehmungspflicht, die Informationspflicht, die Pflicht zur Wahrung von Geschäfts- und Betriebsgeheimnisse, die Weisungsbefolgungspflicht, die Pflicht zur Tätigkeit auf den Anschlussmärkten und das Wettbewerbsverbot des Vertragshändlers dargestellt werden. Da sich die Grundpflichten der Parteien dabei im deutschen und türkischen Recht nicht unterscheiden, soll insoweit eine gemeinsame Darstellung erfolgen.

A. Pflichten des Unternehmers

Die Pflichten des üblicherweise marktstärkeren Unternehmers sind in den meisten Vertragshändlerverträgen allenfalls rudimentär geregelt und beschränken sich insoweit regelmäßig auf die gesetzlich vorgeschriebenen Mindestanforderungen.

I. Lieferpflicht

Primäres Ziel beider Vertragsparteien ist es, durch den gewählten Vertriebsweg möglichst hohe Vertriebszahlen zu erzielen. Die Förderung des Absatzes der Vertragsprodukte ist auf Seiten des Vertragshändlers daher auch synallagmatische Hauptleistungspflicht.[140] Die Erfüllung dieser Pflicht setzt jedoch zunächst eine ausreichende Belieferung des Vertragshändlers mit den Vertragswaren voraus. Da die ausreichende Belieferung des Vertragshändlers mit Vertragsprodukten grundsätzlich aber auch dem Interesse des Unternehmers entspricht, finden sich im Vertragshändlervertrag in der Regel keine ausdrücklichen

140 Vgl. § 2 B. I.

Bestimmungen zur Lieferpflicht des Unternehmers. Dies erscheint im Übrigen zudem auch durchaus konsequent, da der Vertragshändlervertrag als Rahmenvertrag, der lediglich die rechtliche Grundlage für spätere Bestellungen bildet, anders als etwa ein Sukzessivlieferungsvertrag selbst überhaupt kein Warenaustauschverhältnis begründet. Nach einer Ansicht stellt die Lieferpflicht des Unternehmers daher auch keine vertragliche Hauptpflicht, sondern lediglich eine aus der Treuepflicht abgeleitete Nebenpflicht dar.[141] Im Ergebnis ist es allerdings allgemein anerkannt, dass der Unternehmer nicht willkürlich und ohne sachlichen Grund bei seinen geschäftlichen Dispositionen den Interessen des Vertragshändlers zuwiderhandeln darf.[142] Auch der Vertragshändler kann seine vertragliche Hauptpflicht nur dann erfüllen, wenn der Unternehmer dem Vertragshändler die gewünschte Menge an Produkten liefert. Kommt es daher zu Lieferengpässen gegenüber dem Vertragshändler – seien diese produktionsbedingt oder durch eine unzureichende Belieferung des Unternehmers selbst veranlasst – so erleidet dieser aufgrund seiner vertraglichen Bindung zum ausschließlichen Bezug der Vertragswaren vom Unternehmer, materielle Einbußen und macht sich ggf. gegenüber seinen Kunden selbst schadensersatzpflichtig. Vor dem Hintergrund dieser Interessenlage bezeichnet die h. M. die Lieferpflicht des Unternehmers – selbst ohne entsprechende vertragliche Ausgestaltung – zu recht als vertragliche Hauptpflicht.[143]

1. Umfang der Lieferpflicht

Unbestritten handelt es sich bei der Lieferpflicht nicht um eine solche im strengen Sinne, gemäß derer der Unternehmer jede Bestellung des Vertragshändlers losgelöst von den sonstigen vertraglichen Vereinbarungen und Entwicklungen der tatsächlichen und wirtschaftlichen Gegebenheiten ausführen müsste.[144] So genießt der Unternehmer selbstverständlich die unternehmerische Dispositionsfreiheit, seine Produktion jederzeit um- oder einzustellen.[145] Er muss auch nicht

141 Ulmer, S. 313; Westphal, Vertragshändler, Rn. 516 ff.

142 BGH NJW 1958, 1138; Dau, in: Schultze u.a., Der Vertragshändlervertrag, Rn. 278.

143 İşgüzar, Tek Satıcılık Sözleşmesi S. 88; Demir-Gökyayla, Milletlerarası Özel Hukukta Tek Satıcılık Sözleşmeleri, S. 76; Şenol, Bayilik Sözleşmesi, S. 55; Topçuoğlu; Acentelik ve Dağıtım Sözleşmeleri, S. 65; Bulur, YÜHFD 2012, 755, 762; Dau, in: Schultze u.a., Der Vertragshändlervertrag, Rn. 277; Genzow, in: Ensthaler, § 86b Rn. 16.

144 Dau, in: Schultze u.a., Der Vertragshändlervertrag, Rn. 277.

145 BGH BB 1972, 193; BB 1985, 218, 222.

in so großer Stückzahl produzieren oder einkaufen, dass er mit Sicherheit alle möglichen zukünftigen Bestellungen erfüllen kann.[146]

Schutz bedarf der Vertragshändler vorrangig vor einer willkürlichen Ablehnung seiner Belieferung, die ohne sachlichen Grund erfolgt.[147] Wann die Ablehnung der Bestellung als willkürlich anzusehen ist, hängt von den Umständen des Einzelfalles ab und bedarf einer Abwägung der widerstreitenden Interessen der Vertragsparteien.[148] Dabei gilt der Grundsatz, dass die Anstrengungen des Unternehmers, den Vertragshändler beliefern zu können umso größer sein müssen, je stärker der Vertragshändler – etwa in Folge von Alleinbezugs- oder Mindestabnahmeverpflichtungen – in die Absatzorganisation des Unternehmers eingliedert ist.[149]

2. Vertragliche Beschränkungen der Lieferpflicht

Mustervertragshändlerverträge enthalten nicht selten Klauseln, in denen der Unternehmer in bestimmten Situationen von seiner Lieferpflicht befreit ist.

a. Subjektive Unmöglichkeit

Bei der Vertragsware handelt es sich regelmäßig um Gattungsware, so dass der Unternehmer grundsätzlich erst dann von seiner Beschaffungspflicht frei wird, wenn die gesamte Gattung untergegangen ist.[150] Gängig ist daher insbesondere, dass der Unternehmer versucht, sich von seiner Lieferpflicht für den Fall des Eintritts subjektiver Unmöglichkeit möglichst umfassend freizuzeichnen und die Gattungsschuld damit im Ergebnis auf eine bloße Vorratsschuld zu begrenzen.[151]

Derartige Klauseln können jedoch nicht uneingeschränkt zulässig sein.[152] Beschränkungen der Lieferpflicht sind vielmehr am Maßstab von Treu und Glauben

---

146 BGH NJW 1958, 1138.

147 Demir-Gökyayla, Milletlerarası Özel Hukukta Tek Satıcılık Sözleşmeleri, S. 77; Poroy/Yasaman, Ticari İşletme Hukuku, S. 241; Westphal, Vertragshändler, Rn. 526; Dau, in: Schultze u.a., Der Vertragshändlervertrag, Rn. 277.

148 Dau, in: Schultze u.a., Der Vertragshändlervertrag, Rn. 278.

149 Ulmer/Eilfort, in: Stumpf/Jaletzke/Schultze, Der Vertragshändlervertrag, S. 120, Rn. 343; Westphal, Vertragshändler, Rn. 526.

150 Vgl. § 276 BGB; Eren, Borçlar Hukuku, S. 922.

151 Grüneberg, in: Palandt, § 243 Rn. 3; Demir-Gökyayla, Milletlerarası Özel Hukukta Tek Satıcılık Sözleşmeleri, S. 76.

152 Westphal, Vertragshändler, Rn. 523; Demir-Gökyayla, Milletlerarası Özel Hukukta Tek Satıcılık Sözleşmeleri, S. 77.

zu messen[153] und haben die widerstreitenden wirtschaftlichen Interessen der Parteien angemessen zu berücksichtigen. Vereinbaren die Parteien beispielsweise Mindestabnahmeklauseln oder Jahreszielvereinbarungen, die vornehmlich dazu dienen, dass der Unternehmer seine Produktionskapazitäten planen und die Produkte auf sein Vertriebssystem aufteilen kann, so muss sich der Vertragshändler grundsätzlich auch darauf verlassen können, dass die entsprechend vereinbarten Volumina auch zur Auslieferung kommen.[154] Es obliegt daher dem Unternehmer, bei der Planung der von ihm festgelegten Liefermenge alle denkbaren Umstände zu berücksichtigen, die einer Lieferung entgegenstehen könnten. Folglich kann sich der Unternehmer auch nur für den Fall unverschuldeter Unmöglichkeit von seiner Lieferpflicht freizeichnen.[155] Verkauft der Unternehmer daher beispielsweise Vertragswaren in einem Umfang, welche die festgelegten Margen beeinträchtigen können, nimmt er insbesondere weitere Bestellungen anderer Händler an, ohne seine Herstellungskapazität im erforderlichen Umfang zu erhöhen oder begibt er sich der Liefermöglichkeit, indem er ungerechtfertigt bevorzugt einen anderen Vertragshändler beliefert, so kann sich der Unternehmer nach Rechtsprechung und h. M. nicht auf eine Haftungsfreizeichnung wegen mangelnder Liefermöglichkeit berufen.[156]

Unangemessen benachteiligend i. S. d. § 307 Abs. 1, Abs. 2 Nr. 1 BGB und daher unwirksam sind nach der Rechtsprechung des Bundesgerichtshofs zudem solche Klauseln, gemäß derer der Unternehmer die Ausführung bereits angenommener Bestellungen nachträglich wieder ablehnen oder den Vertragshändler im Hinblick auf einen zwischenzeitlich erfolgten Modellwechsel auf die Abnahme eines Nachfolgemodells verweisen kann.[157] Eine derartige Freizeichnung würde auf einen Rücktritts- bzw. Änderungsvorbehalt hinauslaufen, der im deutschen Recht über die Ausstrahlungswirkung des § 308 Nr. 3 bzw. Nr. 4 BGB gemäß der Generalklausel des § 307 BGB jedenfalls in dieser Pauschalität für unwirksam zu erachten ist.[158] Gleiches gilt für das türkische Recht gem. Art. 24 tOG mit der Rechtsfolge des Art. 22 tOG.

153 İşgüzar, Tek Satıcılık Sözleşmesi, S. 88.
154 Genzow, Vertragshändlervertrag, Rn. 82.
155 İşgüzar, Tek Satıcılık Sözleşmesi S. 88; Genzow, Vertragshändlervertrag, Rn. 82.
156 BGH NJW 1994, 1060, 1062; Genzow, Vertragshändlervertrag, Rn. 82; İşgüzar, Tek Satıcılık Sözleşmesi, S. 88.
157 BGH BB 1985, 218, 222.
158 BGH BB 1985, 218, 222; Dau, in: Schultze u.a., Der Vertragshändlervertrag, Rn. 284.

Für zulässig erachtet die h. M. demgegenüber Freizeichnungs-, Vorrats- oder Selbstbelieferungsklauseln, die lediglich dem Zweck dienen, den Unternehmer vor der Haftung für eine unverschuldete Unmöglichkeit der Lieferung von Gattungsware zu schützen, die auf unvorhersehbare Umstände zurückzuführen ist, welche ihre Ursache in einem kongruenten Deckungsverhältnis zu einem bislang zuverlässigen bzw. bewährten Vorlieferanten haben.[159] Auch in diesem Fall bleibt der Unternehmer jedoch dazu verpflichtet, alle zumutbaren Anstrengungen zur Beschaffung der Waren zu unternehmen.[160] Im geschäftlichen Verkehr sind Klauseln wie „solange der Vorrat reicht“[161], „Lieferung vorbehalten“, „richtige und rechtzeitige Selbstbelieferung vorbehalten“[162], „nach Maßgabe seiner Liefermöglichkeiten“[163] nach der deutschen Rechtsprechung im vorbeschriebenen Sinne auszulegen und halten daher einer Inhaltskontrolle nach § 307 Abs. 1, Abs. 2 Nr. 1 BGB stand.

b. Lieferverzögerungen

Eine Vertragsklausel mittels derer sich der Unternehmer für die Haftung für Lieferverzögerungen freizeichnen oder diese auch nur auf grobe Fahrlässigkeit und Vorsatz beschränken will, ist gem. § 307 Abs. 1, Abs. 2 Nr. 2 BGB bzw. Art. 25, 27 tOG unwirksam.[164] Die fristgerechte Lieferung ist eine wesentliche Vertragspflicht, deren Beschränkung die Zweckerreichung der auf Grundlage des Vertragshändlervertrages geschlossenen Einzelkaufverträge gefährden würde.[165]

c. Produktzuteilung bei Lieferengpässen

Auch wenn der Unternehmer aufgrund von unerwarteten Produktionsschwierigkeiten oder unzureichender Belieferung durch seine Vorlieferanten unverschuldet in die Lage gerät, nicht alle Bestellungen seiner Vertragshändler bedienen zu können, ist der Unternehmer keinesfalls in seiner Entscheidung frei, in welchem Verhältnis er die noch vorhandenen Lieferkapazitäten verteilt. Vielmehr zwingen ihn die aus der wirtschaftlichen Abhängigkeit seiner Vertragshändler und die aus dem Umstand, dass die Vertragshändler untereinander im Wettbewerb stehen,

---

159 So bereits RGZ 97, 325 ff.
160 BGH NJW 1968, 889.
161 RGZ 132, 305, 310; OLG München, WM 1985, 362, 363.
162 BGH NJW 1968, 1085.
163 BGH BB 1994, 885, 888.
164 BGH BB 1992, 2460; BB 1994, 885, 888; Demir-Gökyayla, Milletlerarası Özel Hukukta Tek Satıcılık Sözleşmeleri, S. 77.
165 BGH BB 1992, 2460; BB 1994, 885, 888; İşgüzar, Tek Satıcılık Sözleşmesi, S. 89.

hergeleitete Treuepflicht bei der Verteilung der noch zur Verfügung stehenden Waren zur Gleichbehandlung und der Beachtung des Diskriminierungsverbots.[166]

Sachliche Kriterien für die Zuteilung der Waren können dabei insbesondere sein: der Zeitpunkt des Eingangs der Bestellungen[167] oder eine pro-rata-Aufteilung auf alle in einem bestimmten Zeitraum eingegangenen Bestellungen. Aber auch eine bevorzugte Bedienung von Vertragshändlern, die etwa aufgrund einer vereinbarten Alleinbezugsverpflichtung in besondere Abhängigkeit zum Unternehmer stehen, kann im Einzelfall einen angemessenen Umgang mit Lieferengpässen darstellen.[168]

d. Rechtsfolgen bei Verstößen gegen die Lieferpflicht

Beliefert der Unternehmer den Vertragshändler nach Zustandekommen des einzelnen Kaufvertrags aus Gründen, die er zu vertreten hat nicht, so hat er dem Vertragshändler den positiven Schaden zu ersetzen (§ 280 Abs. 1 BGB bzw. Art. 112 tOG), d. h. der Vertragshändler ist so zu stellen, wie er stünde, wenn der Unternehmer seiner Lieferverpflichtung nachgekommen wäre.[169]

Im Falle des Verzuges richtet sich die Schadensersatzpflicht nach §§ 280 Abs. 1 und 2, 286 BGB bzw. Art. 118 tOG.

Der Schadensersatzanspruch verjährt im deutschen Recht drei Jahre nach Ablauf des Kalenderjahres, in dem der Anspruch entstanden ist und der Vertragshändler von den anspruchsbegründeten Umständen Kenntnis erlangt hat oder ohne grobe Fahrlässigkeit erlangen müsste (§§ 195, 199 BGB) und im türkischen Recht gem. Art. 147 Nr. 5 analog, nach Art. 149 tOG innerhalb von fünf Jahren nach Entstehung des Anspruchs.

Ferner kann der Vertragshändler den Vertragshändlervertrag außerordentlich kündigen, wenn die Nichtbelieferung einen wichtigen Grund darstellt.[170]

e. Exkurs: Sachmängelhaftung

Der Unternehmer haftet dem Vertragshändler nach den kaufvertragsrechtlichen Gewährleistungsvorschriften (vgl. § 433 Abs. 1 S. 2, 434 ff. BGB bzw. Art. 219 ff. tOG) dafür, dass er die Waren frei von Sach- und Rechtsmängeln liefert.

---

166 Genzow, in: GK- HGB; § 86b, Rn. 16; Westphal, Vertragshändler, Rn. 528; Dau, in: Schultze u.a., Der Vertragshändlervertrag, Rn. 286; Demir-Gökyayla, Milletlerarası Özel Hukukta Tek Satıcılık Sözleşmeleri, S. 77.

167 OLG München WM 1985, 362, 363.

168 Dau, in: Schultze u.a., Der Vertragshändlervertrag, Rn. 295.

169 Dau, in: Schultze u.a., Der Vertragshändlervertrag, Rn. 286.

170 İşgüzar, Tek Satıcılık Sözleşmesi S. 89.

Problematisch kann dies für den Vertragshändler allerdings immer dann werden, wenn derartige Mängel erst dann auftauchen, wenn er für diese selbst von seinen eigenen Abnehmern in Anspruch genommen wird. Kann der Vertragshändler den Unternehmer in diesen Fällen, etwa wegen Versäumung seiner Rügeobliegenheit nach § 377 HGB bzw. Art. 23 Abs. 1 lit. c tHGB i. V. m. Art. 223 Abs. 2 tOG, der zwischenzeitlich eingetretenen Verjährung oder wegen einer weiterreichenden AGB-rechtlichen Haftungsfreizeichnung des Unternehmers gegenüber derjenigen des Vertragshändlers gegenüber seinen Kunden, nicht in Regress nehmen, droht ihm eine Deckungslücke.

Diese Deckungslücke hat sich bzgl. neu hergestellter Sachen im Zuge der im Jahre 2002 in Deutschland in Kraft getretenen Schuldrechtsreform zugunsten des Vertragshändlers in Teilen relativiert, soweit es sich bei dem zwischen dem Vertragshändler und seinen Kunden geschlossenen Kaufvertrag um einen Verbrauchsgüterkauf handelt. In diesen Fällen gewährleisten die §§ 478 f. BGB, die eine vereinfachte Geltendmachung der Durchgriffsansprüche, die Anwendbarkeit der Beweislastumkehr nach § 476 BGB und eine Angleichung der Verjährungsfristen festschreiben, eine in einigen Punkten bessere Durchsetzbarkeit der seitengleichen Regressansprüche des Vertragshändlers gegenüber dem Unternehmer.[171]

Eine damit vergleichbare Vorschrift kennt das neue tOG nicht. Dies ist indes nur systemkonform, fällt die für den Vertragshändler bestehende Deckungslücke nach der gesetzlichen Ausgestaltung des tOG nämlich ohnehin geringer aus als dies im deutschen Recht mit Blick auf die besonderen Bestimmungen zum Verbrauchsgüterkauf der Fall ist. So kennt das tOG weder die Beweislastumkehrregelung des § 476 BGB und verlangt vielmehr gem. Art. 223 Abs. 1 tOG auch dem Verbraucher zum Erhalt seiner Gewährleistungsansprüche eine unverzügliche Untersuchungs- und Rügepflicht ab noch bedarf es nach türkischem Recht vor der Geltendmachung der Gewähleistungsansprüche einer Nachfristsetzung.

Übernimmt der Unternehmer – wie dies im Bereich von Markenartikeln häufig der Fall ist – eine sog. Herstellergarantie gegenüber dem Endkunden, so ist das hierin verkörperte Garantieversprechen als Haltbarkeitsgarantie i. S. d. § 443 Abs. 1 BGB auszulegen. Die hierdurch begründete Haftung des Unternehmers tritt neben die allgemeine Sachmängelhaftung des Vertragshändlers. Ein hierüber begründeter Ausschluss der Haftung des Vertragshändlers ist unzulässig.[172]

---

171 Ausführlich Dau, in: Schultze u.a., Der Vertragshändlervertrag, Rn. 297 ff.

172 OLG Hamburg NJW-RR 1987, 2036; Dau, in: Schultze u.a., Der Vertragshändlervertrag, Rn. 315.

Gemäß Art. 4 Abs. 3 des türkischen Gesetzes über den Schutz des Verbrauchers haften Hersteller, Verkäufer, Vertragshändler, Handelsvertreter, Exporter und Kreditgeber auch ohne die Abgabe eines solchen Garantieversprechens und unabhängig von der Kenntnis in Bezug auf die Mangelhaftigkeit nach Wahl des Verbrauchers gesamtschuldnerisch für etwaige Mängel an der Kaufsache.

II. Treuepflicht

Schon allein im Hinblick auf seinen Charakter als Dauerschuldverhältnis und der damit einhergehenden engen wirtschaftlichen Zusammenarbeit zwischen Unternehmer und Vertragshändler unterliegen die Parteien eines Vertragshändlervertrages in erhöhtem Maße einer gegenseitigen Treuepflicht. Da der Vertragshändler zum Zwecke der Absatzförderung allerdings nicht allein seine Tätigkeit zur Verfügung stellt, sondern sich darüber hinaus regelmäßig zugleich dazu verpflichtet, seinen gesamten Geschäftsbetrieb weitgehend dem Vertrieb der Vertragswaren unterzuordnen und vom Unternehmer vorgegebene markenspezifische Investitionen zu tätigen, während sich der Unternehmer umgekehrt – im Einzelfall unterschiedlich weit reichende – Weisungs- und Kontrollrechte vorbehält, entsteht schnell eine Situation, die zu einer Kumulierung von Pflichten und Risiken auf Seiten des Vertragshändlers führt und den Unternehmer in die Lage versetzen kann, wirtschaftlichen Druck auf den Vertragshändler auszuüben. Um einem solchen Vertragsungleichgewicht entgegenzuwirken, unterliegt der Unternehmer einer unmittelbar aus dem Vertragshändlervertrag hergeleiteten,[173] zur vertraglichen Hauptpflicht erstarkten,[174] gesteigerten Fürsorge- und Treuepflicht, gemäß derer er den schutzwürdigen Belangen des Vertragshändlers angemessen Rechnung zu tragen hat und dessen Interessen nicht ohne begründeten Anlass zuwiderzuhandeln darf. Entscheidet sich der Unternehmer nämlich dafür, seine Produkte über zwar selbständige, aber vertraglich in seine Absatzorganisation eingebundene, mehr oder minder stark an ihn gebundene Absatzgehilfen zu vertreiben, so begeben sich nicht allein die Vertragshändler eines Teils ihrer

---

173 A. A. OLG Zweibrücken BB 1983, 1301, 1302; Ulmer, Der Vertragshändler, S. 411, die insoweit auf § 242 BGB abstellen; wieder a. A. Emde, in: Staub, Vor § 84, Rn. 307, der die Treuepflicht aus einer analogen Anwendung des § 86 a HGB ableitet.

174 BGH NJW 1985, 623, 625; Genzow, Vertragshändlervertrag, Rn. 81 Demir-Gökyayla, Milletlerarası Özel Hukukta Tek Satıcılık Sözleşmeleri, S. 78; a. A. Westphal, Vertragshändler, Rn. 516; Dau, in: Schultze u.a., Der Vertragshändlervertrag, Rn. 221, die lediglich eine vertragliche Nebenpflicht annehmen.

unternehmerischen Freiheit. Vielmehr obliegt es fortan auch dem Unternehmer, neben seinen eigenen unternehmerischen Interessen auch diejenigen seiner Vertriebspartner gebührend zu berücksichtigen und alles zu unterlassen, was deren Marktposition beeinträchtigt, soweit dies nicht wiederum durch gewichtige Gründe auf Seiten des Unternehmers gerechtfertigt erscheint.[175] Dementsprechend hat der Unternehmer jede Maßnahme, die Einfluss auf die Handelschancen des Vertragshändlers haben könnte, vorher sorgsam auf ihre Notwendigkeit und Auswirkungen zu untersuchen.[176]

Umfang und Grenzen der unternehmerischen Treuepflicht bestimmen sich nach dem Inhalt des Vertragshändlervertrags und sind in jedem Einzelfall gesondert zu ermitteln.[177] Maßgeblich ist dabei insbesondere wiederum, wie stark der Vertragshändler in die Vertriebsorganisation des Unternehmers eingegliedert ist. Ist dem Vertragshändler beispielsweise ein Alleinvertriebsrecht oder eine ähnliche Position eingeräumt, so sind Eingriffe in das geschützte Absatzgebiet, insbesondere die Entfaltung einer eigenen Vertriebstätigkeit oder die Einsetzung weiterer Vertragshändler oder die Verkleinerung des Vertragsgebietes, nur aus schwerwiegenden Gründen und bei angemessener Berücksichtigung der für den Vertragshändler nachteiligen Folgen zulässig.[178]

III. Pflicht zur Ausreichung elementarer Verkaufsunterlagen

Nach § 86 a Abs. 1 HGB „hat der Unternehmer dem Handelsvertreter die zur Ausübung seiner Tätigkeit erforderlichen Unterlagen, wie Muster, Zeichnungen, Preislisten, Werbedrucksachen, Geschäftsbedingungen, zur Verfügung zu stellen".

Auch Art. 120 Abs. 1 lit. a tHGB verlangt es dem Unternehmer nunmehr ab, „dem Handelsvertreter die mit den Waren im Zusammenhang stehenden Unterlagen zu übergeben".

Teilweise wird in der deutschen Literatur die Ansicht vertreten, diese Vorschrift sei analog auf den Vertragshändlervertrag übertragbar und verpflichte auch hier den Unternehmer, dem Vertragshändler spezielle Verkaufsunterlagen, insbesondere

175 BGH NJW 1985, 623, 625; NJW-RR 1993, 678, 681.
176 Emde, in: Staub, Vor § 84 Rn. 307; Genzow, Vertragshändlervertrag, Rn. 81; Demir-Gökyayla, Milletlerarası Özel Hukukta Tek Satıcılık Sözleşmeleri, S. 79.
177 BGH BB 1993, 2399, 2400; OLG Düsseldorf GRUR-RR 2009, 110.
178 BGH BB 1993, 2399, 2400; Yargıtay 19. HD. 11.10.2001, E. 2685, K. 6382 (abrufbar unter www.kazanci.com.tr).

Werbevorlagen, Kundendienstanleitungen oder technische Informationen kostenlos zur Verfügung zu stellen.[179] Nach richtiger Ansicht lässt sich diese im Handelsvertreterrecht kostenlose.[180] Überlassung von Verkaufsförderunterlagen indes nicht pauschal auf den Vertragshändlervertrag übertragen. Dies ergibt sich zum einen bereits aus der unterschiedlichen Risikoverteilung im Handelsvertreter- und Vertragshändlervertrag: Während der Handelsvertreter die Verkaufswaren nach dem gesetzlichen Leitbild des Handelsvertretervertrages nicht selbst erwirbt und hinsichtlich ihres Vertriebes kein finanzielles Risiko übernehmen soll, findet auf Seiten des Vertragshändlers ein echter Zwischenerwerb statt und der Vertragshändler trägt sein Absatzrisiko selbst. Dies lässt es aber nur folgerichtig erscheinen, dass der Vertragshändler auch alle Aufwendungen die der Vertrieb der Vertragswaren mit sich bringt, selbst zu tragen hat und den Unternehmer keine Verpflichtung trifft, dem Vertragshändler irgendwelche Verkaufsunterlagen kostenlos zur Verfügung zu stellen.[181] Im Übrigen ist der Vertragshändler häufig auch nicht in gleicher Art und Weise wie ein Handelsvertreter auf diese Unterlagen angewiesen.

Besonders plastisch ist dies in Bezug auf die in § 86 a Abs. 1 HGB genannten Preislisten: Hinsichtlich der Preisgestaltung ist es dem Unternehmer aus kartellrechtlichen Gründen sogar weitgehend untersagt, dem Vertragshändler Vorgaben zu machen (vgl. Art. 4 Abs. 1 lit. a Vertikal-GVO bzw. Art. 4 Abs. 1 lit. a tVertikal-GVO)[182]. Wieso er dann aber verpflichtet sein sollte, dem Vertragshändler seine Preislisten zur Verfügung zu stellen, wäre nicht recht verständlich.[183]

Gleichwohl ist es in der Praxis so, dass insbesondere hochpreisige, technisch anspruchsvollere Vertragswaren häufig nur effektiv vertrieben werden können, wenn der Vertragshändler im Besitz notwendiger – regelmäßig allein vom Unternehmer beziehbarer – Verkaufsunterlagen, wie Kataloge, Prospekte, Kundendienstanleitungen, etc. ist.[184] In diesen Fällen obliegt es dem Unternehmer als Ausfluss seiner gesteigerten Treuepflicht, dem Vertragshändler die erforderlichen

179 Genzow, Vertragshändlervertrag, Rn. 84.

180 OLG München HVR Nr. 991.

181 Dau, in: Schultze u.a., Der Vertragshändlervertrag, Rn. 235; Ulmer, Der Vertragshändler, S. 433; Westphal, Vertragshändler, Rn. 538; Demir-Gökyayla, Milletlerarası Özel Hukukta Tek Satıcılık Sözleşmeleri, S. 81.

182 Dazu ausführlich § 3 F. II. 1.

183 Dau, in: Schultze u.a., Der Vertragshändlervertrag, Rn. 50c; a. A. İşgüzar, Tek Satıcılık Sözleşmesi S. 90; Erdem, in: FS für Ünal Tekinalp, 91, 96.

184 Westphal, Vertragshändler, Rn. 537; İşgüzar, Tek Satıcılık Sözleşmesi S. 91.

Verkaufsförderunterlagen – wenn auch nicht notwendig kostenlos[185] – zur Verfügung zu stellen. Art und Umfang der Pflicht zur Bereitstellung derartiger Unterlagen ist wiederum eine Frage des Einzelfalls und ist für technisch komplexe Produkte mit längerer Lebensdauer, wie Kraftfahrzeuge, naheliegender und umfassender als etwa für Lebensmittel oder Bekleidung.[186]

Ob diese Unterlagen dem Vertragshändler dabei übereignet werden oder im Eigentum des Unternehmers verbleiben und – soweit noch nicht verbraucht – nach Vertragsbeendigung an diesen zurückgegeben werden sollen, liegt im Regelungsermessen der Parteien.[187] In keinem Fall darf der Vertragshändler die Unterlagen allerdings nach Beendigung des Vertrages für eigene Interessen weiternutzen.[188]

IV. Informationspflicht

Nach § 86 a Abs. 2 dHGB „hat der Unternehmer dem Handelsvertreter die erforderlichen Nachrichten zu geben. Er hat ihm unverzüglich die Annahme oder Ablehnung eines vom Handelsvertreter vermittelten oder ohne Vertretungsmacht abgeschlossenen Geschäfts und die Nichtausführung eines von ihm vermittelten oder abgeschlossenen Geschäfts mitzuteilen. Er hat ihn unverzüglich zu unterrichten, wenn er Geschäfte voraussichtlich nur in erheblich geringerem Umfange abschließen kann oder will, als der Handelsvertreter unter gewöhnlichen Umständen erwarten konnte“.

Eine entsprechende Vorschrift findet sich nunmehr auch in der Neuregelung des Art. 120 Abs. 1 lit. b und c tHGB.

Nach der herrschenden Ansicht in der deutschen Literatur lasse sich zumindest die generelle Pflicht zur Übermittlung der erforderlichen Nachrichten auch analog auf den Vertragshändlervertrag anwenden, wenn der Vertragshändler wie ein Handelsvertreter in die Absatzorganisation des Unternehmers eingegliedert sei und wirtschaftlich in erheblichem Umfang einem Handelsvertreter vergleichbare Aufgaben zu erfüllen habe.[189] Die darüber hinaus erfolgten näheren Ausgestaltungen

---

185 Dau, in: Schultze u.a., Der Vertragshändlervertrag, Rn. 235; Şenol, Bayilik Sözleşmesi,S. 63.

186 Dau, in: Schultze u.a., Der Vertragshändlervertrag, Rn. 234; İşgüzar, Tek Satıcılık Sözleşmesi S. 91.

187 Ulmer/Eilfort, in: Stumpf/Jaletzke/Schultze, Der Vertragshändlervertrag, Rn. 294.

188 İşgüzar, Tek Satıcılık Sözleşmesi, S. 91; Şenol, Bayilik Sözleşmesi, S. 64.

189 Dau, in: Schultze u.a., Der Vertragshändlervertrag, Rn. 228; Westphal, Vertragshändler, Rn. 530; Genzow, Vertragshändlervertrag, Rn. 83.

der Informationspflicht nach § 86 a Abs. 2 Satz 2 und 3 dHGB bzw. Art. 120 Abs. 1 lit. b Hs. 2, lit. c, d und e tHGB seien hingegen – so die einhellige Meinung – nicht analog auf das Vertragshändlerverhältnis anwendbar, da diese offenkundig auf die im Vertragshändlerrecht nicht anwendbare Provisionszahlungspflicht des Unternehmers im Handelsvertreterrecht zugeschnitten seien.[190]

Vor der gesetzlichen Verankerung der Informationspflicht des Unternehmers in der Neuregelung des Art. 120 Abs. 1 lit. b und c tHGB herrschte in der türkischen Literatur Einigkeit, dass sich eine Informationspflicht des Unternehmers gegenüber dem Vertragshändler aus der ihm obliegenden Treuepflicht herleiten lasse.[191] Die deutsche Literatur greift zur Herleitung der Informationspflicht lediglich dann – quasi hilfsweise – auf die allgemeine Treuepflicht zurück, wenn die oben beschriebene enge Eingliederung in die Vertriebsorganisation des Unternehmers nicht vorliegt.[192]

M. E. erscheint es vorzugswürdig, die Informationspflicht generell aus der Treuepflicht des Unternehmers abzuleiten, ohne auf die jedenfalls unvollständigen handelsvertreterrechtlichen Bestimmungen zu rekurrieren. Zunächst liegen handfeste Abgrenzungskriterien, wann die von den betreffenden Literaturstimmen in diesem Zusammenhang angeführte ausreichende Einbindung in die Absatzorganisation des Unternehmers und damit die Grundlage für die Analogie noch vorliegen bzw. wann dies nicht mehr der Fall ist, nicht vor. Zum anderen ist mit der analogen Heranziehung von § 86 a Abs. 2 Satz 1 HGB bzw. Art. 120 Abs. 1 lit. b tHGB auch nicht viel gewonnen. Was nämlich „die erforderlichen Nachrichten“ sind, die der Unternehmer dem Vertragshändler zu erteilen hat, bedarf ohnehin noch einer näheren Konkretisierung.

1. Umfang der Informationspflicht

Losgelöst von der vorrangig akademischen Frage, woher die Informationspflicht des Unternehmers gegenüber dem Vertragshändler herzuleiten ist, herrscht allgemein Einigkeit, dass den Unternehmer – auch ohne deren ausdrückliche

190 Ulmer, S. 433; Ulmer/Eilfort, in: Stumpf/Jaletzke/Schultze, Der Vertragshändlervertrag, Rn. 286; Westphal, Vertragshändler, Rn. 530.

191 İşgüzar, Tek Satıcılık Sözleşmesi, S. 91; Demir-Gökyayla, Milletlerarası Özel Hukukta Tek Satıcılık Sözleşmeleri, S. 82, Fn. 317.

192 Westphal, Vertragshändler, Rn. 530, 532.

Festschreibung – eine zwingende vertragliche Verpflichtung trifft, den Vertragshändler rechtzeitig über erhebliche vertragsrelevante Umstände zu informieren.[193]

Sinn und Zweck dieser Unternehmerpflicht ist es, dem Unternehmer zu untersagen, durch unerwartete geschäftliche Dispositionen den Erfolg der Arbeit des Vertragshändlers zu verkürzen. Welche Nachrichten insoweit erforderlich sind, ist eine Frage der Intensität der vertraglichen Beziehung und ist in jedem Einzelfall nach objektiven Maßstäben zu beurteilen.[194]

Grundsätzlich gilt als Maßstab auch hier jedoch wieder der Grundsatz, dass je enger der Vertragshändler in die Absatzorganisation des Unternehmers eingegliedert ist und je weiter er von diesem abhängig ist, desto früher und umfassender müssen die Informationen über die für den Vertragshändler relevanten Veränderungen übermittelt werden.[195] Sind zwischen den Parteien beispielsweise Mindestabnahmeverpflichten oder ein Alleinvertriebsrecht des Vertragshändlers vereinbart worden, geht die Vertragsbeziehung deutlich über eine bloße Käufer-Verkäufer-Beziehung hinaus und verpflichtet den Unternehmer auch zu weitergehenden Informationen.[196] Um diesbezüglichen Streitigkeiten in der Praxis vorzubeugen, empfiehlt es sich stets, den Umfang der Informationspflichten des Unternehmers im Vertragshändlervertrag konkret darzulegen und beispielsweise Häufigkeit, Form und Umfang der Informationspflicht bereits an dieser Stelle zu bestimmen.[197]

Die unabdingbare Informationspflicht des Unternehmers umfasst jedenfalls alle Nachrichten über solche Tatsachen und Umstände, die der Vertragshändler zur Erfüllung seiner Absatzförderungs- und Kundendienstpflicht benötigt und ihm eine bestmögliche Betriebsoptimierung ermöglichen.[198] Zu nennen sind insoweit insbesondere Modellwechsel, Änderungen bei der Ausstattung der Vertragsware oder Verpackungen, Preise und geplante Preisanhebungen bzw.

---

193 BGH NJW 1958, 1138; Ulmer/Eilfort, in: Stumpf/Jaletzke/Schultze, Der Vertragshändlervertrag, Rn. 290; Dau, in: Schultze u.a., Der Vertragshändlervertrag, Rn. 224; İşgüzar, Tek Satıcılık Sözleşmesi, S. 91; Demir-Gökyayla, Milletlerarası Özel Hukukta Tek Satıcılık Sözleşmeleri, S. 82, Fn. 317.

194 Demir-Gökyayla, Milletlerarası Özel Hukukta Tek Satıcılık Sözleşmeleri, S. 83.

195 Ulmer/Eilfort, in: Stumpf/Jaletzke/Schultze, Der Vertragshändlervertrag, Rn. 287; Dau, in: Schultze u.a., Der Vertragshändlervertrag, Rn. 228; Westphal, Vertragshändler, Rn. 532.

196 Dau, in: Schultze u.a., Der Vertragshändlervertrag, Rn. 225.

197 Dau, in: Schultze u.a., Der Vertragshändlervertrag, Rn. 228; Westphal, Vertragshändler, Rn. 536.

198 İşgüzar, Tek Satıcılık Sözleşmesi, S. 92; Genzow, Vertragshändlervertrag, Rn. 84.

-reduzierungen, das Auslaufen einer Produktion, Produktionsengpässe sowie unter zeitlichen Einschränkungen auch Mitteilungen über Lieferverzögerungen oder -schwierigkeiten.[199] Steht dem Vertragshändler ein Alleinvertriebsrecht im Vertragsgebiet zu, so hat der Unternehmer den Vertragshändler zudem auf ihm bekannt gewordene potenzielle Kunden im Vertragsgebiet hinzuweisen.[200]

Nicht offenbaren muss der Unternehmer Informationen, an deren Geheimhaltung er ein überwiegendes Interesse hat. Dies betrifft beispielsweise Informationen über seine allgemeine wirtschaftliche Lage.[201] Dies kann sich allerdings dann ändern, wenn der Unternehmer in erhebliche Lieferschwierigkeiten gelangt, welche die Gefahr einer Beendigung des Vertragsverhältnisses begründet oder gar die Eröffnung des Insolvenzverfahrens vor Ablauf der Kündigungsfristen bevorsteht.[202] Spätestens zu diesem Zeitpunkt erwachsen dem Vertragshändler nämlich ebenfalls existenzielle Risiken, die darauf zurückzuführen sind, dass er sich in erheblichem Maße in die wirtschaftliche Abhängigkeit zum Unternehmer begeben hat.

Bei befristeten Vertragshändlerverträgen treffe den Unternehmer nach einer weit verbreiteten Literaturmeinung zudem die Pflicht, den Vertragshändler darüber in Kenntnis zu setzen, wenn dieser beabsichtige das Vertragsverhältnis nicht über die Befristung hinaus fortzusetzen.[203] Der Vertragshändler erfülle seine Absatzförderungspflicht im Vertrauen auf den Fortbestand des Vertragsverhältnisses. Aus diesem Grund müsse er auch die Möglichkeit haben, seine Warendispositionen und Lagerhaltung auf ein bevorstehendes Vertragsende einzustellen, damit er hierbei keinen größeren Kapitalverlust erleide.[204] M. E. geht die Auferlegung einer solchen Informationspflicht indes zu weit. Ein Schutzbedürfnis des Vertragshändlers an derartigen Mitteilungen ist nicht ersichtlich. Die bevorstehende Vertragsbeendigung ergibt sich bei einer entsprechenden Befristung unmittelbar aus dem Vertrag, so dass sich der Vertragshändler ohne weiteres darauf einrichten kann. Hat er ein Interesse daran, die Geschäftsbeziehung weiter fortzusetzen, kann er sich rechtzeitig gegenüber dem Unternehmer um eine Vertragsfortschreibung bemühen.

---

199 Ulmer, S. 434; Tandoğan, BATIDER 1982, 1, 24.

200 Westphal, Vertragshändler, Rn. 531; Demir-Gökyayla, Milletlerarası Özel Hukukta Tek Satıcılık Sözleşmeleri, S. 85.

201 BGH BB 1960, 606 (für den Handelsvertretervertrag).

202 Westphal, Vertragshändler, Rn. 533; Demir-Gökyayla, Milletlerarası Özel Hukukta Tek Satıcılık Sözleşmeleri, S. 84.

203 Ulmer, S. 481; Genzow, Vertragshändlervertrag, Rn. 84; Westphal, Vertragshändler, Rn. 534.

204 Ulmer, S. 434; Emde, in: Staub, Vor § 84, Rn. 309; Demir-Gökyayla, Milletlerarası Özel Hukukta Tek Satıcılık Sözleşmeleri, S. 85.

Jedenfalls kann er etwaige Unsicherheiten über die mögliche Verlängerung des Vertrages oder dessen Auslauf durch eigene Nachfragen bei dem Unternehmer beseitigen.

2. Zeitpunkt der Informationspflicht

Dem Vertragshändler sind die notwendigen Informationen durch den Unternehmer grundsätzlich so rechtzeitig mitzuteilen, dass er diese auch noch sinnvoll verwerten und als Kaufmann seine eigenen Dispositionen treffen kann.

Auf der anderen Seite ist an dieser Stelle allerdings auch das unternehmerische Interesse des Unternehmers zu berücksichtigen, dem eine zu frühzeitige Mitteilung u. U. zum Nachteil gereichen kann. So kann beispielsweise die Mitteilung von Lieferschwierigkeiten eine zusätzliche Häufung von Bestellungen hervorrufen, da die Vertragshändler eigene Lieferengpässe vermeiden wollen. Informationen über einen geplanten Modellwechsel können dazu führen, dass der Vertragshändler sich nicht mehr um den Vertrieb des alten Modells bemüht und sich darauf beschränkt, seine Kunden auf den bevorstehenden Modellwechsel hinzuweisen.[205] Zwar bleibt der Vertragshändler in Fällen, in denen die neue Serie lediglich als zusätzliche Typen auf den Markt kommen, verpflichtet, die bereits bestellten Altmodelle abzunehmen, ohne die Belieferung der Modelle der neuen Serie verlangen zu können.[206] Allerdings werden jedenfalls die Kunden des Vertragshändlers, insbesondere im Bereich hochwertiger Güter, beispielsweise PKW, vom Bezug des Altmodells Abstand nehmen oder zumindest hohe Rabatte für den Erwerb des Auslaufmodells einfordern.[207] Diese Beispiele verdeutlichen bereits, dass der richtige Zeitpunkt der Informationserteilung auch für den Unternehmer von erheblicher, zum Teil existenzieller Bedeutung sein kann. Der BGH räumt dem Unternehmer hinsichtlich des „richtigen" Zeitpunkts der Benachrichtigung daher grundsätzlich auch einen weiten unternehmerischen Ermessensspielraum ein. Gerade in Bezug auf einen Modellwechsel im Kfz-Bereich hat er explizit festgestellt, dass dem Unternehmer das Risiko eines Verkaufsrückgangs beim Vertrieb eines auslaufenden Modells infolge einer zu frühen Bekanntgabe der geplanten Modelländerung nicht zugemutet werden kann.[208]

---

205 Thume, in: Thume, Vertriebsrecht, Teil II, Kap. 5, Rn. 19; Dau, in: Schultze u.a., Der Vertragshändlervertrag, Rn. 230.

206 BGH BB 1972, 193.

207 Dau, in: Schultze u.a., Der Vertragshändlervertrag, Rn. 230.

208 BGH BB 1985, 218, 223 („Opel").

3. Rechtsfolge bei Verstößen gegen die Informationspflicht

Verletzt der Unternehmer seine Informationspflicht schuldhaft, so ist er verpflichtet, den dadurch entstandenen Schaden, gerichtet auf das positive Interesse des Vertragshändlers zu ersetzen (§ 280 Abs. 1 BGB bzw. Art. 112 tOG).

V. Pflicht zur Wahrung von Geschäfts- und Betriebsgeheimnissen

Eine typischerweise eher mit dem Pflichtenkreis des Vertragshändlers in Verbindung gebrachte Verpflichtung[209] besteht darin, die Geschäfts- und Betriebsgeheimnisse der anderen Vertragspartei zu wahren. Indes ist nicht allein der Vertragshändler an Geheimhaltungsverpflichtungen gebunden. Vielmehr ist es auch dem Unternehmer untersagt, ihm im Rahmen der Geschäftsbeziehung anvertraute Geschäfts- und Betriebsgeheimnisse, an deren Geheimhaltung der Vertragshändler ein erkennbar berechtigtes Interesse hat, an Dritte weiterzugeben.[210]

Besonders anschaulich lässt sich dies etwa in Bezug auf die Einkaufspreise des Vertragshändlers aufzeigen: Wird beispielsweise hinsichtlich der Vertragswaren eine gezielte Hochpreispolitik verfolgt, könnten Konsumenten, die gern den nicht zuletzt aufgrund des hohen Preises vermittelten „Snob-Effekt" genießen, es unangenehm empfinden, wenn sie bezüglich dieser Produkte die Bruttogewinnmarge des als Zwischenhändler agierenden Vertragshändlers erführen.[211] Ebenso könnten inländische Abnehmer nicht mehr bereit sein, die Preise eines Alleinimporteurs tragen zu wollen, wenn dessen Einstandspreise bekannt würden. Hinsichtlich der Zwischenhändlerpreise ist dem Unternehmer daher jedwede Weitergabe verboten.[212] Darüber hinaus ist die Geheimhaltungsverpflichtung des Unternehmers allerdings nicht allein auf die Weitergabe von Preisen beschränkt, sondern erstreckt sich auf alle vertraulichen Informationen, deren Bekanntwerden dem Vertragshändler im Wettbewerb oder auch bei der Kreditverschaffung zum Nachteil gereichen kann.[213]

---

209 Dazu noch unten § 2 B. VI.

210 Meyer, Der Alleinvertrieb, S. 341; Demir-Gökyayla, Milletlerarası Özel Hukukta Tek Satıcılık Sözleşmeleri, S. 165.

211 Meyer, Der Alleinvertrieb, S. 341.

212 Meyer, Der Alleinvertrieb, S. 424; Demir-Gökyayla, Milletlerarası Özel Hukukta Tek Satıcılık Sözleşmeleri, S. 166.

213 Demir-Gökyayla, Milletlerarası Özel Hukukta Tek Satıcılık Sözleşmeleri, S. 166.

Verstöße gegen Geheimhaltungspflichten führen schnell zu einer Zerrüttung des Vertrauensverhältnisses und können den Vertragshändler zur fristlosen Kündigung und zur Geltendmachung von schuld- und deliktsrechtlichen Schadensersatzansprüchen berechtigen.

VI. Pflicht zur Gleichbehandlung aller Vertragshändler

Die Frage, ob der Unternehmer generell verpflichtet ist, alle seine Vertragshändler gleich zu behandeln und somit Vergünstigungen, die er dem einen Vertragshändler einräumt, in gleicher Weise auch dem anderen Vertragshändler zu gewähren hat, ist umstritten.

Der BGH hat insoweit in zwei älteren Entscheidungen festgestellt, dass es weder im Handelsvertreter- noch im Vertragshändlerrecht eine unternehmerische Pflicht zur Gleichbehandlung gebe. Eine solche bestehe vielmehr erst dann, wenn die Voraussetzungen des § 20 Abs. 2 GWB erfüllt seien.[214] § 20 Abs. 2 GWB verbietet es Unternehmen, von denen kleine oder mittlere Unternehmen als Nachfrager einer bestimmten Art von Waren in einer Weise abhängig sind, dass ausreichende und zumutbare Möglichkeiten, auf andere Unternehmen auszuweichen, nicht bestehen, diese Unternehmen gegenüber gleichartigen Unternehmen ohne sachlich gerechtfertigten Grund unterschiedlich zu behandeln. Ein Vertragshändler ist dabei als in diesem Sinne vom Unternehmer abhängig anzusehen, wenn er seinen Geschäftsbetrieb im Rahmen einer langfristigen Vertragsbeziehung so stark auf den Unternehmer ausgerichtet hat, dass er nur unter Inkaufnahme gewichtiger Wettbewerbsnachteile auf dem betreffenden Markt zu anderen Anbietern wechseln kann.[215]

Demgegenüber geht die h. L.[216] in der Literatur richtigerweise davon aus, dass den Unternehmer eine Pflicht zur Gleichbehandlung seiner Vertragshändler, unabhängig von seiner Marktstärke und den Tatbestandsvoraussetzungen des § 20 Abs. 2 GWB bereits aus der allgemeinen Treuepflicht trifft, wenn die betreffenden

214 BGH BB 1971, 584; BB 1984, 166.

215 Markert, in: Immenga/Mestmäcker, GWB Kommentar, § 20, Rn. 71.

216 Ulmer, S. 434; Genzow, Vertragshändlervertrag, Rn. 86; Thume, in: Thume, Vertriebsrecht, Teil II, Kap. 5, Rn. 25; Dau, in: Schultze u.a., Der Vertragshändlervertrag, Rn. 244; Ulmer/Eilfort, in: Stumpf/Jaletzke/Schultze, Der Vertragshändlervertrag, Rn. 358; Westphal, Vertragshändler, Rn. 521; Demir-Gökyayla, Milletlerarası Özel Hukukta Tek Satıcılık Sözleşmeleri, S. 86; Şenol, Bayilik Sözleşmesi, S. 69; a. A. Canaris, Handelsrecht, § 17, Rn. 49.

Vertragshändler nur zueinander in Wettbewerb stehen. Bevorzugt der Unternehmer in einem solchen Fall nämlich einen Vertragshändler ohne sachlichen Grund, so beeinträchtigt er die Gewinnaussichten des anderen Vertragshändlers willkürlich und verzerrt den markeninternen Wettbewerb (sog. intra-brand Wettbewerb). Die willkürliche Beeinträchtigung der Gewinnaussichten des Vertragshändlers ist dem Unternehmer indes auch nach Ansicht des BGH grundsätzlich bereits im Hinblick auf die ihm obliegende Treuepflicht untersagt.[217]

Stehen die betreffenden Vertragshändler hingegen nicht im Wettbewerb zueinander, so berührt eine Ungleichbehandlung ihre Geschäftsinteressen nicht und die Berufung auf den aus der allgemeinen Treuepflicht hergeleiteten Gleichbehandlungsgrundsatz kommt nach allgemeiner Meinung nicht in Betracht.[218] Im Übrigen schließt die aus der allgemeinen Treuepflicht hergeleitete Gleichbehandlunspflicht die Anwendung des § 20 Abs. 2 GWB nicht aus, so dass beide Anspruchsgrundlagen nebeneinander zur Anwendung kommen können.[219]

Inhaltlich umfasst die Gleichbehandlungspflicht alle Maßnahmen des Unternehmers, die die Ausgestaltung des Vertriebsnetzes und vor allem die Wettbewerbsbedingungen der Vertragshändler untereinander betreffen.[220] Besondere Beachtung kommt dabei der Gewährung gleicher Einkaufsbedingungen, insbesondere der Festlegung gleicher Einkaufspreise, -konditionen und Mengenrabatte zu, da diese den finanziellen Spielraum der Vertragshändler maßgeblich bestimmen.[221] Auch die gezielte finanzielle Unterstützung einzelner Vertragshändler ist geeignet den

---

217 BGH BB 1993, 2399, 2400 f.

Ob der BGH eine aus der allgemeinen Treuepflicht abgeleitete Gleichbehandlungspflicht auch in einer Wettbewerbssituation der Vertragshändler stets negiert, blieb in den bislang entschiedenen Fällen indes auch offen.

Der Streit, ob den Unternehmer eine Gleichbehandlungspflicht allein unter den Voraussetzungen der wettbewerbsrechtlichen Tatbestandsvorschriften oder bereits aus der allgemeinen vertragshändlerrechtlichen Treuepflicht trifft, kann dabei durchaus streitentscheidend sein, sind die Anwendungsvoraussetzungen bei letzterer doch deutlich weiter als im Rahmen des § 20 Abs. 2 GWB. Bislang wurde die unternehmerische Abhängigkeit nach § 20 Abs. 2 GWB typischerweise nur bei Verträgen in der Automobilbranche bejaht, vgl. etwa BGH NJW-RR 1988, 1502; NJW-RR 1995, 1260, 1262.

218 Westphal, Vertragshändler, Rn. 521; Thume, in: Thume, Vertriebsrecht, Teil II, Kap. 5, Rn. 25; Dau, in: Schultze u.a., Der Vertragshändlervertrag, Rn. 244.

219 Dau, in: Schultze u.a., Der Vertragshändlervertrag, Rn. 240.

220 Westphal, Vertragshändler, Rn. 522; Demir-Gökyayla, Milletlerarası Özel Hukukta Tek Satıcılık Sözleşmeleri, S. 86.

221 Westphal, Vertragshändler, Rn. 521; Thume, in: Thume, Vertriebsrecht, Teil II, Kap. 5, Rn. 27.

intra-brand Wettbewerb unsachlich zu verfälschen.[222] Insbesondere in Zeiten von „Produktknappheit“ und Lieferengpässen hat der Unternehmer seine Vertragshändler unter Berücksichtigung der Gleichbehandlungspflicht in der Regel gleichmäßig und anteilig zu beliefern.[223]

Demgegenüber fällt die konkrete Ausgestaltung des Marktverantwortungsgebietes nicht unter die Gleichbehandlungspflicht. Zwar hat auch diese Entscheidung Einfluss auf die Gewinnaussichten der Vertragshändler. Indes ist dieser Umstand nicht durch die Wettbewerbslage der Vertragshändler bedingt, sondern zeigt lediglich die grundsätzlichen finanziellen Möglichkeiten eines jeden Händlers im Rahmen der vorgegebenen Vertriebspolitik auf.[224]

Unproblematisch erscheinen zudem die Zuerkennung leichter Vorteile bei Einführung eines neuen Vertragshändlers oder eng befristete, besondere Unterstützungsaktionen zu besonderen Ereignissen, wie Jubiläen der Vertragshändler.[225]

VII. Qualitätssicherungspflicht

Insbesondere im Bereich höherwertiger Markenprodukte stellt sich die Frage, inwieweit den Unternehmer eine Verpflichtung zur Qualitätssicherung trifft. Kunden von Markenprodukten haben regelmäßig die Erwartungshaltung, dass die betreffenden Waren eine hohe Qualität aufweisen und im Vergleich zu preisgünstigeren sog. No-name-Produkten eine geringere Reparaturanfälligkeit und Ausfallhäufigkeit aufweisen. Entsteht bei diesen Kunden indes der Eindruck, dass bei den in Rede stehenden Vertragswaren nicht einmalig, sondern dauerhafte qualitative Minderungen eingetreten sind, werden sie künftig auf den Kauf der Ware verzichten und sich anderen Marken zuwenden. Dies träfe aber nicht nur den Unternehmer selbst, sondern kann ebenso für den Vertragshändler, insbesondere wenn dieser durch eine Markenexklusivität an den Unternehmer gebundenen ist, existenzbedrohende Folgen haben.

Da der Unternehmer im Hinblick auf die ihm obliegende Treuepflicht alle Maßnahmen zu unterlassen, die die Gewinnchancen des Vertragshändlers willkürlich beeinträchtigen können, hat er grundsätzlich alles Erforderliche dafür zu unternehmen, um

---

222 Dau, in: Schultze u.a., Der Vertragshändlervertrag, Rn. 245.

223 Thume, in: Thume, Vertriebsrecht, Teil II, Kap. 5, Rn. 28; Genzow, in: Ensthaler, § 86b, Rn. 16.

224 Genzow, Vertragshändlervertrag, Rn. 86.

225 Ds., a.a.O.

den gewohnten Qualitätsstandard der Vertragswaren beizubehalten.[226] Insofern trifft den Unternehmer insbesondere die Pflicht, geeignete Kontrollmechanismen während der Planung und Herstellung der Ware einzurichten sowie eine ordnungsgemäße transportsichere Verpackung bereitzustellen.[227] Etwaigen Hinweisen und Anregungen, die ihm die Vertragshändler aufgrund ihrer Produktbeobachtungspflicht erteilen, darf er sich nicht schlechthin verschließen und hat diese – soweit tatsächlich erforderlich – aufzunehmen.[228] Trifft der Unternehmer die unternehmerische Entscheidung, in Zukunft auf die vom Vertragshändler mit Blick auf die bisherige Vertragsbeziehung erwarteten Qualitätsstandards zu verzichten und können hierdurch die bisherigen Verdienstmöglichkeiten des Vertragshändlers nachteilig tangiert werden, so trifft den Unternehmer insoweit eine frühzeitige Informationspflicht.[229] Allein dadurch wird der Vertragshändler in die Lage versetzt, seine geschäftlichen Aktivitäten an die veränderte Sachlage anzupassen und sich ggf. rechtzeitig aus der Vertragsbeziehung zu lösen.

Unterlässt der Unternehmer die rechtzeitige Information des Vertragshändlers, kann er sich unter den Voraussetzungen des § 280 Abs. 1 BGB bzw. Art. 112 tOG ebenso schadensersatzpflichtig machen, wie wenn dem Vertragshändler bereits aufgrund sonstiger Verstöße gegen die Qualitätssicherungspflicht ein Schaden entstanden ist.

VIII. Direktgeschäfte des Unternehmers oder Einsatz weiterer Vertragshändler innerhalb und außerhalb eines Alleinvertriebsgebietes

1. Allgemeines

Richtet der Vertragshändler seinen Geschäftsbetrieb an den Interessen des Unternehmers aus und begibt sich aufgrund vertraglicher Verpflichtungen, keine Konkurrenzprodukte anderer Unternehmer in sein Warenportfolio aufzunehmen, in eine wirtschaftliche Abhängigkeit zum Unternehmer, so hat der Vertragshändler

---

226 Westphal, Vertragshändler, Rn. 539; Dau, in: Schultze u.a., Der Vertragshändlervertrag, Rn. 247; Genzow, Vertragshändlervertrag, Rn. 85; Demir-Gökyayla, Milletlerarası Özel Hukukta Tek Satıcılık Sözleşmeleri, S. 120.

227 Genzow, Vertragshändlervertrag, Rn. 85; Thume, in: Thume, Vertriebsrecht, Teil II, Kap. 5, Rn. 24; Dau, in: Schultze u.a., Der Vertragshändlervertrag, Rn. 247; Demir-Gökyayla, Milletlerarası Özel Hukukta Tek Satıcılık Sözleşmeleri, S. 120.

228 Westphal, Vertragshändler, Rn. 540; Demir-Gökyayla, Milletlerarası Özel Hukukta Tek Satıcılık Sözleşmeleri, S. 120.

229 Dau, in: Schultze u.a., Der Vertragshändlervertrag, Rn. 248.

ein nachvollziehbares finanzielles Interesse daran, seinen eigenen Absatzerfolg abzusichern und vor Konkurrenz durch den Unternehmer oder eine Mehrzahl weiterer Vertragshändler geschützt zu werden. Insbesondere das parallele Direktgeschäft des Unternehmers, durch das dieser seine Vertragsprodukte ohne Zwischenverkauf unmittelbar an potenzielle Kunden des Vertragshändlers verkauft, verringert die Absatzchancen des Vertragshändlers regelmäßig schon deshalb nicht unerheblich, weil der Unternehmer auf diese Weise die Möglichkeit hat, die Händlermarge des Vertragshändlers einzusparen und somit die Vertragsprodukte preisgünstiger anzubieten.

Nicht selten räumen die Parteien dem Vertragshändler in der Praxis daher ein Alleinvertriebsgebiet ein (sog. Exklusivrecht), in welchem sodann ausschließlich diesem das Vertriebsrecht an Dritte zusteht und das parallele Direktgeschäft des Unternehmers ebenso vertraglich ausgeschlossen ist wie der Einsatz weiterer Vertragshändler.[230] Haben die Parteien eine entsprechende vertragliche Vereinbarung getroffen, so hat der Unternehmer alle erforderlichen Maßnahmen zu unternehmen, um sicherzustellen, dass ein Vertrieb der Vertragsprodukte durch einen anderen Vertragshändler im Alleinvertriebsgebiet des einen Vertragshändlers unterbleibt.[231] Ebenso ausgeschlossen ist zudem der Vertrieb von ähnlichen, mit den Vertragsprodukten konkurrierenden Waren.[232] Kundenanfragen aus dem betreffenden Alleinvertriebsgebiet sind an den dort eingesetzten Vertragshändler weiterzuleiten.[233]

Möchte sich der Unternehmer im Exklusivgebiet des Vertragshändlers gleichwohl ein Direktvertriebsrecht für bestimmte Geschäfte vorbehalten, so bedarf dies in jedem Fall einer ausdrücklichen vertraglichen Vereinbarung, durch welche zugleich belegt wird, dass der Unternehmer tatsächlich ein berechtigtes Interesse hat, die betreffenden Kundengeschäfte selbst unmittelbar zu tätigen. Zulässigkeitsvoraussetzung ist zudem, dass die Vereinbarung konkret gefasst wird. Der Unternehmer muss in dem Vertragshändlervertrag ausdrücklich klarstellen, mit

230 Yargıtay 19. HD., 11.10.2001, E. 2685; K. 6382 (YKD 2003/I, S. 78–79); Ulmer/Eilfort, in: Stumpf/Jaletzke/Schultze, Der Vertragshändlervertrag, Rn. 310; Demir-Gökyayla, Milletlerarası Özel Hukukta Tek Satıcılık Sözleşmeleri, S. 89; İşgüzar, Tek Satıcılık Sözleşmesi, S. 92.

231 İşgüzar, Tek Satıcılık Sözleşmesi S. 94.

232 BGH DB 1972, 1822; Ulmer/Eilfort, in: Stumpf/Jaletzke/Schultze, Der Vertragshändlervertrag, Rn. 311; Demir-Gökyayla, Milletlerarası Özel Hukukta Tek Satıcılık Sözleşmeleri, S. 103.

233 BGH NJW-RR 1993, 682, 683.

welchen Kunden (z. B. Behörden) oder zu welchen Anlässen er sich die Durchführung von Direktgeschäften vorbehalten will.[234]

In der Praxis findet sich verbunden mit der Vereinbarung eines Direktvertriebsrechts des Unternehmers häufig auch eine Regelung im Vertragshändlervertrag, wonach dem Vertragshändler bei Vornahme etwaiger Direktgeschäfte des Unternehmers ein angemessener Ausgleich in Gestalt einer Vergütungszahlung zuerkannt wird.[235] Hierdurch sollen dem Vertragshändler zum einen die ihm entstandenen Werbeaufwendungen vergütet werden, von denen in diesem Fall durch seinen Direktvertrieb insbesondere auch der Unternehmer profitiert; zum anderen soll der Vertragshändler für die bei ihm verbleibende Verpflichtung, auch für Direktkunden des Unternehmers künftige Kunden- und Serviceleistungen zu erbringen, honoriert sowie der beim Verkauf entgangene Gewinn ausgeglichen werden.[236]

Haben die Parteien eine entsprechende vertragliche Vergütungsregelung nicht getroffen, so steht dem Vertragshändler ein Anspruch auf Beteiligung an den Gewinnen aus den Direktgeschäften des Unternehmers allerdings nicht zu.[237] Hat der Vertragshändler sich bei Abschluss des Vertragshändlervertrages darauf eingelassen, dass sich der Unternehmer für bestimmte Fälle ein Direktvertriebsrecht vorbehält, ohne dem Vertragshändler hierfür einen finanziellen Ausgleich zahlen zu müssen, so verwirklicht sich lediglich ein für den Vertragshändler kalkulierbares und von ihm zu tragendes Absatzrisiko, wenn der Kunde die Vertragsprodukte sodann tatsächlich unmittelbar vom Unternehmer bezieht. § 87 Abs. 2 dHGB bzw. Art. 113 Abs. 2 tHGB, die für den Handelsvertreter mit Exklusivrecht auch einen Provisionsanspruch für diejenigen Geschäfte vorsehen, die ohne seine Mitwirkung mit den ihm zugewiesenen Kunden abgeschlossen werden, können – ebenso wie die weiteren Regelungen der §§ 87 ff. dHGB bzw. Art. 113 tHGB betreffend die Berechnung, Entstehung, Fälligkeit und Abrechnung der Handelsvertreterprovision[238] – schon deshalb nicht analog auf das Vertragshändlervertragsverhältnis

---

234 Ulmer, Der Vertragshändler, S. 428; Dau, in: Schultze u.a., Der Vertragshändlervertrag, Rn. 258; Demir-Gökyayla, Milletlerarası Özel Hukukta Tek Satıcılık Sözleşmeleri, S. 89.

235 BGH BB 1984, 1313; Demir-Gökyayla, Milletlerarası Özel Hukukta Tek Satıcılık Sözleşmeleri, S. 90.

236 Ulmer/Eilfort, in: Stumpf/Jaletzke/Schultze, Der Vertragshändlervertrag, Rn. 319; Dau, in: Schultze u.a., Der Vertragshändlervertrag, Rn. 260.

237 Dau, in: Schultze u.a., Der Vertragshändlervertrag, Rn. 269; Demir-Gökyayla, Milletlerarası Özel Hukukta Tek Satıcılık Sözleşmeleri, S. 90.

238 OLG Köln BB 1975, 8; Demir-Gökyayla, Milletlerarası Özel Hukukta Tek Satıcılık Sözleşmeleri, S. 54 f.

angewandt werden, weil die Vermittlung von Verkaufsgeschäften gegen Provision gerade nicht in den Aufgabenbereich des Vertragshändlers fällt.[239] Dies ermöglicht es den Parteien allerdings auch, die Vergütungsansprüche des Vertragshändlers für Direktgeschäfte des Unternehmers insbesondere hinsichtlich ihrer Fälligkeit und Auszahlung flexibler zu regeln. So kann der Unternehmer beispielsweise durchsetzen, dass die Auszahlung der Vergütung davon abhängig ist, dass er selbst den Kaufpreis von den Kunden bereits erhalten hat, ohne analog § 87 a Abs. 1 dHGB bzw. gem. Art. 114 Abs. 1 tHGB dazu verpflichtet zu sein, dem Vertragshändler einen Vorschuss leisten zu müssen.[240] Als Grundlage für die Berechnung der Vergütungshöhe bietet sich insoweit üblicherweise ein bestimmter Bruchteil der durch den Unternehmer vereinnahten Entgelte an.

Haben sich die Parteien auf die Zuerkennung eines Vergütungsanspruchs bei Direktgeschäften des Unternehmers geeinigt, so hat der Vertragshändler gleichwohl nicht per se analog §§ 87 c Abs. 2 und 3 dHGB bzw. Art. 116 Abs. 2 tHGB einen Anspruch auf Erteilung eines Buchauszuges über alle Direktgeschäfte des Unternehmers und auf Mitteilung über alle den Vergütungsanspruch betreffenden Umstände. Grundsätzlich wird der Vertragshändler nämlich lediglich über seine eigene Marge vergütet, während alle weiteren Vergütungsbestandteile der Disposition der Vertragsparteien unterliegen. Von der Vereinbarung einer Vergütung für Direktgeschäfte des Unternehmers zugleich auf eine stillschweigend mitvereinbarte analoge Anwendung der auf den Provisionsanspruch des Handelsvertreters zugeschnittenen Vorschriften der §§ 87 c Abs. 2 und 3 dHGB bzw. Art. 116 Abs. 2 tHGB zu schließen, ginge daher zu weit.[241] Damit der Vertragshändler seine Vergütungsansprüche gleichwohl auch effektiv durchsetzen kann, empfiehlt es sich natürlich, den Unternehmer im Vertragshändlervertrag zugleich zu einer turnusmäßigen Offenlegung der von ihm getätigten Direktgeschäfte zu verpflichten.

Schließlich ist darauf hinzuweisen, dass dem Vertragshändler, trotz der grundsätzlichen Vereinbarung einer Vergütungsregelung für Direktgeschäfte des Unternehmers, in bestimmten Konstellationen der Vergütungsanspruch gleichwohl verwehrt bleiben kann, wenn er bestimmte Produkte nämlich schon grundsätzlich nicht in seinem Verkaufsportfolio führt. So ist es beispielsweise denkbar, dass der Vertragshändler den Vertrieb gewisser Produkte, die zwar durchaus

---

239 BGH BB 1984, 1313; Emde, in: Staub-HGB, Vor § 84, Rn. 315; Canaris, Handelsrecht, §17 Rn. 21; Demir-Gökyayla, Milletlerarası Özel Hukukta Tek Satıcılık Sözleşmeleri, S. 103.

240 Dau, in: Schultze u.a., Der Vertragshändlervertrag, Rn. 270.

241 Dau, in: Schultze u.a., Der Vertragshändlervertrag, Rn. 272.

nicht branchenfremd sind, für sich selbst als nicht rentabel ansieht und dem Unternehmer daher unmissverständlich mitteilt, dieser könne die in Frage stehende Produktart ggf. unmittelbar selbst vertreiben.[242] Ein Konkurrenzverhältnis zwischen Unternehmer und Vertragshändler und ein etwaiger, dem Vertragshändler entgangener Gewinn, ist in einem solchen Fall von vornherein ausgeschlossen, so dass auch kein Bedürfnis dafür besteht, ihn mit einem Vergütungsersatzanspruch für Direktgeschäfte des Unternehmers zu entschädigen.[243]

Haben die Parteien dem Vertragshändler ein Alleinvertriebsrecht nicht eingeräumt, so ist es dem Unternehmer grundsätzlich unbenommen, Direktgeschäfte zu potenziellen Kunden des Vertragshändlers abzuschließen oder weitere Vertragshändler im Tätigkeitsbereich des Vertragshändlers einzusetzen.[244] Dieser Grundsatz gelangt allerdings regelmäßig dort an seine Grenze, wo der Unternehmer in einer nach Treu und Glauben verstoßenden Weise selbst auf der Handelsstufe des Vertragshändlers werbend tätig wird.[245] Auch dabei gilt wiederum: Je stärker der Vertragshändler in die Vertriebsorganisation des Unternehmers eingegliedert ist und seine Geschäftstätigkeit an den Interessen des Unternehmers ausrichtet, desto engere Grenzen setzt die Treuepflicht dem Unternehmer, gegenüber seinem Vertragshändler in Konkurrenz zu treten.[246]

2. Rechtsfolgen unzulässiger Direktgeschäfte des Unternehmers

Verkauft der Unternehmer entgegen den Vereinbarungen des Vertragshändlervertrages oder in Überschreitung der ihm aus der Treuepflicht erwachsenden Grenzen im Vertragsgebiet des Vertragshändlers unmittelbar an potenzielle Kunden des Vertragshändlers oder beauftragt er vertragswidrig weitere Vertragshändler damit, ebenfalls das Vertragsgebiet des einen Vertragshändlers abzudecken, so kann dieser zunächst verlangen, dass der Unternehmer derartige Geschäftspraktiken unterlässt. Rechtsgrundlage dieses Unterlassungsanspruchs ist dabei im deutschen Recht § 280 Abs. 1 BGB und im türkischen Recht Art. 113 Abs. 2, 112 tOG, die neben einem Schadensersatzanspruch auch einen Unterlassungsanspruch beinhalten.[247]

---

242 İşgüzar, Tek Satıcılık Sözleşmesi, S. 95; Demir-Gökyayla, Milletlerarası Özel Hukukta Tek Satıcılık Sözleşmeleri, S. 90.
243 İşgüzar, Tek Satıcılık Sözleşmesi, S. 95.
244 BGH BB 1985, 218, 223; NJW-RR 1993, 678.
245 BGH BB 1984, 1313; NJW-RR 1987, 628, 629.
246 BGH NJW-RR 1993, 678 ff.; BB 1994, 885, 886; Şenol, Bayilik Sözleşmesi, S. 71.
247 BGH NJW 1995, 1284, 1285; OLG Hamburg NJW 2005, 3003, 3004.

Führt der Unternehmer wiederholt unzulässige Direktgeschäfte aus oder fördert er ein Tätigwerden dritter Vertragshändler im Exklusivgebiet des Vertragshändlers, so erscheint es für den Vertragshändler regelmäßig unzumutbar, an der Aufrechterhaltung der Vertragsbeziehung weiter festzuhalten, so dass ihm in diesem Falle analog § 89 a Abs. 1 dHGB bzw. Art. 121 Abs. 1 tHGB das Recht zur außerordentlichen Kündigung zusteht.[248] Im Falle einer solchen Kündigung ist zudem zu prüfen, ob dem Vertragshändler ein Ausgleichsanspruch analog § 89 b dHGB bzw. Art. 122 tHGB zusteht.[249]

Neben dem Unterlassungsanspruch und dem Kündigungsrecht kommen zudem Schadensersatzansprüche des Vertragshändlers in Betracht.[250] Diese finden ihre Grundlage im deutschen Recht kumulativ in § 89a Abs. 2 dHGB analog und § 280 Abs. 1 BGB und im türkischen Recht in Art. 113 Abs. 2, 112 tOG und sind auf Ersatz des entgangenen Gewinns gerichtet. Verjährungstechnisch wird dabei durch jedes vertragswidrige Direktgeschäft und jede vertragswidrige Belieferung eines dritten Vertragshändlers im Alleinvertriebsgebiet des Vertragshändlers, die einen Schaden für den Vertragshändler bewirken, der Lauf einer neuen Frist in Gang gesetzt.[251]

Da dem Vertragshändler der konkrete Umfang der unzulässigen Geschäfte des Unternehmers zudem in der Regel allenfalls unvollständig bekannt ist, steht ihm gegen den Unternehmer zudem ein diesbezüglicher Auskunftsanspruch zu.[252]

B. Die Pflichten des Vertragshändlers

Im Hinblick die fehlende Normierung des Vertragshändlerrechts und den Umstand, dass die Bestimmungen des Handelsvertreterrechts (§§ 84 ff dHGB bzw. Art. 102 ff. tHGB) nur im beschränkten Umfang analoge Anwendung hierauf finden können,[253] sind die Pflichten des Vertragshändlers daher im Wesentlichen aus seiner Stellung und dem im zugewiesenen Aufgabenbereich, unter Berücksichtigung

---

248 Dau, in: Schultze u.a, Der Vertragshändlervertrag, Rn. 264; İşgüzar, Tek Satıcılık Sözleşmesi S. 97; Tandoğan, BATIDER 1982, 1, 26.

249 Zum Ausgleichsanspruch ausfüührlich § 4 D. V.

250 BGH BB 2001, 115; Yargıtay 19. HD. 11.10. 2001, E. 2001/2685, K. 2001/6382 (YKD 2003/I, S. 78–79); Canaris, Handelsrecht, §17 Rn. 21; Eren, Borçlar Hukuku Genel Hükümler, S. 993.

251 BGH WM 2003, 250, 251.

252 BGH BB 1993, 2399.

253 Vgl. dazu bereits oben, § 1 E. II. 1.

der widerstreitenden Interessen der Vertragsparteien, zu bestimmen. Gemeinsames Ziel der Vertragsparteien ist es, einen möglichst hohen Absatz der unternehmerischen Produkte zu erzielen. Den Absatz der Vertragswaren aktiv zu fördern, ist daher nach allgemeiner Meinung auch die vertragliche Hauptpflicht des Vertragshändlers. Darüber hinaus ist auch bei Bestimmung der vertragshändlerrechtlichen Pflichten wiederum das aus der Dauerrechtsbeziehung und der engen Einbindung des Vertragshändlers in die Absatzorganisation des Unternehmers resultierende gegenseitige Abhängigkeitsverhältnis der Vertragsparteien zu berücksichtigen, das beide Vertragsparteien zu einer vertrauensvollen Zusammenarbeit verpflichtet und auch den Vertragshändler, in ähnlicher Weise wie umgekehrt den Unternehmer, an eine allgemeine Treue- und Interessenwahrnehmungspflicht gegenüber dem Unternehmer bindet.[254]

Aus dieser allgemeinen Treuepflicht lassen sich sodann eine Reihe konkreter Einzelpflichten, wie Informations-, Berichts- und Geheimhaltungspflichten herleiten. Welche Pflichten den Vertragshändler im Einzelfall treffen, hängt sodann insbesondere davon ab, wie stark er in wirtschaftlicher Abhängigkeit zum Unternehmer steht, ob ihm ein Alleinvertriebsrecht eingeräumt worden ist, welche Art von Produkten vertrieben wird, wie sich der Kundenkreis zusammensetzt und was in der betreffenden Branche üblich ist. Aufgrund der fehlenden gesetzlichen Vorgaben, haben die Parteien einen weiten vertragsgestalterischen Spielraum. Da insbesondere in Bereichen wie dem vorliegenden, in denen der Rechtsrahmen, in dem sich die Parteien bewegen, lediglich durch derart vage Vorgaben wie Treu und Glauben geprägt wird, spätere Rechtsstreitigkeiten schnell vorprogrammiert sind, kann den Parteien auch nur angeraten werden, die vertragshändlerischen Pflichten möglichst konkret festzuschreiben.

I. Absatzförderungspflicht

Wie soeben angesprochen, besteht die Hauptaufgabe des Vertragshändlers darin, sich für den Absatz der unternehmerischen Produkte einzusetzen. Dabei ist es nach allgemeiner Meinung unzureichend, wenn sich der Vertragshändler allein auf gegebene Gelegenheiten zu Geschäftsabschlüssen beschränkt. Der Vertragshändler hat sich vielmehr aktiv um einen möglichst effektiven und hohen Absatz der Vertragsprodukte zu bemühen und nachhaltig für den Warenabsatz des Unternehmers

254 Dau, in: Schultze u.a., Der Vertragshändlervertrag, Rn. 144.

einzusetzen.[255] Zu diesem Zweck hat er alle Voraussetzungen zu schaffen, die der optimalen Vermarktung der Vertragsprodukte dienen und zu einer möglichst vollständigen Erschließung des Marktes für den Unternehmer führen.[256]

Gerade die Absatzförderungspflicht des Vertragshändlers führt zu einer das Vertragshändlerverhältnis prägenden Eingliederung des Vertragshändlers in das Vertriebssystem des Unternehmers und schafft damit eine über die bloße ständige Lieferantenbeziehung hinausgehende Bindung und Interessenverknüpfung der Parteien.[257] Der Umfang der Absatzförderungspflicht hängt deshalb im Einzelfall auch maßgeblich davon ab, wie ausgeprägt sich das Abhängigkeitsverhältnis der Parteien darstellt und der Unternehmer auf den Absatz seiner Produkte durch den Vertragshändler angewiesen ist. Hat der Unternehmer dem Vertragshändler beispielsweise einen umfassenden Gebietsschutz (Alleinvertriebsrecht) eingeräumt, so können dem Vertragshändler im Rahmen seiner Absatzförderungspflicht stärkere Aktivitäten hinsichtlich der Vermarktung und des Vertriebs der Vertragswaren abverlangt werden, als wenn er einen solchen Gebietsschutz nicht genießt und folglich auch nur geringfügiger in das Vertriebssystem des Unternehmers eingebunden ist.[258] Haben die Parteien Einzelheiten der Absatzförderungspflicht nicht geregelt, kann hinsichtlich ihres Umfangs lediglich auf die allgemeine kaufmännische Sorgfaltspflicht verwiesen werden,[259] womit ein konkreter Aussagegehalt freilich kaum verbunden ist.

Zu den typischen Aufgaben des Vertragshändlers im Rahmen der Absatzförderungspflicht gehören jedenfalls die ständige Beobachtung des Marktes und die Orientierung an den jeweiligen Kundenvorstellungen, die Betreibung einer intensiven Kundenpflege sowie die angemessene Durchführung verkaufsfördernder Werbemaßnahmen.[260] Auch die Warenverkaufspräsentation steht zumeist nicht im Belieben des Vertragshändlers, sondern hat sich an den Interessen des

255 Genzow, Vertragshändlervertrag, Rn. 62; Dau, in: Schultze u.a., Der Vertragshändlervertrag, Rn. 147; Tandoğan, BATIDER 1982, 1, 17; Demir-Gökyayla, Milletlerarası Özel Hukukta Tek Satıcılık Sözleşmeleri, S. 135.

256 Westphal, Vertragshändler, Rn. 447; Genzow, in GK- HGB, § 86, Rn. 24.

257 BGH NJW 1971, 29, 30; Manderla, in: Martinek/Semler/Habermeier/Flohr, Handbuch des Vertriebsrechts, § 22, Rn. 13.

258 Genzow, Vertragshändlervertrag, Rn. 62; Westphal, Vertragshändler, Rn. 446; Demir-Gökyayla, Milletlerarası Özel Hukukta Tek Satıcılık Sözleşmeleri, S. 134.

259 İşgüzar, Tek Satıcılık Sözleşmesi, S. 72.

260 Thume, in: Thume, Vertriebsrecht, Teil II, Kap. 5, Rn. 30.

Unternehmers zu orientieren.[261] Häufig verlangen Vertragshändlerverträge vom Vertragshändler bestimmte Mindestanforderungen an die Herausstellung der Markenzeichen, eine einheitlichen Gestaltung der Verkaufsräume nach den Vorgaben des Unternehmers, insbesondere im Markenbereich die Einhaltung qualitativer Standards, die Bevorratung von Vertragswaren und Ersatzteilen sowie die Einstellung qualifizierter Mitarbeiter und deren Schulung ab.[262] In Branchen, in denen die Kunden typischerweise eine entsprechende Erwartungshaltung haben, begegnet auch die vertragliche Verpflichtung des Vertragshändlers, einen Kundendienst zu unterhalten[263] oder werksneue Artikel als Muster oder Vorführgerät bereitzuhalten,[264] keinen Bedenken.

Die Quantität, in der der Unternehmer vom Vertragshändler derartige Verkaufsfördermaßnahmen, die in aller Regel mit Kosten verbundenen sind, verlangen kann, hat sich dabei nicht allein an den finanziellen Möglichkeiten des Vertragshändlers zu orientieren. So erscheint es jedenfalls dann, wenn dem Vertragshändler durch die Einräumung eines Alleinvertriebsrechts ein erhöhtes Maß an Marktverantwortung übertragen worden ist, gerechtfertigt, die Vorgaben an Größe der Verkaufsräume, Bevorratungspflichten, etc. an dem bestehenden bzw. nach realistischer Einschätzung geplanten Marktanteil des Unternehmers in dem konkreten Vertragsgebiet auszurichten.[265]

In der Literatur wird zudem darauf hingewiesen, dass die Absatzförderungspflicht den Vertragshändler auch in seiner freien Disposition über den vom ihm gewählten Weiterverkaufspreis beschränken könne. So dürfe dieser ohne triftigen Grund keine überhöhten Preisforderungen stellen und damit eine Senkung der Absatzzahlen der Vertragswaren herbeiführen.[266] Nach Treu und Glauben ist

---

261 Genzow, Vertragshändlervertrag, Rn. 62; Demir-Gökyayla, Milletlerarası Özel Hukukta Tek Satıcılık Sözleşmeleri, S. 137.

262 Westphal, Vertragshändler, Rn. 448; İşgüzar, Tek Satıcılık Sözleşmesi, S. 73; Demir-Gökyayla, Milletlerarası Özel Hukukta Tek Satıcılık Sözleşmeleri, S. 137.

263 Westphal, Vertragshändler, Rn. 448.

264 Thume, in: Thume, Vertriebsrecht, Teil II, Kap. 5, Rn. 33; Demir-Gökyayla, Milletlerarası Özel Hukukta Tek Satıcılık Sözleşmeleri, S. 137.

265 Genzow, Vertragshändlervertrag, Rn. 62.

266 Thume, in: Thume, Vertriebsrecht, Teil II, Kap. 5, Rn. 32; Westphal, Vertragshändler, Rn. 451; Demir-Gökyayla, Milletlerarası Özel Hukukta Tek Satıcılık Sözleşmeleri, S. 138.

Insofern ist jedoch bereits an dieser Stelle zumindest darauf hinzuweisen, dass – mag dies im Bereich von Höchstpreisdiktaten in der Regel auch zulässig sein – die Erteilung von Preisvorgaben durch den Unternehmer kartellrechtlich in weitem Umfang nicht unproblematisch ist. Dazu noch ausführlich § 3 F. II. 1.

der Vertragshändler zudem grundsätzlich verpflichtet, jedem dritten Abnehmer die gleichen Verkaufspreise einzuräumen und Ausnahmen hiervon allenfalls bei Vorliegen triftiger Gründe vorzunehmen.[267]

Die in Wahrnehmung der Absatzförderungspflicht anfallenden Kosten hat der als selbständiger Kaufmann agierende Vertragshändler in der Regel selbst zu tragen. Der Unternehmer verfolgt mit der Wahl eines solchen Vertriebsweges gerade das Ziel, sich von den üblichen Vertriebskosten zu befreien und diese durch Einpreisung in die dem Vertragshändler eingeräumte Handelsspanne auf diesen abzuwälzen. Auch dienen die im Rahmen der Absatzförderung anfallenden Kosten, wie solche für Werbemaßnahmen oder Schulungen des Vertragshändlerpersonals, auch nicht allein einem übergeordneten Interesse des Unternehmers, sondern sind zunächst einmal darauf gerichtet, den Verkauf der Waren beim Vertragshändler anzukurbeln und damit dessen Umsatzzahlen zu erhöhen.[268] Eine Ausnahme stellen insoweit lediglich solche Aufwendungen dar, die tatsächlich ausschließlich im Interesse des Unternehmers getätigt werden. Für diese steht dem Vertragshändler sowohl nach deutschem als auch nach türkischem Recht gemäß den Vorschriften der Geschäftsbesorgung ohne Auftrag ein Aufwendungsersatzanspruch gegen den Unternehmer zu.[269]

Vernachlässigt der Vertragshändler dauerhaft und in grober Weise seine Absatzförderungspflicht, berechtigt dies den Unternehmer zur fristlosen Kündigung des Vertragshändlervertrags und verpflichtet den Vertragshändler zum Ersatz des daraus entstandenen Schadens.[270] In der Praxis dürfte es sich allerdings in aller Regel als äußerst schwierig erweisen, den Nachweis zu führen, dass nicht zufriedenstellende Absatzzahlen tatsächlich auf Verstößen des Vertragshändlers gegen die Absatzförderungspflicht zurückzuführen sind und dieser bei entsprechendem Engagement mehr Produkte des Unternehmers hätte verkaufen können. Allein schlechte Verkaufsergebnisse sind jedenfalls schon allein vor dem Hintergrund, dass der Vertragshändler lediglich die Absatzbemühung, nicht aber einen entsprechenden Erfolg schuldet, nicht ausreichend. Insbesondere wird sich häufig nicht vollständig ausschließen lassen, dass die negativen Verkaufszahlen nicht allein das

267 Thume, in: Thume, Vertriebsrecht, Teil II, Kap. 5, Rn. 32; Demir-Gökyayla, Milletlerarası Özel Hukukta Tek Satıcılık Sözleşmeleri, S. 138.

268 Demir-Gökyayla, Milletlerarası Özel Hukukta Tek Satıcılık Sözleşmeleri, S. 138.

269 Martinek, Aktuelle Fragen des Vertriebsrechts, Rn. 112; Demir-Gökyayla, Milletlerarası Özel Hukukta Tek Satıcılık Sözleşmeleri, S. 138.

270 OLG Nürnberg BB 1963, 447 (für den Handelsvertreter); Ulmer/Eilfort, in: Stumpf/Jaletzke/Schultze, Der Vertragshändlervertrag, Rn. 220; Westphal, Vertragshändler, Rn. 452.

Ergebnis einer insgesamt schlechten Wirtschaftslage sind oder auf Gründe zurückzuführen sind, die der Unternehmer selbst, oder keine der Vertragsparteien, etwa weil die Verbraucher trotz aller Absatzbemühungen weithin einem Konkurrenzprodukt den Vorzug geben, zu verantworten hat.[271] In der Literatur[272] findet sich daher zu Recht der Hinweis, dass sich die Absatzförderungspflicht und die Erreichung bestimmter Absatzerfolge am effektivsten durch die Auferlegung konkreter Mindestabnahmemengen durch den Vertragshändler im Vertragshändlervertrag durchsetzen lassen.[273]

II. Werbepflicht

Unmittelbarer Ausfluss der Absatzförderungspflicht ist die Verpflichtung des Vertragshändlers, in angemessenem Umfang Werbung für die Produkte des Unternehmers zu betreiben, um so die Nachfrage nach den Vertragsprodukten anzukurbeln.[274]

Vorbehaltlich einer anderen vertraglichen Vereinbarung, ist die Ausgestaltung der Werbung allein Sache des Vertragshändlers. Allerdings sehen die Vertragshändlerverträge häufig vor, dass der Vertragshändler seine Werbemaßnahmen mit dem Unternehmer abzustimmen und sich an dessen Weisungen und Richtlinien zu halten hat. Viele Verträge enthalten zudem detaillierte Regelungen betreffend Form und Umfang der Werbemaßnahmen. So kann der Vertragshändler beispielsweise zu bestimmten Werbemaßnahmen in Presse, Internet, Fernsehen und/oder Rundfunk angehalten werden.[275] Auch die Verpflichtung des Vertragshändlers, vorbereitete Werbematerialien vom Unternehmer zu beziehen und sich an Werbeaktionen des Unternehmers angemessen beteiligen zu müssen, sind ohne weiteres zulässig.[276]

---

271 Westphal, Vertragshändler, Rn. 452; Demir-Gökyayla, Milletlerarası Özel Hukukta Tek Satıcılık Sözleşmeleri, S. 139.

272 Dau, in: Schultze u.a., Der Vertragshändlervertrag, Rn. 149.

273 Zu Inhalt und Grenzen solcher Mindestabnahmeverpflichtungen, vgl. unten § 3 F. III. 1. a. bb.

274 Ulmer, S. 112, 415; Dau, in: Schultze u.a., Der Vertragshändlervertrag, Rn. 150; İşgüzar, Tek Satıcılık Sözleşmesi, S. 73.

275 Ulmer/Eilfort, in: Stumpf/Jaletzke/Schultze, Der Vertragshändlervertrag, Rn. 229.

276 Dau, in: Schultze u.a., Der Vertragshändlervertrag, Rn. 151.
Solange der Vertragshändler den Namen oder die Marke des Unternehmers von der Vertragsware nicht entfernt, spricht grundsätzlich allerdings auch nichts dagegen, dass der Vertragshändler seinen Namen oder oder sein Markenzeichnen ebenfalls auf derselben anbringt (vgl. Demir-Gökyayla, Milletlerarası Özel Hukukta Tek Satıcılık Sözleşmeleri, S. 149).

Hinsichtlich der Höhe der Werbeaufwendungen, die der Vertragshändler in einem bestimmten Zeitraum für die Vermarktung der Produkte aufbringen muss, sehen Vertragshändlerverträge häufig einen vom Umsatz des Vertragshändlers abhängigen Mindestbetrag vor.[277] Dies erscheint jedenfalls solange unbedenklich, als dies nicht zu einer finanziellen Knebelung des Vertragshändlers führt und ihm unter Berücksichtigung seiner übrigen finanziellen Verpflichtungen aus dem Vertragsverhältnis genügend Spielraum zur eigenständigen Geschäftsführung belässt.[278] Ein Gesamtaufwand von 1 % des Gesamtumsatzes des Vertragshändlers wird insoweit allgemein noch als vertretbar angesehen.[279]

Wie für alle Absatzförderungsmaßnahmen generell bereits festgestellt, hat der Vertragshändler – soweit von den Parteien nicht anders vereinbart – insbesondere auch im Bereich der von ihm durchzuführenden Werbemaßahmen, die Kosten selbst zu tragen. Dass dies interessensgerecht ist, folgt zum einen aus dem eigenverantwortlichen kaufmännischen Handeln des Vertragshändlers im eigenen Namen und auf eigene Rechnung sowie der hierin begründeten Möglichkeit, die ihm dadurch entstandenen Aufwendungen im Rahmen seiner eigenen Preisgestaltung beim Weiterverkauf der Waren und dem auf dem Sekundärmarkt angebotenen Kundendienst zu berücksichtigen.[280] Zum anderen findet dieser Aufwand aber auch bei der Bemessung der Höhe der dem Vertragshändler eingeräumten Handelsspanne entsprechende Berücksichtigung.[281] Lediglich dann, wenn der Unternehmer den Vertragshändler zu außergewöhnlichen Werbemaßnahmen auffordert, kann dieser im Einzelfall verlangen, dass die damit verbundenen Kosten zwischen den Vertragsparteien zu teilen oder ggf. gänzlich vom Unternehmer zu tragen sind.[282] Wird die Bewerbung der Vertragsprodukte zentral durch den Unternehmer vorgenommen, so kann er den Vertragshändler vertraglich zur Zahlung von pauschalen Werbekostenzuschüssen verpflichten.[283]

---

277 İşgüzar, Tek Satıcılık Sözleşmesi, S. 73; Demir-Gökyayla, Milletlerarası Özel Hukukta Tek Satıcılık Sözleşmeleri, S. 149; Dau, in: Schultze u.a., Der Vertragshändlervertrag, Rn. 152.

278 Westphal, Vertragshändler, Rn. 449.

279 Genzow, Vertragshändlervertrag, Rn. 64; Thume, in: Thume, Vertriebsrecht, Teil II, Kap. 5, Rn. 48.

280 Demir-Gökyayla, Milletlerarası Özel Hukukta Tek Satıcılık Sözleşmeleri, S. 150; Genzow, Vertragshändlervertrag, Rn. 64.

281 Genzow, Vertragshändlervertrag, Rn. 64.

282 İşgüzar, Tek Satıcılık Sözleşmesi, S. 73; Dau, in: Schultze u.a., Der Vertragshändlervertrag, Rn. 153.

283 BGH NJW 1994, 1060, 1068 („Daihatsu").

Weitere Folge der Absatzförderungs- und Werbepflicht ist die Möglichkeit des Unternehmers, den Vertragshändler zu verpflichten, die für den Vertrieb im Vertragsgebiet wichtigen Messen zu besuchen, am Messestand des Unternehmers für Kunden zur Verfügung zu stehen und ggf. die Vertragswaren an eigenen Messeständen zu präsentieren. Welche Messen der Vertragshändler dabei turnusmäßig selbst beschicken oder an welchen er zumindest in Zusammenarbeit mit dem Unternehmer an potenzielle Kunden herantreten soll, sollten die Parteien – soweit dies möglich ist – bereits in dem Vertragshändlervertrag detailliert niederlegen.[284] Insbesondere dann, wenn die jeweiligen Messeordnungen vorsehen, dass Interessenten nur zugelassen werden, wenn ihre Produkte in einem bestimmten Zeitraum nicht bereits auf anderen Messen ausgestellt worden sind, empfiehlt sich eine Koordination der Messebesuche beider Vertragsparteien, da dem Unternehmer andernfalls, mit der Ausstellung der Vertragsprodukte durch den Vertragshändler auf einer Messe, auf einer anderen, für ihn ggf. wichtiger erscheinenden Messe der Ausschluss droht.[285]

Enthält der Vertragshändlervertrag verpflichtende Regelungen zur Teilnahme an Messen, so treffen die Parteien in der Regel zugleich Abmachungen bzgl. der Ausgestaltung des Messestandes, der auszugebenden Verkaufsunterlagen und Werbebroschüren, etc. Typischerweise wird der Unternehmer auch hier wiederum Wert auf Wiedererkennungseffekte und die Wahrung der „Corporate Identity" des Unternehmens legen und dem Vertragshändler Vorgaben hinsichtlich der Anbringung bestimmter Kennzeichnungen am Messestand, die Einhaltung bestimmter Farbvorgaben oder Ähnlichem machen. Im Übrigen sollte der Unternehmer zumindest darauf drängen, im Vertragshändlervertrag eine dahingehende Regelung zu treffen, dass die Ausgestaltung des Messestandes jeweils vor einer Messe zwischen dem Unternehmer und dem Vertragshändler abgestimmt werden muss.[286]

Haben die Parteien eine Kostentragungsregelung nicht getroffen, hat der Vertragshändler die im Zusammenhang mit seinen Messeteilnahmen anfallenden Kosten wiederum als Teil seiner Kosten für Werbemaßnahmen selbst zu tragen.[287]

284 Ulmer/Eilfort, in: Stumpf/Jaletzke/Schultze, Der Vertragshändlervertrag, Rn. 233.
285 Ds., a.a.O.
286 Dau, in: Schultze u.a., Der Vertragshändlervertrag, Rn. 157.
287 Ds., a.a.O., Rn. 158; İşgüzar, Tek Satıcılık Sözleşmesi, S. 74.

III. Abnahmepflichten hinsichtlich der Vertragswaren

1. Allgemeine Abnahmepflicht

Damit der Vertragshändler sich bereit erklärt, sich in die Absatzorganisation des Unternehmers einzugliedern und auf den Vertrieb von Konkurrenzprodukten verzichtet, verpflichtet sich der Unternehmer in dem Rahmenvertrag, dem Vertragshändler die Vertragserzeugnisse zum Kauf anzubieten und ihn entsprechend zu beliefern. Auf der anderen Seite bedarf allerdings auch der Unternehmer Rechtssicherheit, wenn er den Vertrieb seiner Produkte weitgehend in fremde Hände legt. Dementsprechend ist es allgemein anerkannt, dass den Vertragshändler im Hinblick auf Sinn und Zweck des Vertragshändlervertrages eine allgemeine Pflicht zur Abnahme der Vertragswaren selbst dann trifft, wenn die Parteien eine solche Verpflichtung im Vertrag nicht ausdrücklich geregelt haben.[288] Gerade in dieser gegenseitigen Verpflichtung zeigt sich die wirtschaftliche Bedeutung des Vertragshändlervertrags.[289]

Haben die Parteien entsprechende vertragliche Abreden nicht geschlossen, orientiert sich der Umfang der allgemeinen Abnahmepflicht grundsätzlich an den Weiterverkaufsmöglichkeiten des Vertragshändlers, wodurch sich die enge Verquickung mit der Absatzförderungspflicht zeigt und den Unternehmer wiederum vor das im Rahmen der Absatzförderungspflicht bereits erörterte Problem stellt, diesbezügliche Vertragsverstöße kaum nachweisen, geschweige denn konkret beziffern zu können. Ob sich der Vertragshändler etwa ausreichend bemüht hat, möglichst viele Angebote einzuholen und selbst in entsprechender Zahl Vertragswaren beim Unternehmer geordert hat, lässt sich in den meisten Fällen kaum objektivieren. Wie oben bereits aufgezeigt, können unbefriedigende Verkaufszahlen häufig vielfach begründet sein und versetzen den Unternehmer daher nur selten in die Position dem Vertragshändler ein schuldhaftes Handeln nachzuweisen und Ersatzansprüche gegen ihn durchzusetzen.

2. Mindestabnahmepflichten

Der Vertragshändlervertrag als Rahmenvertrag begründet per se grundsätzlich keinerlei konkrete Verpflichtung zur Abnahme einer bestimmten Menge an

---

288 BGH NJW 1971, 29; Ulmer, S. 309, Thume, in: Thume, Vertriebsrecht, Teil II, Kap. 5, Rn. 29; Westphal, Vertragshändler, Rn. 461; Canaris, Handelsrecht, § 17, Rn. 31; İşgüzar, Tek Satıcılık Sözleşmesi S. 69; Tandoğan, BATIDER 1982, 1, 16; Demir-Gökyayla, Milletlerarası Özel Hukukta Tek Satıcılık Sözleşmeleri, S. 121.

289 V. Westphalen, in: Röhricht/v. Westphalen, HGB, S. 2624, Rn. 1; İşgüzar, Tek Satıcılık Sözleşmesi, S. 69.

Vertragswaren und überlässt deren Bezifferung den jeweiligen Einzelkaufverträgen.[290] Insbesondere als Mittel zur wirksamen Durchsetzung der Absatzförderung,[291] ist es heute jedoch weit verbreitete Praxis, den Vertragshändler im Vertragshändlervertrag zur Abnahme bestimmter Mindestmengen zu verpflichten und ihn auf diese Weise – im Rahmen des nach Treu und Glauben Zumutbaren – anzuhalten, alle Anstrengungen zu unternehmen, den vereinbarten Absatz zu erzielen.[292] Ist dem Vertragshändler für ein bestimmtes Vertragsgebiet zudem noch ein Gebietsschutz eingeräumt worden, so stellt die Mindestabnahmepflicht das typische vertragliche Gegenstück zur Einräumung seines Alleinvertriebsrechts dar.[293]

Für den Unternehmer bedeutet die Festschreibung von Mindestabnahmemengen durch die von ihm eingesetzten Händler zudem den Gewinn von Planungssicherheit hinsichtlich seines Produktionsumfangs.[294] So hat der Vertragshändler die Vertragswaren in dem vereinbarten Umfang gerade auch dann abzunehmen, wenn die Kundennachfrage hinter den vereinbarten Größen zurückbleibt. Der Unternehmer schützt sich durch die Mindestabnahmeverpflichtung somit zugleich vor den Risiken konjunktureller, jahreszeitbedingter oder von Kundenentscheidung abhängiger Schwankungen und überträgt dieses – wiederum in den Grenzen des nach Treu und Glauben Vertretbaren – auf seine Händler.[295]

Dogmatisch stellt die Mindestabnahmeplicht selbst keinen Kaufvertrag über die Mindestmenge dar, welche der Vertragshändler in der Zukunft nur noch abrufen müsste.[296] Vielmehr verpflichtet sie den Vertragshändler lediglich, in dem vereinbarten Umfang entsprechende Kaufverträge mit dem Unternehmer abzuschließen.[297]

Soweit der Unternehmer in Entsprechung der ihm obliegenden besonderen Fürsorge- und Treuepflicht bei der Festsetzung der Mindestabnahmemengen auf die Belange des Vertragshändlers angemessen Rücksicht nimmt und den Umfang der abzunehmenden Produkte nicht unrealistisch hoch ansetzt oder unangemessen harte Sanktionen für den Fall eines Verstoßes gegen die Mindestabnahmepflicht

290 Genzow, Vertragshändlervertrag, Rn. 65; Demir-Gökyayla, Milletlerarası Özel Hukukta Tek Satıcılık Sözleşmeleri, S. 122.

291 Wauschkuhn, Der Vertragshändlervertrag, S. 90.

292 Ulmer/Eilfort, in: Stumpf/Jaletzke/Schultze, Der Vertragshändlervertrag, Rn. 245; Demir-Gökyayla, Milletlerarası Özel Hukukta Tek Satıcılık Sözleşmeleri, S. 124.

293 BGH WRP 2004, 1378 („Citroen"); OLG Frankfurt NJW-RR 1992, 1200; Dau, in: Schultze u.a., Der Vertragshändlervertrag, Rn. 176; Tandoğan, BATIDER 1982, 1, 16.

294 Ulmer, S. 414; İşgüzar, Tek Satıcılık Sözleşmesi S. 70; Tandoğan, BATIDER 1982, 1, 16.

295 Demir-Gökyayla, Milletlerarası Özel Hukukta Tek Satıcılık Sözleşmeleri, S. 125.

296 Westphal, Vertraghändler, Rn. 462.

297 Ulmer/Eilfort, in: Stumpf/Jaletzke/Schultze, Der Vertragshändlervertrag, Rn. 247.

festschreibt, wird die Vereinbarung einer Mindestabnahmepflicht weder im Individualvertrag als sittenwidrige Knebelung nach § 138 BGB bzw. Art. 27 tOG noch im Standardvertrag als von vornherein unangemessene Benachteiligung i. S. v. § 307 BGB bzw. Art. 25 tOG angesehen.[298]

Gerade wenn die festgeschriebenen Mindestabnahmemengen jedoch nicht das Ergebnis einer individualvertraglichen Aushandlung zwischen den Parteien sind, sondern ohne Einflussmöglichkeit des Vertragshändlers einseitig vom Unternehmer vorgegeben werden, ist der Vertragshändler im Hinblick auf die ihn regelmäßig nicht unempfindlich treffenden Sanktionen schutzbedürftig.[299] Insofern darf nicht aus dem Auge gelassen werden, dass der Vertragshändler – ebenso wie der Handelsvertreter nach Maßgabe des § 86 Abs. 1 HGB – grundsätzlich lediglich verpflichtet ist, sich im Rahmen des Zumutbaren um den Absatz der Vertragswaren zu bemühen. Werden die vorgegebenen Mindestabnahmemengen im Einzelfall indes so hoch gewählt, dass es völlig offen ist, ob die vorgegebenen Zahlen erreicht werden können, besteht schnell die Gefahr, dass jene Pflicht des Vertragshändlers, sich intensiv um den Absatz der Produkte bemühen zu müssen, darüber hinaus in eine Erfolgspflicht umschlägt. Dies ist mit dem vertraglichen Leitbild des Vertragshändlervertrages sodann aber nicht mehr vereinbar und begründet einen Verstoß gegen § 307 Abs. 1 BGB bzw. Art. 25 tOG. Nach der Rechtsprechung des BGH sind beispielsweise bereits Klauseln in AGB-Verträgen, die undifferenziert gleichhohe Absatzvorgaben für alle Vertragshändler vorsehen, ohne der aus dem Zuschnitt des Vertragsgebietes resultierenden Umsatzstärke des einzelnen Vertragshändlers Rechnung zu tragen, für unzulässig zu erachten.[300]

Auch aus kartellrechtlicher Sicht können Mindestabnahmeverpflichtungen des Vertragshändlers u. U. Schwierigkeiten bereiten. So definiert Art. 1 lit. d Vertikal-GVO bzw. Art. 3 Abs. 1 lit. d tVertikal-GVO eine Verpflichtung des Abnehmers, mehr als 80 % seines Vorjahresbedarfs an Vertragswaren oder mit diesen konkurrierenden Produkten vom Unternehmer oder einem vom Unternehmer benannten Drittunternehmen beziehen zu müssen, als ein einer Exklusivbindung an den Unternehmer gleichgestelltes Wettbewerbsverbot im Sinne der vertikalen Gruppenfreistellungsverordnungen. Nach Art. 5 Abs. 1 lit. a Vertikal-GVO und Art. 5 lit. a

298 Ulmer/Eilfort, in: Stumpf/Jaletzke/Schultze, Der Vertragshändlervertrag, Rn. 245; Dau, in: Schultze u.a., Der Vertragshändlervertrag, Rn. 177; Westphal, Vertraghändler, Rn. 115; Demir-Gökyayla, Milletlerarası Özel Hukukta Tek Satıcılık Sözleşmeleri, S. 125.

299 V. Westphalen, in: Röhricht/v. Westphalen, HGB, S. 2640, Rn. 34.

300 BGH WRP 2004, 1378 („Citroen“).

tVertikal-GVO werden derartige Verpflichtungen des Vertragshändlers lediglich bei einer Beschränkung auf eine Maximaldauer von fünf Jahren freigestellt.[301] Für den Unternehmer kann dies problematisch werden, wenn der Vertragshändler sich nach Ablauf dieser fünf Jahre weigert, eine neue Mindestabnahmeverpflichtung einzugehen. Dem Unternehmer bleibt in diesem Fall nämlich keine andere Möglichkeit, als den Vertragshändlervertrag ordentlich zu kündigen und sich nach einem neuen Händler umzuschauen.

Inhaltlich sehen Mindestabnahmeklauseln typischerweise vor, dass der Vertragshändler verpflichtet ist, dem Unternehmer in einem bestimmten Zeitraum, eine bestimmte Menge an Vertragswaren abzunehmen. Die Bestimmung der Mindestabnahmemenge kann dabei in Gestalt einer konkreten zahlenmäßigen Festlegung oder auf Grundlage vorangegangener Umsatzzahlen, ggf. auch unter Berücksichtigung angestrebter Zuwächse, z. B. 110 % des Umsatzes, der im vorgegangenen Vertragsjahr vom Vertragshändler mit Produkten des Unternehmers erzielt worden ist, erfolgen.[302] Alternativ kann der Vertragshändlervertrag auch vorsehen, dass die Mindestabnahmemenge erst im Laufe der Vertragsbeziehung zwischen den Parteien ausgehandelt oder nach billigem Ermessen durch den Unternehmer vorgegeben wird.[303]

Möglich ist es zudem, die Mindestabnahmemenge jährlich neu festzulegen und beispielsweise zu Beginn eines jeweiligen Vertragsjahres eine entsprechende Einigung herbeizuführen. Eine solche Klausel bietet insbesondere bei Produkten, die besonderen Nachfrageschwankungen unterliegen, eine erhöhte Flexibilität, begründet jedoch zugleich die Gefahr von Streitigkeiten während der Vertragslaufzeit, wenn sich die Parteien auf eine bestimmte Menge eben nicht einigen können. Auch die insoweit angeratene Empfehlung,[304] in den Vertragshändlervertrag für diesen Fall wenigstens eine Auffangregelung aufzunehmen, die beispielsweise eine Steigerung der Mindestabnahmemenge um einen bestimmten Prozentsatz zur Abnahmemenge des Vorjahres vorschreibt, verschafft insoweit wenig Erleichterung. Vielmehr ließe eine solche Bestimmung befürchten, dass diese wieder zu einer starren Regelung mutiert, da sich im Regelfall keine Vertragspartei bereit erklären wird, diesbezügliche Abweichungen zu ihren Ungunsten zu akzeptieren und daher die Verhandlungen eher für gescheitert erklären wird. Auch mit der im

301 Zu den Einzelheiten, siehe § 3 F. III.
302 Dau, in: Schultze u.a., Der Vertragshändlervertrag, Rn. 178.
303 Westphal, Vertraghändler, Rn. 114.
304 Dau, in: Schultze u.a., Der Vertragshändlervertrag, Rn. 179.

türkischen Schrifttum vertretenen Ansicht,[305] die Bestimmung der jeweils neuen Mindestabnahmemenge im Streitfall in die Hände der Gerichte zu legen, welche sodann eine am Marktumfeld und nach dem Gebot der Billigkeit ausgerichtete Entscheidung herbeizuführen hätten, ist den Vertragsparteien kaum gedient. So ist die Einschaltung der Gerichte zunächst mit weiteren Kosten verbunden. Darüber hinaus wird zudem auch die durch die Gerichte gefundene Lösung nicht zwingend zu einer von beiden Seiten als gerecht empfundenen Größe führen und früher oder später noch weit eher bewirken, dass sich eine Vertragspartei aus dem Vertrag zu lösen versucht.

3. Rechtsfolgen bei Verletzung der Mindestabnahmepflicht

Kommt der Vertragshändler seiner Verpflichtung aus einer wirksam vereinbarten Mindestabnahmeverpflichtung nicht (vollständig) nach und nimmt dem Unternehmer die vereinbarte Menge nicht ab, so kann dies u. U. für den Unternehmer zunächst das Recht zur Abmahnung und im Wiederholungsfall das Recht zur fristlosen Kündigung begründen.[306] Dabei stellt die Nichterfüllung dieser Pflicht nach der h. M. im türkischen Schrifttum sogar regelmäßig eine erhebliche Pflichtverletzung und damit einen zur fristlosen Kündigung berechtigenden wichtigen Grund dar.[307]

Unabhängig von der Ausübung seines Kündigungsrechts kann der Unternehmer im Hinblick auf die nicht abgerufenen Teilmengen zudem ein Schadensersatzanspruch wegen Nichterfüllung (§ 280 Abs. 1, 3, 281 BGB bzw. Art. 112 tOG) zustehen,[308] wobei sich der Unternehmer bei der Schadensberechnung nicht einmal die Vorteile eines anderweitigen Verkaufs der Vertragsprodukte schadensmindernd anrechnen lassen muss, wenn er seine anderen Abnehmer auch bei Erfüllung der Mindestabnahme durch den Vertragshändler hätte beliefern können.[309]

---

305 Demir-Gökyayla, Milletlerarası Özel Hukukta Tek Satıcılık Sözleşmeleri, S. 126.

306 Yargıtay 19. HD., 23.03.2009, E. 2008/6339, K. 2009/2087 (www.kazanci.com.tr); Thume, in: Thume, Vertriebsrecht, Teil II, Kap. 5, Rn. 39.

307 Yargıtay 19. HD., 23.03.2009, E. 2008/6339, K. 2009/2087 (www.kazanci.com.tr); İşgüzar, Tek Satıcılık Sözleşmesi, S. 71; Demir-Gökyayla, Milletlerarası Özel Hukukta Tek Satıcılık Sözleşmeleri, S. 128; Poroy/Yasaman, Ticari İşletme Hukuku, S. 240, Rn. 309d.

308 BGH NJW 1986, 124, 126; DB 1995, 2007, 2008; OLG Frankfurt NJW-RR 1992, 1200; Yargıtay 19. HD., 5.4.2002, E. 2088, K. 2602 (www.kazanci.com.tr); Thume, in: Thume, Vertriebsrecht, Teil II, Kap. 5, Rn. 39; Dau, in: Schultze u.a., Der Vertragshändlervertrag, Rn. 183; İşgüzar, Tek Satıcılık Sözleşmesi, S. 71; Demir-Gökyayla, Milletlerarası Özel Hukukta Tek Satıcılık Sözleşmeleri, S. 128.

309 OLG Düsseldorf BB 1965, 12, 13.

Voraussetzung für Kündigungs- und Schadensersatzansprüche des Unternehmers ist allerdings in jedem Fall, dass die Nichtabnahme der Mindestmenge auf Umständen beruht, die der Sphäre des Vertragshändlers zuzurechnen sind.[310] Hat die Nichteinhaltung der Mindestabnahmepflicht hingegen ihre Ursache in der allgemeinen Marktentwicklung oder gar in dem Verantwortungsbereich des Unternehmers zurechenbaren Umständen, wie Lieferschwierigkeiten, einer Verschlechterung der Marktstellung der Vertragswaren, einem veränderten Käuferbewusstsein oder einer allgemeinen Rezessionslage, so kann der Vertragshändler insoweit nicht zur Verantwortung gezogen werden.

Dies gilt auch nicht nur für die gesetzlichen Schadensersatz- und Kündigungsansprüche des Unternehmers. Vielmehr können auch in einem Standardvertrag derartige Sanktionen verschuldensunabhängig nicht wirksam vereinbart werden. Die Haftungsbeschränkung des Schuldners auf Umstände, die dieser zu vertreten hat, stellt einen wesentlichen Grundgedanken des bürgerlichen Rechts dar.[311] Auch hat der Unternehmer kein schützenswertes wirtschaftliches Interesse daran, den Vertragshändler, auch in Fällen, in denen die Unterschreitung der Mindestabnahmemengen nicht der Sphäre des Vertragshändlers entstammt, mit Schadensersatzansprüchen überziehen zu können. Vielmehr wäre eine solche mittelbare Verpflichtung des Vertragshändlers, weitere Vertragswaren eines Typs abzunehmen, die dieser schon bislang trotz intensivster Bemühungen nicht erfolgreich absetzen konnte, als unredliches Geschäftsgebaren des Unternehmers zu qualifizieren und wäre mit der diesem obliegenden Treuepflicht nicht in Einklang zu bringen. Eine AGB-Klausel, die den Vertragshändler verschuldensunabhängig für Mindestabnahmen gegenüber der vereinbarten Mindestabnahmemenge in Haftung nähme, hielte der AGB-rechtlichen Inhaltskontrolle folglich nicht stand.

Häufiger findet sich in Vertragshändlerverträgen mit einem Alleinvertriebsrecht des Vertragshändlers als mögliche Sanktion des Unternehmers auf ein Nichterreichen der vereinbarten Mindestabnahmeverpflichtung daher auch lediglich die Berechtigung, das Vertragsgebiet zu verkleinern oder weitere Vertragshändler im Vertragsgebiet einzusetzen. Derartige Klauseln sind auch in Standardverträgen nicht zu beanstanden.

Abzugrenzen ist die echte Mindestabnahmeverpflichtung zudem von der ebenfalls häufig lediglich gewollten Vereinbarung unverbindlicher Umsatzvorstellungen, die lediglich Zielvorstellungen der Parteien hinsichtlich der in Zukunft zu

---

310 Dau, in: Schultze u.a., Der Vertragshändlervertrag, Rn. 184; Demir-Gökyayla, Milletlerarası Özel Hukukta Tek Satıcılık Sözleşmeleri, S. 129; Şenol, Bayilik Sözleşmesi, S. 220.

311 Grüneberg, in: Palandt, § 307 Rn. 96.

erwartenden Abnahmemengen festschreiben, den Vertragshändler aber nicht zum Abschluss entsprechender Kaufverträge verpflichten und dem Unternehmer bei ausbleibender Realisierung auch keine Sanktionsmöglichkeiten eröffnen soll.[312] Ob die Parteien eine verbindliche oder eine unverbindliche Regelung treffen wollen, sollte sich dabei eindeutig aus dem Vertragswortlaut ergeben. Andernfalls verbleibt allein die Möglichkeit, dies im Wege der Auslegung an Hand aller Umstände des Einzelfalls zu ermitteln,[313] wobei jede vertragliche Unklarheit ein erhöhtes Risiko späterer Rechtsstreitigkeiten in sich trägt.

IV. Allgemeine Treuepflicht und Interessenwahrnehmungspflicht

Als Korrelat zu der intensivierten Vertragstreuepflicht des Unternehmers,[314] ist auch der Vertragshändler bei der Wahrnehmung seiner vertraglichen Pflichten in besonderer Weise zur vertrauensvollen Zusammenarbeit und Rücksichtnahme auf die Interessen der Gegenpartei verpflichtet und hat diesen mit der Sorgfalt eines ordentlichen Kaufmanns in angemessener Weise Rechnung zu tragen.[315] Für den Handelsvertreter ist diese allgemeine Treue- und Interessenwahrnehmungsspflicht in § 86 Abs. 1 dHGB bzw. Art. 109 Abs. 1 tHGB ausdrücklich normiert. Da die Interessenlage sich im Vertragshändlerrecht insoweit nicht unterscheidet, können diese Bestimmungen daher zumindest dann, wenn der Vertragshändler so in die Absatzorganisation des Unternehmers eingegliedert ist, dass er wirtschaftlich in erheblichen Umfang einem Handelsvertreter vergleichbare Aufgaben zu erfüllen hat, auch zur Begründung der Interessenwahrnehmungspflicht des Vertragshändlers analog herangezogen werden,[316] wobei diese wiederum umso ausgeprägter

312 Thume, in: Thume, Vertriebsrecht, Teil II, Kap. 5, Rn. 40; Genzow, Vertragshändlervertrag, Rn. 66; Demir-Gökyayla, Milletlerarası Özel Hukukta Tek Satıcılık Sözleşmeleri, S. 126.

313 Thume, in: Thume, Vertriebsrecht, Teil II, Kap. 5, Rn. 40; Demir-Gökyayla, Milletlerarası Özel Hukukta Tek Satıcılık Sözleşmeleri, S. 126.

314 Vgl. oben § 2 A. II.

315 BGH BB 1993, 2399; BB 1997, 1860; Yargıtay HGK, 04.07.2001, E. 2001/19–526, K. 2001/ 572 (YKD 2003, Band 29, S. 1419); Canaris, Handelsrecht, §17, Rn. 45; Wauschkuhn, Der Vertragshändlervertrag, S. 74; Dau, in: Schultze u.a., Der Vertragshändlervertrag, Rn. 144 f.; Demir-Gökyayla, Milletlerarası Özel Hukukta Tek Satıcılık Sözleşmeleri, S. 160.

316 Westphal, Vertragshändler, Rn. 444; Demir-Gökyayla, Milletlerarası Özel Hukukta Tek Satıcılık Sözleşmeleri, S. 161.

ist, je intensiver der Vertragshändler in die Absatzorganisation des Unternehmers eingegliedert ist.[317]

Aus dieser Interessenwahrnehmungpflicht resultiert zudem ein Kreis konkreter Einzelpflichten, wie die Informationspflicht, die Pflicht zur Wahrung von Betriebsgeheimnissen und zur Unterlassung des unlauteren Wettbewerbs, welche im Folgenden noch näher dargestellt werden sollen.

V. Informationspflicht

Ebenso wie es dem Unternehmer aufgrund der gegenseitigen Treuepflichten obliegt, den Vertragshändler über für ihn im Hinblick auf die Geschäftsbeziehung relevante Umstände zu unterrichten,[318] trifft auch den Vertragshändler eine Verpflichtung, den Unternehmer mit den für diesen erforderlichen Nachrichten zu versorgen.[319]

Eine dogmatische Herleitung solcher Berichtspflichten aus einem Analogieschluss zu den handelsvertreterrechtlichen Vorschriften der § 86 Abs. 2 dHGB bzw. Art. 110 Abs. 1 tHGB, wonach den Vertragshändler neben der allgemein formulierten Verpflichtung, die erforderlichen Nachrichten zu geben, insbesondere die Pflicht obliegt, dem Unternehmer Mitteilung über jeden von ihm getätigten Geschäftsabschluss zu machen, wird von der ganz überwiegenden Meinung[320] allerdings zurecht abgelehnt. Gerade die Verknüpfung der allgemeinen Informationspflicht mit der expliziten Mitteilungspflicht über getätigte Geschäftsabschlüsse zeigt, dass die Vorschrift für eine Heranziehung ins Vertragshändlerrecht eher ungeeignet ist. Als im eigenen Namen und auf eigene Rechnung handelnder selbständiger Gewerbetreibender trifft den Vertragshändler eine Pflicht zur

317 Dau, in: Schultze u.a., Der Vertragshändlervertrag, Rn. 145.

318 Vgl. oben § 2 A. IV.

319 Thume, in: Thume, Vertriebsrecht, Teil II, Kap. 5, Rn. 43; Dau, in: Schultze u.a., Der Vertragshändlervertrag, Rn. 168; İşgüzar, Tek Satıcılık Sözleşmesi, S. 75; Ulmer/Eilfort, in: Stumpf/Jaletzke/Schultze, Der Vertragshändlervertrag, Rn. 241. Nach a. A. sei die Informationspflicht des Vertragshändlers Folge seiner Absatzförderungspflicht, so: Demir-Gökyayla, Milletlerarası Özel Hukukta Tek Satıcılık Sözleşmeleri, S. 142; Manderla, in Martinek/Semler/Habermeier/Flohr, Handbuch des Vertriebsrechts, § 22, Rn. 13; Erdem, in: FS für Ünal Tekinalp, 91, 96.

320 Dau, in: Schultze u.a., Der Vertragshändlervertrag, Rn. 50d; Demir-Gökyayla, Milletlerarası Özel Hukukta Tek Satıcılık Sözleşmeleri, S. 142, Fn. 644; Şenol, Bayilik Sözleşesi, S. 96; a. A.: Vogels/Köhnen, in: Giesler, Praxishandbuch Vertriebsrecht, § 3 Rn. 188; bei einschränkender Auslegung auch Westphal, Vertragshändler, Rn. 453.

Rechenschaft über getätigte Vertragsabschlüsse nämlich gerade nicht. Insbesondere zur Berechnung eigener Vergütungsansprüche sind derartige Informationen nicht von Relevanz.

Auch die im deutschen Recht für Geschäftsbesorgungsverträge in den §§ 675, 666 BGB oder im türkischen Auftragsrecht in Art. 508 Abs. 1 tOG niedergelegten Auskunfts- und Rechenschaftspflichten passen von ihrem gesetzgeberischen Zuschnitt allenfalls eingeschränkt auf ein Dauerrechtsverhältnis wie den Vertragshändlervertrag.[321] So könnten die dort geregelten Auskunftspflichten allenfalls insoweit herangezogen werden, als der im eigenen Namen und für eigene Rechnung tätig werdende Vertragshändler durch die ihn treffende Informationspflicht in seiner Stellung als selbständiger Gewerbetreibender nicht unangemessen beschränkt würde.[322] Vorzugswürdig erscheint es daher, die Herleitung der vertragshändlerrechtlichen Informationspflichten allein an der ihm obliegenden Treue- und Interessenwahrnehmungspflicht festzumachen und – soweit insoweit ein gesetzlicher Anknüpfungspunkt für wünschenswert erachtet wird – eine Anlehnung an § 86 Abs. 1 dHGB bzw. Art. 109 Abs. 1 tHGB zu nehmen.

Für die Parteien des Vertragshändlervertrages empfiehlt es sich mangels konkreter gesetzlicher Vorgaben in den Vertragshändlervertrag einen Katalog aufzunehmen, welcher die Berichtspflichten des Vertragshändlers näher festschreibt.

Haben die Parteien entsprechende Abreden nicht getroffen, bestimmt sich der Umfang dessen, was für den Unternehmer im Einzelfall von derart wesentlicher Bedeutung ist, dass den Vertragshändler eine Informationspflicht trifft, nach dem objektiven Interesse eines redlichen Unternehmers. Erforderlich sind insoweit alle Informationen, die für den Unternehmer wesentlich sind, um seine Produktion und sein Vertriebssystem den Gegebenheiten des Marktes anpassen zu können.[323] Demgemäß hat der Vertragshändler dem Unternehmer über alle Umstände, die für die Absatzförderung erheblich sein und den Umsatz des Unternehmers beeinträchtigen können, mitzuteilen.[324] Hierunter fallen zuvorderst regelmäßige Nachrichten über die Vorlieben der Kunden, relevante Konkurrenzaktivitäten, die Akzeptanz der Vertragsprodukte und die allgemeine Marktentwicklung.[325] Zum Schutz vor

321 Dau, in: Schultze u.a., Der Vertragshändlervertrag, Rn. 168.

322 Demir-Gökyayla, Milletlerarası Özel Hukukta Tek Satıcılık Sözleşmeleri, S. 142, Fn. 644.

323 Westphal, Vertragshändler, Rn. 453.

324 Demir-Gökyayla, Milletlerarası Özel Hukukta Tek Satıcılık Sözleşmeleri, S. 143.

325 Dau, in: Schultze u.a., Der Vertragshändlervertrag, Rn. 169; İşgüzar, Tek Satıcılık Sözleşmesi, S. 75.

eigenen Forderungsausfällen und zur Aktualisierung der eigenen Planung und Strategie, hat der Unternehmer – soweit der Vertragshändler in seiner Stellung als selbständiger Gewerbetreibender nicht beschränkt wird[326] – zudem ein legitimes Interesse daran, in turnusmäßigen Abständen über Umsatz, Lagerbestand und Liquidität des Vertragshändlers informiert zu werden.[327]

Die Namen seiner Kunden braucht der Vertragshändler ohne entsprechende vertragliche Vereinbarung demgegenüber nicht an den Unternehmer zu übermitteln.[328] Auch wenn der Kundenkreis des Vertragshändlers zugleich auch fest mit dem Unternehmer und seiner Marke verknüpft ist, ist der Aufbau des Kundenkreises doch primär das Ergebnis der Absatzbemühungen des Vertragshändlers. Eine solche Verpflichtung lässt sich daher weder aus der Interessenwahrnehmungspflicht noch aus einer daraus abgeleiteten Informationspflicht des Vertragshändlers herleiten.[329]

Eine vertragliche Verpflichtung zur Benennung der Kunden des Vertragshändlers ist zwar auch im Standardvertrag grundsätzlich nicht zu beanstanden. Indes wird der Unternehmer auf die Verankerung einer solchen Klausel im Vertragshändlervertrag häufig bereits freiwillig verzichten wollen. So handelt es sich bei der Pflicht des Vertragshändlers, nach Vertragsende den von ihm geworbenen Kundenstamm auf den Unternehmer zu übertragen nach ständiger Rechtsprechung um eine der Analogievoraussetzungen für die Anwendungbarkeit des handelsvertreterrechtlichen Ausgleichsanspruchs im Vertragshändlerrecht.[330] Diese Übertragung des Kundenstamms braucht dabei nicht zwingend erst nach der Beendigung des Vertragsverhältnisses erfolgen, sondern kann vielmehr auch bereits durch entsprechende Berichtspflichten im Laufe der Geschäftsbeziehung verwirklicht werden.[331] Aus diesem Grund wird der Unternehmer daher regelmäßig auf die Benennung von Kunden durch den Vertragshändler verzichten, um auf diese Weise der Verpflichtung zur Zahlung eines entsprechenden Ausgleichs an den Vertragshändler nach Beendigung des Vertragsverhältnisses zu entgehen.

Empfehlenswert erscheint es, dass die Parteien nicht nur den Umfang, sondern auch Häufigkeit und Form der vertragshändlerischen Informationspflichten vertraglich niederlegen. Dabei sollte deutlich werden, dass die Berichtspflichten

---

326 Thume, in: Thume, Vertriebsrecht, Teil II, Kap. 5, Rn. 44.

327 Ulmer/Eilfort, in: Stumpf/Jaletzke/Schultze, Der Vertragshändlervertrag, Rn. 242.

328 İşgüzar, Tek Satıcılık Sözleşmesi, S. 75–76.

329 Demir-Gökyayla, Milletlerarası Özel Hukukta Tek Satıcılık Sözleşmeleri, S. 147.

330 Dazu ausführlich § 4 D. V. 3.

331 Westphal, Vertragshändler, Rn. 456.

des Vertragshändlers von einem objektiven wirtschaftlichen Interesse des Unternehmers gelenkt werden und nicht dazu dienen, den Vertragshändler in seiner Tätigkeit detailliert zu kontrollieren. Demgemäß erscheinen unverhältnismäßig kurz bemessene Informationszeiträume, etwa in Gestalt wöchentlicher Berichte, nicht zulässig.[332] Demgegenüber werden Berichtsintervalle von etwa vier Wochen grundsätzlich nicht beanstandet.[333] Auch hinsichtlich der Form der Informationspflicht sind die Parteien weitgehend frei. So können sie neben der Vereinbarung turnusmäßiger Berichte beispielsweise auch eine Verpflichtung des Vertragshändlers bestimmte Unterlagen vorzulegen, treffen.

Grundsätzlich wird auch das Recht des Unternehmers, sich in regelmäßigen Abständen Zutritt zu den Geschäftsräumen des Vertragshändlers zu verschaffen, um dort Einsicht in dessen Geschäftsbücher und Bilanzen zu nehmen, für zulässig erachtet.[334] Dies erscheint allerdings zumindest in den Fällen, in den der Vertragshändler auch Konkurrenzprodukte vertreibt, aus wettbewerbsrechtlichen Gründen nicht unproblematisch, kann sich der Unternehmer auf diesem Wege doch kommerziell sensible Daten über Händlereinkaufspreise von Wettbewerbsprodukten oder sonstige Konditionen, die der Wettbewerber dem Vertragshändler gewährt, verschaffen.[335] In allen Fällen, in denen der Vertragshändler nicht durch eine Alleinbezugsverpflichtung auf den Vertrieb der Vertragswaren beschränkt ist, empfiehlt es sich daher, auf die Vereinbarung eines Einsichtsrechts des Unternehmers in die Geschäftsbücher des Vertragshändlers zu verzichten.

Haben die Parteien keine Regelung über die Form der vertragshändlerischen Berichtspflicht getroffen, so liegt es im Ermessen des Vertragshändlers, wie er dem Unternehmer die erforderlichen Nachrichten zukommen lässt. Insbesondere steht es dem Unternehmer sodann nicht mehr zu, einseitig Berichtsformulare einzuführen.[336]

Kommt der Vertragshändler seinen Informationspflichten schuldhaft nicht ordnungsgemäß nach, so kann er sich nach den allgemeinen Vorschriften schadensersatzpflichtig machen. Ein erheblicher Verstoß gegen die Informationspflicht kann u. U. zudem wiederum einen wichtigen Grund für eine außerordentliche Kündigung des Vertragshändlervertrages darstellen.[337]

---

332 BGH BB 1989, 1076 (für den Handelsvertreter).

333 Westphal, Vertragshändler, Rn. 454.

334 Dau, in: Schultze u.a., Der Vertragshändlervertrag, Rn. 172; Demir-Gökyayla, Milletlerarası Özel Hukukta Tek Satıcılık Sözleşmeleri, S. 145.

335 Dau, in: Schultze u.a., Der Vertragshändlervertrag, Rn. 172.

336 BGH BB 1988, 12, 13 (für den Handelsvertretervertrag).

337 İşgüzar, Tek Satıcılık Sözleşmesi, S. 76; Şenol, Bayilik Sözleşmesi, S. 223.

VI. Pflicht zur Wahrung von Geschäfts- und Betriebsgeheimnissen

Ebenfalls Ausfluss der allgemeinen Treue- und Interessenwahrnehmungspflicht ist die Verpflichtung des Vertragshändlers, die Geschäfts- und Betriebsgeheimnisse des Unternehmers zu wahren.[338]

Geschäfts- und Betriebsgeheimnisse sind dabei nach gängiger Definition, alle dem Vertragshändler im Zusammenhang mit seiner Tätigkeit bekannt gewordenen, auf den Betrieb des Unternehmers bezogenen Tatsachen oder Rechte, die nur einem eng begrenzten Personenkreis anvertraut sind und die nach dem erklärten oder erkennbaren, auf ein berechtigtes wirtschaftliches Interesse zurückgehenden Willen des Unternehmers, nicht allgemein bekannt werden sollen.[339] Hierunter fallen insbesondere Unterlagen und Daten über das Herstellungsverfahren, technische Daten, Kalkulationsunterlagen, Konstruktionszeichnungen, Preisberechnungen, Bilanzen, Handelsspannen, Kundenlisten, Anschriften von Lieferanten sowie sonstige dem Vertragshändler vom Unternehmer im Rahmen seiner Informationspflicht zur Verfügung gestellte Unterlagen.[340]

Diese „Geheimhaltungspflicht" des Vertragshändlers erstreckt sich auch auf die Zeit nach Beendigung des Vertragsverhältnisses und erlischt erst, wenn der Unternehmer das Interesse an der Geheimhaltung verloren hat oder das Geschäfts- bzw. Betriebsgeheimnis öffentlich bekannt wird, ohne dass dies auf einer pflichtwidrigen Weitergabe durch den Vertragshändler beruht.[341] Dies kann im deutschen Recht aus einer analogen Anwendung von § 90 dHGB abgeleitet werden.[342] Eine parallele Regelung zum § 90 dHGB findet sich im türkischen Recht nicht. Hier

338 Ulmer, S. 410; Westphal, Vertragshändler, Rn. 458; İşgüzar, Tek Satıcılık Sözleşmesi, S. 80.

339 RGZ 149, 329, 331 ff.;Westphal, Vertragshändler, Rn. 458; für den Handelsvertretervertrag: Köhler, in: Köhler/Bornkamm, UWG, § 17, Rn. 4.

340 Westphal, Vertragshändler, Rn. 459; Dau, in: Schultze u.a., Der Vertragshändlervertrag, Rn. 163; Köhler, in: Köhler/Bornkamm, UWG, § 17 Rn. 4a; Demir-Gökyayla, Milletlerarası Özel Hukukta Tek Satıcılık Sözleşmeleri, S. 164.

341 Dau, in: Schultze u.a., Der Vertragshändlervertrag, Rn. 164; Demir-Gökyayla, Milletlerarası Özel Hukukta Tek Satıcılık Sözleşmeleri, S. 164; Westphal, Vertragshändler, Rn. 458.

342 Thume, in: Thume, Vertriebsrecht, Teil II, Kap. 5, Rn. 50; von Hoyningen-Huene, in: MünchKomm zum HGB, § 90 Rn. 6.

wird die Fortwirkung dieser Pflicht daher aus der allgemeinen nachvertraglichen Treue- und Interessenwahrnehmungspflicht des Vertragshändlers hergeleitet.[343]

Allerdings darf die Geheimhaltungspflicht nicht dazu führen, den Vertragshändler in seiner beruflichen Entfaltungsfreiheit – ggf. gar lebenslänglich – einzuschränken und möglicherweise sogar zu einem Berufswechsel zu nötigen.[344] Schon während der Vertragslaufzeit ist daher hinsichtlich der Weitergabe von Umständen, die in seiner Tätigkeit als Vertragshändler für den Unternehmer begründet sind, von einem stillschweigenden Einverständnis des Unternehmers auszugehen.[345] Aber auch nach der Vertragsbeendigung darf der Vertragshändler durch eine nachvertragliche Geheimhaltungspflicht nicht schlechter gestellt werden als jeder Dritte.[346] Insbesondere ist der Vertragshändler durch die Nachwirkung vertraglicher Treuepflichten nicht daran gehindert, während der Vertragslaufzeit redlich erworbenes Fachwissen für sich zu nutzen.[347]

Handelt der Vertragshändler diesen Verpflichtungen schuldhaft zuwider, drohen ihm – neben dem Anspruch des Unternehmers auf Unterlassung der weiteren Verwertung und auf Rückgabe der ihm überlassenen oder von ihm angefertigten Unterlagen und Materialien – die üblichen Rechtsfolgen der fristlosen Kündigung des Vertragshändlervertrages und des Schadensersatzes aus positiver Vertragsverletzung (vgl. § 280 Abs. 1 BGB, Art. 112 tOG).[348] Darüber hinaus kommen Schadensersatzansprüche nach allgemeinem Deliktsrecht in Betracht und schlimmstenfalls droht ihm gar eine Strafanzeige wegen Verletzung von Betriebs- und Geschäftsgeheimnissen nach § 17 UWG bzw. nach Art. 239 tStGB.

Ein Verstoß gegen Geheimhaltungspflichten führt dabei nach h. M. in der Literatur in aller Regel zu einer Zerstörung des Vertrauensverhältnisses und begründet daher ein fristloses Kündigungsrecht.[349] In Bezug auf die Geltendmachung von Schadensersatzansprüchen stellt es sich in der Praxis demgegenüber häufig als

343 İşgüzar, Tek Satıcılık Sözleşmesi, S. 82; Demir-Gökyayla, Milletlerarası Özel Hukukta Tek Satıcılık Sözleşmeleri, S. 164, Fn. 773; Şenol, Bayilik Sözleşmesi, S. 97.

344 Gaul, ZIP 1988, 689, 691.

345 Ulmer/Eilfort, in: Stumpf/Jaletzke/Schultze, Der Vertragshändlervertrag, Rn. 238; Wauschkuhn, Der Vertragshändlervertrag, S. 75.

346 Gaul, ZIP 1988, 689, 691; Ulmer/Eilfort, in: Stumpf/Jaletzke/Schultze, Der Vertragshändlervertrag, Rn. 239; Şenol, Bayilik Sözleşmesi, S. 98.

347 BGH BB 1963, 248, 249; Gaul, ZIP 1988, 689, 691.

348 Thume, in: Thume, Vertriebsrecht, Teil II, Kap. 5, Rn. 51; Demir-Gökyayla, Milletlerarası Özel Hukukta Tek Satıcılık Sözleşmeleri, S. 166.

349 Ulmer, S. 482; Dau, in: Schultze u.a., Der Vertragshändlervertrag, Rn. 166; Şenol, Bayilik Sözleşmesi, S. 223.

schwierig dar, die Höhe des aus einer Verletzung der Geheimhaltungspflicht entstandenen Schadens konkret zu beziffern und entsprechend glaubhaft zu machen. Aus diesem Grund empfiehlt es sich, in den Vertragshändlervertrag für jeden Fall der Zuwiderhandlung gegen Geheimhaltungspflichten eine Vertragsstrafe zu vereinbaren.[350]

VII. Weisungsbefolgungspflicht und Grenzen des unternehmerischen Weisungsrechts

Aus dem geschäftsbesorgungsrechtlichen Charakter des Vertragshändlervertrags folgt nach herrschender Auffassung weiterhin die Pflicht des Vertragshändlers, die vom Unternehmer erteilten Weisungen zu beachten.[351] Diese Weisungsbefolgungspflicht trifft den Vertragshändler auch ohne ausdrückliche Vereinbarung.[352] Bei der Bestimmung des Umfangs dieser Verpflichtung sind alle Einzelheiten des konkreten Vertragsverhältnisses sowie die Besonderheiten der betreffenden Branche zu berücksichtigen.

In der Praxis finden sich Weisungen des Unternehmers häufig in Gestalt sog. „Händlerstandards“, „Richtlinien“ oder auch „Mindestanforderungen“.[353] Derartige Regelwerke kann der Unternehmer für verschiedenste Bereiche, wie den Vertrieb der Produkte, zum Teil auch für den Vertrieb seiner Ersatzteile, die Durchführung der Kundendienste, die Abwicklung von Garantie- und Gewährleistungsarbeiten, die Lagerwaren- und Vorführmaschinenhaltung, die Haltung des Ersatzteillagers, den Abruf und die Disposition von Vertragswaren, die Art der Werbung sowie die Ausstattung des Geschäftsbetriebes und der technischen Einrichtungen, erlassen.[354] Oftmals betreffen die Weisungen dabei Regelungen aus dem Rahmenvertrag und dienen dazu, diese zu konkretisieren.[355]

---

350 Dau, in: Schultze u.a., Der Vertragshändlervertrag, Rn. 167.

351 Ulmer, S. 417; Canaris, Handelsrecht, §17 Rn. 44; İşgüzar, Tek Satıcılık Sözleşmesi, S. 98; Poroy/Yasaman, Ticari İşletme Hukuku, S. 241, Rn. 309d; Tandoğan, BATIDER 1982, 1, 19; Demir-Gökyayla, Milletlerarası Özel Hukukta Tek Satıcılık Sözleşmeleri, S. 152; a.A. Wyniger, Alleinverkaufsvertrag, S. 20.

352 İşgüzar, Tek Satıcılık Sözleşmesi, S. 98.

353 Genzow, Vertragshändlervertrag, Rn. 55.

354 Genzow, Vertragshändlervertrag, Rn. 55; Demir-Gökyayla, Milletlerarası Özel Hukukta Tek Satıcılık Sözleşmeleri, S. 152.

355 Canaris, Handelsrecht, §17 Rn. 44; İşgüzar, Tek Satıcılık Sözleşmesi, S. 99; Demir-Gökyayla, Milletlerarası Özel Hukukta Tek Satıcılık Sözleşmeleri, S. 152.

Neben den gesetzlich vorgegebenen Schranken[356] sind für die Begrenzung des unternehmerischen Weisungsrechts wiederum die widerstreitenden Interessen der Vertragsparteien und das Maß der Einbindung des Vertragshändlers in die Vertriebsorganisation des Unternehmers von zentraler Bedeutung. Weisungen, die treuewidrig die Interessen des Vertragshändlers verletzten, sind unzulässig.[357]

Auch der Umstand, dass der Vertragshändler als selbständiger Kaufmann im eigenen Namen und auf eigene Rechnung tätig wird, setzt dem Weisungsrecht des Unternehmers weitere Schranken. So wären beispielsweise Vorgaben zur Auswahl der unternehmereigenen Bank oder bzgl. der Personalauswahl und Bestimmungen über die Arbeitszeiten im Betrieb des Vertragshändlers sowie Vorgaben über einen Umzug der Arbeitsstelle des Vertragshändlers geeignet, die Selbständigkeit des Vertragshändlers zu beeinträchtigen und damit in den Kernbereich seiner unternehmerischen Entscheidungsfreiheit einzugreifen.[358]

Weiterhin ist der mit der Befolgung von unternehmerischen Weisungen verbundene Kostenaufwand geeignet, das Weisungsrecht des Unternehmers zu begrenzen. Weisungen, die dem Vertragshändler zusätzliche Kosten auferlegen, sind grundsätzlich unzulässig.[359] Welche neuen Investitionen der Vertragshändler tätigen will und welche weiteren finanziellen Risiken er zu übernehmen bereit ist, ist eine eigene unternehmerische Entscheidung des Vertragshändlers. Hält der Unternehmer Neuinvestitionen zur Steigerung der Absatzförderung für zwingend erforderlich, ist der Vertragshändler zu solchen jedoch nicht bereit, so kann der Unternehmer hierauf – je nach Vertragssituation – mit einem Einsatz weiterer Vertragshändler in dem Vertragsgebiet, einer Verkleinerung des Vertragsgebiets oder der Kündigung des Vertragshändlervertrages reagieren.[360] Den Vertragshändler zu vertraglich nicht vereinbarten Ausgaben verpflichten, kann er demgegenüber nicht.

VIII. Wettbewerbsverbot während der Vertragslaufzeit

Ist es dem Vertragshändler gestattet, neben dem Vertrieb der Waren des Unternehmers noch einen oder weitere Lieferanten zu repräsentieren, kann dies dem

356 Zu den umfangreichen kartellrechtlichen Vorgaben unten § 3.

357 Ulmer, S. 715; Demir-Gökyayla, Milletlerarası Özel Hukukta Tek Satıcılık Sözleşmeleri, S. 153.

358 Demir-Gökyayla, Milletlerarası Özel Hukukta Tek Satıcılık Sözleşmeleri, S. 154.

359 Demir-Gökyayla, Milletlerarası Özel Hukukta Tek Satıcılık Sözleşmeleri, S. 154.

360 Ulmer, S. 421; Demir-Gökyayla, Milletlerarası Özel Hukukta Tek Satıcılık Sözleşmeleri, S. 155.

unternehmerischen Ziel, einen möglichst großen Marktanteil für seine Produktpalette zu erreichen, zu wider laufen. So könnte sich der Vertragshändler beispielsweise in Zeiten, in denen an und für sich eine besonders intensive Kundenstammpflege angezeigt wäre, weil der Unternehmer ein vorübergehendes Imagedefizit gegenüber Konkurrenzfabrikaten erlitten hat, darauf verlegen, sein Augenmerk verstärkt dem Vertrieb der gegenwärtig leichter verkäuflichen Produktpalette eines anderen Lieferanten zu widmen.[361] Auch das Interesse des Unternehmers an der Schaffung und Wahrung eines Markenimages oder der Sicherung der Vorteile von Investitionen, die er z. B. in die Räumlichkeiten des Vertragshändlers getätigt hat, kann gegenüber dem Interesse des Vertragshändlers auf Unterhaltung eines Mehrmarkenvertriebs möglicherweise vorzugswürdig erscheinen. Es ist daher gängige Praxis, dass sich der Unternehmer vertraglich vor dem vertragshändlerischen Vertrieb von Waren gleicher oder ähnlicher Art, die mit den Vertragswaren in direkter oder indirekter Konkurrenz stehen, durch sog. Konkurrenzschutz- bzw. Exklusivitätsklauseln zu schützen sucht.

Hinsichtlich der Frage, ob und in welchem Umfang es dem Unternehmer gestattet ist, dem Vertragshändler eine anderweitige geschäftliche Tätigkeit neben dem Vertrieb der Vertragswaren zu untersagen und inwieweit es dem Vertragshändler bei fehlender vertraglicher Vereinbarungen möglich ist, seine Arbeitskraft teilweise auch für den Vertrieb anderer Waren einzusetzen, ist zu unterscheiden, ob der Vertragshändler tatsächlich unmittelbar mit den Vertragswaren konkurrierende Produkte in sein Warensortiment aufnehmen, oder ob er lediglich eine weitere, mit den Vertragswaren in keinem oder allenfalls einem mittelbaren Wettbewerbsverhältnis stehende Vertriebstätigkeit entfalten möchte.

1. Unmittelbarer Wettbewerb

Nach herkömmlicher Auffassung in Rechtsprechung[362] und Lehre[363] unterliege der Vertragshändler, der ähnlich wie ein Handelsvertreter in die Absatzorganisation

361 Genzow, Vertragshändlervertrag, Rn. 29.

362 BGH NJW 1984, 2101, 2102; Yargıtay HGK 04.07.2001, E. 19–526, K. 572 (www.kazanci.com.tr); Yargıtay 19. HD., 05.03.2002, E. 4568, K. 1473 (YKD. 2003/9, S. 1418–1419).

363 Ulmer, S. 423; Dau, in: Schultze u.a., Der Vertragshändlervertrag, Rn. 210; Canaris, § 17 Rn. 43; Schmidt, Handelsrecht, § 28 II 2 c; Schultze, in: Stumpf/Jaletzke/Schultze, Der Vertragshändlervertrag, Rn. 483; İşgüzar, Tek Satıcılık Sözleşmesi, S. 83; Demir-Gökyayla, Milletlerarası Özel Hukukta Tek Satıcılık Sözleşmeleri, S. 167; Genzow, Vertragshändlervertrag, Rn. 29.

des Unternehmers eingegliedert sei – auch ohne diesbezügliche vertragliche Vereinbarung – einem grundsätzlichen Wettbewerbsverbot. Die vertragswidrige Übernahme einer Zweitvertretung durch den Vertragshändler begründe in aller Regel einen den Ausgleichsanspruch ausschließenden Kündigungsgrund.[364] Insbesondere dann, wenn dem Vertragshändler zudem noch ein Alleinvertriebsrecht eingeräumt sei, sei der Vertragshändler gegenüber dem Unternehmer im Hinblick auf seine Interessenwahrnehmungs- und Treuepflicht zu einer kontinuierlichen unternehmensbezogenen Kundenpflege verpflichtet. Ohne die Zustimmung des Unternehmers sei ihm weder gestattet, Konkurrenzprodukte herzustellen oder zu vertreiben noch sich an einem Wettbewerber des Unternehmers zu beteiligen.[365] Neben der Verpflichtung zu Mindestabnahmen stelle das Wettbewerbsverbot demnach das zweite synallagmatische Gegenstück zu dem einem Alleinvertriebshändler eingeräumten Gebietsschutz dar[366] und soll vorbehaltlich einer anderweitigen Vereinbarung das gesamte Absatzgebiet des Unternehmers umfassen.[367]

Dieser Ansicht kann heute in Anbetracht der jüngeren Entwicklungen im Bereich des europäischen, deutschen und türkischen Wettbewerbsrechts sicherlich nicht mehr uneingeschränkt gefolgt werden. So sehen heute alle Gruppenfreistellungsverordnungen, die den Vertragsparteien eine weitgehende Rechtssicherheit im Bereich der Freistellung vom Wettbewerbsverbot des Art. 101 Abs. 1 AEUV bzw. Art. 4 Abs. 1 tGSW gewähren sollen, eine notwendige zeitliche Beschränkung des Wettbewerbsverbots auf in der Regel fünf Jahre vor. Diese Regelung impliziert aber bereits, dass der Vertragshändler – treffen die Parteien überhaupt keine Regelung bzgl. einer etwaigen Markenexklusivität – grundsätzlich auch zum Vertrieb von Produkten eines anderen Herstellers berechtigt ist.

Für den Automobilsektor sieht Art. 5 Nr. 1 lit. c der noch bis zum 31.05.2013 fortgeltenden Kfz-GVO 1400/2002 und Art. 6 Abs. 1 lit. b tKfZ-GVO Nr. 2005/4[368] für den Bereich des Verkaufs neuer Kraftfahrzeuge eine gruppenmäßige Freistellung vom Wettbewerbsverbot der Art. 101 Abs. 1 AEUV bzw. Art. 4 Abs. 1 tGSW sogar nur noch für solche vertikalen Vereinbarungen vor, die keinerlei

---

364 BGH NJW 1984, 2101, 2102; Yargıtay HGK 04.07.2001, E. 19–526, K. 572 (www.kazanci.com.tr); Yargıtay 19. HD., 05.03.2002, E. 4568, K. 1473 (YKD. 2003/9, S. 1418–1419).

365 Thume, in: Thume, Vertriebsrecht, Teil II, Kap. 5, Rn. 53; Demir-Gökyayla, Milletlerarası Özel Hukukta Tek Satıcılık Sözleşmeleri, S. 168.

366 Yargıtay 19. HD., 05.03.2002, E. 4568, K. 1473 (YKD 2003/9, S. 1418–1419); Demir-Gökyayla, Milletlerarası Özel Hukukta Tek Satıcılık Sözleşmeleri, S. 167.

367 Hopt, in: Baumbach/Hopt, HGB, § 86, Rn. 27.

368 RG v. 12.11.2005, 25991.

unmittelbare oder mittelbare Verpflichtung enthalten, Kraftfahrzeuge oder Ersatzteile bestimmter konkurrierender Lieferanten nicht zu verkaufen.[369] Damit haben der europäische und der türkische Verordnungsgeber für die Automobilbranche, klar zum Ausdruck gebracht, dass der Unternehmer dem Vertragshändler im Geltungsbereich dieser Freistellungsverordnungen, die Entfaltung einer Geschäftstätigkeit für Wettbewerber in dem dort aufgezeigten Rahmen generell nicht mehr untersagen kann, der Vertragshändler also zum Mehrmarkenhandel uneingeschränkt berechtigt ist.

Auch die praktisch bedeutendsten Gruppenfreistellungsverordnungen über vertikale Vereinbarungen und abgestimmte Verhaltensweisen, die Vertikal-GVO 330/2010 bzw. die tVertikal-GVO 2002/2 (aufgrund ihrer Auffangfunktion für sämtliche Branchen, für die eine spezielle GVO nicht besteht, auch „Schirm-GVO" genannt), gewähren eine Freistellung vom Wettbewerbsverbot nach Art. 101 Abs. 1 AEUV bzw. Art. 4 Abs. 1 tGSW gem. Art. 5 Abs. 1 lit. a Vertikal-GVO bzw. Art. 5 lit. a tVertikal-GVO lediglich dann, wenn alle unmittelbaren und mittelbaren Wettbewerbsverbote in der vertikalen Vereinbarung auf maximal fünf Jahre begrenzt sind.[370]

Hintergrund dieser maßgeblich von den europäischen Gesetzgebungsorganen und der Europäischen Kommission angestoßenen Entwicklungen ist zum einen sicherlich die Stärkung des freien Wettbewerbs zur Erzeugung möglichst günstiger Endverbraucherpreise. Daneben dienen diese Einschränkungen hinsichtlich der Verpflichtung der Händler zur Markenausschließlichkeit aber auch dazu, die solchen vertikalen Händlerverträgen bereits vertragsimmanente Abhängigkeit der Händler zum Unternehmer,[371] die für den Händler im Einzelfall nicht selten mit existenzbedrohenden Risiken verbunden ist, zu entkräften. Sinken etwa die Absatzzahlen der Vertragswaren, beispielsweise weil die durch den Unternehmer entwickelten Produkte nicht den Wünschen der Kunden entsprechen und diese lieber auf Produkte konkurrierender Hersteller zugreifen, so kann eine exklusive

369 Schon die Vorgänger-GVO Nr. 1475/95 gestattete dem Vertragshändler in Art. 3 Nr. 3 den Verkauf von Neufahrzeugen anderer Hersteller, wenn er die in Wettbewerb stehenden Neufahrzeuge in getrennten Verkaufslokalen unter getrennter Geschäftsführung mit getrennter Rechtspersönlichkeit vertrieb, ohne dass ihn weiterhin die für die Aufnahme des Vertriebs einer Zweitmarke bis dahin geltende Verpflichtung zum Nachweis sachlich gerechtfertigter Gründe traf.

370 Ausführlich zur Funktionsweise der Gruppenfreistellungsverordnungen, siehe unten § 3 E., und speziell zu den Freistellungsgrenzen von Wettbewerbsverboten § 3 E. III.

371 Thume, in: Thume, Vertriebsrecht, Teil II, Kap. 5, Rn. 59.

Bindung an den einen Unternehmer den Vertragshändler in erhebliche wirtschaftliche Schwierigkeiten bringen.[372]

Im Schrifttum finden sich daher auch vermehrt Stimmen, die dem Vertragshändler nicht allein in der Kfz-Branche nach Maßgabe der Kfz-GVO 1400/2002, sondern branchenübergreifend jedenfalls im Falle des Nachweises sachlich gerechtfertigter Gründe, stets einen Anspruch auf Aufnahme des Vertriebs eines Zweitfabrikats zuerkennen wollen.[373] Dieser Anspruch sei Ausfluss der gesteigerten Treue- und Fürsorgepflicht des Unternehmers, die diesen zumindest in für den Vertragshändler wirtschaftlich schwierigen Zeiten verpflichte, für die notwendige Auslastung der durch den Vertragshändler aufgebauten und entwickelten sachlichen und personellen Kapazitäten Sorge zu tragen.[374]

Eine Standardvertragsklausel, die dem Vertragshändler ein Wettbewerbsverbot auferlege, ohne den vorgeschilderten Umständen im Rahmen einer Öffnungsklausel in geeigneter Art und Weise Rechnung zu tragen, könne der Inhaltskontrolle dieser Ansicht zufolge daher nicht stand halten. Erforderlich sei insoweit zumindest die Vereinbarung, dass der Unternehmer auf Verlangen des Vertragshändlers seine Zustimmung zur Übernahme einer Zweit- oder Mehrvertretung zu erteilen habe, sofern dieser hierfür sachlich gerechtfertigte Gründe nachweisen könne.[375] Derartige Gründe seien dabei insbesondere dann anzunehmen, wenn das dem Vertragshändler exklusiv zugewiesene Vertriebsgebiet die Rentabilität seines Vertriebs, aufgrund von Umständen, die nicht in seiner Person begründetet sind, ohne die Gestattung der Aufnahme einer Zweitvertretung nicht mehr sichere.[376] Dies könne beispielsweise der Fall sein, weil der Unternehmer den Vertragshändler zu Investitionen veranlasst habe, die im Rahmen einer exklusiven Bindung nicht oder nicht ausreichend amortisiert werden können oder der Marktanteil des Unternehmers allgemein oder regional so stark gesunken sei, dass dies auch beim Vertragshändler seinen Niederschlag gefunden habe.[377]

---

372 Ebenroth/Lange/Mersch, Kfz-GVO, Rn. 40.

373 Genzow, Vertragshändlervertrag, Rn. 31; Thume, in: Thume, Vertriebsrecht, Teil II, Kap. 5; Rn. 59.

374 Thume, a.a.O.

375 Thume, a.a.O., Rn. 60; Ulmer/Schäfer, ZIP 1994, 753, 758; v. Westphalen, in: Röhricht/v. Westphalen, HGB, S. 2636, Rn. 26; Demir-Gökyayla, Milletlerarası Özel Hukukta Tek Satıcılık Sözleşmeleri, S. 176.

376 Thume, in: Thume, Vertriebsrecht, Teil II, Kap. 5, Rn. 56.

377 Genzow, Vertragshändlervertrag, Rn. 32; Thume, in: Thume, Vertriebsrecht, Teil II, Kap. 5, Rn. 59.

Finde sich im Individualvertrag eine Bestimmung, nach der die Übernahme einer Zweitvertretung der schriftlichen Zustimmung des Unternehmers bedürfe, so dürfe dieser seine Zustimmung ebenfalls nicht unbillig verweigern.[378] Ob dem Vertragshändler die Unternehmerinteressen überwiegende sachliche Gründe für die Übernahme einer Zweitvertretung zur Seite stünden, sei dabei eine an den Grundsätzen von Treu und Glauben auszulegende Einzelfallentscheidung, im Rahmen derer den beidseitigen Interessen und Pflichten der Parteien besondere Bedeutung zukomme.[379]

Meiner Meinung nach geht die Ansicht, die dem Vertragshändler unter Hinweis auf die Treuepflicht des Unternehmers branchenübergreifend stets einen Anspruch auf Aufnahme des Vertriebs eines Zweitfabrikats zuerkennen will, wenn dieser nur den Nachweis einer Gefährdung der Auslastung seiner personellen und sachlichen Kapazitäten nachweise, indes zu weit. Soweit in diesem Zusammenhang argumentativ auf die Entwicklungen des europäischen Kartellrechts im Bereich des Kfz-Vertriebs zurückgegriffen und diesem dabei eine Leitbildfunktion auch für andere Branchen zugesprochen wird,[380] stehen dem die jüngeren gesetzgeberischen Entwicklungen in diesem Bereich sogar klar entgegen. So wird bereits unter Ziff. 2 der Erwägungsgründe zur Kfz-GVO Nr. 1400/2002 ausdrücklich klargestellt, dass für diesen Wirtschaftszweig für die Anwendung von Art. 83 Abs. 3 des EG-Vertrages (heute: Art 101 Abs. 3 AEUV) strengere Regelungen erforderlich sind, als im Rahmen der allgemeinen vertikalen Gruppenfreistellungsverordnung. Entsprechend enthält die zum 01.06.2010 in Kraft getretene neue Vertikal-GVO Nr. 330/2010 auch weiterhin keine dem Art. 5 Kfz-GVO, vergleichbare Vorschrift, wonach eine Freistellung vom Wettbewerbsverbot des Art. 101 Abs. 1 AEUV nur in Betracht kommt, wenn dem Vertragshändler zugleich der Verkauf von Waren konkurrierende Lieferanten gestattet ist. Vielmehr haben es die Verordnungsgeber für die Wahrung einer ausreichenden Unabhängigkeit des Vertragshändlers für ausreichend erachtet, die grundsätzlich zulässige Vereinbarung eines Wettbewerbsverbots in zeitlicher Hinsicht auf maximal fünf Jahre zu beschränken. Hinweise darauf, dass dem Vertragshändler bei ordnungsgemäßer Befristung des Wettbewerbsverbots zudem auch innerhalb dieses Fünfjahreszeitraums die Aufnahme einer Zweitvertretung gestattet werden müsse, insbesondere wenn er wegen Vermarktungsschwierigkeiten bei den Vertragswaren in wirtschaftliche Schieflage geraten sollte, lassen sich den Vertikal-GVOen an keiner Stelle entnehmen. M. E. erschiene dies

378 V. Westphalen, in: Röhricht/v. Westphalen, HGB, S. 2635, Rn. 25.

379 Thume, in: Thume, Vertriebsrecht, Teil II, Kap. 5, Rn. 55.

380 Genzow, Vertragshändlervertrag, Rn. 33; Thume, in: Thume, Vertriebsrecht, Teil II, Kap. 5, Rn. 58.

auch nicht sachgerecht, ist es doch gerade typisches Wesensmerkmal des Vertragshändlervertrages, dass der Vertragshändler sein Schicksal, ähnlich einem Handelsvertreter sehr eng mit dem wirtschaftlichen Erfolg des Unternehmers verknüpft. Die Begrenzung der Zulässigkeit eines Wettbewerbsverbots auf fünf Jahre gewährleistet es insoweit, für einen angemessenen Ausgleich der gegenläufigen Interessen der Vertragsparteien zu sorgen. Der Unternehmer erhält durch den befristeten Konkurrenzschutz die erforderliche Planungssicherheit, die es ihm überhaupt erst ermöglicht, sich auf den Vertrieb seiner Produkte über ein Netz von Vertragshändlern einzulassen. Für den Vertragshändler stellt die exklusive Bindung an den Unternehmer für einen begrenzten Zeitraum von fünf Jahren eine ihm im Rahmen seiner unternehmerischen Risikoentscheidung, ob er sich mit allen sich bietenden Chancen und Risiken in die Vertriebsstruktur des Unternehmers einbinden lassen möchte, zumutbare Größe dar. Diese Risikoverteilung haben die Verordnungsgeber bewusst getroffen. Sie kann daher in Bereichen, in denen die einschlägigen Gruppenfreistellungsverordnungen keine Hinweise auf weitergehende Wettbewerbsrechte des Vertragshändlers enthalten, nicht durch einen Hinweis auf die allgemeine Treuepflichte des Unternehmers unterlaufen werden. Reichen die erzielten Gewinne des Vertragshändlers entgegen seinen Erwartungen zum Zeitpunkt des Vertragsschlusses nicht aus, um seinen Betrieb rentabel zu gestalten und verweigert ihm der Unternehmer während der Geltungsdauer eines Wettbewerbsverbots die Aufnahme einer Zweitvertretung, so erscheint es ausreichend, den Vertragshändler darauf zu verweisen, sich ggf. im Wege einer ordentlichen Kündigung aus dem Vertragsverhältnis zu lösen.

Diese Überlegungen haben den europäischen Verordnungsgeber im Übrigen offenbar auch im Bereich des Automobilhandels wieder eine Kehrtwende vollziehen lassen. So lehnt sich die für den Bereich Reparatur- und Wartungsdienstleistungen bereits am 01.06.2010 in Kraft getretene und für den Bereich Vertrieb neuer Kfz zum 01.06.2013 in Kraft tretende neue Kfz-GVO 461/2010 weitgehend an die ebenfalls zum 01.06.2010 in Kraft getretene neue Vertikal-GVO 330/2010 an und gestattet in Abkehr des durch die Kfz-GVO 1400/2002 für den Kfz-Sektor erst besonders gestärkten bzw. eingeführten Mehrmarkenhandels wieder die Vereinbarung einer Markenexklusivität, soweit diese – entsprechend den Regelungen der Vertikal-GVO 330/2010 – auf maximal fünf Jahre begrenzt wird. Ziff. 10 der Erwägungsgründe der Kfz-GVO 461/2010 stellt dabei unter Hinweis auf eine eingehende Marktanalyse, die aus dem Bericht zur Bewertung der Verordnung Nr. 1400/2002 der Kommission vom 28.05.2008[381] und einer

381 SEK (2008) 1946.

Mitteilung der Kommission vom 22.07.2009[382] hervorgeht, erläuternd klar, dass im Bereich des Vertriebes neuer Kfz keine erheblichen Beeinträchtigungen des Wettbewerbs bestehen, die diesen Bereich von anderen Wirtschaftszweigen unterscheiden und die Anwendung anderer, strengerer Regeln erforderlich machen würden, als die der allgemeinen Vertikal-GVO. Anders als von Teilen der Literatur behauptet,[383] kann daher von einer Leitbildfunktion des Wettbewerbsrechts im Bereich des Kfz-Vertriebs für andere Branchen keine Rede sein. Vielmehr wird sich die Rechtslage künftig allgemein wieder so darstellen, dass sich der Unternehmer – in den durch die Gruppenfreistellungsverordnungen vorgegebenen zeitlichen Beschränkungen – branchenunabhängig vor dem Vertrieb von Konkurrenzprodukten durch seine Vertragshändler schützen kann und auch wirtschaftliche Notlagen den Vertragshändler nicht berechtigen, während der Geltungsdauer eines Wettbewerbsverbots gegen den Willen des Unternehmers einen Zweit- oder Mehrmarkenvertrieb aufzubauen.

Ist der Vertragshändler allerdings aufgrund vertraglicher Vereinbarungen oder in Ermangelung der Vereinbarung eines Wettbewerbsverbots zur Aufnahme eines Zweit- oder Mehrmarkenvertriebs berechtigt und hat er dem Unternehmer die Aufnahme einer solchen Tätigkeit angezeigt, so ist der Vertragshändler im Falle der Untätigkeit des Unternehmers auch nicht verpflichtet, zunächst die Zustimmung des Unternehmers auf dem Gerichtsweg zu erwirken.[384] Soweit der Vertragshändler aufgrund der tatsächlichen Gegebenheiten einen Anspruch auf Erteilung der Zustimmung besitzt, steht dem Unternehmer zudem weder ein Recht zur ordentlichen oder außerordentlichen Kündigung noch ein Schadensersatzanspruch aus positiver Vertragsverletzung zu. Die Wahrnehmung eines vertraglich zugestandenen Rechts kann nämlich eine Vertragsverletzung nicht begründen.[385]

2. Außerhalb eines Konkurrenzverhältnisses zu den Vertragswaren und mittelbare Wettbewerbssituationen

Noch schwieriger wird es für den Unternehmer, wenn er den Vertragshändler in dem Vertrieb solcher Produkte beschränken will, die mit den Vertragswaren in keinem unmittelbaren Wettbewerbsverhältnis stehen.

382 Mitteilung der Kommission – Der künftige wettbewerbsrechtliche Rahmen für den Kfz-Sektor, KOM (2009) 388.

383 Fn. 380.

384 BGH NJW 1992, 429, 431.

385 Ulmer/Schäfer, ZIP 1994, 753, 769; Demir-Gökyayla, Milletlerarası Özel Hukukta Tek Satıcılık Sözleşmeleri, S. 177; Genzow, Vertragshändlervertrag, Rn. 34

Stehen diese Produkte mit den Vertragswaren in keinerlei Sachzusammenhang, so ist eine in den Waren selbst begründete Interessenkollision im Hinblick auf den Vertrieb der Vertragswaren nicht denkbar und der Unternehmer könnte lediglich Anstoß an dem für die Entfaltung der fremden Vertriebstätigkeit erforderlichen Zeit- und Mittelaufwand nehmen.[386] In der Automobilbranche war der Kfz-Hersteller daher auch bereits unter der Geltung der längst ausgelaufenen Kfz-GVO 123/85 nicht befugt, dem Vertragshändler ein Wettbewerbsverbot für branchenfremde Produkte aufzuerlegen (vgl. Art. 3 Nr. 5 GVO 123/85). Aber auch über diesen speziellen Sektor hinaus besteht heute weitgehend Einigkeit darin, dass der Vertragshändler zwar im Hinblick auf seine Treuepflicht branchenübergreifend verpflichtet ist, den Unternehmer über die Aufnahme fremder Vertriebstätigkeiten nicht in Unkenntnis zu lassen, dem Unternehmer ein Zustimmungsvorbehalt oder Untersagungsrecht in Ermangelung eines direkten Interessenkonflikts jedoch nicht zustehen soll.[387] Dies erscheint m. E. schon deshalb sachgerecht, weil sich der Vertragshändler ein zweites Standbein mit dem Vertrieb anderer Produkte lediglich dann aufbauen wird, wenn seine Kapazitäten durch den Vertrieb der Vertragswaren nicht voll ausgelastet sind und dem Vertragshändler zudem bewusst ist, dass der Unternehmer ihn jederzeit abmahnen und weitergehend den Vertragshändlervertrag kündigen kann, wenn die in Bezug auf die Aliud-Produkte entfaltete Vertriebstätigkeit zu einer Beeinträchtigung der aus dem Vertragshändlervertrag geschuldeten Absatzförderungs- und Abnahmeverpflichtungen führt. Vorgaben, die es dem Vertragshändler verbieten, neben den Vertragsprodukten andere, mit diesen in keinerlei Sachzusammenhang stehende Produkte zu vertreiben, stellen somit einen durch keine sachlichen Erwägungen gerechtfertigten, unzumutbaren Eingriff in die Dispositionsfreiheit des Vertragshändlers dar und sind daher generell unwirksam.[388]

Schwieriger ist allerdings die Situation zu beurteilen, wenn der Vertragshändler nicht nur versucht, sich weitere Verkaufschancen durch den Vertrieb von Produkten zu erschließen, die mit den Vertragswaren in keinerlei Zusammenhang stehen, sondern das von ihm angebotene Waren- und Dienstleistungsangebot, neben der ihm vom Unternehmer zur Verfügung gestellten Produktpalette, gezielt um artverwandte, wenn auch nicht in einem direkten Konkurrenzverhältnis stehende Waren

386 Genzow, a.a.O., Rn. 41.

387 Genzow, a.a.O., Rn. 41; Demir-Gökyayla, Milletlerarası Özel Hukukta Tek Satıcılık Sözleşmeleri, S. 182.

388 Thume, in: Thume, Vertriebsrecht, Teil II, Kap. 5, Rn. 61; Demir-Gökyayla, a.a.O., S. 182.

eines anderen Lieferanten zu ergänzen sucht. Wäre also beispielsweise ein Vertragshändler im Bau-Bereich unter der Geltung eines Wettbewerbsverbots ohne die Einholung der unternehmerischen Zustimmung berechtigt, für sein Verkaufs- und Kundendienstprogramm neben der Bagger-Palette des einen, die Kran-Palette eines anderen Unternehmers einzusetzen?[389]

Dem Wortlaut des Vertragshändlervertrages und den darin enthaltenen Wettbewerbsklauseln wird sich insoweit zumeist nicht viel entnehmen lassen. So wird sich der Fall in der Praxis zumeist so gestalten, dass die einzelnen Vertragshändlerverträge als Vertragsware oder -dienstleistung zwar eine bestimmte Produkt- und Dienstleistungsgattung benennen; eine abschließende Klarstellung, welche Produkte eine derart große Verwandtschaft zu den Vertragswaren aufweisen, dass der Vertragshändler nicht befugt sein soll, diese aus dritten Quellen zu beziehen und zu vertreiben, wird sich in der Regel jedoch nicht finden. Auch wird sich aus der Konkretisierung der Vertragswaren in dem Vertragstext weder der Schluss ziehen lassen, die Parteien hätten hierdurch bewusst den Vertrieb anderer Gattungen ausschließen wollen, noch lässt sich daraus zwingend ablesen, dem Vertragshändler solle bis zur Grenze direkter Wettbewerbstätigkeit jede andere Vertriebstätigkeit uneingeschränkt gestattet sein.[390]

An Hand einer teleologischen Auslegung lassen sich für derartige Fallgestaltungen allerdings folgende, den gegenläufigen Interessen am ehesten gerecht werdende Feststellungen treffen: Hat der Vertragshändler den Unternehmer – gemäß den obigen Feststellungen – bereits generell über sonstige, außerhalb des Vertragshändlervertrages aufgenommene Tätigkeiten zu unterrichten, so gilt dies in dem Fall, dass er neben den Vertragswaren gezielt artverwandte Produkte eines anderen Lieferanten beziehen will, erst recht. Hierdurch wird der Unternehmer in die Lage versetzt zu überprüfen, ob sich die Vorstellungen des Vertragshändlers mit dem unternehmerischen Vertriebskonzept vertragen und ob er dem Vertragshändler ggf. selbst einen entsprechend erweiterten bzw. zusätzlichen Vertrag anbieten kann, um ihn mit den entsprechenden Produkten zu beliefern.[391] Ist dies der Fall, verhielte sich der Vertragshändler treuwidrig, wenn er gleichwohl ohne sachlichen Grund auf das Angebot eines anderen Lieferanten zugreifen wollte. Ist der Unternehmer hierzu indes nicht, oder allenfalls zu deutlich erhöhten Bezugspreisen für den Vertragshändler in der Lage, so wird er die weitere Vertriebstätigkeit des Vertragshändlers – solange dieser seinen vertragshändlerrechtlichen

389 Beispiel nach Genzow, a.a.O., Rn. 35.

390 Genzow, a.a.O.; Demir-Gökyayla, a.a.O., S. 178.

391 Genzow, a.a.O.

Pflichten weiterhin ordnungsgemäß nachkommt – regelmäßig nicht untersagen dürfen. Von einer unter ein etwaig vereinbartes Wettbewerbsverbot zu subsumierenden Tätigkeit ist dann nicht auszugehen.

Eine andere Konstellation, in der der Vertragshändler mit der Unternehmensstrategie in Konflikt geraten kann, ergibt sich, wenn der Vertragshändler Produkte, die zwar aus der Produktpalette des Unternehmers stammen, die dieser allerdings nur für den Vertrieb in einem anderen Vertragsgebiet produziert und ausliefert, auch in seinem Vertragsgebiet anbieten möchte. Wäre beispielsweise ein in der Türkei tätiger Vertragshändler ohne weiteres berechtigt, den von der Fa. Procter & Gamble hergestellten Weichspülmittel „Lenor", der deutschlandweit vertrieben, jedoch von Procter & Gamble-Türkei grundsätzlich nicht angeboten wird, in seinem Vertragsgebiet zu vermarkten? Auch insoweit werden die Vertragshändlerverträge oftmals keine ausdrückliche Regelung treffen. Da es sich zudem um Waren aus der Produktion bzw. zumindest aus der Lieferkette des Unternehmers handelt, lassen sich diese auch nicht unter ein allein auf die Untersagung des Vertriebs von Konkurrenzprodukten anderer Lieferanten bezogenes Wettbewerbsverbot subsumieren.

Nach einer heute wohl als überholt anzusehenden Auffassung lasse sich im Wege teleologischer Auslegung ermitteln, dass ein Vertragshändler ohne Absprache mit dem Unternehmer grundsätzlich nicht berechtigt sein könne, dessen unternehmerische Entscheidung, bestimmte Erzeugnisse in einer konkreten Ausstattung nur auf einem abgegrenzten Markt offerieren zu wollen, zu umgehen und derartige Produkte etwa durch den Bezug von Vertragshändlern aus anderen Verkaufsbezirken in seinen Verkauf aufzunehmen.[392] Es sei ureigenste Aufgabe des Unternehmers zu entscheiden, welches Image er auf einem bestimmten Markt erreichen wolle. Entscheide er sich aus markenpolitischen Erwägungen oder aus Kostengründen dazu, bestimmte Produktgattungen in bestimmten Regionen nicht zu vertreiben, seien auch die dort eingesetzten Vertragshändler an diese Entscheidung gebunden. Dies müsse insbesondere auch dann gelten, wenn ein Unternehmer auf einem Markt ein Produkt nur in besonders hochwertiger Ausführung anbiete, um einen teuren Preis zu erzielen und der Vertragshändler nun dieses Produkt in einer günstigeren Variante importieren wolle. Der Vertragshändler könne in diesem Fall lediglich versuchen, den Unternehmer vom Nutzen der Belieferung des Vertragshändlers mit dem fraglichen Produktstyp zu überzeugen.[393]

392 Genzow, a.a.O., Rn. 36; Demir-Gökyayla, a.a.O., S. 179.
393 Genzow, a.a.O.; Demir-Gökyayla, a.a.O.

Diese Auffassung ist indes mit geltendem Kartellrecht nicht mehr in Einklang zu bringen. Insbesondere dem europäischen Gesetzgeber war es seit je her ein Anliegen, der Abschottung nationaler Märkte entgegen zu wirken und im Sinne der Verbraucher jedenfalls innerhalb des europäischen Wirtschaftsraumes den freien Wettbewerb zu ermöglichen. Im vorliegenden Kontext hat dies am deutlichsten seinen Niederschlag wiederum in der noch bis zum 31.05.2013 für den Verkaufsbereich neuer Fahrzeuge fortgeltenden Kfz-GVO 1400/2002 gefunden: Nach Art. 4 lit. f dieser Verordnung sind vertikale Vereinbarungen nicht freistellungsfähig, wenn sie Beschränkungen der Möglichkeit des Händlers enthalten, neue Kraftfahrzeuge zu verkaufen, die einem Modell seines Vertragsprogramms entsprechen. Diese Regelung dient gerade dem Zweck, Verbrauchern die Möglichkeit zu geben, bei jedem Händler im Gemeinsamen Markt, der entsprechende Fahrzeuge verkauft, neue Kraftfahrzeuge mit Spezifizierungen zu erwerben, die mit den in einem anderen Mitgliedstaat verkauften Fahrzeugen identisch sind (Ziff. 20 der Erwägungsgründe zur Kfz-GVO 1400/2002). Darüber hinaus gilt aber auch in den allgemeinen Vertikal-GVOen in den praktisch bedeutenden Fällen selektiver Vertriebssysteme[394] ein strenges Verbot der Beschränkung von Quer- und Rücklieferungen zwischen den zu diesem Vertriebssystem zugelassenen Händlern (vgl. Art. 4 lit. d Vertikal-GVO, Art. 4 lit. d tVertikal-GVO). Der Unternehmer wird nach geltendem Kartellrecht somit in aller Regel nicht unter Hinweis auf seine unternehmerische Freiheit verhindern können, dass der Vertragshändler sämtliche aus der Produktion des Unternehmers stammenden Waren in sein Produktporfolio aufnimmt.

Eine andere unter dem Gesichtspunkt mittelbarer Konkurrenztätigkeit diskutierte Frage ist diejenige, ob der Vertragshändler während der Vertragslaufzeit berechtigt ist, sich an einem innerhalb seines Vertragsgebiets ebenfalls tätigen Unternehmen, welches ein Fremdfabrikat vertreibt, zu beteiligen. Unproblematisch erscheint es insoweit, wenn der Händler lediglich eine rein finanzielle Beteiligung als Kleinaktionär an der Holdinggesellschaft eines Wettbewerbers des Unternehmers eingehen will. Maßgebliche Direktions- und Mitspracherechte sind hiermit offenkundig nicht verbunden, so dass eine solche lediglich finanzielle Beteiligung grundsätzlich für zulässig zu erachten ist.[395]

Nach einer Ansicht in der Literatur sei eine Beteiligung solange nicht zu beanstanden, als es sich lediglich um eine Minderheitsbeteiligung handele, die den Händler weder aufgrund seines Beteiligungsbetrages noch aufgrund der in dem

394 Vgl. dazu ausführlich unten § 3 F. II. 3.

395 Genzow, a.a.O., Rn. 38; Demir-Gökyayla, a.a.O., S. 180.

Gesellschaftsvertrag statuierten Rechte mit einer maßgeblichen Einflussmöglichkeit auf die Geschäftspolitik des Konkurrenzunternehmens ausstatte.[396] Lediglich dann, wenn die dem beteiligten Händler eingeräumten Rechte geeignet seien, auf die Person des Geschäftsführers, die Unternehmenskonzeption o. ä. maßgeblichen Einfluss zu nehmen, könne der Vertragshändler verpflichtet sein, vorher die Zustimmung des Unternehmers einzuholen oder mittels sachlich gerechtfertigter Gründe nachzuweisen, dass es ihm nicht lediglich um die Umgehung einer wirksam vereinbarten Konkurrenzschutzklausel gehe.[397]

M. E. stehen jedoch auch im Falle einer Minderheitsbeteiligung ohne maßgeblichen Einfluss auf das Konkurrenzunternehmen beachtliche Interessen des Unternehmers im Raum, die eine derartige Beteiligung ohne die unternehmerische Zustimmung als Verstoß gegen eine wirksam vereinbarte Wettbewerbsschutzklausel erscheinen lassen. So bekommt der Vertragshändler nicht nur seinen Anteil an den Gewinnen des Konkurrenzunternehmens aufgrund derer er bereits ein mit dem Unternehmerinteresse widerstreitendes eigenes wirtschaftliches Interesse am Erfolg der Vertriebstätigkeit des Konkurrenten hat. Daneben obliegt es dem Vertragshändler im Hinblick auf seine vertragshändlerrechtlichen Pflichten zudem, den Unternehmer über die Geschäftsentfaltung von Konkurrenzunternehmen und deren Marktsituation innerhalb des Vertragsgebietes zu informieren und gegen diese zu werben. Zur Erfüllung dieser Pflichten wird der Vertragshändler, der zugleich am wirtschaftlichen Erfolg des Wettbewerbers partizipiert, indes weit weniger motiviert sein. Es zeigt sich daher insgesamt, dass sich eine solche Beteiligung mit dem Pflichtenkreis des Vertragshändlers und dem Charakter des Vertragshändlervertrages nicht in Einklang bringen lässt.[398]

Will sich der Vertragshändler an einem Wettbewerber des Unternehmers beteiligen, der allerdings lediglich außerhalb des Vertragsgebiets, auf welches sich der Vertragshändlervertrag erstreckt, eine Geschäftstätigkeit entfaltet, lässt sich die Frage der Zulässigkeit nicht ganz so leicht zu beantworten. Nach einer Auffassung in der Literatur komme es im Rahmen einer Interessenabwägung entscheidend darauf an, ob diese mittelbare Wettbewerbssituation überhaupt geeignet ist, die Interessen des Unternehmers innerhalb des Vertragsgebietes zu beeinträchtigen und wenn ja, in welchem Umgang.[399]

---

396 Genzow, a.a.O.

397 Genzow, a.a.O.

398 Demir-Gökyayla, a.a.O., S. 181.

399 Genzow, a.a.O., Rn. 38.

Da Informations- und Werbepflichten den Vertragshändler lediglich innerhalb des festgelegten Vertragsgebiets treffen, handelt es sich bei dieser Frage de facto primär wiederum um ein Problem der begrenzten zeitlichen und sachlichen Kapazitäten des Vertragshändlers. Da der Vertragshändlervertrag in aller Regel ein personengebundener Vertrag ist, könnte der Unternehmer bei einer Aufteilung der Person des Vertragshändlers u. U. nicht ganz zu Unrecht befürchten, dass seine Vertriebsinteressen – je nach Tätigkeitsumfang des Vertragshändlers bei dem anderen Unternehmen – zukünftig nicht mehr in dem im Vertragshändlervertrag vereinbarten Maße wahrgenommen werden.[400] Allerdings stehen dem Unternehmer für derartige Szenarien mit den vertragsrechtlichen Sanktionsmöglichkeiten, wie Abmahnung, Kündigung und Schadensersatzansprüchen ausreichende Schutzmechanismen zur Seite. Eine sachliche Rechtfertigung, dem Vertragshändler im Rahmen freier Kapazitäten die Beteiligung an einem ausschließlich außerhalb des Vertragsgebietes am Markt agierenden Konkurrenzunternehmen zu untersagen, ist daher grundsätzlich nicht ersichtlich.

IX. Verpflichtung zur Tätigkeit auf den Anschlussmärkten

1. Kundendienst und Reparaturwerkstätten

Insbesondere im Bereich technisch hochwertiger Markenwaren, die eine längere Haltbarkeit und damit längere Kaufintervalle aufweisen, zugleich aber auch eine erhöhte Defektanfälligkeit in sich tragen – wie beispielsweise im Kfz-Vertrieb, dem Computerhandel, der Elektroindustrie oder im Maschinenbau – ist ein qualitativer und schnell funktionierender Kundendienst für den längerfristigen Absatzerfolg des Unternehmers von nicht zu unterschätzender Bedeutung.[401] Der Unternehmer selbst wird allerdings schon aufgrund seiner räumlichen Entfernung zum Vertragsgebiet in der Regel nicht dazu in der Lage sein, Kundendienstleistungen, Reparatur-, Wartungs- und Instandsetzungsarbeiten, Inspektionen, und vergleichbare Servicedienstleistungen in dem erwarteten Umfang gegenüber den Endverbrauchern zu erbringen. Aus diesem Grund wird der Vertragshändler regelmäßig in dem Vertragshändlervertrag verpflichtet, diese Dienstleistungen anzubieten. Da diese Servicedienstleistungen eng mit dem Absatzerfolg der Vertragswaren

400 Genzow, a.a.O., Rn. 37; Demir-Gökyayla, a.a.O., S. 179.

401 Manderla, in: Martinek/Semler/Habermeier/Flohr, Handbuch des Vertriebsrechts, § 22, Rn. 34; Genzow, Vertragshändlervertrag, Rn. 62; Demir-Gökyayla, Milletlerarası Özel Hukukta Tek Satıcılık Sözleşmeleri, S. 139.

verbunden sind, entspricht es auch allgemeiner Meinung, dass es ohne weiteres zulässig ist, den Vertragshändler im Rahmen seiner Absatzförderungspflicht zu derartigen Kundenleistungen zu verpflichten.[402] Nach einer Ansicht in der türkischen Literatur sei der Vertragshändler aufgrund seiner Absatzförderungspflicht ggf. sogar ohne ausdrückliche vertragliche Vereinbarung verpflichtet, eine Reparaturwerkstatt zu unterhalten, wenn die zu erwartenden Reparaturleistungen für die Kunden wichtig und daher für den Absatzerfolg der betreffenden Ware von zentraler Bedeutung seien.[403] Der Unternehmer wird zudem schon mit Blick auf seine Herstellergarantie bemüht sein, eine Regelung herbeizuführen, die den Vertragshändler zu derartigen Kundendienstleistungen unabhängig davon verpflichtet, ob der Kunde die Vertragswaren zuvor bei dem betreffenden, einem anderen Vertragshändler oder unmittelbar vom Unternehmer gekauft hat.[404] Zudem sollte sich die Verpflichtung aus Unternehmersicht auch auf bereits vor Abschluss des Vertragshändlervertrages in das Vertragsgebiet gelieferte Produkte des Unternehmers beziehen.[405]

Hinsichtlich der Festlegung des Umfangs und der näheren Ausgestaltung der Verpflichtung wird der Unternehmer regelmäßig bemüht sein, dem Vertragshändler im Rahmen von Service- und Werkstattverträgen nähere Vorgaben zu machen. Diese enthalten üblicherweise Bestimmungen über die Ausstattung und technischen Einrichtungen der Kundenwerkstatt, die Vorhaltung von Ersatzteilen, die Verpflichtung zur ausschließlichen Benutzung von Originalersatzteilen, die Verwendung von Spezialwerkzeugen, die Einhaltung vorgegebener Arbeits- und Zeitpläne zur Sicherstellung einheitlicher schneller Reparaturen, Zahl und Qualifikation der Kundendienstkräfte, Teilnahme der Kundendienstmitarbeiter an Fortbildungskursen sowie das Recht zur Überprüfung der Leistungsfähigkeit des Kundendienstes.[406]

Die Verpflichtung zur ausschließlichen Nutzung von Originalersatzteilen ist dabei selbst im Kfz-Sektor, in dem der europäische Gesetzgeber mehr als in jeder anderen Branche auf eine Stärkung des Wettbewerbs im Verkaufs-Anschlussmarkt

---

402 Demir-Gökyayla, Milletlerarası Özel Hukukta Tek Satıcılık Sözleşmeleri, S. 139; Genzow, Vertragshändlervertrag, Rn. 62; nach a. A. resultiere die Kundendienstpflicht primär aus der Interessenwahrnehmungspflicht des Vertragshändlers, so: Canaris, Handelsrecht, § 17 Rn. 43; İşgüzar, Tek Satıcılık Sözleşmesi, S. 76.

403 Demir-Gökyayla, Milletlerarası Özel Hukukta Tek Satıcılık Sözleşmeleri, S. 140, Fn. 638.

404 Ulmer, S. 414; Gutbrod, EuZW 1991, 235, 242; Demir-Gökyayla, Milletlerarası Özel Hukukta Tek Satıcılık Sözleşmeleri, S. 141.

405 Dau, in: Schultze u.a., Der Vertragshändlervertrag, Rn. 198.

406 Ds. a.a.O., Rn. 203.

drängt,[407] zulässig. So soll nach Ziff. 17 der Erwägungsgründe zur neuen Kfz-GVO 461/2010 die Freistellung vom Wettbewerbsverbot wegen der unmittelbaren vertraglichen Einbindung der Fahrzeughersteller in die Instandsetzungsarbeiten im Rahmen der Gewährleistung, des unentgeltlichen Kundendienstes und von Rückrufaktionen ausdrücklich auch für Vereinbarungen gelten, gemäß derer zugelassene Werkstätten (d. h. Werkstätten, die direkt oder indirekt von Kraftfahrzeugherstellern geschaffenen Werkstattnetzen angehören) verpflichtet sind, für diese Instandsetzungsarbeiten nur vom Fahrzeughersteller gelieferte Originalersatzteile zu verwenden. Dies erscheint im Übrigen auch schon deshalb sachgerecht, weil der Unternehmer im Regelfall sogar gesetzlich (Mängelhaftung) oder vertraglich (Garantiehaftung) zur Verwendung von Originalersatzteilen verpflichtet sein kann.[408]

Haben die Parteien vereinbart, dass der Vertragshändler für den Unternehmer auch die in Erfüllung der Herstellergarantie zu erbringenden Garantieleistungen gegenüber den Endabnehmern der Waren erbringt, so steht ihm insoweit ein Anspruch auf vollen Aufwendungsersatz einschließlich eines angemessenen kalkulatorischen Gewinns zu,[409] welcher auch nicht durch Allgemeine Geschäftsbedingungen beschränkt werden kann.[410]

Einer vertraglichen Klärung sollte in jedem Fall die Frage zugeführt werden, wer nach Beendigung des Vertragshändlervertrages die Verpflichtungen aus längerfristigen Wartungsverträgen zu Kunden des Vertragshändlers erfüllen soll. Besitzt beispielsweise der Unternehmer das Recht und die Pflicht nach der Beendigung des Vertragshändlervertrages für derartige Zwecke zur Verfügung gestellte Ersatzteillager und Spezialwerkzeuge zurückzunehmen, ist es dem Vertragshändler schon tatsachlich nicht möglich, weitere Serviceleistungen zu erbringen. Im Übrigen liegt es regelmäßig auch im Interesse des Unternehmers das gleichsam lukrative Geschäft mit Reparatur- und Instandhaltungsdienstleistungen vorrangig seinen auch für den Vertrieb autorisierten Vertragshändlern vorzubehalten und den aus der Vertriebsstruktur ausgeschiedenen Vertragshändlern zu untersagen. Es erscheint daher sinnvoll, dem Unternehmer in dem Vertragshändlervertrag selbst ein Eintrittsrecht in diese Verträge einzuräumen oder einen geeigneten Nachfolger für die Erbringung der künftigen Service-Leistungen zu benennen.[411] Daneben ist der Vertragshändler,

---

407 Vgl. Ziff. 11 ff. der Erwägungsgründer zur neuen Kfz-GVO 461/2010.

408 Dau, in: Schultze u.a., Der Vertragshändlervertrag, Rn. 205.

409 Gutbrod, EuZW 1991, 235, 242.

410 Westphal, Vertragshändler, Rn. 472.

411 Ds., a.a.O., Rn. 469.

der dies im eigenen Interesse auch entsprechend umsetzen sollte, zu verpflichten, dieses Eintrittsrecht auch in die Service-Verträge mit seinen Kunden aufzunehmen, da diese anderenfalls ihre Zustimmung zur Vertragsübernahme verweigern und auf Vertragserfüllung durch den Vertragshändler bestehen könnten.[412]

2. Ersatzteil- und Warenlager

Wiederum als Ausfluss der Absatzförderungspflicht kann der Unternehmer den Vertragshändler zudem verpflichten, ein Ersatzteil- und Warenlager zu unterhalten.[413] Durch die Unterhaltung derartiger Lager soll gewährleistet werden, dass der Vertragshändler die regelmäßig anfallenden Kundendienst-, Gewährleistungs- und sonstigen Servicearbeiten sowie die Auslieferungen bestellter Vertragswaren ohne vorherige eigene Bestellnotwendigkeiten möglichst schnell ausführen kann.[414] Die Lagerhaltungspflicht kann dabei wahlweise als Eigenlager des Vertragshändlers oder als sog. Konsignationslager ausgestaltet werden.

Bei einem Eigenlager handelt es sich um in der Regel vom Unternehmer selbst unmittelbar bezogene Waren und Ersatzteile, die in das Eigentum des Vertragshändlers übergehen.[415] Durch die Unterhaltung eines Eigenlagers verlagert sich die Liquiditätsbelastung daher auf den Vertragshändler. Da die Verpflichtung zur Unterhaltung eines Ersatzteil- oder Auslieferungslagers aber nicht zu einer vollständigen Abwälzung des Absatzrisikos auf den Vertragshändler führen darf, kann bei der Vertragsbeendigung regelmäßig eine Rücknahmepflicht des Unternehmers bestehen.[416]

Unter einem Konsignationslager versteht man demgegenüber ein vom Unternehmer bei seinem Händler eingerichtetes Warenlager zur sofortigen Belieferung der Kundenschaft, in manchen Fällen auch zu Vorführ- und Ausstellungszwecken. Im Gegensatz zum Eigenlager verbleiben die Vertragsprodukte im Konsignationslager bis zur Weiterveräußerung Eigentum des Unternehmers. Der Vertragshändler

---

412 Manderla, in: Martinek/Semler/Habermeier/Flohr, Handbuch des Vertriebsrechts, § 22, Rn. 36.

413 Nach Ansicht von Demir-Gökyayla, Milletlerarası Özel Hukukta Tek Satıcılık Sözleşmeleri, S. 151 existiere diese Verpflichtung sogar ohne ausdrückliche vertragliche Vereinbarung; so auch Ulmer/Eilfort, in: Stumpf/Jaletzke/Schultze, Der Vertragshändlervertrag, Rn. 258, jedoch nur für die Ersatzteillagerpflicht.

414 Ulmer, S. 112, 114 f.

415 Manderla, in: Martinek/Semler/Habermeier/Flohr, Handbuch des Vertriebsrechts, § 22, Rn. 31.

416 Vgl. dazu noch unten § 4 D. II. 2.

erwirbt das Eigentum üblicherweise erst mit der tatsächlichen Entnahme und Bezahlung der Vertragsprodukte. Um den Unternehmer vor Eigentumsverlusten durch Vermengung und Vermischung (§§ 947, 948 BGB und Art. 776 tZGB) zu schützen und seine Situation im Falle von Zwangsvollstreckungsmaßnahmen Dritter gegen den Vertragshändler zu stärken, hat der Vertragshändler daher dafür Sorge zu tragen, dass diese Waren getrennt aufbewahrt und als Eigentum des Unternehmers gekennzeichnet werden.[417] Ist der Vertragshändler zur Unterhaltung eines Konsignationslagers verpflichtet, empfiehlt es sich auch nähere Bestimmungen hinsichtlich der Anforderungen an die Räumlichkeiten des Lagers und an den Lagerbestand, der Pflicht zur angemessenen Versicherung des Lagerbestandes, Berichtspflichten des Vertragshändlers in Bezug auf den Lagerbestand und über die Entnahme von Vertragsprodukten aus dem Warenbestand, der Kostentragung in Bezug auf die Lagerhaltung, des Zeitpunkts des Gefahr- und Eigentumsübergangs und der Verjährung von Mängelhaftungsansprüchen sowie des Verfahrens in Bezug auf die Entnahme von Vertragsprodukten bzw. Ersatzteilen zu treffen.[418] Verletzt eine Vertragspartei ihre diesbezüglichen Verpflichtungen aus dem Vertragshändler- oder dem separat geschlossenen Konsignationslagervertrag, kann die andere Partei u. U. zur Kündigung des gesamten Vertragshändlervertrags berechtigt sein.[419]

Ob dem Vertragshändler für die Lagerhaltung eine gesonderte Vergütung zustehen soll, oder ob eine angemessene Kostenbeteiligung des Unternehmers bereits in die Handelsspanne eingerechnet ist, richtet sich nach den Vereinbarungen der Parteien. Soweit vertraglich nicht anders vereinbart, trägt der Vertragshändler sowohl das Risiko als auch die Kosten der Lagerhaltung, sowie die Gefahr, dass die Produkte nicht wie kalkuliert abgesetzt werden können.[420]

---

417 Manderla, in: Martinek/Semler/Habermeier/Flohr, Handbuch des Vertriebsrechts, § 22, Rn. 32.

418 Dau, in: Schultze u.a., Der Vertragshändlervertrag, Rn. 196.

419 Manderla, in: Martinek/Semler/Habermeier/Flohr, Handbuch des Vertriebsrechts, § 22, Rn. 33.

420 Ulmer/Eilfort, in: Stumpf/Jaletzke/Schultze, Der Vertragshändlervertrag, Rn. 257; Demir-Gökyayla, Milletlerarası Özel Hukukta Tek Satıcılık Sözleşmeleri, S. 151.

§ 3 Wettbewerbsbeschränkende Vereinbarungen

A. Interessenlage der Vertriebsparteien und des Endver-brauchers

Der Unternehmer hat regelmäßig ein wirtschaftliches Interesse, sich ein System aus mehreren Absatzmittlern zu schaffen und dieses System so gut wie möglich, beispielsweise durch die Vorgabe von Bezugsbindungen in Bezug auf die Produktpalette des Unternehmers, zu kontrollieren. Weiterhin besteht aufgrund dessen, dass der Händler in aller Regel nur einer von mehreren von demselben Unternehmer für dieselben Produkte eingesetzten Absatzmittler ist, ein – bis zu einem gewissen Grade sogar beiderseitiges – Interesse daran, die verschiedenen Händlerverträge miteinander zu koordinieren. Zu denken ist dabei beispielsweise an die räumliche Abgrenzung der den verschiedenen Händlern zugewiesenen Absatzgebiete oder die Begrenzung der Vertriebstätigkeit der einzelnen Absatzmittler auf bestimmte Abnehmergruppen.[421]

Im Grundsatz steht es auch jedem Unternehmer mit Blick auf den Grundsatz der Vertragsfreiheit frei, seine Vertriebswege nach den eigenen Vorstellung und Bedürfnissen auszugestalten. Um jedoch einer wirtschaftspolitisch nicht gewollten Abschottung der Märkte entgegenzuwirken und den offenen, freien Wettbewerb vor Verfälschungen zu schützen, werden Vereinbarungen, die den Wettbewerb beschränken oder gefährden, ab einer gewissen Marktstärke der Beteiligten missbilligt und daher gesetzlich verboten.

Im Vertragshändlerrecht finden sich wettbewerbsbeschränkende Vereinbarungen in praktisch nahezu allen Verträgen. Neben Regelungen zur Preisbindung oder zumindest der Preisempfehlung werden häufig Regelungen ausgehandelt, durch die der Vertragshändler auf der einen Seite verpflichtet wird, die Vertragsprodukte ausschließlich von diesem Unternehmer anzukaufen und auf den Vertrieb konkurrierender Markenprodukte zu verzichten, während ihm dafür auf der anderen Seite ein bestimmtes Vertriebsgebiet exklusiv zugewiesen wird, in welchem er sich weder der Konkurrenz anderer Händler noch der des Unternehmers selbst erwehren muss. Durch derartige Vereinbarungen wird im

---

421 Schultze/Kübler, in: Schultze u.a., Der Vertragshändlervertrag, Rn. 392.

Ergebnis jeder Wettbewerb zwischen verschiedenen Händlern oder auch zwischen dem Händler und dem Unternehmer von vornherein ausgeschlossen oder zumindest stark eingeschränkt, so dass sich ein markeninterner Wettbewerb nicht entfalten kann.[422]

Auf der anderen Seite können derartige Vertriebsvereinbarungen zu einer Stärkung des Wettbewerbs zwischen den Marken oder Diensten führen[423] und sich daher gleichwohl durchaus positiv für beide Vertriebsparteien und den Endverbraucher auswirken.[424] So ist es beispielsweise denkbar, dass sich eine rationale und optimale Nutzung des auf ein Vertragsprodukt konzentrierten Vertriebes in Effizienzgewinnen bei der Vermarktung des Produkts und einem daraus resultierenden günstigeren Endpreisen auf dem Verbrauchermarkt niederschlagen kann.[425]

Soweit der Wettbewerb zwischen den verschiedenen Marken daher im Einzelfall mehr Effizienzgewinne als wettbewerbswidrige Wirkungen mit sich bringt, entspricht es dem Allgemeininteresse, derartige Vereinbarungen gerade nicht einem absoluten Kartellverbot zu unterwerfen bzw. diese von dem grundsätzlich bestehenden Kartellverbot freizustellen.

B. Grundsatz des Verbots wettbewerbsbeschränkender Vereinbarungen

Die Rechtsgrundlagen für die kartellrechtliche Beschränkung der Vertragsfreiheit finden sich für das deutsche Recht in Art. 101 Abs. 1 AEUV[426] bzw. § 1 GWB. Art.

---

422 Demir-Gökyayla, Milletlerarası Özel Hukukta Tek Satıcılık Sözleşmeleri, S. 67; Gürzumar, in: FS für Fehiman Tekil, 209, 210.

423 RKK, 09.07.2003, Akte Nr. 2002-3-1, Entscheidungsnummer 03-49/556-241 (abrufbar unter www.rekabet.gov.tr).

424 Aus diesem Grund hat auch der US Supreme Court im Bereich vertikaler Preisbindungen eine beachtliche Rechtsprechungsänderung vollzogen und unterwirft nunmehr selbst Mindestpreisbindungen der sog. „rule of reason", auf deren Grundlage die US amerikanischen Gerichte zu einer Einzelfallentscheidung angehalten werden, im Rahmen derer sie nicht nur die wettbewerbsschädlichen, sondern auch die wettbewerbsfördernden Wirkungen vertikaler Preisbindungen zu berücksichtigen haben (Leegin Creative Leather Products, Inc. v. PSKS Inc., 551 U. S. 877 (2007), WuW/E KRint. 185). Näher dazu: Lettl, WRP 2011,710, 711 f.

425 Gürzumar, in: FS für Fehiman Tekil, 209, 210; Aslan, Rekabet Hukukunda Dikey Anlaşmalar, S. 136.

426 Vormals Art. 81 Abs. 1 EGV.

101 Abs. 1 AEUV ist dabei einschlägig, wenn die Wettbewerbsbeschränkungen geeignet sind, den zwischenstaatlichen Handel des europäischen Wirtschaftsraumes zu beeinträchtigen, während § 1 GWB zur Anwendung kommt, wenn die Voraussetzungen des Art. 101 Abs. 1 AEUV nicht vorliegen, der Vertrag aber Auswirkungen in Deutschland hat.[427]

Die Rechtsgrundlage für das türkische Recht findet sich in Art. 4 Abs. 1 des türkischen Gesetzes über den Schutz des Wettbewerbes (tGSW).[428]

Art. 101 Abs. 1 AEUV stellt ausdrücklich fest, dass „alle Vereinbarungen zwischen Unternehmen, Beschlüsse von Unternehmensvereinigungen und aufeinander abgestimmte Verhaltensweisen mit dem Binnenmarkt unvereinbar und verboten sind, welche den Handel zwischen Mitgliedstaaten zu beeinträchtigen geeignet sind und eine Verhinderung, Einschränkung oder Verfälschung des Wettbewerbs innerhalb des Binnenmarktes bezwecken oder bewirken“. Der Wortlaut von § 1 GWB wurde zwischenzeitlich vollständig an die europarechtliche Regelung angepasst,[429] so dass diesbezüglich sachliche Unterschiede nicht bestehen.[430]

Gemäß Art. 4 Abs. 1 tGSW sind „alle Vereinbarungen zwischen Unternehmen, Beschlüsse von Unternehmensvereinigungen und aufeinander abgestimmte Verhaltensweisen rechtswidrig und verboten, welche unmittelbar oder mittelbar

---

427 Nach Tz. 14 der Bekanntmachung der Kommission über die Zusammenarbeit innerhalb des Netzes der Wettbewerbsbehörden, ABl. 2004 C 101/43 liegt die Zuständigkeit der Europäischen Kommission nahe, wenn das wettbewerbsbeschränkende Verhalten Auswirkungen in mindestens drei Mitgliedstaaten hat, während das das Bundeskartellamt in der Regel zuständig sein wird, wenn es hauptsächlich Auswirkungen in Deutschland hat.

428 „Rekabetin Korunması Hakkında Kanun“, Gesetz Nr. 4054, RG 13.12.1994, 22140 (abrufbar unter www.rekabet.gov.tr).

429 Zuvor hatte der deutsche Gesetzgeber für den Bereich der Preisbindung bereits § 22 GWB a. F. (Empfehlungsverbot) und § 23 GWB a. F. (unverbindliche Empfehlung für Markenwaren) sowie dessen Nachfolgeregelung § 14 GWB aufgehoben und klargestellt, dass insoweit allein Art. 81 EGV (jetzt: Art. 101 AEUV) gelte, soweit die Preisempfehlung zu einer Vereinbarung, einem Beschluss einer Unternehmensvereinigung oder einer aufeinander abgestimmten Verhaltensweise führe. Auch Preisbindungen und etwaige Freistellungen vom Kartellverbot sollen sich nach dem Willen des Gesetzgebers allein nach Art. 101 AEUV richten (BT-Drucks. 15/3640, S. 28, 86; 30, 46).

430 Eine Besonderheit des deutschen Rechts findet sich allerdings noch in § 21 Abs. 2 GWB, der insbesondere im Bereich der Preisbindung praktische Relevanz erlangt hat und unter bestimmten Voraussetzungen auch im Rahmen einseitiger Maßnahmen zur Annahme einer vertikalen Wettbewerbsbeschränkung führen kann, näher dazu unten, § 3 F. II. 1. c. aa. iii.

die Verhinderung, Verfälschung oder Einschränkung des Wettbewerbs auf dem Waren- oder Dienstmarkt bezwecken, bewirken oder bewirken können". In den Gesetzesmotiven zu Art. 4 tGSW wird insoweit ergänzend festgestellt, dass unter „Vereinbarungen" im Lichte des Normzwecks alle Vereinbarungen oder Verhaltensweisen zu verstehen sind, durch die sich die Parteien verbunden fühlen, unabhängig davon, ob diese auch die „zivilrechtlichen Gültigkeitserfordernisse" erfüllen.[431]

Alle Regelungswerke gehen somit vom Grundsatz des Verbots wettbewerbsbeschränkender Vereinbarungen und Beschlüsse aus.

Nach der ständigen Rechtsprechung der europäischen[432] und deutschen[433] Gerichte sowie der Praxis der Europäischen Kommission[434] enthält Art. 101 Abs. 1 AEUV zudem ein ungeschriebenes Tatbestandsmerkmal des Erfordernisses einer Spürbarkeit der Wettbewerbsbeschränkung (sog. de-minimis-Regel). Unterhalb dieser Spürbarkeitsschwelle, die für jeden Einzelfall gesondert zu prüfen ist,[435] bedürfen die Parteien keiner besonderen Freistellung für ihre Vereinbarungen.[436] Relevante Kriterien können insoweit insbesondere der Marktanteil der an der Vereinbarung beteiligten Unternehmen auf dem relevanten Markt[437] sowie die Dauer[438] und der Umfang der Wettbewerbsbeschränkung sein.[439]

Demgegenüber weist der türkische Wettbewerbsausschuss darauf hin, dass das tGSW ein Erfordernis von Spürbarkeit nicht enthalte[440] und berücksichtigt fehlende Auswirkungen für den Wettbewerb tendenziell eher strafmildernd auf der Rechtsfolgenseite.[441] Auf der anderen Seite gibt es allerdings auch Entscheidungen

---

431 Gesetesmotive zu Art. 4 tGSW (abrufbar unter www. rekabet. gov.tr); RKK, 09.07.2003, Akte Nr. 2002-3-1, Entscheidungsnummer 03-49/556-241 (abrufbar unter www.rekabet.gov.tr).

432 EuGH Slg. 1966, 281, 303 f. („LTM"); 2000, I-6497, Tz. 93–97 („Pavlov"); EuG, Urt. v. 03.04.2003, T – 114/02, S. 92 („Babyliss").

433 BGH, WuW/E 1458, 1462 („Fertigbeton"); WRP 2003, 899.

434 Vgl. Bekanntmachung der Kommission über Vereinbarungen von geringer Bedeutung, die den Wettbewerb gemäß Art. 81 Abs. 1 des Vertrags zur Gründung der Europäischen Gemeinschaft nicht spürbar beschränken, de minimis (2001/C 368/07).

435 EuGH Slg. 1998, I-1997, Tz. 17 („Javico").

436 Vgl. Erläuterungen zu Art. 101 AEUV.

437 EuGH Slg. 1978, 131 („Miller"); 1983, 3151 („AEG-Telefunken").

438 Vgl. BGH GRUR 2003, 637, 639 („Riegel extra").

439 Weitere Einzelheiten bei Lettl, WRP 2011, 710, 716 ff.

440 RKK, 05.06.2001, Akte Nr. S.R. /00-14, Entscheidungsnummer 01-26/256-72 (abrufbar unter www.rekabet.gov.tr) betreffend einen Fall des Missbrauchsverbots.

441 RKK, 11.01.2007, Akte Nr. 2005-3-104, Entscheidungsnummer 07-02/28-08 (abrufbar unter www.rekabet.gov.tr).

des Wettbewerbsausschusses, in denen er rein faktisch gleichwohl derartige Erwägungen anstellt, auch wenn er diese nicht ausdrücklich auf ein solches Bagatellkriterium stützt. So hatte er bereits in einer Entscheidung aus dem Jahre 1998 ausgeführt, dass u. a. auch der Umstand, „dass die in Frage stehenden Praktiken in einem sehr kleinen Gebiet verwirklicht worden seien und daher der Wettbewerb auf dem relevanten Dienstleistungsmarkt nicht in wichtigem Umfang beschränkt worden sei“, berücksichtigt werden müsse.[442] Die in Art. 2 des Entwurfs des Ausschusses zur Änderung des tGSW im Jahre 2008 bereits vorgesehene Übernahme des Erfordernisses eines der Spürbarkeit gleichkommenden Merkmals in Art. 4 tGSW[443] ist indes nicht Gesetz geworden. Es ist daher derzeit davon auszugehen, dass auch Vereinbarungen, die den Wettbewerb allenfalls marginal beeinträchtigen oder beeinträchtigen können, zunächst einmal einen Verstoß gegen Art. 4 Abs. 1 tGSW begründen.

C. Rechtsfolge wettbewerbsbeschränkender Vereinbarungen

Rechtsfolge eines Verstoßes gegen dieses Verbot wettbewerbsbeschränkender Vereinbarungen ist gleichsam im deutschen wie im türkischen Recht zuvorderst gem. Art. 101 Abs. 2 AEUV und § 134 BGB bzw. gem. Art. 56 tGSW die Nichtigkeit der betreffenden Vereinbarungen oder Beschlüsse. Darüber hinaus können derartige Verstöße seitens der Europäischen Kommission und des Bundeskartellamts (vgl. Art. 23 Abs. 2 lit. a VO 1/2003; § 81 GWB) bzw. des türkischen Wettbewerbsausschusses (vgl. Art. 16 Abs. 2 tGSW) mit Bußgeldern in empfindlicher Höhe belegt werden.

Die praktische Bedeutung dieser kartellrechtlichen Vorgaben im Rahmen der Ausgestaltung der Vertragshändlerverträge zeigt sich nicht zuletzt an der Reihe aktueller Beispielsfälle, in denen sich die Kartellbehörden und Gerichte mit der Frage der Wirksamkeit einzelner Vertragsklauseln und der Verhängung von Bußgeldern in Höhe mehrerer Millionen Euro zu befassen hatten.[444]

---

442 RKK, 19.02.1998, Entscheidungsnummer 53/384-44 (abrufbar unter www.rekabet.gov.tr) .

443 Gürzumar, in: Atamer/Hopt, Kompatibilität des türkischen und europäischen Wirtschaftsrechts, 227, 236.

444 Vgl. Bundeskartellamt, v. 08.04.2009 („Mikrosoft“); v. 15.09.2009 („Phonak“/Hörgeräte); v. 25.09.2009, B 3 – 123/08 („Ciba Vision“/Kontaktlinsen) v. 18.06.2010,

Ob über die wettbewerbsbeschränkende Vereinbarung hinaus der gesamte zugrundeliegende Vertrag unwirksam wird, richtet sich nach den allgemeinen Vorschriften des nationalen Rechts.[445]

Insoweit geht das türkische Recht gem. Art. 27 Abs. 2 tOG im Grundsatz davon aus, dass die Nichtigkeit einzelner Vertragsklauseln die Gültigkeit der verbleibenden Vertragsbestimmungen unberührt lässt, soweit nicht davon auszugehen ist, dass der Vertrag ohne den nichtigen Teil überhaupt nicht geschlossen worden wäre.

Demgegenüber geht das deutsche Recht gem. § 139 BGB im Grundsatz von einer Gesamtnichtigkeit aus, wenn nicht ausnahmsweise anzunehmen ist, dass das Geschäft auch ohne den nichtigen Teil vorgenommen sein würde.

Insbesondere in der deutschen Vertragspraxis versucht man das Problem einer drohenden Gesamtnichtigkeit des Vertrages im Falle der Unwirksamkeit einzelner Bestimmungen in aller Regel mit der Vereinbarung einer sog. salvatorischen Klausel zu umgehen, wonach die restlichen Bestimmungen eines Vertrages von der Unwirksamkeit einzelner Vertragsklauseln unberührt bleiben sollen. Zu beachten ist insoweit jedoch, dass die Vereinbarung einer solchen Klausel in allgemeinen Geschäftsbedingungen nach der Rechtsprechung des BGH lediglich als Beweislastregelung zu verstehen ist, welche die grundsätzlich bei der sich auf die Wirksamkeit des Vertrages berufenden Partei liegende Beweislast umdreht und auf denjenigen verschiebt, der sich auf die Gesamtnichtigkeit des Vertrages beruft.[446] Die Vereinbarung einer solchen Klausel führt also zu einer nach türkischem Recht bereits nach dem Gesetz bestehende Beweislastverteilung.

D. Freistellung vom Verbot wettbewerbsbeschränkender Vereinbarungen

Allerdings haben auch die Gesetzgeber bereits erkannt, dass es gewisse gegenläufige, schutzwürdige Allgemeininteressen gibt, die es ausnahmsweise gerechtfertigt

B 5 – 100/09 („Garmin“) (Vgl. Pressemitteilungen/Entscheidungen unter www.bundeskartellamt.de); RKK, 22.03.2010, Akte Nr. 2009-4-47, Entscheidungsnummer 10-25/350-124; RKK, 20.05.2009, Akte Nr. 2002-3-1, Entscheidungsnummer 09-23/491-117; RKK, 09.07.2003, Akte Nr. 2002-3-1, Entscheidungsnummer 03-49/556-241 (Die Entscheidungen sind abrufbar unter www.rekabet.gov.tr) .

445 Emde, BB 2002, 949; Dau, in: Schultze u. a., Rn. 66; Topcuoğlu; Acentelik ve Dağıtım Sözleşmeleri, S. 122.

446 BGH WuW/DE-R 1031.

erscheinen lassen, wettbewerbsbeschränkende Vereinbarungen zumindest ausnahmsweise zuzulassen. Nach Art. 101 Abs. 3 AEUV und in Übereinstimmung damit nach § 2 Abs. 1 GWB bzw. gem. Art. 5 Abs. 1 tGSW können daher die Bestimmungen des Art. 101 Abs. 1 AUEV bzw. Art. 4 tGSW „für nicht anwendbar" erklärt werden auf

- Vereinbarungen oder Gruppen von Vereinbarungen zwischen Unternehmen,
- Beschlüsse oder Gruppen von Beschlüssen von Unternehmens-vereinbarungen,
- aufeinander abgestimmten Verhaltensweisen oder Gruppen von solchen,

die unter angemessener Beteiligung der Verbraucher an dem entstehenden Gewinn zur Verbesserung der Warenerzeugung oder -verteilung oder zur Förderung des technischen oder wirtschaftlichen Fortschritts beitragen, ohne dass den beteiligten Unternehmen

a) Beschränkungen auferlegt werden, die für die Verwirklichung dieser Ziele nicht unerlässlich sind oder
b) Möglichkeiten eröffnet werden, für einen wesentlichen Teil der betreffenden Waren den Wettbewerb auszuschalten".

Dass sich die sichere Selbsteinschätzung, ob die aufgeführten Freistellungskriterien tatsächlich vollständig erfüllt sind, für die Vertragsparteien im Einzelfall als schwierig und im Hinblick auf die mit Kartellrechtsverstößen einhergehenden Rechtsfolgen als äußerst risikobehaftet darstellt, liegt im Hinblick auf die Komplexität dieser Regelung auf der Hand. Besondere Bedeutung kommt in der Praxis daher den auf Grundlage von Art. 101 Abs. 3 AEUV bzw. Art. 5 Abs. 3 tGSW erlassenen Gruppenfreistellungsverordnungen zu, die den Vertragsparteien bei Beachtung der Vorgaben und Grenzen dieser Verordnungen einen sog. „sicheren Hafen" (safe harbour) zusichern, innerhalb dessen ihre potenziell wettbewerbsbeschränkenden Vereinbarungen als mit dem Kartellrecht vereinbar anzusehen sind. § 2 Abs. 2 GWB enthält eine unmittelbare Verweisung auf die auf Grundlage von Art. 101 abs. 3 AEUV erlassenen Gruppenfreistellungsvereinbarungen, die somit auch für rein innerdeutsche Sachverhalte zur Anwendung kommen. Der Sinn und Zweck dieser Regelungen liegt zum einen darin, den Vertragsparteien einen Zugewinn an Rechtssicherheit zu vermitteln.[447] Darüber hinaus werden aber auch die Wettbewerbsbehörden durch eine Ersparnis bürokratischer Anmeldeformalitäten entlastet.[448]

447 Ensthaler/Funk BB 2000, 1685.
448 Nolte BB 1998, 2429; Bolatoğlu, in: Rekabet Hukuku ve Dikey Anlaşmalar, 21, 23.

Die im Vertriebsrecht bedeutsamste Gruppenfreistellungsverordnung ist diejenige über vertikale Vereinbarungen und abgestimmte Verhaltensweisen, kurz Vertikal-GVO genannt. Sie betrifft Vereinbarungen zwischen Unternehmen auf unterschiedlichen Marktstufen, welche Bedingungen hinsichtlich des Bezugs, Verkaufs und Weiterverkaufs von Waren oder Dienstleistungen enthalten und häufig zugleich einen wettbewerbsbeschränkenden Inhalt aufweisen.[449]

Am 1. Juni 2010 setzte die Europäische Kommission für den europäischen Rechtsraum die neue Vertikal-GVO Nr. 330/2010[450] mit einer befristeten Gültigkeitsdauer bis zum 31.05.2022 in Kraft. Diese neue Vertikal-GVO tritt an die Stelle der Verordnung Nr. 2790/1999[451], welche ihrerseits bereits zum 31. Mai 2000 die Freistellungsverordnungen Nr. 1983/83[452] (Alleinvertrieb), Nr. 1984/83[453] (Alleinbezug) und Nr. 4087/88[454] (Franchising) gem. Art. 12 Abs. 1 Vertikal-GVO a. F. für ungültig erklärt hatte. Wie bereits ihr Vorgängermodell regelt die Vertikal-GVO sämtliche Arten von Vertriebsbindungen, ohne dabei nach Vertragstypen oder Branchen zu differenzieren, was ihr vereinzelt auch die Bezeichnung „Schirm-GVO“ eingetragen hat.[455] Für solche Vereinbarungen, die vor dem 31. Mai 2010 geschlossen wurden und welche zwar noch mit der alten, nicht aber mehr mit den Bestimmungen der neuen Vertikal-GVO in Einklang stehen, ist ein Übergangszeitraum bis Ende Mai 2011 eingeräumt.

Im türkischen Recht ist gem. Art. 27 Abs.1 lit. f tGSW der Wettbewerbsausschuss das zuständige Organ für den Erlass von Freistellungsverordnungen nach Art. 5 Abs. 3 tGSW. Am 14.02.2002 ist in der Türkei eine weitgehend auf der vorherigen europäischen Vertikal-GVO (Nr. 2790/1999) basierende Verordnung (Verordnung Nr. 2002/2, tVertikal-GVO)[456] in Kraft getreten. Nach Art. 2 Abs. 6 tVertikal-GVO ist diese ebenfalls auf alle vertikalen Vereinbarungen anwendbar, solange der Gegenstand des Vertrages nicht in den Geltungsbereich einer

---

449 Nolte BB 1998, 2429.

450 ABl. EU L 102 vom 23.04.2010, S. 1.

451 ABl. EG L 336 vom 29.12.1999, S. 21.

452 ABl. L 173 vom 30.06.1983, S. 1.

453 ABl. L 173 vom 30.06.1983, S. 5.

454 ABl. L 359 vom 28.12.1988, S. 46.

455 Die in der Praxis bedeutsamste Ausnahme bildet insoweit weiterhin der Automobilsektor. Für diesen existiert mit der Verordnung Nr. 461/2010 weiterhin eine der Vertikal-GVO vorrangige branchenspezifische Gruppenfreistellungsverordnung.

456 RG 14. 07.2002, 24815; zuletzt geändert durch die Verordnung Nr. 2007/2, RG. 25.05.2007, 26532.

anderen, spezielleren GVO fällt.[457] Mit Inkrafttreten der tVertikal-GVO sind die älteren Freistellungsverordnungen Nr. 1997/3 (Alleinvertrieb), Nr. 1997/4 (Alleinbezug) und Nr. 1998/7 (Franchising) gem. Art. 10 tVertikal-GVO aufgehoben worden. Anders als ihre europäischen Vorbilder enthalten die türkischen Gruppenfreistellungsverordnungen keine beschränkte Geltungsdauer. Aus diesem Grund besteht auch kein konkreter Anlass für den türkischen Gesetzgeber, Änderungen in Neufassungen der europäischen Verordnungen zeitnah aufzunehmen und für einen turnusmäßigen Gleichlauf mit dem europäischen Sekundärrecht zu sorgen.

Begleitet werden die vertikalen Gruppenfreistellungsverordnungen durch umfangreiche Leitlinien, welche die europäische Kommission[458] bzw. der türkische Wettbewerbsausschuss[459] herausgegeben haben, um den konkreten Anwendungsbereich der GVOen näher zu erläutern. Diese Leitlinien können den Vertragsparteien bei Auslegungsfragen in Bezug auf die Bestimmungen der GVOen und deren Bedeutung im Hinblick auf die Frage der Vereinbarkeit bestimmter Vertragsklauseln mit Art. 101 AEUV bzw. 4 tGSW eine wertvolle Orientierungshilfe geben. Zu beachten ist allerdings, dass die Leitlinien selbst keine Bindungswirkung gegenüber den nationalen Entscheidungsinstanzen haben.[460]

Im Folgenden soll sich die Darstellung aus Gründen der Übersichtlichkeit – unter Ausblendung der branchenspezifischen Besonderheiten spezieller GVOen – allein auf die für die Praxis wichtigsten Gruppenfreistellungsverordnungen, die Vertikal-GVO bzw. tVertikal-GVO, konzentrieren, zumal insbesondere der für das Vertragshändlerrecht sehr bedeutsame Kfz-Sektor – zumindest im europäischen Rechtsraum – derzeit ohnehin wieder eine deutliche Rechtsanpassung an die durch die Schirm-GVO festgeschriebene Rechtslage erfährt.[461]

---

457 Eine Sonderstellung nimmt auch in der Türkei insbesondere der Automobilsektor ein, für den mit der GVO Nr. 2005/4 ebenfalls weiterhin eine spezifische GVO existiert.

458 Mitteilung der Kommission, Leitlinien für vertikale Beschränkungen, ABl. C 130 vom 19.05.2010, S. 1. Durch diese wird die Mitteilung der Kommission über Leitlinien für vertikale Beschränkungen, ABl. C291 vom 13.10.2000 ersetzt.

459 Leitlinien für vertikale Beschränkungen, Nr. 09-26/567-M vom 03.06.2009 (abrufbar unter www.rekabet.gov.tr).

460 Semler/Bauer, DB 2000, 193, 194, Fn. 30.

461 Vgl. oben § 2 B. VIII. 1., insb. Fn. 381, 382.

E. Funktionsweise der Gruppenfreistellungsverordnungen

Die bedeutsame Folge der GVOen ist, dass im Anwendungsbereich der GVO das Regel-Ausnahmeverhältnisses des Art. 101 Abs. 1, Abs. 3 AEUV bzw. Art. 4 Abs. 1, Art. 5 Abs. 1 tGSW umgekehrt wird. Es obliegt also nicht mehr den Vertragsparteien die Freistellungvoraussetzungen des Art. 101 Abs. 3 AEUV bzw. Art. 5 Abs. 1 tGSW nachzuweisen. Vielmehr sind gem. Art. 2 Abs. 1 Vertikal-GVO bzw. Art. 2 Abs. 1 tVertikal-GVO grundsätzlich alle wettbewerbsbeschränkenden Vereinbarungen vom Verbot des Art. 101 Abs. 1 AEUV bzw. Art. 4 Abs. 1 tGSW freigestellt, wenn sie nicht ausdrücklich von der Freistellung ausgenommen sind.

Eingeschränkt wird der Anwendungsbereich der GVO allerdings bei Überschreitung bestimmter Marktanteilsschwellen.

Unter der bis zum 31.05.2010 in Kraft befindlichen Verordnung Nr. 2790/1999 war insoweit grundsätzlich allein der Anteil des Lieferanten an dem relevanten Markt entscheidend. Danach fand die Vertikal-GVO gem. Art. 3 Abs. 1 Vertikal-GVO keine Anwendung, wenn der Anteil des Lieferanten an dem relevanten Markt, auf dem er die Vertragswaren oder -dienstleistungen verkaufte, höher als 30 % war. Nur ausnahmsweise war bei Vertikalvereinbarungen mit einer Alleinbelieferungspflicht des Unternehmers der Marktanteil des Käufers auf seinem Nachfragemarkt relevant. Mit Inkrafttreten der neuen Vertikal-GVO Nr. 330/2010 am 01.06.2010 gilt die Freistellung nach Art. 2 Vertikal-GVO nunmehr nur noch dann, wenn sowohl der Anteil des Lieferanten, an dem relevanten Markt, auf dem er die Vertragswaren oder -dienstleistungen verkauft, als auch der Anteil des Käufers an dem relevanten Markt, auf dem er die Vertragswaren oder -dienstleistungen einkauft, 30 % nicht überschreitet. Beweggrund für die Einführung dieser generellen zweiten Marktanteilsschwelle war aus Sicht der Kommission die Gefahr, dass sich insbesondere kleinere und mittlere Unternehmen zunehmend käufergeführter vertikaler Beschränkungen ausgesetzt sähen. Insbesondere die starke Marktposition großer Einzelhandelsketten sei insoweit beachtlich.[462]

Demgegenüber genießt eine Vereinbarung nach der für das türkische Recht im Jahre 2007 eingeführten Marktanteilsschwelle des Art. 2 Abs. 2 tVertikal-GVO die Freistellung nur dann, wenn der Anteil des Unternehmers an dem relevanten Markt, auf dem dieser die Vertragswaren oder -dienstleistungen anbietet, 40 % nicht überschreitet. Der Marktanteil des Vertragshändlers ist – parallel zu der Altfassung der

---

462 Kommission, Pressemitteilung v. 20.04.2010 (IP/10/445); Kommission, „Häufig gestellte Fragen", Frage 5, Memo/10/138.

Vertikal-GVO – insoweit ohne Belang. Anders stellt sich die Situation allerdings dann dar, wenn der Unternehmer eine Alleinbelieferungspflicht übernommen hat. In diesem Fall ist der Marktanteil des Unternehmers ohne Belang und der Anwendungsbereich der GVO ist lediglich dann eröffnet, wenn der Anteil des Käufers an dem relevanten Markt, auf dem dieser die Vertragswaren oder -dienstleistungen bezieht, 40 % nicht überschreitet (Art. 2 Abs. 3 tVertikal-GVO).

Zwangsläufige Folge der Einführung einer zweiten generell beachtlichen Marktanteilschwelle ist eine Verengung des Anwendungsbereichs der Vertikal-GVO, so dass die betreffenden Vereinbarungen der Parteien vermehrt wieder am Maßstab des Art. 101 Abs. 3 AEUV zu messen sind. Dies mag zu einer Steigerung der Einzelfallgerechtigkeit führen. Rein praktisch wird es im Hinblick auf die deutlich schwierige Prüfung der Freistellungsvoraussetzungen des Art. 101 Abs. 3 AEUV nunmehr aber auch für kleinere und mittlere Unternehmen riskanter, ihrem Käufer, der einen Marktanteil oberhalb von 30 % aufweist, Wettbewerbsbeschränkungen aufzuerlegen. Zu Recht wird an der Neuregelung des Art. 3 Abs. 1 Vertikal-GVO zudem der mit ihr verbundene Verlust an Rechtssicherheit kritisiert.[463] So wird es für die Vertragsparteien im Falle von Marktanteilschwankungen oder bei Verkäufen an einen auf mehreren Märkten unterschiedlich stark vertretenen Käufer nicht ohne weiteres erkennbar sein, ob ihre Vereinbarung in den Geltungsbereich der Vertikal-GVO fällt oder nicht.

Ist der Anwendungsbereich der GVO grundsätzlich eröffnet, so ist hinsichtlich der von der grundsätzlichen Freistellung wieder ausgenommenen Beschränkungen zu unterscheiden zwischen sog. Kernbeschränkungen nach Art. 4 Vertikal-GVO bzw. Art. 4 tVertikal-GVO und sonstigen Beschränkungen nach Art. 5 Vertikal-GVO bzw. Art. 5 tVertikal-GVO. Während ein Verstoß gegen erstere den Anwendungsbereich der GVO auch für alle anderen im Vertrag enthaltenen Wettbewerbsbeschränkungen sperrt, wird im Falle der sonstigen Beschränkungen allein die betreffende Beschränkung vom Geltungsbereich der GVO ausgenommen.[464] Ob durch die Ungültigkeit sämtlicher oder einzelner Wettbewerbsbeschränkungen darüber hinaus die Gültigkeit des gesamten Vertrages betroffen ist, ist – wie bereits dargestellt – keine Frage der kartellrechtlichen, sondern der allgemeinen Bestimmungen nach § 139 BGB bzw. Art. 27 Abs. 2 tOG.

Schließlich haben die Kartellbehörden unter bestimmten Voraussetzungen die Möglichkeit, den Vorteil der Freistellung im Einzelfall zu entziehen oder die

463 Funke/Just; KSzW 2010, 151, 156.

464 Bauer/de Bronett, Die Gruppenfreistellungsverordnung für vertikale Wettbewerbsbeschränkungen, Rn. 138.

Anwendbarkeit der GVO durch Verordnung auf bestimmte Verhaltensweisen generell für unanwendbar zu erklären, wenn eine grundsätzlich in den Anwendungsbereich der vertikalen Gruppenfreistellungsverordnungen fallende vertikale Vereinbarung Wirkungen entfaltet, die mit den Voraussetzungen des Art. 101 Abs. 3 AEUV bzw. 5 Abs. 1 tGSW unvereinbar sind. Diese Befugnisse der Kommission waren für den europäischen Rechtsraum unter der Geltung der Altfassung in Art. 6 bis 8 Vertikal-GVO a. F. geregelt. Die Möglichkeit, die Nichtanwendbarkeit der Vertikal-GVO durch Verordnung zu erklären, ist inhaltlich unverändert in Art. 6 Vertikal-GVO n. F. übernommen worden, wobei der bislang in Absatz 2 geregelte Zusatz, wonach entsprechende Verordnungen frühestens sechs Monate nach ihrem Erlass anwendbar sind, nunmehr nur noch in Tz. 84 der Leitlinien unter Verweis auf die VO Nr. 19/65/EWG zum Ausdruck kommt. Die Regelungen zum Entzug der Freistellung im Einzelfall durch die Kommission (Art. 6 Vertikal-GVO a. F.) oder – wenn die wettbewerbsschädlichen Wirkungen nur in einem Mitgliedstaat auftreten – durch die nationalen Kartellbehörden (Art. 7 Vertikal-GVO a. F.), sind vollständig aus dem europäischen Verordnungstext verschwunden und finden ihren Niederschlag nur noch in Tz. 74 bis 78 der Leitlinien. Hintergrund dessen ist, dass sich beide Ermächtigungen zwischenzeitlich in Art. 29 Abs. 1 und 2 der VO (EG) Nr. 1/2003 zur Durchführung der in den Artikeln 81 und 82 des Vertrags (jetzt: Art. 101 f. AEUV) niedergelegten Wettbewerbsregeln wiederfinden und daher nicht mehr einer gesonderten Regelung in der Vertikal-GVO bedürfen.[465] Eine inhaltliche Änderung geht hiermit somit nicht einher. In der tVertikal-GVO finden sich die entsprechenden Befugnisse des nationalen Wettbewerbsausschusses nach wie vor in Art. 6 Abs. 1 tVertikal-GVO.

F. Regelungsinhalt der Gruppenfreistellungsverordnungen

Die Verordnung enthält in einem nicht immer leicht zu durchschauenden System von Ausnahmen von der grundsätzlich bestehenden Freistellung nach Art. 2 Abs. 1 Vertikal-GVO bzw. Art. 2 Abs. 1 tVertikal-GVO und diesbezüglichen Gegenausnahmen. Regelungsgegenstand sind insbesondere Bestimmungen zur Preisbindung, zu gebiets- und kundenbezogenen Verkaufsbeschränkungen, zu selektiven Vertriebssystemen sowie zu vertraglichen und nachvertraglichen Wettbewerbsverboten.

465 Funke/Just KSzW 2010, 151, 158.

I. Keine Wettbewerbsbeschränkung durch Begrenzung der Handelsbeziehung auf bestimmte Vertragsprodukte

In der Praxis steht dem Vertragshändler häufig an Stelle der gesamten Produktpallete des Unternehmers lediglich das Vertriebsrecht an einzelnen Produkten zu. Eine solche Beschränkung auf den Handel mit bestimmten Produkten des Unternehmers stellt indes nach allgemeiner Meinung kein kartellrechtliches Problem dar, sondern ist als vertragstypimmanente, wettbewerbsrechtlich unerhebliche Beschränkung der Vertragsbeziehung hinzunehmen.[466]

II. Kernbeschränkungen

In Art. 4 Vertikal-GVO und Art. 4 tVertikal-GVO werden insgesamt fünf sog. Kernbeschränkungen geregelt. Die dort niedergelegten Regelungsinhalte werden von den Verordnungsgebern als derart wettbewerbsbeschränkend eingestuft, dass ein diesbezüglicher Verstoß die Gruppenfreistellung für sämtliche wettbewerbsbeschränkenden Bestimmungen innerhalb der betreffenden Vertriebsvereinbarung insgesamt entfallen lässt.[467]

Damit eine Vereinbarung allerdings tatsächlich als Kernbeschränkung zu erachten ist, ist es für alle fünf Kernbeschränkungstypen allerdings erforderlich, dass die Parteien die Wettbewerbsbeschränkung i. S. d. Art. 4 AEUV, Art. 4 tVertikal-GVO auch „bezweckt" haben. Ein bloßes Bewirken oder „bewirken können" genügt im Geltungsbereich der GVOen mithin nicht, um die Freistellung zu versagen. Dies unterscheidet die Regelungen der Art. 4 Vertikal-GVO bzw. Art. 4 Abs. 1 tGSW von denjenigen der Art. 101 Abs. 1 AEUV bzw. Art. 4 tVertikal-GVO, im Rahmen derer auch bereits das bloße Bewirken einer Wettbewerbsbeschränkung – im türkischen Kartellrecht sogar schon die Bewirkungsmöglichkeit – als ausreichend erachtet werden, um die Verbotssanktion auszulösen.

Damit die Parteien die Wettbewerbsbeschränkung „bezweckt" haben, müssen sie die Wettbewerbsbeschränkung gewollt und bewusst in Kauf genommen haben.[468] Das Bezwecken ist dabei allerdings objektiv zu verstehen. Auf die subjektiven Beweggründe der Vertragsparteien kommt es insoweit nicht an; entscheidend ist

466 Schultze/Kübler, in: Schultze u.a., Der Vertragshändlervertrag, Rn. 396.

467 Pautke/Schultze BB 2001, 317; Funke/Just KSzW 2010, 151, 156; Bauer/de Bronett, Die Gruppenfreistellungsverordnung für vertikale Wettbewerbsbeschränkungen, Rn. 90.

468 Baron, in: Loewenheim/Meessen/Riesenkampff; Kartellrecht, Art. 4 Vert-GVO, Rn. 144.

vielmehr der objektiv erkennbare Inhalt der Vereinbarung.[469] Allerdings kann sich der wettbewerbsbeschränkende Zweck ggf. auch mittelbar aus allen sonstigen, von den Vertragsparteien kontrollierbaren Umständen ergeben,[470] soweit die Parteien die betreffenden Umstände im Zeitpunkt des Vertragsschlusses kannten und in Kauf genommen haben oder nachträglich eingetretene Umstände nicht verhindert haben, obwohl ihnen dies möglich gewesen wäre.[471] Irrelevant ist in jedem Fall, ob die getroffene Vereinbarung tatsächlich zu einer Beschränkung des Wettbewerbs geführt hat.[472]

Wie oben bereits ausgeführt,[473] müssen Wettbewerbsbeschränkungen nach europäischem Verständnis zudem – um überhaupt zu einem Verstoß gegen Art. 101 Abs. 1 AEUV zu gelangen – *spürbar* sein. Ist diese Bagatellgrenze nicht überschritten, so bedarf es auch keiner besonderen Freistellung über eine GVO. Die Vertikal-GVO – und damit auch die Regelungen in Art. 4 Vertikal-GVO – sind in diesem Fall daher nicht einschlägig (Art. 2 Abs. 1, Unterabs. 2 Vertikal-GVO).[474] Zwar hat ein Verstoß gegen Kernbeschränkungen regelmäßig auch eine spürbare Wirkung dieser Wettbewerbsbeschränkung zur Folge; gleichwohl ist dies für jeden Einzelfall gesondert zu prüfen und festzustellen.[475] Dies gilt auch bei Überschreitung der Marktanteilsschwellen nach der Bagatellbekanntmachung der Kommission.[476]

---

469 Schultze/Pautke/Wagener, Vertikal-GVO, Rn. 518.

470 Nolte, in: Langen/Bunte; Kommentar zum deutschen und europäischen Kartellrecht, Bd. 2, Art. 81, Rn. 493.

471 Baron, in: Löwenheim/Meesen/Riesenkampff; Kartellrecht, Art. 4 Vert-GVO, Rn. 145.

472 Ds., a.a.O., Rn. 146.

473 § 3 B.

474 Vgl. auch Leitlinien Tz. 8 ff.

475 Baron, in: Löwenheim/Meesen/Riesenkampff; Kartellrecht, Art. 4 Vert-GVO, Rn. 148.

476 Vgl. Nr. 2 der Bekanntmachung der Kommission über Vereinbarungen von geringer Bedeutung, die den Wettbewerb gem. Art. 81 Abs. 1 des Vertrages zur Gründung der Europäischen Gemeinschaft nicht spürbar beschränken (de minimis; 2001/C 368/07).

Umgekehrt gelten die de-minimis-Schwellen nach Nr. 7–9 der de-minimis-Bekanntmachung, welche die Spürbarkeit aufgrund der geringen wirtschaftlichen Bedeutung solcher Vereinbarungen negieren, gem. Nr. 11 der Bekanntmachung im Bereich der Kernbeschränkungen gerade nicht, so dass bei einem Verstoß gegen eine Kernbeschränkung auch nach europäischem Verständnis selbst bei Unterschreitung der de-minimis-Kriterien in der Regel allenfalls eine Freistellung nach Art. 101 Abs. 3 AEUV in Betracht kommt.

Nach türkischem Verständnis begründen selbst marginale Wettbewerbsbeschränkungen zunächst einmal einen Verstoß gegen Art. 4 Abs. 1 tGSW. Die Zulässigkeit derartige Beschränkungen enthaltender Vereinbarungen bestimmt sich folglich primär nach den Bestimmungen der tVertikal-GVO, deren Anwendungsbereich insoweit nicht teleologisch auf spürbare Wettbewerbsbeschränkungen reduziert ist.

Kernbeschränkungen, die einen Verstoß gegen Art. 101 Abs. 1 AEUV bzw. Art. 4 Abs. 1 tGSW beinhalten können lediglich noch ausnahmsweise, im Wege einer Einzelfallentscheidung freigestellt werden, wenn es den Unternehmen nach Maßgabe der Art. 101 Abs. 3 AEUV bzw. Art. 5 Abs. 1 tGSW gelingt, die wettbewerbsfördernde Wirkung ihrer Vereinbarung gegenüber den Wettbewerbsbehörden nachzuweisen.[477]

In der Folge werden die einzelnen Kernbeschränkungen und ihre praktische Bedeutung näher erläutert.

1. Preisbindung

Preise spielen als der wichtigste Parameter im Wettbewerb eine herausragende Rolle. Art. 4 lit. a Vertikal-GVO und Art. 4 lit. a tVertikal-GVO verbieten es dem Lieferanten daher auch an erster Stelle der Kernbeschränkungen, die Möglichkeit des Käufers, seinen Verkaufspreis selbst festzusetzen, zu beschränken. Durch diese Regelung wird die Handlungsfreiheit des Händlers in Bezug auf den Preiswettbewerb innerhalb der Marke gewährleistet.[478]

Eingriffe in die Preisgestaltungsfreiheit *des Lieferanten* begründen demgegenüber keine Gefahr negativer Auswirkungen auf den freien Wettbewerb und sind daher unter den allgemeinen Voraussetzungen der GVOen freigestellt.

a. Unmittelbare Preisbindung

Eine unmittelbare Einschränkung der Preisbildungsfreiheit des Vertragshändlers liegt vor, wenn ihm seitens des Unternehmers konkrete Fest- oder Mindestpreise vorgegeben werden.[479] In beiden Fällen bezweckt der Unternehmer, dass der Vertragshändler gegenüber seinen Abnehmern von den vorgegebenen Preisen nicht nach unten abweicht. Die Vorgabe von Festpreisen bewirkt, dass jedwede

477 Leitlinien Tz. 47; tLeitlinien Tz. 15.

478 Kirchhoff, in: FS für Günter Hirsch, 249, 250.

479 Demir-Gökyayla, Milletlerarası Özel Hukukta Tek Satıcılık Sözleşmeleri, S. 157; Schultze/Kübler, in: Schultze u.a., Der Vertragshändlervertrag, Rn. 467.

Konkurrenz zwischen den Händlern vollständig ausgeschlossen wird. Bei der Festsetzung von Mindestpreisen können sie nur im Rahmen von Preiserhöhungen konkurrieren. Da die Festschreibung solcher Preisuntergrenzen den Wettbewerb zwischen den Händlern jedoch erheblich einschränkt und sich letztlich in höheren Preisen gegenüber dem Endverbraucher niederschlägt, wird eine derartige Bestimmungen enthaltende vertikale Vereinbarung als unzulässige Kernbeschränkung von der Freistellung ausgenommen. Dabei fallen unter das Verbot der Preisbindung nicht nur Vereinbarungen, die einheitliche Preisvorgaben für alle Kunden des Vertragshändlers vorsehen, sondern auch solche Regelungen, die differenzierte Preise für unterschiedliche Kundengruppen oder Absatzkanäle (z. B. für das Internet) festschreiben.

Beschränkt werden durch Art. 4 lit. a Vertikal-GVO bzw. Art. 4 lit. a tVertikal-GVO allerdings lediglich Vorgaben bzgl. der „Verkäufe" des Käufers bzw. Vertragshändlers. Demgegenüber ist es dem Lieferanten – gestreng der Regelungssystematik der GVOen, was nicht ausdrücklich verboten ist, ist freigestellt – unbenommen, dem Händler Vorgaben hinsichtlich seiner Angestelltengehälter oder den an dessen Handelsvertreter zu zahlenden Provisionen zu machen. Derartige Beschränkung stellen keine Kernbeschränkung i. S. d. GVOen dar.[480]

Die Frage, ob sich das Verbot der Beschränkung der Preisbildungsfreiheit des Käufers nur auf die vom Lieferanten selbst gelieferten Waren und Dienstleistungen bezieht oder auch auf die von Seiten Dritter bezogenen Güter und Leistungen erstreckt, lässt sich bereits an Hand des Wortlauts der betreffenden Bestimmungen im letzteren Sinne beantworten. So hat sich der Verordnungsgeber bei der Formulierung des Art. 4 lit a Vertikal-GVO bzw. Art. 4 lit. a tVertikal-GVO gerade für den generellen Begriff des „Verkaufspreises" (englisch: „sales") und nicht für den engeren Begriff des „Wiederverkaufspreises" entschieden und hat den Anwendungsbereich der GVOen an dieser Stelle – etwa im Gegensatz zu Art. 4 lit. b Vertikal-GVO und Art. 4 lit. b tVertikal-GVO – gerade nicht auf „Vertrags"waren oder -dienstleistungen beschränkt, sondern auf alle Verkäufe des Käufers erstreckt.[481] Aber auch unter Berücksichtigung des Schutzzwecks der Norm, Einschränkungen der Preisbildungsfreiheit des Käufers durch den Lieferanten zu verbieten, müssen konsequenterweise auch alle Vorgaben in Bezug auf Güter, die der Händler von

480 Schultze/Kübler, in: Schultze u.a., Der Vertragshändlervertrag, Rn. 465.

481 Schultze/Pautke/Wagener, Vertikal-GVO, Rn. 521; Nolte, in: Langen/Bunte; Kommentar zum deutschen und europäischen Kartellrecht, Bd. 2, Art. 81, Rn. 502; Demir-Gökyayla, Milletlerarası Özel Hukukta Tek Satıcılık Sözleşmeleri, S. 157.

dritter Seite bezieht, als unzulässige Kernbeschränkung im Sinne der Verordnung eingestuft werden.[482]

b. Mittelbare Preisbindung

Neben der direkten Festsetzung von Fest- oder Mindestverkaufspreisen können nach allgemeiner Meinung auch indirekte Maßnahmen, bei denen es sich letztlich um Umgehungsversuche des Preisbindungsverbots handelt, als unzulässige Preisbindung eingestuft werden. In diesen Fällen bedarf es stets einer am konkreten Einzelfall ausgelegten Prüfung, ob eine Kernbeschränkung im Sinne der GVOen vorliegt.

Als Beispiele für Vereinbarungen, die eine indirekte Preisbindung bewirken können, nennen die Leitlinien[483] Abmachungen über Absatzspannen oder über Nachlässe, die der Vertriebshändler auf ein vorgegebenes Preisniveau höchstens gewähren darf, Bestimmungen, nach denen die Gewährung von Nachlässen oder die Erstattung von Werbeaufwendungen durch den Anbieter von der Einhaltung eines vorgegebenen Preisniveaus abhängig gemacht wird oder der vorgeschriebene Weiterverkaufspreis an die Weiterverkaufspreise von Wettbewerbern gebunden wird, sowie Drohungen, Einschüchterung, Warnungen, Strafen, Verzögerungen oder Aussetzungen von Lieferungen und die Vertragskündigung bei Nichteinhaltung eines bestimmten Preisniveaus.[484] Die in Art. 4 lit. a der GVOen geregelte Beschränkung der Preisbildungsfreiheit des Händlers bezieht sich also nicht allein

482 Schultze/Pautke/Wagener, Vertikal-GVO, Rn. 521.

483 Leitlinien Tz. 48; tLeitlinien Tz. 17.

484 Gerade in Bezug auf die letztgenannten Besipiele sind die Leitlinien jedoch irreführend, suggerieren diese doch zumindest vordergründig, dass offenbar auch einseitige Maßnahmen des Unternehmers stets eine unzulässige Kernbeschränkung und damit eine unwirksame Wettbewerbsbeschränkung i. S. d. Art. 101 Abs. 1 und 2 AEUV bzw. Art. 4 Abs. 1 tGSW bewirken können. Insoweit verlangt der Wortlaut dieser Artikel aber eindeutig, dass es einer „Vereinbarung“ oder eines „abgestimmten Verhaltens“ der Parteien bedarf. Auch Versuchen der Kommission (vgl. Entsch. v. 23.10.1978, ABl. EG 1978, L 322/36, 38, „Zanussi“; Entsch. v. 22.06.1993, ABl. EG 1993, L 272/28, „Zera/Montedisos-Hinkens/Stähler“; Entsch. v. 10.01.1996, ABl. EG 1996, L201/1, „Adalat“) aus den tatsächlichen Umständen allzu leicht eine konkludente Vereinbarung herzuleiten, wenn sich die Käuferseite bestimmten Maßnahmen nur nicht widersetze hat, ist die Rechtsprechung (vgl. EuG, Urt. v. 26.10.2000, WuW/E Eu-R 367; EuGH, Urt. v. 06.01.2004, WuW/E EU-R 769, „Bayer“) eindeutig entgegen getreten. Der EuGH hat insoweit vielmehr ausdrücklich klargestellt, dass einseitige Maßnahmen von Unternehmen nur als Missbrauch einer marktbeherrschenden Stellung nach Art. 82 EGV (heute: Art. 102 AEUV; in Deutschland: §§ 19–21 GWB) geahndet werden können, während

auf Endpreise, sondern auch auf alle preisbildenden Faktoren wie Gewinnspannen, Rabatte, Skonti, etc.[485]

Die Wirksamkeit solcher Maßnahmen lässt sich zudem noch steigern, wenn der Unternehmer sie mit Maßnahmen zur Ermittlung der Händler, welche seine Preisvorgaben nicht einhalten, flankiert. In Betracht kommen dabei insbesondere die Einrichtung eines Preisüberwachungssystems oder die Verpflichtung der von ihm belieferten Händler zur Meldung anderer, vom Standardpreisniveau abweichender Mitglieder des Vertriebsnetzes.[486] Einen eben solchen indirekten Einfluss auf die Preisbildung beim Händler kann der Unternehmer auch durch die Herabsetzung von Anreizen zur Senkung des Weiterverkaufspreises erzielen, so etwa durch den Aufdruck eines empfohlenen Weiterverkaufspreises auf der Ware,[487] oder der Einpflegung der vom Unternehmer empfohlenen Weiterverkaufspreise in das dem Händler zur Verfügung gestellte Kassensystem, ohne dass der Vertragshändler diesen zugestimmt oder die Möglichkeit hätte, diese durch eigene Preise zu ersetzen.[488]

Erforderlich für die Annahme einer Kernbeschränkung und einer darauf gestützten Wettbewerbsbeschränkung i. S. v. Art. 101 Abs. 1 AEUV, § 1 GWB bzw. Art. 4 Abs. 1 tGSW ist allerdings gerade im Bereich mittelbarer Preisbindungsmaßnahmen, dass diese tatsächlich ihre Grundlage in einer „Vereinbarung" oder „abgestimmten Verhaltensweise" der Vertragsparteien haben. Bloß einseitige Maßnahmen des Unternehmers, die der Vertragshändler nicht akzeptiert oder hingenommen hat und die deshalb dem Vertragshändler nicht zugerechnet werden können, sind demgegenüber für sich genommen überhaupt nicht am Maßstab der Art. 101 Abs. 1 AEUV, § 1 GWB bzw. Art. 4 Abs. 1 tGSW zu messen.[489]

---

für Maßnahmen nach Art. 82 EGV (heute: Art. 101 AEUV) positiv und nachweislich das Vorliegen einer Vereinbarung festzustellen ist.

Bei innerdeutschen Sachverhalten können gem. § 21 Abs. 2 GWB allerdings u. U. auch einseitige Maßnahmen zu einer unzulässigen vertikalen Wettbewerbsbeschränkung führen. Näher dazu unten, § 3 F. II. 1. c. aa. iii.

485 Schultze/Kübler, in: Schultze u.a., Der Vertragshändlervertrag, Rn. 468; Demir-Gökyayla, Milletlerarası Özel Hukukta Tek Satıcılık Sözleşmeleri, S. 157.

486 Leitlinien Tz. 48; tLeitlinien Tz. 18.

487 Leitlinien Tz. 48; Demir-Gökyayla, Milletlerarası Özel Hukukta Tek Satıcılık Sözleşmeleri, S. 159.

488 Schultze/Kübler, in: Schultze u.a., Der Vertragshändlervertrag, Rn. 469; Demir-Gökyayla, Milletlerarası Özel Hukukta Tek Satıcılık Sözleşmeleri, S. 159.

489 Vgl. auch Fn. 484.

Eine *Vereinbarung* im vorgenannten Sinne erfordert, dass der gemeinsame Wille der Parteien zum Ausdruck kommt, ein bestimmtes Marktverhalten durchzuführen.[490] Die Willensübereinstimmung kann dabei ausdrücklich oder konkludent, schriftlich oder formlos, freiwillig oder unter Druck zustande kommen.[491] Aber auch einseitige Handlungen können nach h. M. insbesondere dann zur Änderung eines bestehenden Vertrages führen und eine „Vereinbarung" begründen, wenn hinreichend deutlich zum Ausdruck kommt, dass das Nichtbefolgen der Maßnahme Konsequenzen für das weitere Vertriebsverhältnis hat und sich der Adressat dem beugt.[492] Dies ist namentlich dann anzunehmen, wenn der Anbieter Sanktionen bei Nichtbefolgen der wettbewerbsbeschränkenden Maßnahme androht oder verhängt und der Abnehmer als Adressat der Maßnahme diese ausdrücklich oder konkludent billigt.[493]

Auch die tatbestandliche Kollusionsform der *abgestimmten Verhaltensweise* erfordert eine bewusste Übereinkunft, wonach eine praktische Zusammenarbeit an die Stelle des mit Risiken verbundenen Wettbewerbs treten soll.

Die tatbestandlichen Kollusionsformen der Vereinbarung und des abgestimmten Verhaltens unterscheiden sich dabei nur hinsichtlich Intensität und Ausdrucksform, während ihnen gemein ist, dass sie eine irgendwie geartete Form der Willensübereinstimmung voraussetzen.[494] Demgegenüber fehlt es in jedem Falle an einer „Vereinbarung" oder „abgestimmten Verhaltensweise", wenn der Anbieter durch seine einseitige Maßnahme überhaupt nicht versucht, den Abnehmer zu einem bestimmten Verhalten zu bewegen. Vielmehr muss die auf ein wettbewerbswidriges Ziel gerichtete Willensbekundung der einen Partei die stillschweigende Aufforderung an die andere Seite beinhalten, dieses Ziel gemeinsam zu verwirklichen.[495]

---

490 EuGH Slg. 1970, 661, Tz. 112 („ACF"); Slg. 2004, I-64, Tz. 102 („Bayer"); Lettl, WRP 2011, 710, 713.

491 Lettl, a.a.O.

492 EuGH Slg. 2003, I-9189, Tz. 60 („VW").

493 EuGH Slg. 2000, II-3383, Tz. 70 ff. („Bayer"); Slg. 2004, I-23, Tz. 78 ff. („Bayer"); Lettl, a.a.O.; Bechtold/Bosch/Brinker/Hirsbrunner, EG-Kartellrecht, Art. 81 EG, Rn. 42.

494 EuGH Slg. 2009, I-4529, Tz. 23 („T-Mobile"); BKartA, Inlands-Informationen zur vorläufigen Bewertung von Verhaltensweisen in Verhandlungen zwischen Herstellern von Markenartikeln, Großhändlern und einzelhandelsunternehmen zum Zwecke der Konkretisierung der Kooperationspflichten, WuW 2010, 786, 788.

495 EuGH Slg. 2004, I-23, Tz. 102 („Bayer").

c. *Höchstpreisbindungen und Preisempfehlungen*

aa. Preisempfehlungen und Höchstpreisbindungen innerhalb des Anwendungsbereichs der GVOen

Sowohl nach Art. 4 lit. a Hs. 2 Vertikal-GVO als auch nach Art. 4 lit. a Satz 2 tVertikal-GVO steht es dem Unternehmer unterhalb der Marktanteilsschwellen der GVOen grundsätzlich frei, Höchstverkaufspreise festzusetzen oder Preisempfehlungen auszusprechen, sofern sich diese nicht infolge der Ausübung von Druck oder der Gewährung von Anreizen durch eine der Vertragsparteien tatsächlich wie Fest- oder Mindestverkaufspreise auswirken.

i. Preisempfehlungen

Als „Preisempfehlung" ist die einseitige, als unverbindlich gekennzeichnete Nennung eines Weiterverkaufspreises, den der Händler sowohl unter als auch überschritten darf, zu verstehen. Der Lieferant legt dem Händler also eine gewisse Preisgestaltung nahe, ohne sie ihm jedoch direkt oder indirekt, etwa durch wirtschaftlichen Druck vorzuschreiben.[496]

Als regelmäßig einseitige Maßnahme fallen Preisempfehlungen grundsätzlich schon nicht in den Anwendungsbereich des Art. 101 Abs. 1 AEUV bzw. Art. 4 Abs. 1 tGSW.[497] Die Nennung von Preisempfehlungen in Art. 4 lit. a Hs. 2 Vertikal-GVO bzw. Art. 4 lit.a Satz 2 tVertikal-GVO beinhaltet daher auch lediglich eine diesbezügliche Klarstellung; auf eine Freistellung kommt es insoweit von vornherein überhaupt nicht an.[498] Lediglich dann, wenn sie ihre Grundlage in einer weitergehenden Verhaltensabstimmung zwischen dem Lieferanten und dem Händler oder einer Koordination verschiedener Händler untereinander haben, kommt das Vorliegen einer „Vereinbarung" oder „abgestimmten Verhaltensweise" und damit eine Verletzung von Art. 101 Abs. 1 AEUV, Art. 4 Abs. 1 tGSW in Betracht. Eine solche Koordinationswirkung kann insbesondere dann angenommen werden, wenn die Händler aufgrund der Geschlossenheit des Vertriebssystems und der Strenge seiner Durchsetzung einer Preisdisziplin unterworfen sind, die durch Kontrollen, Sanktionen oder Anreize gefördert wird.[499]

---

496 Bechtold/Bosch/Brinker/Hirsbrunner, EG-Kartellrecht, Art. 4 VO 2790/1999, Rn. 8; Lettl, WRP 2011, 710, 726; Schultze/Pautke/Wagener, Vertikal-GVO, Rn. 555; Petsche, in: Liebscher/Flohr/Petsche, Handbuch der EU-Gruppenfreistellungsverordnungen, § 7, Rn. 124.

497 Lettl, WRP 2011, 710, 728; Imgrund, BB 2012, 787, 789.

498 Lettl, a.a.O.

499 Kommission, Entscheidung v. 17.12.1986, ABl. EG 1987, L 8/49 („Yves Rocher").

In der Entscheidungspraxis der jüngeren Zeit hat sich gezeigt, dass insbesondere das Bundeskartellamt dazu neigt, die Anforderungen an den Nachweis einer konkludent geschlossenen Vereinbarung sehr niedrig anzusetzen. So bewirke zwar die Herausgabe einer Liste mit Empfehlungen für Wiederverkaufspreise oder Höchstpreisfestsetzungen – in Übereinstimmung mit der allgemeinen Meinung[500] – auch nach Ansicht des Bundeskartellamts[501] noch keine vertikale Preisbindung. Auch dürfe der Lieferant bei Übergabe dieser Liste die Gründe für die Preisempfehlungen erläutern und grundsätzlich erklären, welche Strategie er im Hinblick auf die Positionierung und Vermarktung seiner Produkte verfolge. Indes belegte es in der Entscheidung „Ciba Vision" den Lieferanten mit einem Bußgeld, weil er die Einhaltung von unverbindlichen Preisempfehlungen bei den Händlern überwachte und Abweichler gezielt ansprach, um diese dazu zu bewegen, ihre Preise anzuheben. Eine solche Beeinflussung stelle die Unverbindlichkeit der Preisempfehlung in Frage, indem diese gewissermaßen nachträglich zu Preisvorgaben umfunktioniert würden.[502]

Auch in den im Anschluss an Durchsuchungsmaßnahmen der 11. Beschlussabteilung des Bundeskartellamts wegen des Verdachts vertikaler Preisbindungen zwischen Markenherstellern von Süßwaren, Tiernahrung und Kaffee sowie von Lebensmitteleinzelhandelsunternehmen am 13.04.2010 veröffentlichten Inlands-Informationen[503] vertritt das Bundeskartellamt die Auffassung, dass eine nochmalige Kontaktaufnahme nach Übersendung der unverbindlichen Preisempfehlung ausreichen kann, das Marktverhalten abzustimmen, wenn es weitere „Plusfaktoren gebe, die über die bloße (einmalige) Kontaktaufnahme hinaus als Indizien für eine vertikale Vereinbarung oder ein vertikal abgestimmtes Verhalten im Hinblick auf Wiederverkaufspreise zu bewerten seien".[504]

M. E. ist dieses weite Verständnis des Bundeskartellamts von der Annahme konkludent geschlossener Vereinbarungen zu Recht weitgehend auf Kritik gestoßen. Solange den Händlern nämlich – wie im Falle der „Ciba Vision"-Entscheidung – keine Konsequenzen angedroht werden, wenn sie ihre Preise weiterhin nicht anpassen, erscheint es nicht verständlich, warum die unverbindliche

500 Leitlinien, Tz. 48; RKK 29.05.2001, Akte Nr. D3/1/A.Ç.-01/3, Entscheidungsnummer 01-25/244-66 (Die Entscheidung ist unter www.rekabet.gov.tr abrufbar); Demir-Gökyayla, Milletlerarası Özel Hukukta Tek Satıcılık Sözleşmeleri, S. 158.

501 BKartA, Inlands-Informationen (vgl. Fn. 494), WuW 2010, 786, 787.

502 BKartA, B 3 – 123/08, Tz. 44, 58 („Ciba Vision").

503 Fn. 494.

504 BKartA, Inlands-Informationen (vgl. Fn. 494), WuW 2010, 786, 788.

Preisempfehlungen ihren Charakter verlieren und in eine Preisbindungen umfunktioniert werden sollte, wenn der Anbieter sie erneut vorträgt, erläutert und begründet.[505] Überzeugender erscheint es deshalb mit dem EuG[506] davon auszugehen, dass nachträgliche Diskussionen zur Preishöhe grundsätzlich als gewöhnliche geschäftliche Auseinandersetzung anzusehen sind.[507]

Ebenfalls nicht ganz unproblematisch ist die Frage, ob der Aufdruck eines Preises auf der Verpackung bereits zu einer die Annahme einer bloßen Preisempfehlung ausschließenden faktischen Bindungswirkung für den Händler führt, oder ob der Händler weiterhin einen ausreichenden Spielraum genießt, von dem vorgegebenen Preis abzuweichen. Die türkischen Leitlinien[508] und das LG Düsseldorf in einer jüngeren Entscheidung[509] gehen insoweit davon ausgehen, dass ein solcher Aufdruck bei dem Händler grundsätzlich die Wirkung einer Festpreisbindung erziele. Eine Freistellung komme nur dann in Betracht, wenn die Preisauszeichnung durch einen zusätzlichen Hinweis erkennen lasse, dass es sich lediglich um einen „empfohlenen Preis", eine „unverbindliche Preisempfehlung" oder einen „Höchstpreis" handele, der dem Händler einen Preisgestaltungsspielraum belasse. Die europäischen Leitlinien verhalten sich zu dieser Frage nur insoweit, als sie feststellen, dass der Aufdruck eines Preis*vorschlags* auf dem Produkt als lediglich unterstützende Maßnahme für sich genommen keine vertikale Preisbindung bewirke.[510]

Fehlt es demnach an einem die Unverbindlichkeit des aufgedruckten Preises kennzeichnenden Zusatz, dürfte allgemeinhin davon auszugehen sein, dass es sodann dem Unternehmer obliegt, den Beweis zu führen, dass die Parteien im Innenverhältnis eine entsprechende Vereinbarung getroffen haben, wonach der aufgedruckte Preis gegenüber dem Händler keine Bindungswirkung entfalten soll.[511]

ii. Höchstpreisbindungen

Durch die Festsetzung von „Höchstverkaufspreisen" bestimmt der Unternehmer verbindlich die Obergrenze des Weiterverkaufspreises, welchen der Händler nicht

505 Freund, WuW 2011, 29, 35; Lettl, WRP 2011, 710, 723; Imgrund, BB 2012, 787, 790.
506 EuG, Slg. 2004 II-49, Tz. 129 („JCB").
507 So auch: Freund, WuW 2011, 29, 35; Polley/Rhein, KsZW 2011, 15, 22; Lettl, WRP 2011, 710, 723; Imgrund, BB 2012, 787, 790.
508 tLeitlinien, Tz. 16.
509 LG Düsseldorf, Urt. vom 18.03.2010 – 14c O 24/09 (BeckRS 2010).
510 Leitlinien, Tz. 48.
511 Vgl. LG Düsseldorf, a.a.O., Tz. 19.

überschreiten darf, wobei der Unternehmer dabei unterschiedliche vertriebspolitische Ziele verfolgen kann. So kann eine Höchstpreissetzung dem Unternehmer etwa dazu dienen, den Händler in der Ausübung von Marktmacht einzuschränken, die er ihm durch die Einräumung eines Alleinvertriebsrechts verliehen hat. Im Rahmen sukzessiver Monopole, bei denen sowohl Unternehmer als auch Händler Monopolisten sind, kann über Höchstpreisbindungen ein einheitlicher Einzelhandelspreis vorgegeben werden, der dem hypothetischen wettbewerbskonformen Preis entsprechen soll.[512] Zuweilen hat der Unternehmer ein Interesse, durch preisgünstige Sonderaktionen Werbeeffekte zu erzielen. Damit der attraktive Kaufpreis für solche Sondereditionen auch tatsächlich beim Endverbraucher ankommt, kann er den Händler verpflichten, diese nur zu einem vorgegebenen Höchstpreis auf dem Markt anzubieten. Des Weiteren können sich die Unternehmer von Markenartikeln der Gefahr ausgesetzt sehen, dass der Händler für die Vertragswaren besonders hohe Preise ansetzt, um dadurch gezielt die Nachfrage für andere, günstigere Marken anzukurbeln. In solchen Fällen hat der Unternehmer ein berechtigtes Interesse als Abwehrmaßnahme gegen solche Handelsstrategien Höchstpreisbindungen festzusetzen. Häufiges Motiv für die Festsetzung von Höchstpreisen ist es schließlich, dass der Unternehmer aus Marketinggründen eine besondere Niedrigpreisstrategie verfolgt und durch höhere Preise auf dem Verbrauchermarkt Imageeinbußen für sein gesamtes Vertriebssystem befürchtet.[513]

Aus wettbewerbsrechtlicher Sicht stellen sich Höchstpreisbindungen insbesondere deshalb als nicht unproblematisch dar, weil sie – neben der Verfolgung der aufgezeigten, legitimen Interessen des Unternehmers – im Einzelfall auch zur Folge haben können, dass es dem Händler unmöglich gemacht wird, zusätzliche Verkaufsanreize in Gestalt besonderer Serviceleistungen oder besonders einladender Einkaufsumgebungen anzubieten und in den Wiederverkaufspreis einrechnen zu können. Dies wirkt sich gegenüber dem Verbraucher der Gestalt negativ aus, dass diesem die Möglichkeit genommen wird, zwischen verschiedenen Preis-/Leistungskombinationen eines Produktes oder einer Dienstleistung wählen zu können. In der Praxis kann zudem nicht selten beobachtet werden, dass der Unternehmer die maximalen Weiterverkaufspreise gegenüber dem Händler derart niedrig bemisst, dass der Händler de facto keine unternehmerische Freiheit mehr hat, den festgelegten Höchstpreis zu unterschreiten, die formale Höchstpreisbestimmung wirtschaftlich also wie die Vorgabe eines Festpreises wirkt. Dies erscheint noch weniger problematisch, wenn der Händler über eine ausreichende

512 Kirchhoff, in: FS für Günter Hirsch, 249, 250.

513 Ds., aaO.

Marktposition verfügt, um auf die ihm unter diesen Konditionen angebotenen Waren verzichten zu können. Steht er zu der betreffenden Ware jedoch in einer sortimentsbedingten Abhängigkeit und würde sich die Ausschlagung dieser Produkte auch auf den Umsatz seiner sonstigen Geschäfte negativ auswirken, kann er durch derartige Niedrigpreisdiktate des Unternehmers sogar in eine existenzbedrohliche Lage gedrängt werden. Ob die Festsetzung von Höchstpreisen, die wirtschaftlich betrachtet wie Festpreise wirken, zu einer unzulässigen Kernbeschränkung i. S. v. Art. 4 lit. a Vertikal-GVO bzw. Art. 4 lit. a tVertikal-GVO und somit zur Versagung der Freistellung nach den GVOen führen können, ist umstritten. Die Leitlinien bieten insoweit kaum eine Auslegungshilfe. Sie stellen in diesem Zusammenhang lediglich wenig hilfreich fest, dass „auch die Vorgabe von Preisobergrenzen auf eine vertikale Preisbindung hinauslaufen kann“.[514]

In Teilen der deutschen Literatur wird vertreten, dass ein bloß wirtschaftlich wie ein Festpreis wirkender Höchstpreis keine unzulässige Kernbeschränkung darstelle und daher getreu dem Wortlaut der Vertikal-GVO bis zu der Marktanteilsschwelle von 30 % grundsätzlich freigestellt sei. Eine ausweitende analoge Auslegung des Art. 4 lit. a Vertikal-GVO sei nicht möglich. Es wäre nicht einzusehen, warum der den Höchstpreis vorgebende Lieferant einem erhöhten Beurteilungsrisiko ausgesetzt sein solle, je niedriger er den Höchstpreis festsetze, zumal niedrig bemessene Höchstpreise in der Regel auch im Interesse des Verbrauchers lägen.[515] Dieser Ansicht wird jedoch zu Recht entgegengehalten, dass es für die Beurteilung dessen, ob ein Verhalten als wettbewerbsbeschränkend einzustufen ist, nicht allein an seine Form, sondern vor allem an seine Wirkung anzuknüpfen ist.[516]

Werden Höchstpreise seitens des Unternehmers derart niedrig bemessen, dass seine Händler diese de facto nicht mehr unterschreiten können, sei nach anderer Ansicht daher von einer unzulässigen „Ausübung von Druck“ i. S. v. Art. 4 lit. a Vertikal-GVO auszugehen, so dass eine Freistellung aus diesem Grunde nicht in Betracht käme.[517]

---

514 Leitlinien, Tz. 48.

515 Veelken, in: Immenga/Mestmäcker, Wettbewerbsrecht EG, Teil 1, Vertikal-VO, Rn. 181; Baron, in: Loewenheim/Meessen/Riesenkampff, Kartellrecht, Art. 4 Vert-GVO, Rn. 171.

516 Kirchhoff, in: FS für Günter Hirsch, 249, 254.

517 Bayreuther, EWS 2000, 106, 112; Nolte, in: Langen/Bunte, Kommentar zum deutschen und europäischen Kartellrecht, Bd. 2, Art. 81, Rn. 517.

Nach zutreffender Ansicht kommt es auf die Bejahung des Tatbestandsmerkmals der Druckausübung indes nicht einmal an. Bemisst der Unternehmer den Höchstpreis nämlich derart niedrig, dass er dessen Unterschreitung aus ökonomischer Sicht unmöglich macht, so nimmt er seinen Händlern jeden Preisgestaltungsspielraum und damit auch jede Gelegenheit einen wirtschaftlich sinnvollen Preiswettbewerb auszutragen. Genau dies entspricht jedoch der Situation der Vorgabe eines festen Weiterverkaufspreises durch den Unternehmer, welchen die GVOen in ihrem Katalog von Kernbeschränkungen an erster Stelle expressis verbis nicht vom Verbot wettbewerbsbeschränkender Vereinbarungen in vertikalen Vereinbarungen freigestellt wissen wollen. Ein im Ergebnis wie ein Festpreis wirkender Höchstpreis ist daher auch wie ein solcher zu behandeln.[518]

Der die Höchstpreise vorgebende Unternehmer trägt die Beweislast dafür, dass die Freistellungsvoraussetzungen der GVO, auf die er sich beruft, erfüllt sind.[519] Er hat ggf. auch den Nachweis zu erbringen, dass dem Händler zwischen seinem Einkaufspreis und dem gedeckelten Weiterverkaufspreis ein hinreichender Preisgestaltungsspielraum verbleibt, in dessen Rahmen er eine auskömmliche Gewinnspanne erzielen kann. Dabei liegt es allerdings in der Natur der Sache, dass die Gewinnspanne des Händlers auch von weiteren Umständen, wie sonstigem Umsatz und allgemeiner Kostenstruktur des Händlers abhängt, auf die der Unternehmer keinen Einfluss und in die er regelmäßig auch keinen näheren Einblick hat. Unter diesem Gesichtspunkt mag es für den Höchstpreise aussprechenden Unternehmer im Ergebnis daher noch unschädlich sein, wenn die schlechte Kostenstruktur bei einzelnen Händlern dazu führt, dass die Höchstpreis- in eine Festpreisbindung umschlägt. Stellt sich dies jedoch bei einer Mehrzahl der Händler ein, muss der Unternehmer damit rechnen, dass die Kartellbehörden und Gerichte seine Höchstpreisbindung und damit seine gesamten vertikalen Wettbewerbsbeschränkungen von der Freistellung nach den GVOen ausnehmen.[520]

iii. Ausübung von Druck oder Gewährung von Anreizen

Die „Ausübung von Druck“ i. S. d. Art. 4 lit. a Hs. 2 Vertikal-GVO bzw. Art. 4 lit.a Satz 2 tVertikal-GVO kann sich insbesondere aufgrund der im Rahmen der mittelbaren Preisbindung bereits genannten Maßnahmen, wie Drohungen,

---

518 Schultze/Pautke/Wagener, Vertikal-GVO, Rn. 546; Petsche, in: Liebscher/Flohr/Petsche, Handbuch der EU- Gruppenfreistellungsverordnungen, § 7, Rn. 124.

519 Nolte, in: Langen/Bunte; Kommentar zum deutschen und europäischen Kartellrecht, Bd. 2, Art. 81, Rn. 517.

520 Kirchhoff, in: FS für Günter Hirsch, 249, 254.

Einschüchterung, Warnungen, Strafen, Verzögerung oder Aussetzung von Lieferungen und Vertragskündigung bei Nichteinhaltung der Preisempfehlungen sowie der Einrichtung von Preisüberwachungssystemen oder Meldeverpflichtungen in Bezug auf andere Mitglieder des Vertriebsnetzes, welche von den empfohlenen Preisen abweichen, ergeben.[521]

Die „Gewährung von Anreizen“ im Sinne dieser Bestimmungen kommt insbesondere in Betracht, wenn die Gewährung von Skonti, Boni, Rabatten, Werbekostenerstattungen, etc. einen derart starken finanziellen Anreiz für den Händler bilden, dass dieser bei der Festlegung seiner Verkaufspreise faktisch keine freie unternehmerischen Entscheidung mehr treffen kann.[522]

bb. Preisempfehlungen und Höchstpreisbindungen außerhalb des Anwendungsbereichs der GVOen

Während Preisempfehlungen und Höchstpreisfestsetzungen im Anwendungsbereich der GVOen also grundsätzlich vom Verbot wettbewerbsbeschränkender Vereinbarungen freigestellt sind, stellt sich die Frage, wie derartige Vorgaben zu beurteilen sind, wenn eine der relevanten Marktanteilsschwellen überschritten und folglich der Anwendungsbereich der GVOen nicht eröffnet ist.

Hinsichtlich bloßer Preisempfehlungen steht der EuGH zurecht auf dem Standpunkt, dass diese auch hier grundsätzlich keine Wettbewerbsbeschränkung i. S. d. Art. 101 Abs. 1 AEUV darstellen.[523]

Schwieriger ist die Rechtslage demgegenüber bei den Höchstpreisen. Europäische Kommission und EuGH gingen früher davon aus, dass jede Art der Preisfestsetzung unterschiedslos eine verbotene Wettbewerbsbeschränkung i. S. d. Art. 81 Abs. 1 lit. a EGV a. F. (heute: Art. 101 Abs. 1 lit. a AEUV) darstelle. Die Wettbewerbsbeschränkung ergebe sich dem Wortlaut folgend bereits aus der Beschränkung der Händler zur eigenen Preisgestaltung.[524] Unabhängig davon, ob es sich um Mindest-, Fest- oder Höchstpreise handelte, wurden Freistellungen demnach nicht erteilt.[525] Diese Auffassung fand ihren Ausdruck auch in Art. 5 lit. e der damaligen Franchising-GVO (Nr. 4087/88) sowie in Art. 6 Abs. 1 Nr. 6 der damaligen Kfz-GVO (Nr. 1475/95).

---

521 Leitlinien Tz. 48.

522 Leitlinien Tz. 48.

523 EuGH, Slg. 1986, 353, Tz. 25 („Pronuptia“).

524 Kommission, ABl. 1980, L 383/11 („Hennessy-Henkel“); Kommission ABl. 1977, L16/8 („Gerofabriek“).

525 Ds., a.a.O.

Offenbar im Anschluss an eine Grundsatzentscheidung des US Supreme Court aus dem Jahre 1997,[526] in welcher dieser entgegen seiner früheren Rechtsprechung Höchstpreisbindungen nicht mehr für *per se* verboten erachtete, hat die Kommission ebenfalls ihren alten Standpunkt aufgegeben und sodann zunächst die Auffassung vertreten, echte Höchstpreisbindungen stellten keine spürbare Wettbewerbsbeschränkung dar und würden daher nicht von Art. 101 Abs. 1 AEUV erfasst.[527] Wie soeben dargestellt, wurden sie sodann zudem – offenbar ebenfalls diesem Gedanken folgend – seit Erlass der vorherigen Vertikal-GVO (Nr. 2790/1999) im Anwendungsbereich der Vertikal-GVO grundsätzlich freigestellt (vgl. Art. 4 lit. a Vertikal-GVO a. F.). Gleiches gilt für die hieran angepasste Regelung der tVertikal-GVO (vgl. Art. 4 lit. a S. 2 tVertikal-GVO).

In den Leitlinien nehmen die Europäische Kommission und der türkische Wettbewerbsausschuss indes wiederum einen etwas differenzierteren Standpunkt ein und führen aus, Höchstpreisbindungen außerhalb des Anwendungsbereichs der Vertikal-GVO könnten insbesondere dann, wenn sie ein einheitliches Preisniveau bewirkten, weil sie aufgrund der Marktstellung des Lieferanten als Orientierungspreis dienten, oder wenn sie, vor allem in einem engen oligopolistischen Markt, die Kollusion unter Lieferanten erleichterten, eine Gefahr für den Wettbewerb begründen.[528]

In der Literatur wird zu recht in Zweifel gezogen, ob Höchstpreisbindungen außerhalb des Anwendungsbereichs der GVOen überhaupt weitgehend vom Anwendungsbereich der Art. 101 Abs. 1 AEUV bzw. Art. 4 Abs. 1 lit. a tGSW ausgenommen werden sollten.[529] Anders als der Wortlaut der GVOen untersagen Art. 101 Abs. 1 lit. a AEUV und Art. 4 Abs. 1 lit. a tGSW nämlich weiterhin unverändert ohne jede Differenzierung jede unmittelbare oder mittelbare Festsetzung der An- und Verkaufspreise. Dass diese Beschränkung der Vertragsgestaltungsfreiheit jedenfalls dann, wenn der Lieferant einen Marktanteil von über 30 % bzw. 40 % aufweist, auch im Bereich der Höchstpreise durchaus seine Rechtfertigung besitzt, zeigen folgende Überlegungen: Je größer der Marktanteil des Lieferanten ist, desto höhere Bedeutung kommt dem intrabrand-Wettbewerb zu. Hier könnte es im Interesse des Händlers liegen, sich beim Verbraucher gegenüber konkurrierenden Händlern durch das Angebot besonderer – wenn auch mit einem Aufpreis verbundener – Serviceleistungen

526 State Oil Co. v. Khan, 522 U.S. 3 (1997).

527 Kommission, ABl. 2001, L 54/1, Tz. 87 („Nathan Bricolux").

528 Leitlinien, Tz. 226 ff., tLeitlinien Tz. 215 f.

529 Kirchhoff, in: FS für Günter Hirsch, 249, 255.

hervorzutun. Es kann grundsätzlich davon ausgegangen werden, dass der Händler selbst am besten beurteilen kann, durch welches Preis-/Leistungsangebot er sich am besten am Markt etablieren kann. Unterbindet der Lieferant das Angebot derartiger Zusatzleistungen, indem er diese durch seine Preisvorgaben für den Händler nicht mehr wirtschaftlich erscheinen lässt, nimmt er nicht nur dem Endverbraucher die Möglichkeit in den Genuss solcher zusätzlichen Dienstleistungen zu kommen, sondern greift zudem spürbar in den intrabrand-Wettbewerb der ihm in der Lieferkette nachgeschalteten Händler ein.

In diesem Zusammenhang lohnt auch ein näherer Blick auf die bereits zitierte Entscheidung des US Supreme Court,[530] welche – wie aufgezeigt – offenbar Auslöser für den Umschwung bei der Beurteilung von Höchstpreisbindungen im europäischen Rechtsraum gewesen ist. Auch der oberste amerikanische Gerichtshof hat die bis dahin generell verbotenen Höchstpreisbindungen nämlich nicht mehr per se für zulässig erklärt, sondern lediglich der „rule of reason" unterstellt und damit eine Rechtfertigungsmöglichkeit für die im Grundsatz fortbestehende Wettbewerbsbeschränkung („restraint of trade") geschaffen. Eine ähnliche Regelungssystematik findet sich aber auch in Art. 101 AEUV bzw. Art. 4 tGSW, die auch entsprechend zur Anwendung kommen sollte: Aufgrund dessen, dass jede Preisvorgabe – auch diejenige eines Höchstpreises – die durch Art. 101 AEUV bzw. Art. 4 tGSW geschützte Preisgestaltungsfreiheit der Händler tangiert, ist zunächst einmal von einem Verstoß gegen das im jeweiligen Absatz 1 geregelte Verbot wettbewerbsbeschränkender Bestimmungen auszugehen. Dieser Verstoß kann im Einzelfall gerechtfertigt erscheinen und der Regelungssystematik folgend ausnahmsweise gem. Art. 101 Abs. 3 AEUV bzw. Art. 5 Abs. 1 tGSW vom Verbot des Art. 101 Abs. 1 bzw. Art. 4 Abs. 1 tGSW freigestellt werden. Insoweit hat der Nachweis zu erfolgen, dass die Höchstpreisvorgabe einen gesamtwirtschaftlich positiven Effekt aufweist, unerlässlich ist und den Wettbewerb nicht völlig ausschaltet. Zu denken wäre dabei insbesondere an die Sicherstellung des Effekts von kurzfristigen Sonderangebotsaktionen oder eine Abwehrstrategie gegen Preiserhöhungen durch marktmächtige Handelsunternehmen, die hierdurch den Fokus der Verbraucher auf eigene Handelsmarken lenken wollen.

530 Fn. 526.

cc. Exkurs: Verbot des einseitigen Einsatzes von Druck- und Lockmitteln zur Durchsetzung vertikaler Preisbindungen nach § 21 Abs. 2 GWB

Eine vom europäischen und türkischen Wettbewerbsrecht abweichende Besonderheit sieht das deutsche Recht in § 21 Abs. 2 GWB vor, welcher insbesondere im Bereich vertikaler Preisbindungen eine große praktische Bedeutung erlangt hat.[531] Danach dürfen Unternehmen keine Nachteile androhen oder zufügen bzw. keine Vorteile versprechen oder gewähren, um andere Unternehmen zu einem Verhalten zu veranlassen, das nach dem GWB nicht zum Gegenstand einer vertraglichen Bindung gemacht werden darf. An dieser Stelle zeigt sich das deutsche Recht strenger als das europäische[532] und das an der europäischen Rechtslage orientierte türkische Recht, welche eine vergleichbare Vorschrift nicht kennen. Demnach bedarf es für innerdeutsche Sachverhalte für die Annahme eines Kartellrechtsverstoßes eines – nach den obigen Feststellungen im Einzelfall durchaus schwierigen – Nachweises einer „*Vereinbarung*" gerade nicht, wenn der Lieferant eines der in § 21 Abs. 2 GWB genannten Mittel einsetzt.

„*Nachteile*" i. S. dieser Vorschrift können nach den Inlands-Informationen des Bundeskartellamts „beispielsweise Strafen (z. B. einseitige Kürzung von Rechnungen), Auflistungen, Konditionsverschlechterungen, Beendigung, Verzögerung, Streichung oder Verringerung von Aktionen/Platzierungen/Regalplatz, Vertriebswegeinschränkungen sein".[533]

„*Vorteile* zur Durchsetzung von unzulässigen Preisbindungen können beispielsweise Marken- oder Preispflegerabatte, Aktionspreisunterstützungen, Rückvergütungen, Spannenausgleichszahlungen/-forderungen oder die Gewährung sonstiger Vorteile durch einen Lieferanten für die Einhaltung einer Mindesthändlermarge auf den Herstellerabgabepreis sein".[534]

Die Anwendung der Druck- und Lockmittel muss dabei zum Zweck haben, das gleiche Ergebnis zu erzielen, wie dies ein vertraglich vereinbartes wettbewerbsbeschränkendes Verhalten hätte.[535] Einer irgendwie gearteten Reaktion des Händlers auf die Drohungen oder Versprechungen des Lieferanten bedarf es indes

---

531 Markert, in: Immenga/Mestmäcker, GWB Kommentar, § 21, Rn. 53; Imgrund, BB 2012, 787, 790.

532 Dass das nationale Recht bei der Unterbindung und Ahndung einseitiger Handlungen strenger sein darf als das europäische Recht wird in Art. 3 Abs. 1 S. 2 der VO (EG) Nr. 1/2003, § 22 Abs. 2 S. 2 GWB ausdrücklich klargestellt.

533 BKartA, Inlands-Informationen (vgl. Fn. 494), WuW 2010, 786, 788 f.

534 BKartA, Inlands-Informationen (vgl. Fn. 494), WuW 2010, 786, 789.

535 Imgrund, BB 2012, 787, 790.

nicht. Insbesondere ist ein Erfolg des durch den Unternehmer angestrebten Kartellrechtsverstoßes nicht erforderlich. Sanktioniert werden kann vielmehr bereits die versuchte Anstiftung zu einem verbotenen Verhalten.[536]

In der jüngeren Entscheidungspraxis rekurrierte das Bundeskartellamt bei der Verhängung von Bußgeldern wiederholt auf § 21 Abs. 2 GWB und nicht auf § 1 GWB. Im Fall „Phonak“[537] belegte der Unternehmer einen bestimmten Händler immer dann und solange mit einer Liefersperre, wie dieser seine Preise nicht den Vorstellungen des Unternehmers entsprechend gestaltete. Im Fall „SEB“[538] wurden Rückvergütungen gesperrt und Liefersperren verhängt, wenn der Händler die Preisempfehlungen nicht einhielt. Im Fall „Garmin“[539] wurden den Internethändlern Bonuszahlungen gewährt, wenn sie ihre Preise auf ein bestimmtes Niveau anhoben. Auch die Inlands-Informationen des Bundeskartellamts vom 14.04.2010 räumen § 21 Abs. 2 GWB einen beachtlichen Raum ein und stellen klar, dass bereits ein „geringfügiger Druck“ als Indiz für die Annahme eines Verstoßes ausreichen könne.[540]

d. Meistbegünstigungsklauseln

Eine weitere Variante der Beschränkung der Preisbildungsfreiheit stellt die Vereinbarung sog. Meistbegünstigungsklauseln dar. Derartige Klauseln können sowohl zulasten des Lieferanten als auch zulasten des Händlers vereinbart werden, wobei dabei jeweils eine weitere Differenzierung in sog. „echte“ und „unechte“ Meistbegünstigungsklauseln erfolgen kann.

Durch die Vereinbarung einer echten Meistbegünstigungsklausel (auch „einfache“ Meistbegünstigungsklausel genannt) *zum Nachteil des Lieferanten* verpflichtet sich dieser gegenüber dem Händler, anderen Händlern in Bezug auf die Vertragswaren oder -dienstleistungen keine günstigeren Preise oder Konditionen einzuräumen.

Daneben kann eine Meistbegünstigungsklausel zum Nachteil des Lieferanten aber auch dergestalt vereinbart werden, dass sich dieser verpflichtet, den mit dem betreffenden Händler abgeschlossenen Vertrag nachträglich an günstigere Preise oder Konditionen anzupassen, zu welchen er zu einem späteren Zeitpunkt mit

536 Markert, in: Immenga/Mestmäcker, GWB Kommentar, § 21, Rn. 52.
537 BKartA, 14.09.2009, B3-69/08, Tz. 22.
538 BKartA, 25.04.2007, B7-42/06, S. 8 f.
539 BKartA, 18.06.2010, B5-100/09 (Pressemitteilung v. 28.06.2010 auf www.bundeskartellamt.de).
540 BKartA, Inlands-Informationen (vgl. Fn. 494), WuW 2010, 786, 788.

einem anderen Händler kontaktiert (sog. „unechte“ oder auch „leistungsbedingte“/ „wirtschaftliche“ Meistbegünstigung). Bei der Vereinbarung einer solchen Klausel bleibt der Unternehmer zwar in der Gestaltung seiner Verträge mit anderen Händlern frei, ist allerdings verpflichtet, die diesen eingeräumten günstigeren Preise oder Konditionen auch dem von einer Meistbegünstigungsklausel profitierenden Händler einzuräumen, selbst wenn dieser ggf. bereit gewesen wäre, die Vertragswaren auch weiterhin zu den zunächst vereinbarten, ungünstigeren Preisen/Konditionen weiter zu beziehen.

Unüblicher ist es demgegenüber, dass sich *der Vertragshändler* an eine Meistbegünstigungsklausel gegenüber seinem Lieferanten bindet. Eine solche kann zum einen so ausgestaltet sein, dass sich der Händler zu einer Meistbegünstigung gegenüber seinen Kunden verpflichtet, seinen Kunden für die Vertragsprodukte also keine ungünstigeren Preise und Konditionen einräumt als für Vertragsprodukte, die er von einem anderen Lieferanten bezieht (sog. „echte Meistbegünstigungsklausel zulasten des Händlers“ oder „Meistbegünstigungsklausel zulasten des Händlers gegenüber seinen Kunden“).

Zum zweiten können die Parteien zum Nachteil des Händlers vereinbaren, dass der Vertrag anzupassen ist bzw. der Händler seine Einwilligung zur Vertragsanpassung zu erklären hat, wenn er mit einem anderen Lieferanten aus Sicht des Lieferanten günstigere Konditionen/Preise vereinbart. (sog. „unechte Meistbegünstigungsklausel zulasten des Händlers“ oder „Meistbegünstigungsklausel zulasten des Händlers gegenüber seinem Lieferanten“).

aa. Verstoß gegen Art. 101 Abs. 1 AEUV bzw. Art. 4 Abs. 1 tGSW

Alle Meistbegünstigungsklauseln verfolgen den Zweck, den Abschluss von Verträgen mit Dritten zu besseren Preisen oder Konditionen zu verhindern, so dass ihnen generell die Gefahr von Abschottungseffekten auf dem betroffenen Markt immanent ist. Auf der anderen Seite führt die hierdurch bewirkte Festschreibung eines stabilen Preis- oder Konditionen-Niveaus regelmäßig auch dazu, dass auch der Endverbraucher von den an ihn weitergereichten günstigeren Konditionen profitieren kann. Es stellt sich daher die Frage, ob solche Klauseln von dem Verbot der Art. 101 Abs. 1 AEUV bzw. Art. 4 Abs. 1 tGSW erfasst werden.

Während die Bewertung von Meistbegünstigungsklauseln bislang noch nicht Gegenstand der europäischen Rechtsprechung war und die Kommission lange Zeit keine eindeutige Stellungnahme hinsichtlich ihrer Bewertung abgegeben hatte, sind jegliche Erscheinungsformen von Meistbegünstigungsklauseln – unabhängig davon zu Lasten welcher Vertragspartei sie vereinbart und ob sie als „echte“ oder „unechte“ zu qualifizieren waren – vor deutschen Gerichten nach der bis zur 7 GWB-Novelle bestehenden Rechtslage ausnahmslos als Verstoß gegen das in § 14 GWB festgeschriebene Verbot vertikaler Inhaltsbindungen deklariert und damit gem. § 134 BGB für nichtig erklärt worden. Darüber hinaus bestand für die Parteien stets die Gefahr der Möglichkeit einer Bußgeldbelegung.[541]

Zwischenzeitlich hat sich die Europäische Kommission indes dahingehend geäußert, dass sie einer Meistbegünstigungsklausel *zum Nachteil des Lieferanten* jedenfalls dann keine eigenständige Bedeutung und damit auch keine spürbare Wirkung i. S. v. Art. 101 Abs. 1 AEUV (vormals Art. 81 Abs. 1 EGV) beimesse, wenn sie – wie in der Praxis häufig – als Gegenpflicht zu einer Alleinbezugsverpflichtung des Händlers vereinbart werde. In diesem Fall sei der Marktzutritt für Dritte ohnehin versperrt und die Frage nach günstigeren Konditionen stelle sich folglich nicht.[542] Ob die Entscheidungspraxis der deutschen Gerichte nach der Anpassung des deutschen an das EU-Kartellrecht mit Inkrafttreten der 7. GWB-Novelle am 01.07.2005, dem hierdurch bedingten Wegfall von § 14 GWB sowie dem allgemeinen Grundsatz des Vorrangs des Gemeinschaftsrechts in der Praxis weiterhin Geltung beanspruchen kann, erscheint daher zweifelhaft.

M. E. kann der zitierten Entscheidung der Kommission indes kein dahingehender Erklärungsgehalt beigemessen werden, dass Meistbegünstigungsklauseln zum Nachteil des Lieferanten nunmehr per se als wettbewerbsneutral anzusehen seien. Die Verneinung der Spürbarkeit einer Wettbewerbsbeschränkung war in dem der Kommissionsentscheidung zugrunde liegenden Fall auch kein Resultat der vereinbarten Meistbegünstigungsklausel. Diese konnte vielmehr aufgrund der zugleich vereinbarten Alleinbezugsverpflichtung des Händlers lediglich keine Wirkung entfalten. Betrachtet man die Meistbegünstigungsklauseln hingegen isoliert – unabhängig von allen sonstigen Vertragsbestandteilen – ist nach wie vor davon auszugehen, dass sie zunächst einmal jede Besserstellung eines dritten Wettbewerbers faktisch unterbinden und damit den inter-brand Wettbewerb beeinträchtigen. Im Ergebnis ist m. E. daher zunächst einmal davon auszugehen, dass Meistbegünstigungsklauseln in allen ihren Erscheinungsformen im Grundsatz einen Verstoß gegen Art. 101 Abs. 1 AEUV bzw. Art. 4 Abs. 1 tGSW darstellen.

---

541 Meyer, WRP 2004, 1456, 1458; Nolte, in: Langen/Bunte; Kommentar zum deutschen und europäischen Kartellrecht, Bd. 2, Art. 81, Rn. 519.

542 Kommission Entscheidung v. 16.10.2003, ABl. EG 2004 L 75/95, Tz. 210 („ARGEV“).

bb. Beurteilung der Meistbegünstigungsklauseln an Hand der GVOen

Fraglich ist folglich, ob Meistbegünstigungsklauseln bei Erfüllung der allgemeinen Anwendungsvoraussetzungen (insbesondere Art. 3 Abs. 1 Vertikal-GVO bzw. Art. 2 Abs. 2, Abs. 3 tVertikal-GVO) nach den Vertikalen GVOen vom Verbot der Art. 101 Abs. 1 AEUV bzw. Art. 4 Abs. 1 tGSW freigestellt sind, oder ob sie eine Kernbeschränkung i. S. v. Art. 4 lit. a Vertikal-GVO bzw. Art. 4 lit. a tVertikal-GVO darstellen.

Hinsichtlich der Meistbegünstigungsklauseln *zum Nachteil des Lieferanten* lässt sich diese Frage an Hand des eindeutigen Wortlauts der GVOen leicht beantworten. Wie sich Art. 4 lit. a Vertikal-GVO bzw. Art. 4 lit. a tVertikal-GVO entnehmen lässt, erfassen diese lediglich Beschränkungen „des Käufers", seine Verkaufspreise selbst festlegen zu können. Beschränkungen hinsichtlich der Festsetzung von Preisen oder sonstiger Konditionen des Lieferanten werden demgegenüber nicht erfasst. Meistbegünstigungsklauseln zum Nachteil des Lieferanten stellen daher keine Kernbeschränkung dar, so dass ihrer gruppenweisen Freistellung durch die GVOen nichts entgegen steht. In der Praxis bietet sich marktstarken Händlern durch die Verwendung solcher Klauseln daher ein zusätzliches Druckmittel, günstigere Konditionen gegenüber ihren industriellen Lieferanten durchzusetzen.[543]

Hinsichtlich der Meistbegünstigungsklauseln *zum Nachteil des Händlers* ist zu differenzieren. Die sog. „echten" Meistbegünstigungsklauseln zum Nachteil des Käufers/Händlers, die sich direkt auf den Weiterverkaufspreis beziehen, beinhalten eine unmittelbare Beschränkung der Gestaltungsfreiheit der Wiederverkaufspreise. Solche Klauseln werden daher in den neuen europäischen Leitlinien zur Vertikal-GVO auch bereits ausdrücklich als Maßnahme zur Beeinträchtigung der freien Festsetzung der Weiterverkaufspreise erwähnt und als nicht freigestellte Kernbeschränkung i. S. v. Art. 4 lit. a Vertikal-GVO eingestuft.[544] Beziehen sich die „echten" Meistbegünstigungsklauseln zum Nachteil des Händlers demgegenüber auf andere Vertragskonditionen als den Preis, so werden sie vom Wortlaut der Art. 4 lit. a Vertikal-GVO bzw. Art. 4 lit. a tVertikal-GVO nicht erfasst. Folglich stellen sie daher auch keine Kernbeschränkung dar und sind nach Art. 2 Abs. 1 Vertikal-GVO bzw. Art. 2 Abs. 1 tVertikal-GVO freigestellt.

Die sog. „unechten" Meistbegünstigungsklauseln zum Nachteil des Händlers beschränken diesen hingegen nicht in der Gestaltung seiner Verkaufspreise. Sie verpflichten ihn lediglich zur Anpassung der mit dem Lieferanten vereinbarten

543 Schultze/Kübler, in: Schultze u.a., Der Vertragshändlervertrag, Rn. 491.

544 Leitlinien, Tz. 48.

Konditionen an die nachträglich mit einem anderen Lieferanten vereinbarten, lieferantenfreundlicheren Vertragskonditionen. Art. 4 lit. a Vertikal-GVO bzw. Art. 4 lit. a tVertikal-GVO sind insoweit nicht einschlägig.[545] Da solche Klauseln allerdings, ähnlich wie die sog. „englischen Klauseln“[546], geeignet sind, das Preisniveau konkurrierender Anbieter anzugleichen und der Kollusion zwischen ihnen Vorschub zu leisten, werden sie von Teilen der Literatur jedoch einem Wettbewerbsverbot i. S. d. Art. 1 Abs. 1 lit. d Vertikal-GVO und Art. 3 Abs. 1 lit. d tVertikal-GVO gleichgestellt und nur in den Grenzen der Art. 5 Abs. 1 lit. a Vertikal-GVO bzw. Art. 5 Abs. 1 lit. a tVertikal-GVO für gruppenfreistellungsfähig erachtet.[547]

2. Gebiets- und kundenbezogene Verkaufsbeschränkungen

Gemäß Art. 4 lit. b der Vertikal-GVO stellen „Beschränkungen des Gebietes oder der Kundengruppe, in das oder in die ein an der Vereinbarung beteiligter Abnehmer, vorbehaltlich einer etwaigen Beschränkung in Bezug auf den Ort seiner Niederlassung, Vertragswaren oder Dienstleistungen verkaufen darf“, grundsätzlich eine Kernbeschränkung dar. Nach der Formulierung in Art. 4 lit. b der tVertikal-GVO, die dem Wortlaut des Art. 4 lit. b Vertikal-GVO in der Fassung der VO Nr. 2790/1999 entspricht, gelten „Beschränkungen des Gebiets oder des Kundenkreises, in das oder an den der Käufer Vertragswaren oder -dienstleistungen verkaufen darf“, als eine solche Kernbeschränkung.

Die „Gebiets-“beschränkung wird dabei allgemein als nichts anderes als eine räumliche, an der Ansässigkeit der Abnehmer orientierte Abgrenzung von Kundengruppen, d. h. als Unterfalls der „Kundengruppen-“beschränkung angesehen.[548] Sinn und Zweck der Vorschrift ist die Verhinderung einer etwaigen Marktaufteilung nach Kundengruppen oder -gebieten. Der Käufer/Händler soll frei bleiben, an wen er die von ihm erworbenen Vertragsprodukte weitervertreibt.

---

545 Meyer WRP 2004, 1456, 1460; Kurth, WuW 2003, 28, 34 f.

546 Zum Begriff der „englischen Klausel“ und den Grenzen ihrer Freistellungsfähigkeit nach den GVOen, siehe unten § 3 F. III. 1. c.

547 Nolte, in: Langen/Bunte; Kommentar zum deutschen und europäischen Kartellrecht, Bd. 2, Art. 81, Rn. 497; Schultze/Pautke/Wagener, Vertikal-GVO, Rn. 78a; Kurth, WuW 2003, 28, 34; vgl. auch Kommission, v. 26.10.2004, WB 2004, Rn. 88 („Hollywood Film Studios“).

548 Schultze/Kübler, in: Schultze u.a., Der Vertragshändlervertrag, Rn. 496.

a. Direkte und indirekte Beschränkungen des Verkaufsgebietes oder der Kundengruppe

Diesbezügliche Beschränkungen können wiederum sowohl durch die Auferlegung direkter als auch mittels indirekter Verpflichtungen des Händlers erreicht werden.[549]

Typisches Beispiel für eine direkte/unmittelbare Beschränkung des Verkaufs an bestimmte Kundengruppen ist etwa eine Vereinbarung, die es dem Händler untersagt, auch an gewerbliche Abnehmer zu liefern oder umgekehrt formuliert, ihm nur gestattet, an private Endverbraucher zu liefern.[550] Derartige offenkundige Verstöße gegen Art. 4 lit. b Vertikal-GVO bzw. Art. 4 lit. b tVertikal-GVO sind in der Praxis jedoch eher selten vorzufinden.

Von wesentlich größerer Bedeutung sind demgegenüber Vereinbarungen, durch die der Händler mittelbar dazu gebracht werden soll, nicht an bestimmte Kunden oder in bestimmte Gebiete zu verkaufen. Die Leitlinien nennen insoweit insbesondere die Verweigerung oder Reduzierung von Prämien oder Nachlässen für Verkäufe außerhalb des Gebietes oder an bestimmte Kundengruppen, die Verringerung der Liefermenge oder Beschränkungen der Liefermenge auf die Nachfrage innerhalb der dem Händler zugewiesenen Gebiete bzw. Kundengruppen, die Androhung der Vertragskündigung, das Verlangen höherer Preise für auszuführende Produkte, die Beschränkung des Anteils der Produkte, die ausgeführt werden dürfen oder die Vereinbarung von Gewinnausgleichsverpflichtungen.[551] Ähnliches werde gem. den europäischen Leitlinien bewirkt, wenn der Lieferant keine unionsweiten Garantieleistungen vorsehe, zu denen in der Regel alle Händler – auch in Bezug auf Produkte, die von anderen Händlern in ihr Verkaufsgebiet verkauft wurden – verpflichtet seien und wofür sie vom Lieferant eine Vergütung bekämen.[552]

Die Verweigerung von Prämien oder Nachlässen als Instrument zur Umgehung des Verbots der Gebietsbeschränkungen war bereits wiederholt Gegenstand von Bußgeldentscheidungen der Kommission. Aus der jüngeren Vergangenheit lassen sich dabei beispielsweise die Verhängung von Bußgeldern in Höhe von 102 Mio.

549 Leitlinien Tz. 50, tLeitlinien Tz. 19.

550 Baron, in: Loewenheim/Meessen/Riesenkampff, Kartellrecht, Art. 4 Vert-GVO, Rn. 181; Gürzumar, in: FS für Fehiman Tekil,209, 253.

551 Leitlinien Tz. 50; tLeitlinien Tz. 19.

552 Leitlinien, aaO.

Euro gegen VW[553] und 35 Mio. Euro gegen Opel[554] nennen. In beiden Fällen wurden den Händlern bei Exporten der gelieferten Fahrzeuge die Prämienzahlungen gekürzt. Auch der EuGH hat insoweit klargestellt, dass die Abschaffung der Bonuszahlungen für Exportverkäufe ihrer Natur nach geeignet ist, den Wettbewerb zu beschränken.[555]

Zu beachten und in diesem Zusammenhang durch das Gericht erster Instanz auch schon für entscheidungsrelevant befunden, ist jedoch, dass die bloße indirekte Bewirkung einer Kundengruppen-/Gebietsbeschränkung per se nicht ausreichend ist, um einen Verstoß gegen Art. 4 lit. b der Vertikal-GVO annehmen zu können. Dieser müsse – getreu dem Wortlaut von Art. 4 Vertikal-GVO – vielmehr auch bezweckt worden sein. So könne es etwa aufgrund der Besonderheiten im Bereich des Pharmasektors sein, dass eine regionale Preisdifferenzierung wegen des überwiegenden Wettbewerbs durch Innovation eine Wettbewerbsbeschränkung – trotz ihres diesbezüglichen Charakters – nicht unbedingt bezwecke.[556]

Bei der in den Leitlinien ebenfalls genannten Verpflichtung des Händlers, für Verkäufe außerhalb des ihm zugewiesenen Verkaufsgebiets eine Entschädigung an den für den dortigen Bezirk an sich zuständigen Händler zahlen zu müssen, ist zu differenzieren: Sieht eine solche Vereinbarung tatsächlich vor, dass entgangener Gewinn vollständig oder auch nur teilweise abgeschöpft werden soll, ist nach der langjährigen Praxis der Kommission und der allgemeinen Meinung in der Literatur von einer bezweckten Gebietsbeschränkung i. S. v. Art. 4 lit. b der Vertikal-GVO bzw. Art. 4 lit. b tVertikal-GVO auszugehen. Beschränkt sich die Ausgleichsverpflichtung demgegenüber allein auf den Ersatz von tatsächlich entstandenen Aufwendungen, etwa für anteilige allgemeine Werbeaufwendungen, ist hierin noch keine Gebietsbeschränkung zu sehen.[557] Eine Pauschalierung dieses

553 Kommission, Entsch. v. 28.1.1998, ABl. EG 1998, L 124/60; in Bezug auf diese Tatvorwürfe allerdings mangels hinreichenden Nachweises aufgehoben durch Entscheidung des EuG v. 06.07.2000, WuW/E EU-R 330, Tz. 162 ff. („VW“).

554 Bestätigt durch Urteil des EuGH v. 06.04.2006, Rs. C-551/03 P, Slg. 2006, T-3137 („Opel Nederland“).

555 EuGH, Urt. v. 6.4.2006, Rs. C-551/03P, Slg. 2006, T-3137, Tz. 37, 39, 66–69, 74 („Opel Nederland“).

556 EuGH, Urt. v. 27.9.2006, WuW/E EU-R 1151 („GlaxoSmithKline“).

557 Kommission, Entsch. v. 27.6.1967, ABl. EG 1967, Nr. 163/10; Baron, in: Loewenheim/Meessen/Riesenkampff, Kartellrecht, Art. 4 Vert-GVO, Rn. 188; Schultze/Kübler, in: Schultze u.a., Der Vertragshändlervertrag, Rn. 451; ohne jede Differenzierung für die Annahme einer Kernbeschränkung: Demir-Gökyayla, Milletlerarası Özel Hukukta Tek Satıcılık Sözleşmeleri, S. 106.

Kostenersatzes wird allgemein für zulässig gehalten, wobei der EuGH Servicepauschalen zwischen 4 und 8 % für zulässig erachtet hat, soweit jedenfalls nicht hinreichend bewiesen sei, dass diese Beträge einen die Ausfuhr abschreckenden Zweck hätten.[558]

Auch Beschränkungen der Liefermenge auf die Nachfrage im zugewiesenen Gebiet waren bereits wiederholt Gegenstand von Entscheidungen der Kommission und der Gerichte.[559] Problematisch ist dabei – vor der Prüfung der Zulässigkeit einer solchen Regelung an Hand der GVO – häufig insbesondere der für die Annahme eines Verstoßes gegen Art. 101 Abs. 1 AEUV erforderliche Nachweis einer „Vereinbarung" bzw. eines „abgestimmten Verhaltensweise". Insoweit haben die Gerichte klargestellt, dass eine Lieferbeschränkung oder gar -verweigerung grundsätzlich eine lediglich einseitige Maßnahme des Unternehmers darstelle, solange er den Händler nicht zu einem bestimmten Verhalten zu bewegen versuche und keine Sanktionen vorgesehen seien. Auch den wiederholten Versuchen der Kommission, aus den tatsächlichen Gesamtumständen eine konkludente Vereinbarung/abgestimmte Verhaltensweise herzuleiten, wenn der Händler sich ihnen nur nicht widersetze, hat der EuGH eine deutliche Absage erteilt und ausdrücklich klargestellt, dass die Kommission für Maßnahmen nach Art. 101 AEUV positiv das Vorliegen einer Vereinbarung nachweisen müsse.[560]

Für den in den europäischen Leitlinien ebenfalls als Beispiel für eine mögliche mittelbare Lieferbeschränkung genannten Fall der „Androhung der Vertragskündigung"[561] wird in der Literatur zutreffend darauf hingewiesen, dass es hier in aller Regel erst recht an einer die Verkaufsbeschränkung bezweckenden Vereinbarung fehlen wird.[562] Lediglich dann, wenn sich die Vertragsparteien in Folge einer solchen Drohung auf eine bislang nicht geregelte Beschränkung des Verkaufsgebiets oder der Kundengruppe des Händlers einigen, kommt daher ein Verstoß gegen Art. 101 Abs. 1 AEUV bzw. Art. 4 Abs. 1 tGSW und damit auch gegen Art. 4 lit. b Vertikal-GVO bzw. Art. 4 lit. b der tVertikal-GVO überhaupt erst in Betracht.

---

558 EuGH, Urt. v. 21.9.2006, Rs. C 167/04 P, Slg. 2006, I-8935 („JCB").

559 Kommission, Entsch. v. 23.10.1978, ABl. EG 1978, L 322/36, 38 („Zanussi"); EuGH, Urt. v. 10.12.1985, Slg. 1985, 3942 f. („Swatch"), Kommission, Entsch. v. 22.6.1993, ABl. EG 1993, L 272/28 („Zera/Montedisos-Hinkens/Stähler"), Kommission, Entsch. v. 10.1.1996, ABl. EG 1996, L 201/1 („Bayer/Adalat"); EuGH, Urt. v. 26.10.2000, WuW/E EU-R 367; EuGH, Urt. v. 6.1.2004, WuW/E EU-R 769 („Bayer/Kommission").

560 Vgl. bereits oben, Fn. 484.

561 Leitlinien, Tz. 50.

562 Schultze/Kübler, in: Schultze u.a., Der Vertragshändlervertrag, Rn. 456.

Auch bei dem letzten, in den europäischen Leitlinien genannten Beispielsfall der Beschränkung unionsweiter Garantieleistungen durch den Anbieter stellt sich erneut die Frage nach dem Vorliegen einer für die Annahme eines Verstoßes gegen Art. 101 Abs. 1 AEUV erforderlichen Vereinbarung. Auch in diesem Zusammenhang hat die Kommission versucht sich einer Hilfskonstruktion zu bedienen, indem sie die Herstellergarantie als Bestandteil des Händlervertrages ansah. Indes hat der EuGH auch hier wiederum klar Stellung bezogen und festgestellt, dass selbst die Ausführung der zuvor angedrohten Kündigung lediglich unter dem Gesichtspunkt des Missbrauchs einer marktbeherrschenden Stellung oder als unbillige Behinderung bzw. Diskriminierung durch ein marktstarkes Unternehmen einen Kartellrechtsverstoß begründen kann.[563]

Diese indirekt wirkenden Praktiken seien zudem – so die Leitlinien weiter – noch umso eher als Beschränkung des Verkaufs durch den Abnehmer einzustufen, wenn der Lieferant zugleich noch ein Überwachungssystem – z.B. durch Verwendung unterschiedlicher Etikette oder von Seriennummer – installiere, mit dem der tatsächliche Bestimmungsort der gelieferten Waren überprüft werden solle.[564] Die Richtigkeit dieser Überlegung ergibt sich bereits daraus, dass ein vernünftig denkender Unternehmer nur dann bereit ist, die Kosten für ein solches Überwachungssystem auf sich zu nehmen, wenn er dessen Erkenntnisse auch nutzen kann und will.[565]

Eine ausdrückliche Ausnahme vom Verbot der Kundengruppen- und Gebietsbeschränkungen sieht der europäische Verordnungsgeber in der Neufassung der Vertikal-GVO durch die Verordnung Nr. 330/2010 nunmehr auch in Art. 4 lit. b für Vorgaben bezüglich des Ortes der Niederlassung des Händlers vor. Demnach kann im europäischen Recht nun nicht mehr – wie dies unter der Vorgänger-Vertikal-GVO noch der Fall war – nur Mitgliedern eines selektiven Vertriebssystems untersagt werden, Geschäfte von nicht zugelassenen Niederlassungen aus zu betreiben (vgl. Art. 4 lit. c Vertikal-GVO).[566] Der Begriff der „Niederlassung" ist dabei wie im Rahmen von Art. 4 lit. c Hs. 2 Vertikal-GVO bzw. Art. 4 lit. c tVertikal-GVO untechnisch zu verstehen. Gemeint ist der Standort eines Geschäftslokals.[567] Die Vertragsparteien können

563 EuGH, Urt. v. 6.1.2004, Rs. C-2/01 und C-3/01 („Adalat"); EuGH, Urt. v. 13.7.2006, Rs. C-74/04 P. Slg. 2006 I-6585 („Volkswagen II"); vgl. auch, Fn. 484.

564 Leitlinien Tz. 50; tLeitlinien Tz. 19.

565 Schultze/Kübler, in: Schultze u.a., Der Vertragshändlervertrag, Rn. 449.

566 Vgl. dazu noch § 3 F. II. 3. d.

567 Leitlinien Tz. 57; tLeitlinien Tz. 30.

also ohne Auswirkungen auf den Rechtsvorteil der Freistellung vereinbaren, dass die Vertriebsstätte(n) und Lager des Händlers auf einen bestimmten Ort oder ein bestimmtes Gebiet beschränkt sind.[568] Dies ermöglicht es dem Unternehmer nunmehr auch außerhalb selektiver Vertriebssysteme in gewisser Weise in den Verkaufsradius seiner Händler dirigierend einzugreifen, indem er die Geschäftslokale seiner Händler in ausreichendem Abstand zueinander positioniert und es den zugelassenen Händlern untersagt, einen neuen Standort in der Nähe eines anderen Händlers zu eröffnen.

Für das türkische Recht, welches eine solche Ausnahme in Art. 4 lit. b tVertikal-GVO in Anlehnung an den Wortlaut der alten europäischen Vertikal-GVO nicht vorsieht, gebietet es hingegen die Spezialregelung des Art. 4 lit. c tVertikal-GVO im Wege eines Umkehrschlusses festzustellen, dass derartige Standortklauseln außerhalb selektiver Vertriebssysteme eine verbotene Kundenkreisbeschränkung i. S. d. Art. 4 lit. b tVertikal-GVO darstellen.

Frei sind die Vertragsparteien ferner darin, Vereinbarungen zu treffen, durch die der Händler lediglich hinsichtlich der Art und Weise des Weiterverkaufs der Vertragsprodukte beschränkt wird. So können ihm ebenso Vorgaben zum Nutzungsbereich des Produkts auf bestimmte Anwendungen (z.B. Softwarelizenzverträge) gemacht werden (fields of use),[569] wie er verpflichtet werden kann, beim Weiterverkauf den Markennamen des Lieferanten anzuzeigen.[570]

Darüber hinaus kann eine an alle Vertriebshändler gleichermaßen gerichtete Verkaufsbeschränkung im Hinblick auf die Produktbeschaffenheit in Ausnahmefällen sachlich begründet erscheinen. Dies ist etwa der Fall, wenn es aus Sicherheits- oder Gesundheitsgründen öffentlich untersagt ist, gefährliche Stoffe an bestimmte Kunden zu veräußern.[571] Insbesondere wenn es um die Einhaltung gesetzlicher Vorschriften, z. B. des Verbots der Lieferung von Zigaretten und Alkohol an Jugendliche oder Kinder, geht, liegt eine spürbare Wettbewerbsbeschränkung nicht vor, so dass bereits der Anwendungsbereich von Art. 101 Abs. 1 AEUV, Art. 4 Abs. 1 tGSW nicht eröffnet ist, und sich die Frage des Vorliegens einer Kernbeschränkung i. S. d. Art. 4 lit. b Vertikal-GVO bzw. Art 4 lit. b tVertikal-GVO folglich wiederum erst gar nicht stellt.

---

568 Leitlinien Tz. 50.

569 Schultze/Kübler, in: Schultze u.a., Der Vertragshändlervertrag, Rn. 497.

570 Leitlinien Tz. 50.

571 Leitlinien Tz. 60; tLeitlinien Tz. 19.

b. Die Gegenausnahmen vom Verbot der Gebiets- und Kundengruppenbeschränkung

Art. 4 lit. b Ziff. i)-iv) Vertikal-GVO und Art. 4 lit. b Nr. 1–4 tVertikal-GVO sehen wiederum vier praktisch wichtige Gegenausnahmen vom grundsätzlichen Verbot der Gebiets- und Kundengruppenbeschränkungen zu Lasten des Käufers/Händlers vor.

aa. Vorbehalt und Exklusivität im Rahmen des aktiven Verkaufs

Nach Art. 4 lit. b Ziff. i) Vertikal-GVO bzw. Art. 4 lit. b Nr. 1 tVertikal-GVO sind „Beschränkungen des *aktiven* Verkaufs in Gebiete oder an Kundengruppen, die der Lieferant sich selbst vorbehalten oder ausschließlich einem anderen Abnehmer zugewiesen hat, zulässig, sofern dadurch Verkäufe durch die Kunden des Abnehmers nicht begrenzt werden" (Vorbehalt, Exklusivität).

i. Unterscheidung von aktivem und passivem Verkauf

Da die Freistellung ausdrücklich lediglich für „aktive" Weiterverkäufe des Händlers in Betracht kommt und passive Verkäufe im Umkehrschluss Kernbeschränkungen bleiben, fällt der diesbezüglichen Abgrenzung eine wichtige Rolle zu. Diese im Grundsatz einfach klingende Unterscheidung kann im Einzelfall nicht unerhebliche Schwierigkeiten bereiten. In den jeweiligen Leitlinien finden sich daher auch bereits recht umfangreiche Definitionen dessen, was die Europäische Kommission und die türkische Wettbewerbsbehörde unter aktiven und passiven Verkäufen verstehen.

Demgemäß bedeute „aktiver Verkauf" die aktive Ansprache einzelner Kunden, z. B. mittels Direktwerbung einschließlich Massen-E-Mails oder persönlichen Besuchs, oder die aktive Ansprache einer bestimmten Kundengruppe oder von Kunden in einem bestimmten Gebiet mittels Werbung in den Medien, über das Internet oder mittels anderer verkaufsfördernder Maßnahmen, die sich gezielt an den Kunden in dem betreffenden Gebiet richten.[572] Werbe- oder andere verkaufsfördernde Maßnahmen, die für den Unternehmer nur interessant seien, wenn sie (auch) eine bestimmte Kundengruppe oder Kunden in einem bestimmten Gebiet erreichen, seien als aktive Verkaufsmaßnahme an diese Kundengruppe oder an die Kunden in diesem bestimmten Gebiet anzusehen.

Demgegenüber verstehen die Richtlinien unter „passiven" Verkäufen, die Erledigung unaufgeforderter Bestellungen einzelner Kunden. Die Auslieferung

572 Leitlinien Tz. 51; tLeitlinien Tz. 22.

von Waren an bzw. das Erbringen von Dienstleistungen für Kunden, bei denen der Händler allein auf Anfragen von Kunden außerhalb seines Gebiets reagiere, können folglich nicht wirksam durch vertikale Vereinbarungen ausgeschlossen werden.[573] Gleiches gelte für Werbe- oder Verkaufsfördermaßnahmen, welche zwar Kunden in Gebieten, die anderen Händlern (ausschließlich) zugewiesen seien, erreichten, die allerdings zugleich eine vernünftige Alternative zur Ansprache außerhalb dieser Gebiete oder Kundengruppen, z. B. im eigenen Gebiet, darstellten. Allgemeine Werbe- oder Verkaufsfördermaßnahmen würden als vernünftige Alternative zur Ansprache dieser Kunden angesehen, wenn es für den Abnehmer auch dann attraktiv wäre, die entsprechenden Investitionen zu tätigen, wenn Kunden in den Gebieten oder Kundengruppen, die anderen Händlern (ausschließlich) zugewiesen seien, nicht erreicht würden.[574]

Zu Recht hat der türkische Wettbewerbsausschuss wiederholt entschieden, dass Vereinbarungen, welche Verkäufe des Händlers außerhalb des ihm zugewiesenen Vertragsgebiets „allgemein" verbieten, eine Kernbeschränkung darstellen. Dies folgt bereits aus dem Umstand, dass derartige generelle Vereinbarungen nicht zwischen aktiven und passiven Verkäufen unterscheiden und folglich eben auch letztere mitumfassen.[575]

Gleiches gilt für bis heute nicht selten auch in deutschen Vertragshändlerverträgen zu findende Klauseln, gemäß derer die Parteien ein „Vertragsgebiet" bestimmen, in dem der Vertragshändler exklusiv als Wiederverkäufer tätig werden darf, während ihm die Belieferung von Kunden in anderen Gebieten (generell) untersagt ist. Derartige Vertragsklauseln dürften ihre Ursache noch in der bis zum Jahre 2000 geltenden Rechtslage haben, wonach zwingende Voraussetzung für die Beschränkung des aktiven Vertriebs die Zuweisung eines Vertragsgebiets an den Händler war.[576] Hierzu ist indes zunächst bereits zu bemerken, dass auch schon nach der damaligen Rechtslage lediglich eine Beschränkung des „aktiven" Vertriebs zulässig war. Nach der heutigen Rechtslage gibt es darüber hinaus aber auch keinen Grund mehr, im Rahmen der Vertragsgestaltung überhaupt an den missverständlichen Begriff des „Vertrags"-gebiets anzuknüpfen. Wird dieser zudem aber

573 tLeitlinien Tz. 21; Emde, Vertriebsrecht, Vor § 84, Rn. 136; Westphal, Vertragshändler, Rn. 346; Gürzumar, in: FS für Fehiman Tekil, 209, 254.

574 Leitlinien Tz. 51.

575 RKK, 29.05.2001, Akte Nr. D3/1/A.Ç.-01/3, Entscheidungsnummer 01-25/244-66; RKK, 09.07.2003, Akte Nr. 2002-3-1, Entscheidungsnummer 03-49/556-241 (Die Entscheidungen sind unter www.rekabet.gov.tr abrufbar).

576 AlleinbezugsGVO Nr. 67/67 und 1984/83.

auch noch unterschiedslos für die Beschränkung des aktiven und passiven Weiterverkaufsrechts des Händlers genutzt, stellt die betreffende Vereinbarung eine unzulässige Kernbeschränkung dar und die Parteien setzen sich der Gefahr einer Bußgeldverhängung aus.[577]

Eine aufgrund der technischen Entwicklung erhebliche Bedeutung kommt der Unterscheidung zwischen aktiven und passiven Verkäufen im Rahmen des Internetvertriebs zu, zumal die Grenzen hier weitgehend fließend sind und etwa im Bereich von Werbemaßnahmen eine starre Abgrenzung kaum möglich erscheint. Im Rahmen der Neufassung der Leitlinien zur neuen Vertikal-GVO (Nr. 330/2010) hat sich die Europäische Kommission diesbezüglich bemüht, ihre Position in Bezug auf einzelne, aus der Praxis bekannte Grenzfälle darzulegen und dem Anwender entsprechende neue Auslegungshilfen bereitzustellen.[578] Einzelheiten zu diesem Problembereich sollen an späterer Stelle geschlossen in einem gesonderten Abschnitt zum Internetvertrieb dargestellt werden.[579]

ii. Vorbehalt bzw. Exklusivität im zugewiesenen Vertragsgebiet

Mit Inkrafttreten der ersten europäischen und türkischen Gruppenfreistellungsverordnungen für vertikale Vereinbarungen in den Jahren 1999 bzw. 2002 sind die Regelungen der damaligen Gruppenfreistellungsverordnungen für Alleinvertriebsverträge neu gefasst worden. Wie bereits angesprochen,[580] war es dem Unternehmer unter der Geltung von Art. 2 Abs. 2 lit. c europäischen Alleinvertriebs-GVO und Art. 3 lit. b Nr. 3 der türkischen Alleinvertriebs-GVO seinerzeit möglich, seinen Alleinvertriebshändlern zu untersagen, außerhalb ihres „Vertragsgebietes“ aktiv tätig zu werden. Eine solche örtliche Beschränkung des vertraglichen Geltungsbereichs würde nach den heute geltenden GVOen indes grundsätzlich eine unwirksame Kernbeschränkung nach Art. 4 lit. b Vertikal-GVO bzw. Art. 4 lit. b tVertikal-GVO darstellen. Gleiches gilt für die Vereinbarung allgemeiner Exportverbote, welche die stärkste Form einer Gebietsbeschränkung darstellen.

Nach dem Wortlaut der heute geltenden Bestimmungen der Art. 4 lit. b Ziff. i) Vertikal-GVO bzw. Art. 4 lit. b Nr. 1 tVertikal-GVO kann der Unternehmer dem Vertragshändler untersagen, aktive Verkäufe in ein sich selbst oder einem anderen Händler exklusiv zugeordnetes Gebiet zu tätigen, wobei es auf ein eigenes

577 Schultze/Kübler, in: Schultze u.a., Der Vertragshändlervertrag, Rn. 439, 445.
578 Leitlinien, Tz. 52 ff.
579 Vgl. unten, § 3 F. II. 4.
580 Fn. 576.

Exklusivrecht des so gebundenen Vertragshändlers nicht ankommt.[581] Ein solches exklusiv zugewiesenes Gebiet ist dann aber kein „Vertrags"-gebiet und sollte in Anlehnung an den Wortlaut der heutigen GVOen und zur Vorbeugung von Missverständnissen vorzugsweise auch eher als „Exklusivgebiet" oder „Marktverantwortungsgebiet" bezeichnet werden.[582]

bb. Sprunglieferungsverbot auf der Großhandelsstufe

Art. 4 lit. b Ziff. ii) Vertikal-GVO bzw. Art. 4 lit. b Nr. 2 tVertikal-GVO machen eine Ausnahme vom Verbot der Kundenkreisbeschränkungen für sog. Sprunglieferungsverbote auf der Großhandelsstufe. Durch die Vereinbarung von Sprunglieferungsverboten wird allgemein bezweckt, eine Umgehung der nachfolgenden Handelsstufe zu verhindern. Grundsätzlich stellen solche Verkaufsbeschränkungen des Händlers eine Kernbeschränkung i. S. v. Art. 4 lit. b Vertikal-GVO bzw. Art. 4 lit. b tVertikal-GVO dar. Freigestellt bleibt gem. Art. 4 lit. b Ziff. ii) Vertikal-GVO bzw. Art. 4 lit. b. Nr. 2 tVertikal-GVO allerdings die Untersagung von Verkäufen des als Großhändler tätigen Händlers an Endverbraucher. Diese Ausnahmeregelung geht zurück auf bereits in den 70er Jahren getroffene Entscheidungen der europäischen Kommission[583] und des EuGH.[584] Diese hatten das dem Großhändler auferlegte Verbot von Verkäufen an Endverbraucher schon nicht als Verstoß gegen Art. 101 Abs. 1 AEUV (damals Art. 85 Abs. 1 EGV) angesehen. Begründet wurde dies dahingehend, dass Großhändler aufgrund dessen, dass sie auf ihrer Handelsstufe in aller Regel geringere Belastungen zu tragen hätten und besondere Einkaufsvorteile genössen, was ihnen beim Verkauf an Endverbraucher gegenüber dem Einzelhändler einen ungerechtfertigten Wettbewerbsvorteil verschaffe.

Da der Wortlaut der GVOen insoweit nicht unterscheidet, ist diese Beschränkung gleichermaßen sowohl für die aktiven als auch die passiven Verkäufe des Großhändlers an Endverbraucher zulässig.

Hervorzuheben ist jedoch noch einmal die Tatsache, dass diese Beschränkung allein für die Handelsstufe Großhändler/Endverbraucher gilt, während Sprunglieferungsverbote auf anderen Vertriebsstufen, etwa eine dem Generalimporteuer

581 Gürzumar, in: FS für Fehiman Tekil, 209, 254, Schultze/Pautke/Wagener, Vertikal-GVO, Rn. 631; Demir-Gökyayla, Milletlerarası Özel Hukukta Tek Satıcılık Sözleşmeleri, S. 108.

582 Schultze/Kübler, in: Schultze u.a., Der Vertragshändlervertrag, Rn. 445.

583 Kommission, Entsch. v. 15.12.1975, ABl. EG 1976, L 28/19.

584 EuGH Urt. v. 25.10.1977, Slg. 1977, 1875, 1908 („Metro/SABA I").

auferlegte Beschränkungen des Verkaufs an Endverbraucher unzulässige Kernbeschränkungen darstellen.[585]

Der Begriff des „Endverbrauchers“ ist dabei weit zu verstehen und beschränkt sich nicht lediglich auf Privatverbraucher, sondern erfasst gleichermaßen auch so genannte „institutionelle“ Endverbraucher, wie z.B. Schulen, Krankenhäuser, Behörden und alle sonstigen Unternehmen, welche die Produkte verbrauchen und nicht weiterverarbeiten oder weiterverkaufen.

cc. Verkaufsbeschränkungen gegenüber Nichtmitgliedern selektiver Vertriebssysteme

Art. 4 lit. b Ziff. iii) Vertikal-GVO bzw. Art. 4 lit. b Nr. 3 tVertikal-GVO gestatten es dem Unternehmer, die Belieferung seiner Händler von der Erfüllung bestimmter Qualitäts- oder Quantitätskriterien abhängig zu machen und allen nicht zugelassenen Händlern auf allen Handelsstufen, die Belieferung mit Vertragsprodukten vorzuenthalten (sog. Selektivvertrieb).[586]

dd. Verkaufsbeschränkungen bzgl. Weiterverwendungsteilen

Nach Art. 4 lit. b Ziff. iii) Vertikal-GVO bzw. Art. 4 lit. b Nr. 3 tVertikal-GVO stellt es keine kundengruppenmäßige Kernbeschränkung dar, wenn die Möglichkeit des Abnehmers beschränkt wird, Teile die zur Weiterverwendung geliefert werden, an Kunden zu verkaufen, die diese Teile für die Herstellung derselben Art von Waren verwenden würden, wie sie der Anbieter herstellt.

c. Keine Freistellung für Quer- und Rücklieferungsverbote

Durch die Vereinbarung eines Querlieferungsverbots wird dem Vertragshändler verboten, an Abnehmer auf der gleichen Handelsstufe zu liefern. Die Händler sollen also auf einen Vertrieb an Abnehmer der nächsten Handelsstufe beschränkt werden, wodurch insbesondere anderen Händlern in Bezug auf ihren Wareneinkauf zugleich die Möglichkeit genommen werden soll, etwaige regionale Preisunterschiede dahingehend auszunutzen, sich die Waren anderweitig günstiger zu verschaffen, als ihnen gegenüber vom Unternehmer angeboten. Querlieferungsverbote stellen unstreitig eine unzulässige Kundenkreisbeschränkung i. S. v. Art.

585 Nolte, in: Langen/Bunte, Kommentar zum deutschen und europäischen Kartellrecht, Bd. 2, Art. 81, Rn. 572; Demir-Gökyayla, Milletlerarası Özel Hukukta Tek Satıcılık Sözleşmeleri, S. 114.

586 Zu dieser gerade im Vertragshändlerrecht enorm praxisrelevanten Vertriebsstruktur, sogleich § 3 F. II. 3.

4 lit. b Vertikal-GVO bzw. Art. 4 lit. b tVertikal-GVO dar und sind daher nicht freigestellt.[587]

Allerdings kann der Unternehmer wirtschaftlich das gleiche Ergebnis erzielen, indem er sich ein Vertriebssystem schafft, in dem alle seine Händler durch Alleinbezugsbindungen verpflichtet sind, die betreffenden Vertragswaren allein von ihm zu beziehen. Hierdurch wird der Händler in seinen Weiterverkaufsmöglichkeiten vertraglich nicht beschränkt, so dass die Freistellung nach Art. 2 Abs. 1 Vertikal-GVO bzw. Art. 2 Abs. 1 tVertikal-GVO erhalten bleibt.

Rücklieferungsverbote untersagen es dem Vertragshändler, die Vertragsprodukte an eine höhere Handelsstufe auszuliefern. Wirtschaftlicher Zweck derartiger Klauseln ist ebenfalls wiederum die Verhinderung, Preisdifferenzen in verschiedenen Vertragsgebieten mittels Rücklieferungen zu unterlaufen. Auch derartige Klausen stellen eindeutige Kundenkreisbeschränkungen dar, dienen der Abschottung der Märkte und stellen daher unzulässige Kernbeschränkung i. S. v. Art. 4 lit. b Vertikal-GVO bzw. Art. 4 lit. b tVertikal-GVO dar.[588]

3. Selektive Vertriebssysteme und ihre wettbewerbsrechtliche Behandlung

Besondere Freistellungsregelungen enthalten die Gruppenfreistellungsverordnungen für sog. selektive Vertriebssysteme, die dadurch gekennzeichnet sind, dass sich Unternehmer und Händler wechselseitig verpflichten, bestimmte, vorher festgelegte Qualitäts- und/oder Quantitätskriterien zu erfüllen. Derartige Vertriebssysteme finden sich insbesondere in Bereichen, in denen es um den Absatz hochwertiger Markenwaren und Luxusgüter oder die Erbringung hochwertiger Dienstleistungen geht, bei denen vorverkäufliche Werbemaßnahmen, Anforderungen an die Verkaufsräume oder die fachliche Eignung des Verkaufspersonal eine besondere Rolle spielen.[589] Der Unternehmer hat es hier in der Hand, den Vertrieb der Vertragsprodukte bzw. -dienstleistungen durch die Vorgabe von aus seiner Sicht erforderlicher Maßnahmen in Bezug auf Kundendienst, Verkaufsräume,

---

587 Nolte, BB 1998, 2429, 2435; Demir-Gökyayla, Milletlerarası Özel Hukukta Tek Satıcılık Sözleşmeleri, S. 113.

588 Kommission, Entsch. v. 5.10.1973, ABl. EG 1973, L 293/40 („Deutsche Philips GmbH"); Entscheidung v. 15.12.1975, ABl. EG 1976, L 28/19 („Metro/Saba"); RKK, 15.02.2007, Akte Nr. 2007-3-6, Entscheidungsnummer 07-14/128-44 (abrufbar unter www.rekabet.gov.tr); Schultze/Kübler, in: Schultze u.a., Der Vertragshändlervertrag, Rn. 501.

589 tLeitlinien Tz. 27.

Schulung des Personals, etc. zu steigern (qualitative Selektion). Daneben kann der Unternehmer die Händler seines Vertriebssystems zudem auch durch zahlenmäßige Vorgaben, etwa in Bezug auf Mindest- oder Höchstumsätze oder durch die Begrenzung der Händlerzahl einschränken (quantitative Selektion).

Selektive Vertriebssysteme existierten in der Praxis jedenfalls seit den frühen 1970er Jahren. Eine gesetzliche Definition derartiger Vertriebssysteme wurde allerdings erstmals in der Vertikal-GVO im Jahre 2000 niedergelegt. Kommission und EuGH[590] haben jedoch bereits in den 1970er Jahren begonnen, eine Vielzahl von Prinzipien zum qualitativen Selektivvertrieb herauszustellen, welche in der Folgezeit in einer Reihe von Entscheidungen[591] weiterentwickelt wurden und sodann auch die Grundlage für die heutige gesetzliche Ausgestaltung in den europäischen und türkischen vertikalen Gruppenfreistellungsverordnungen sowie den Kfz-Gruppenfreistellungs-verordnungen bildeten.

Art. 3 Abs. 1 lit. g tVertikal-GVO definiert selektive Vertriebssysteme noch in an Anlehnung an den Wortlaut der Vorgängerregelung der europäischen Vertikal-GVO als „Vertriebssysteme, in denen sich der Lieferant verpflichtet, die Vertragswaren oder -dienstleistungen unmittelbar oder mittelbar nur an Händler zu verkaufen, die aufgrund festgelegter Merkmale ausgewählt werden, und in denen sich diese Händler verpflichten, die betreffenden Waren oder Dienstleistungen nicht an Händler zu verkaufen, die nicht zum Vertrieb zugelassen sind".

Art. 1 Abs. 1 lit. e Vertikal-GVO definiert selektive Vertriebssysteme seit dem 01.06.2010 nunmehr als „Vertriebssysteme, in denen sich der Anbieter verpflichtet, die Vertragswaren oder -dienstleistungen unmittelbar oder mittelbar nur an Händler zu verkaufen, die anhand festgelegter Merkmale ausgewählt werden, und in denen sich diese Händler verpflichten, die betreffenden Waren oder Dienstleistungen nicht an Händler zu verkaufen, die *innerhalb des vom Anbieter für den Betrieb dieses Systems festgelegten Gebiet* nicht zum Vertrieb zugelassen sind".

Diese Legaldefinitionen selektiver Vertriebssysteme korrespondieren mit den Regelungen der Art. 4 lit. b Ziff. iii Vertikal-GVO bzw. Art. 4 lit. b Nr. 3 tVertikal-GVO, durch die das Verbot des Verkaufs an nicht zugelassene Händler des selektiven Vertriebssystems trotz der hiermit verbundenen Einschränkung des Kundenkreises von der Sanktion der Art. 4 Vertikal-GVO bzw. Art. 4 tVertikal-GVO freigestellt wird. Auch die Freistellungsregelung bezieht sich nach der

590 Grundlegend: EuGH Urt. v. 25.10.1977, Slg. 1977, 1875, 1908 („Metro/SABA I").

591 Kommission, Entsch. v. 16.12.1985, ABl. EG 1985 L 376/15 („Villory & Boch"); Entsch. v. 16.12.1991, ABl. EG 1992 L 12/24 („Yves Saint Laurent"); Entsch. v. 24.07.1992, ABl. EG 1992 L 236/2 („Givenchy").

Neufassung der Vertikal-GVO jedoch nur auf Verkaufsbeschränkungen gegenüber nicht zum selektiven Vertriebssystem zugelassene Händler, die *innerhalb des vom Anbieter für den Betrieb des selektiven Vertriebssystems festgelegten Gebiets* ansässig sind.

Die Neuformulierungen in der europäischen Vertikal-GVO bewirken im Umkehrschluss, dass derartige Verkaufsbeschränkungen in Gebieten, die nicht für den Betrieb eines selektiven Vertriebssystems vorgesehen sind, gem. Art. 4 lit. b Vertikal-GVO als Kernbeschränkungen zu erachten sind. Mitgliedern eines vertikalen Vertriebssystems ist es innerhalb der EU daher unbenommen, in einem neutralen Gebiet ansässige Nichtmitglieder des Systems zu beliefern. Diese Nichtmitglieder selbst wiederum unterliegen ohnehin keinerlei Beschränkungen und können beispielsweise auch andere Nichtmitglieder, selbst wenn diese in einem für den Selektivvertrieb festgelegten Gebiet ansässig sind, beliefern. Dieser Unterhöhlung seines selektiven Vertriebssystems kann der Unternehmer nur entgegenwirken, indem er ein möglichst großes Gebiet, ggf. das gesamte Gebiet der Europäischen Union als – jedenfalls potenzielles – selektives Vertriebsgebiet festlegt. Ob er hierzu allerdings in jedem Fall berechtigt ist, erscheint eher zweifelhaft. So wird in der Literatur gefordert, dass der Anbieter seine Absichtserklärung, seine Produkte künftig in einem bestimmten Gebiet selektiv vertreiben zu wollen – will er hieraus die Rechtfertigung für wettbewerbsbeschränkende Maßnahmen herleiten – innerhalb einer überschaubaren Zeit auch in ein konkretes Handeln umsetzen müsse.[592]

Hinsichtlich der Frage, inwieweit selektive Vertriebssysteme überhaupt einer Freistellung nach der Art. 4 lit. b Ziff. iii) Vertikal-GVO bzw. Art. 4 lit. b Nr. 3 tVertikal-GVO bedürfen, ist zunächst eine Unterscheidung zwischen sog. geschlossenen und offenen selektiven Vertriebssystemen zu machen.

a. Geschlossene selektive Vertriebssysteme

Geschlossene selektive Vertriebssysteme sind dadurch gekennzeichnet, dass der Unternehmer und die zugelassenen Händler sich dazu verpflichten, ausschließlich an zugelassene Händler und nicht an sonstige Wiederverkäufer zu verkaufen. Nach der üblichen Terminologie kann dabei weiter unterschieden werden zwischen Systemen mit vorrangig qualitativen Selektionskriterien (sog. Fachhandelsbindung) sowie solchen mit einer rein quantitativen Selektion.[593]

---

592 Funke/Just, KSzW 2010, 151, 157.

593 Nolte, in: Langen/Bunte; Kommentar zum deutschen und europäischen Kartellrecht, Bd. 2, Art. 81, Rn. 583.

aa. Qualitative selektive Vertriebssysteme (Fachhandelsbindung)

Bei der Fachhandelsbindung verpflichtet der Unternehmer entweder die zugelassenen Vertragshändler, die Vertragsprodukte – abgesehen von Verkäufen an beliebige Endkunden – nur an solche Wiederverkäufer zu verkaufen, welche die vom Unternehmer vorgeschriebenen qualitativen Verkaufskriterien erfüllen, oder er verpflichtet die zugelassenen Großhändler, die Vertragsprodukte nur an in bestimmter Weise qualifizierte Fachgeschäfte unter Ausschluss anderer Formen des Einzelhandels auszuliefern.[594] Kennzeichnend für eine klassische Fachhandelsbindung ist es, dass die Auswahlkriterien der beteiligten Händler sich nach rein qualitativen Kriterien richten, welche sich an der Beschaffenheit der zu vermarktenden Produkte orientieren. Die Leitlinien nennen insoweit exemplarisch Vorgaben hinsichtlich der Schulung des Verkaufspersonals, der Vorhaltung eines bestimmten Warenspektrums oder des vor Ort angebotenen Services.[595]

Obwohl die Beschränkung des Vertriebs auf bestimmte Abnehmergruppen geeignet ist, den Wettbewerb zwischen den Händlern (intra-brand Wettbewerb) einzuschränken und der Kollusion unter Anbietern und Abnehmern Vorschub zu leisten, haben der EuGH und das EuG in ihrer Entscheidungspraxis drei Voraussetzungen herausgearbeitet, bei deren kumulativen Vorliegen qualitative Selektivvertriebssysteme schon keine Wettbewerbsbeschränkung i. S. v. Art. 101 Abs. 1 AEUV beinhalten, so dass die in Art. 4 Vertikal-GVO enthaltenen Beschränkungen für die gruppenweise Freistellung insoweit nicht zur Anwendung kommen.[596] Diese Kriterien finden sich gleichermaßen auch in den europäischen und den türkischen Leitlinien zu den vertikalen GVOen.[597]

Erste Voraussetzung ist insoweit, dass die Beschaffenheit der Ware bzw. Dienstleistung eine selektive Vertriebsform bedingt, d. h. die Wahrung der Qualität und die Gewährleistung des richtigen Gebrauchs der betreffenden Produkte ein solches Vertriebssystem erfordern. Typische Beispiele für Produkte die in selektiven Vertriebssystemen vertrieben werden, sind hochwertige

594 Kirchhoff, in: Wiedemann, Kartellrecht, § 10 Rn. 40; Schultze/Kübler, in: Schultze u.a., Der Vertragshändlervertrag, Rn. 535.

595 Leitlinien Tz. 175; tLeitlinien Tz. 165.

596 EuGH, Urt. vom 11. Dezember 1980 in der Rs. 31/80, („L'Oréal/PVBA"), Tz. 15 und 16; vom 25. Oktober 1977 in der Rs. 26/76, („Metro I"), Tz. 20 und 21; vom 25. Oktober 1983 in der Rs. 107/82 („AEG/Kommission"), Tz. 35 und EuG, Urt. vom 27. Februar 1992 in der Rs. T-19/91, („Vichy/Kommission"), Tz. 65.

597 Leitlinien Tz. 175; tLeitlinien Tz. 165.

Markenendprodukte aus den Branchen der Geräte- und Unterhaltungselektronik, Computer, Foto- und Filmerzeugnisse, hochwertige Schmuckerzeugnisse oder Kraftfahrzeuge.[598]

Zweitens muss die Selektion auf objektiven Kriterien beruhen, die einheitlich festzulegen, allen potenziellen Wiederverkäufern zur Verfügung zu stellen und diskriminierungsfrei angewendet werden müssen. Zu denken ist dabei insbesondere an die in den Leitlinien bereits genannten Kriterien der Einstellung fachlich geeigneter Händler bzw. geschulten Verkaufspersonals, der Erbringung bestimmter Service- und Kundendienstleistungen oder der angemessenen Ausstattung der Verkaufsräume.[599] Weitere Kriterien können etwa Vorgaben zur Vorhaltung einer angemessenen Sortimentsbreite und zur Einhaltung der üblichen Ladenöffnungszeiten bilden.[600]

Schließlich dürfen die aufgestellten Selektionskriterien nicht über das hinausgehen, was für die angestrebte Qualitätssicherung oder die Gewährleistung des richtigen Gebrauchs auch erforderlich ist.[601]

Allein wenn eine dieser Voraussetzungen nicht erfüllt ist, sind auch diese auf rein qualitativen Selektivkriterien aufgebauten Vertriebssysteme an den GVOen zu messen.

Auch im Geltungsbereich der GVOen kommt es jedoch – trotz des festgestellten wettbewerbsbeschränkenden Charakters eines selektiven Vertriebssystems – im Grundsatz zu einer Freistellung nach Art. 4 lit. b Ziff. iii) Vertikal-GVO bzw. Art. 4 lit. b Nr. 3 tVertikal-GVO. Erfordert allerdings die Beschaffenheit der Ware keinen selektiven Vertrieb oder nicht die Anwendung der gewählten Auswahlkriterien, so weist ein solches Vertriebssystem gemäß den Leitlinien zur Vertikal-GVO in der Regel keine effizienzsteigernde Wirkung auf, die ausreichen würde, um einen erheblichen Verlust an markeninternem Wettbewerb aufzuwiegen. Treten insoweit wettbewerbswidrige Auswirkungen i. S. v. Art. 101 Abs. 1 AEUV bzw. Art. 4 Abs. 1 tGSW auf, so wird der Rechtsvorteil der Gruppenfreistellung durch die Wettbewerbsbehörden wahrscheinlich wieder entzogen.[602]

598 Schultze/Kübler, in: Schultze u.a., Der Vertragshändlervertrag, Rn. 535, mit weiteren Beispielen.

599 Schultze/Kübler, in: Schultze u.a., Der Vertragshändlervertrag, Rn. 535.

600 Vgl. OLG Karlsruhe GRUR-RR 2010, 109.

601 Leitlinien Tz. 175; tLeitlinien Abs. 165; EuGH, Urt. v. 11.12.1980, Slg. 1980, 3775, 3791 (L´Oréal).

602 Leitlinien Tz. 176; tLeitlinien Tz. 166.

bb. Quantitative selektive Vertriebssysteme

Geschlossene Selektivvertriebssysteme können auch in der Form ausgestaltet werden, dass nicht wie bei der Fachhandelsbindung qualitative Auswahlkriterien im Vordergrund stehen, sondern die Selektion vielmehr nach quantitativen Merkmalen erfolgt. Dies kann entweder direkt – durch eine ausdrückliche Händleranzahlbeschränkung – oder indirekt – durch die Verknüpfung qualitativer Auswahlkriterien mit der Vorgabe eines Mindestwerts für das jährliche Einkaufsvolumen der Händler – geschehen.[603]

Auch die quantitativen selektiven Vertriebssysteme werden zumindest nach europäischem Verständnis wiederum nur dann vom Kartellverbot der Art. 101 Abs. 1 AEUV erfasst, wenn sie spürbar den Wettbewerb beeinträchtigen.[604] Allein in diesem Fall sind sie daher wiederum überhaupt erst an den Freistellungskriterien der GVO zu messen.

Da der Wortlaut der Gruppenfreistellungsverordnungen in keiner Weise zwischen den quantitativen und qualitativen Selektionskriterien unterscheidet, gelten im Übrigen aber auch rein quantitative Selektionssysteme im Anwendungsbereich der GVOen im Grundsatz nach Art. 4 lit. b Ziff. iii) Vertikal-GVO bzw. Art. 4 lit. b Nr. 3 tVertikal-GVO als freigestellt. Allerdings gilt auch in diesen Fällen, dass mit dem Entzug der Freistellung durch Kommission bzw. türkische Wettbewerbsausschuss zu rechnen ist, wenn die Beschaffenheit des Produkts oder die Wahrung der Produktqualität bzw. des sachgemäßen Gebrauchs den Vertrieb durch ein selektives Vertriebssystem überhaupt nicht erfordern.

cc. Kumulative Wirkung mehrerer Selektivvertriebssysteme

Schließlich sehen die Leitlinien vor, dass der Entzug der Freistellung oder eine Erklärung der Nichtanwendung der GVO erwogen werden kann, wenn sich aus selektiven Vertriebssystemen, die jedes für sich genommen nach der GVO freigestellt sind, kumulative Wirkungen ergeben.[605] Die Kommission und der türkische Wettbewerbsausschuss sehen in solchen Netzen selektiver Vertriebssysteme insbesondere die Gefahr, dass neuen Vertriebshändlern (insbesondere Discountern oder reinen Internethändlern, die den Verbrauchern niedrigere Preise anbieten), die in der Lage sind, die fraglichen Produkte angemessen zu verkaufen, der

603 Leitlinien Tz. 179; tLeitlinien Tz. 165.

604 EuGH Urt. v. 25.10.1977, Slg. 1977, 1877, 1913 f. („Metro/SABA I"); Kirchhoff, in: Wiedemann, Kartellrecht, § 10 Rn. 285.

605 Leitlinien Tz. 179; tLeitlinien Tz. 169.

Zugang zum Markt verwehrt wird und dadurch der Vertrieb zugunsten bestimmter bestehender Kanäle und zum Schaden der Endverbraucher eingeschränkt wird. Nach den Leitlinien sei ein solcher kumulativer Effekt jedoch unwahrscheinlich, solange die parallelen Selektivvertriebssysteme weniger als 50 % eines Marktes abdecken oder bei Überschreitung dieser Marktabdeckungsquote die Summe der Marktanteile der fünf größten Anbieter unter 50 % liege.[606]

b. Offene selektive Vertriebssysteme

Bei einem offenen selektiven Vertriebssystem unterliegen weder der Unternehmer noch die beteiligten Händler beim Vertrieb der Vertragsprodukte einer vertraglichen Beschränkung hinsichtlich des Abnehmerkreises; die Vertragsprodukte können also auch an nicht zugelassene Händler weiterveräußert werden. Die Besonderheit des Vertriebssystems liegt hier lediglich in der Verpflichtung der beteiligten Händler, bestimmte absatzfördernde Leistungen, wie Kundendienst und Kundenberatung zu erbringen.[607]

Zwar stellt auch die Auferlegung solcher Absatzförderungspflichten grundsätzlich einen beschränkenden Eingriff in den markeninternen Wettbewerb dar. Gleichwohl werden offene Selektivvertriebssysteme nach einhelliger Meinung schon nicht von Art. 101 Abs. 1 AEUV bzw. Art. 4 Abs. 1 tGSW erfasst, solange sie die Händler nicht in spürbarer Weise hinsichtlich des Bezugs von konkurrierenden Lieferanten einengen und sich deshalb nicht als Marktzutrittsschranke für Wettbewerber auswirken.[608]

Enthält ein offenes selektives Vertriebssystem im Einzelfall wettbewerbsbeschränkende Vereinbarungen, ist bei der Prüfung ihrer Freistellung nicht auf die speziellen Freistellungsbestimmungen für selektive Vertriebssysteme nach Art. 1 Abs. 1 lit. e i. V. m. Art. 4 lit. b Ziff. iii) Vertikal-GVO bzw. Art. 3 Abs. 1 lit. g i. V. m. Art. 4 lit. b Nr. 3 tVertikal-GVO, sondern auf die allgemeinen Regeln für „normale" Vertragshändlerverträge abzustellen.[609]

c. Kein Anspruch auf Aufnahme in ein selektives Vertriebssystem

Im Grundsatz kommt praktisch jeder Händler für die Aufnahme in ein selektives Vertriebssystem in Betracht, solange er nur die vom Unternehmer festgeschriebenen Selektionskriterien erfüllt. Gleichwohl gewähren nach ständiger

606 Leitlinien Tz. 179; tLeitlinien Tz. 169.

607 Schultze/Kübler, in: Schultze u.a., Der Vertragshändlervertrag, Rn. 541.

608 EuGH Urt. v. 25.10.1983, Slg. 1983, 3151, 3197 („AEG/Kommission").

609 Schultze/Kübler, in: Schultze u.a., Der Vertragshändlervertrag, Rn. 541.

Rechtsprechung und ganz herrschender Meinung in der Literatur weder Art. 101 Abs. 1 AEUV bzw. Art. 4 Abs. 1 tGSW noch die Bestimmungen der vertikalen Gruppenfreistellungsverordnungen dem Händler, der die festgelegten Kriterien erfüllt, einen Aufnahme- und Belieferungsanspruch.[610] Ein solcher einem Kontrahierungszwang für den Unternehmer gleichkommender Anspruch kann sich allenfalls aus anderen kartellrechtlichen Bestimmungen ergeben, wenn der Lieferant eine marktbeherrschende Stellung (Art. 102 AEUV; § 20 GWB) oder wenigstens eine gewisse Marktstärke inne hat (§ 20 Abs. 2 GWB bzw. Art. 6 Abs. 2 lit. b tGSW).

d. Keine Verkaufsbeschränkungen gegenüber Endverbrauchern auf der Einzelhandelsstufe

Nicht freigestellt sind gem. Art. 4 lit. c Vertikal-GVO bzw. Art. 4 lit c tVertikal-GVO Beschränkungen des aktiven und passiven Verkaufs an Endverbraucher durch auf der Einzelhandelsstufe tätige Mitglieder eines selektiven Vertriebssystems. Hier ist die Gefahr für den markeninternen Wettbewerb derart ausgeprägt, dass der Gesetzgeber an dieser Stelle alle unmittelbaren oder mittelbaren vertikalen Beschränkungen generell untersagt.[611]

Im Verhältnis zu Art. 4 lit. b Ziff. i) Vertikal-GVO bzw. Art. 4 lit. b Nr. 1 tVertikal-GVO (Freistellung von Beschränkungen des aktiven Verkaufs bei Vorbehalt und Exklusivität) stellt Art. 4 lit. c Vertikal-GVO bzw. Art. 4 lit. c tVertikal-GVO nach allgemeiner Meinung die speziellere Regelung dar und genießt daher Vorrang.[612] Das bedeutet, dass die durch die Ausnahmeregelung des Art. 4 lit. b Ziff. i) Vertikal-GVO bzw. Art. 4 lit. b Nr. 1 tVertikal-GVO grundsätzlich bestehende Möglichkeit der Beschränkung des aktiven Wettbewerbs konkurrierender Händler durch die Einräumung von Gebiets- oder Kundenschutz beim Vertrieb an Endverbraucher auf der Einzelhandelsstufe im selektiven Vertriebssystem nicht gegeben ist.

Ausgenommen davon ist allerdings gem. Art 4 lit. c Hs. 2 Vertikal-GVO bzw. Art. 4 lit. c tVertikal-GVO die Möglichkeit des Unternehmers, Mitgliedern des

---

610 BGH WuW/E DE-R 206, 207 ff. („Depotkosmetik"); EuGH, Urt. v. 20.09.2001, Slg. 2001 I 6297 Rz. 29 („Courage"); Bechtold NJW 2003, 3729, 3731; Nolte WRP 2005, 1124, 1125.

611 Schultze/Kübler, in: Schultze u.a., Der Vertragshändlervertrag, Rn. 554; Demir-Gökyayla, Milletlerarası Özel Hukukta Tek Satıcılık Sözleşmeleri, S. 116.

612 Nolte, in: Langen/Bunte, Kommentar zum deutschen und europäischen Kartellrecht, Bd. 2, Art. 81 Rn. 580; Veelken, in: Immenga/Mestmäcker, Wettbewerbsrecht EG, Teil 1, Vertikal-VO, Rn. 237; Pukall, NJW 2000, 1375, 1378; Demir-Gökyayla, Milletlerarası Özel Hukukta Tek Satıcılık Sözleşmeleri, S. 116.

Systems zu untersagen, Geschäfte von nicht zugelassenen Niederlassungen aus zu betreiben. Kann der Unternehmer seinen Einzelhändlern somit zwar keine Kundengebiete exklusiv zuordnen, so ist es ihm durch die Auferlegung von Standortbeschränkungen gleichwohl auf ähnliche Weise möglich, den Verkaufsradius seiner zum Selektivvertrieb zugelassenen Einzelhändler zu dirigieren.[613] Eine Kontrolle im Hinblick auf Notwendigkeit oder Angemessenheit der Standortbeschränkung ist nicht vorgesehen.[614]

e. Selektiver Vertrieb und Alleinvertrieb auf der Großhandelsstufe

Wird aber durch die Spezialvorschriften der Art. 4 lit. c Vertikal-GVO bzw. Art. 4 lit. c tVertikal-GVO ausdrücklich geregelt, dass eine Verknüpfung eines selektiven Vertriebssystems mit der Einräumung eines Alleinvertriebsrechts in Bezug auf Verkäufe an Endverbraucher auf der Einzelhandelsstufe eine unzulässige Kernbeschränkung darstellt, so heißt dies im Umkehrschluss allerdings auch, dass der Unternehmer den *auf der Großhandelsstufe* tätigen Vertragshändlern eine Beschränkung des Vertriebs an Endverbraucher, welche einem Gebiet oder einer Kundengruppe angehören, die er sich selbst vorbehalten oder einem anderen Händler exklusiv zugewiesen hat, auferlegen kann.

Untersagt werden können insoweit sowohl die aktiven als auch die passiven Verkäufe. Dies ergibt sich auch aus den Bestimmungen der Art. 4 lit. b Ziff. ii) Vertikal-GVO bzw. Art. 4 lit. b Nr. 2 tVertikal-GVO, die gleichsam auch im Rahmen selektiver Vertriebssysteme Anwendung finden und die Regelung eines Sprunglieferungsverbots zu Lasten der Großhändler für zulässig erklären.[615]

f. Unzulässige Beschränkungen von Querlieferungen innerhalb eines Selektivvertriebssystems

Gem. Art. 4 lit. d Vertikal-GVO bzw. Art. 4 lit. d tVertikal-GVO stellen Beschränkungen von Quer- oder Rücklieferungen zwischen Händlern eines selektiven Vertriebssystems eine unzulässige Kernbeschränkung dar. Zweck der Regelung ist es einer Abschottung der Märkte und der Beschränkung des markeninternen Wettbewerbs entgegenzuwirken. Insbesondere in Geschäftszweigen, in

---

613 Polley/Seeliger, WRP 2000, 1203, 1213; Schultze/Kübler, in: Schultze u.a., Der Vertragshändlervertrag, Rn. 560.

614 Baron, in: Loewenheim/Meessen/Riesenkampff, Kartellrecht, Art. 4 Vert-GVO, Rn. 216; Schultze/Kübler, in: Schultze u.a., Der Vertragshändlervertrag, Rn. 560.

615 Vgl. oben, § 3 F. II. 2. b.bb.

denen merkliche regionale Preisdifferenzen (beispielsweise in verschiedenen EU-Staaten) auftreten, können Quer- und Rücklieferungen von erheblicher Bedeutung sein, da hier ein besonderer Anreiz für die zu dem System gehörenden Händler besteht, sich günstigere Bezugsquellen zu erschließen und sich gegenseitig zu beliefern.

Die Regelung betrifft allerdings ausdrücklich lediglich Lieferungen innerhalb eines selektiven Vertriebssystems. Außerhalb dieses Systems greifen die generellen Regelungen der Gruppenfreistellungsverordnungen, so dass etwa ein Verbot des aktiven Vertriebs an andere Händler, denen der Unternehmer bestimmte Gebiete exklusiv zugewiesen hat, gem. Art. 4 lit. b Ziff. i) Vertikal-GVO bzw. Art. 4 lit. b Nr. 1 tVertikal-GVO freigestellt ist.

Der Begriff der „Beschränkung" i. S. v. Art. 4 lit. d Vertikal-GVO bzw. Art. 4 lit. d tVertikal-GVO ist nach allgemeiner Meinung weit zu verstehen und betrifft gleichermaßen auch mittelbare Beschränkungen von Querlieferungen. So kann es beispielsweise nicht zulässig sein, dass der Unternehmer das Querlieferungsverbot dadurch unterläuft, dass er seinen Händlern hohe Mindestabnahmeverpflichtungen oder gar eine Alleinbezugsverpflichtung vom Unternehmer auferlegt.[616] Beides würde de facto ebenfalls Quer- oder Rücklieferungen verhindern und stellt somit im Rahmen eines selektiven Vertriebssystems ebenfalls eine unzulässige Kernbeschränkung nach Art. 4 lit. d Vertikal-GVO bzw. Art. 4 lit. d tVertikal-GVO dar.

g. *Unzulässigkeit des Verkaufsverbotes von Marken bestimmter konkurrierender Anbieter*

Die GVOen gestatten zwar in den Grenzen der Art. 5 Vertikal-GVO bzw. Art. 5 tVertikal-GVO grundsätzlich die Verknüpfung von selektivem Vertrieb mit einem Wettbewerbsverbot, das es den Händlern untersagt, Produkte konkurrierender Marken zu verkaufen. Allerdings sehen Art. 5 Abs. 1 lit. c Vertikal-GVO und Art. 5 Abs. 1 lit. c tVertikal-GVO vor, dass unmittelbare oder mittelbare Verpflichtungen, die Mitglieder eines selektiven Vertriebssystems veranlassen, Marken *bestimmter* konkurrierender Anbieter nicht zu verkaufen, eine nicht freigestellte Beschränkung darstellen.[617]

---

616 Baron, in: Loewenheim/Meessen/Riesenkampff, Kartellrecht, Art. 4 Vert-GVO Rn. 224 f.; Schultze/Kübler, in: Schultze u.a., Der Vertragshändlervertrag, Rn. 566; Demir-Gökyayla, Milletlerarası Özel Hukukta Tek Satıcılık Sözleşmeleri, S. 119.

617 Vgl. hierzu auch noch unten, § 3 F. III. 3.

4. Sonderfall Internetvertrieb

Die Werbung und der Verkauf von Waren und Dienstleistungen über das Internet spielt im modernen Wirtschaftsleben eine immer zentralere Rolle und kann zu einer beträchtlichen Steigerung der Umsatzmöglichkeiten des Vertragshändlers führen. Wurde der Internetvertrieb daher zunächst noch als ein zusätzlicher Vertriebsweg angesehen, so gilt er heutzutage regelmäßig als ein unverzichtbares Mittel des Vertriebs. Die Händler sehen im Hinblick darauf, dass der Sitz des Verkäufers und die Ausrichtung des Vertriebs an den regionalen Märkten im Rahmen des Online-Handels weitgehend bedeutungslos sind, eine große Chance zur Erschließung neuer Markt- und Kundenpotenziale. Unternehmer finden in der Nutzung des Internets zudem oftmals eine effektive und relativ kostengünstige Möglichkeit, ihre Waren und Dienstleistungen gegenüber einem breiten Kreis potenzieller Kunden zu offerieren.[618] Schließlich profitiert auch die Verbraucherseite von den Möglichkeiten die der Vertrieb über das Internet bereithält. So kann sich der Endabnehmer der Waren regelmäßig einen zügigen Preis- und Konditionsvergleich verschaffen und über den Abruf von Warentests und Erfahrungsberichten anderer Produkterwerber über die Qualität und Nutzbarkeit der betreffenden Produkte informieren.

Die vertikalen Gruppenfreistellungsverordnungen selbst enthalten keine ausdrücklichen Regelungen zum Internetvertrieb. Es war jedoch seit je her die Absicht der Kommission, den Internetvertrieb im Interesse des Preiswettbewerbs und einer breiteren Produktauswahl für die Verbraucher zu fördern,[619] zumal sich der Online-Handel auch förderlich auf den grenzüberschreitenden Handel auswirkt und damit das europapolitische Ziel der Verwirklichung des europäischen Binnenmarktes unterstützt.[620] In den europäischen Leitlinien zur Vertikal-GVO wird demgemäß auch klargestellt, dass es prinzipiell jedem Händler erlaubt sein muss, das Internet für den Verkauf von Produkten zu nutzen.[621] Einschränkungen des passiven Verkaufs werden daher – wie in den türkischen Leitlinien im Übrigen auch[622] – generell als Kernbeschränkung eingestuft.[623]

---

618 RKK, 18.02.2009, Akte Nr. 2008-4-277, Entscheidungsnummer 09-07/126-37 (abrufbar unter www.rekabet.gov.tr); Ende/Klein, Vertriebsrecht im Internet, S. 1.

619 Pressemitteilung der Kommission vom 20.4.2010 (IP/10/445).

620 Mario Monti, A new Strategy for the Single Market, Bericht vom 9.5.2010, S. 45.

621 Leitlinien Tz. 52.

622 tLeitlinien Tz. 21.

623 Leitlinien Tz. 52.

Zu beachten ist allerdings, dass es durchaus Fälle gibt, in denen die Nutzung des Internets als aktiver Vertriebskanal den wirtschaftlichen Interessen des Unternehmers entgegenläuft. Hat der Unternehmer etwa die unternehmerische Grundentscheidung getroffen, sein Produkt als Luxusprodukt zu vermarkten, wird es ihm kaum gelingen ein prestigeträchtiges Image aufzubauen, wenn seine Vertragshändler das betreffende Produkt über Internetbörsen, wie z. B. Ebay, vertreiben. Vielmehr wird dem Unternehmer in solchen Fällen daran gelegen sein, den Verkauf – regelmäßig im Rahmen eines selektiven Vertriebssystems – ausschließlich über in exponierter Lage befindliche, exklusiv ausgestattete Verkaufslokale, in denen den Kunden ein qualifiziertes Verkaufspersonal zur Verfügung steht, abzuwickeln.

Während sich das Internet als bevorzugter Vertriebsweg in der Türkei oftmals noch im Anfangsstadium befindet, hatten die deutschen Wettbewerbsbehörden und Gerichte in den vergangenen zehn Jahren bereits wiederholt Gelegenheit, sich damit auseinanderzusetzen, ob und in welchem Umfang ein Unternehmer seinen Händlern den Vertrieb über das Internet untersagen[624] oder zumindest einschränken[625] darf. Auch die europäische Kommission hat sich der Stimmen aus Praxis und Literatur, welche die bisherigen Ausführungen in den Leitlinien zur Vertikal-GVO Nr. 2790/1999 in Bezug auf den Internetvertrieb für nicht ausreichend erachteten, angenommen und durch die Ergänzung der bisherigen Grundsätze durch eine Reihe von Beispielsfällen für einen Zugewinn an Rechtssicherheit gesorgt.[626] Diese Auslegungshilfen der europäischen Kommission dürften im Grundsatz gleichermaßen auch für die in den betreffenden Bereichen inhaltsgleiche tVertikal-GVO, deren Leitlinien sich bislang lediglich auf eine Bewertung des Internetvertriebs als eine Form des passiven Verkaufs beschränken, heranzuziehen sein.

a. Arten und Umfang des Internetvertriebs

In der Literatur wird terminologisch regelmäßig zwischen „echtem“ und „unechtem“ Internetvertrieb unterschieden. Erfolge Bestellung und Auslieferung der Ware oder Erbringung der Dienstleistung unmittelbar per Datentransfer (z. B. Online-Buchungen, Online-Banking, Informationsbezug über Datenbanken oder Online-Publikationen, Herunterladen von Musikstücken oder Videofilmen), so handele es sich um „echten“ Internetvertrieb. Werde die Ware demgegenüber

624 BGH NJW-RR 2004, 689 ff. („Depotkosmetik im Internet“) im Anschluss an OLG München, MMR 2002, 162 ff.

625 LG Berlin GRUR-RR 2008, 252 ff.; LG Mannheim GRUR-RR 2008, 253 ff.

626 vgl. Leitlinien Tz. 52–56.

lediglich per Mausklick bestellt aber auf dem Postweg ausgeliefert, so erfolge dies im Wege des „unechten“ Internetvertriebs.[627] In rechtlicher Hinsicht spielt diese Unterscheidung keine Rolle. Die europäische Kommission und der türkische Wettbewerbsausschuss betrachten die Nutzung des Internets zu Vertriebszwecken in den Leitlinien zu den Gruppenfreistellungsverordnungen unterschiedslos im Grundsatz als eine besondere Form des Passivverkaufs.[628]

Aus den europäischen Leitlinien geht zudem hervor, dass die Kommission die Werbung und den Verkauf über das Internet gleichstellt,[629] so dass die Möglichkeiten des Unternehmers, die Internetnutzung durch die Händler einzuschränken, insoweit denselben Kriterien folgen. Demnach ist es dem Unternehmer nicht erlaubt, den Gebrauch des Internets für den Weitervertrieb der Produkte in der Weise einzuschränken, dass er den Händlern die Online-Werbung gestattet, für den eigentlichen Verkauf der Produkte aber generell die Abwicklung über ein Ladenlokal vorschreibt.[630]

b. *Möglichkeiten zur Beschränkung des Internetvertriebs unter besonderer Beachtung der Grundsätze nach den neuen Leitlinien der Vertikal-GVO*

Aus einer Zusammenschau zwischen dem Verordnungstext und den Leitlinien der Vertikal-GVO geht hervor, dass die Kommission den Internetvertrieb im Grundsatz als nicht beschränkungsfähige Form des passiven Verkaufs einordnet und hiermit kontrastierende Unternehmervorgaben daher als nicht freistellungsfähige Kernbeschränkung im Sinne von Art. 4 lit. b Vertikal-GVO betrachtet. Da das Internet eine besondere Möglichkeit biete, mehr oder andere Kunden schnell und effektiv anzusprechen, seien bestimmte Beschränkungen über die Nutzung des Internets als (Weiter-)Verkaufsbeschränkungen zu behandeln. Es müsse prinzipiell jedem Händler erlaubt sein, das Internet für den Verkauf von Produkten zu nutzen.[631]

Um diese zentrale Grundaussage der Leitlinien nicht sogleich wieder zu unterhöhlen, folgt aus ihr zudem denknotwendigerweise zugleich, dass die Internetkunden als solche auch keine „Kundengruppe“ i. S. d. Art. 4 lit. b Ziff. i) Vertikal-GVO darstellen, die sich der Unternehmer sodann selbst vorbehalten

627 Schultze/Kübler, in: Schultze u.a., Der Vertragshändlervertrag, Rn. 511; Nolte, in: Langen/Bunte, Kommentar zum deutschen und europäischen Kartellrecht; Bd. 2, Art. 81 Rn. 560 f.

628 Leitlinien Tz. 52; tLeitlinien Tz. 23.

629 Leitlinien Tz. 53.

630 Pautke/Schultze, BB 2001, 317, 318.

631 Leitlinien Tz. 52.

oder exklusiv einem Händler zuweisen könnte. Dies würde nämlich im Ergebnis doch wiederum dazu führen, dass es im alleinigen Einflussbereich des Unternehmers läge, die freie Nutzung des Internets als Vertriebskanal einzuschränken. Die Internetkunden stellen im Übrigen auch keine durch objektive Kriterien von anderen Kunden unterscheidbare Gruppe dar. Der Internethandel stellt vielmehr lediglich – vergleichbar dem Versandhandel – eine besondere Form der Werbung und des Verkaufs dar, welche generell nicht beschränkt werden kann.[632]

Auf der anderen Seite führt allerdings der Umstand, dass sich der Vertrieb über das Internet aufgrund seiner Ubiquität rein praktisch grundsätzlich kaum regional oder persönlich beschränken lässt, offensichtlich zu einem natürlichen Spannungsverhältnis mit der durch die Gruppenfreistellungsverordnungen ausdrücklich eingeräumten Möglichkeit zur Vereinbarung eines Gebiets- oder Kundengruppenschutzes vor aktiven Verkäufen anderer Händler (Art. 4 lit. b Ziff. i) Vertikal-GVO). Die Leitlinien stellen insoweit auch ausdrücklich klar, dass die Vertikal-GVO auch im Bereich des Internetvertriebs einen Gebiets- oder Kundengruppenschutz vor aktiven Verkäufen anderer Händler i. S. v. Art. 4 lit. b Ziff. i) Vertikal-GVO kennt.[633]

Dass die Abgrenzung des Aktivverkaufs von einem nicht beschränkungsfähigen Passivverkauf im Rahmen des Internetvertriebs im Einzelfall mitunter mit besonderen Schwierigkeiten verbunden und eine zweifelsfreie Zuordnung oftmals nicht möglich ist, lässt sich exemplarisch dadurch aufzeigen, dass eine in das Internet eingestellte Werbung oder Firmenpräsens – gleich welcher Art – grundsätzlich weltweit und unbeschränkt wahrnehmbar und abrufbar ist.[634] Dieser Umstand allein kann indes schwerlich bereits zur Annahme eines nicht freistellungsfähigen Aktivverkaufs in andere Exklusivgebiete führen, bliebe für den grundsätzlichen Regelfall eines Passivverkaufs sodann nämlich nur noch sehr wenig Raum. Schon diese Überlegungen zeigen bereits, dass es für die Vertragsparteien in der Praxis nicht selten mit einem gewissen Maß an Rechtsunsicherheit verbunden ist, ob sie in Grenzfällen wie dem aufgezeigten Beispielsfall von einem nicht freistellungsfähigen Passivverkauf auszugehen haben oder ob sie darauf vertrauen können, eine per Verordnung freigestellte Wettbewerbsbeschränkung vereinbart zu haben. Gerade im Bereich der Abgrenzung zwischen Passiv- und Aktivkauf sah sich die europäische Kommission vor diesem Hintergrund daher auch veranlasst, die neuen Leitlinien zu der am 01.06.2010 in Kraft getretenen Gruppenfreistellungsverordnung

632 Pautke/Schultze, BB 2001, 317, 318.

633 Leitlinien Tz. 53.

634 Ende/Klein, Vertriebsrecht im Internet, S. 77.

(EU) Nr. 330/2010 speziell für den an wirtschaftlicher Bedeutung enorm zunehmenden Internethandel umfangreich zu ergänzen.[635]

Nicht neu ist zunächst die generelle Feststellung, dass die eigene Webseite des Händlers in der Regel als Form des passiven Verkaufs anzusehen sei, da damit den Kunden ein angemessenes Mittel zur Verfügung gestellt werde, den Händler zu erreichen. Der Umstand, dass auch jeder Internetnutzer außerhalb des dem Händler zugewiesenen Gebiets bzw. Kundengruppe diese Webseite aufrufen könne, sei eine Folge der technischen Entwicklungen, d. h. des einfachen Internetzugangs von jedem beliebigen Ort aus.[636] Diese sich auch in den türkischen Leitlinien wiederfindende Klarstellung,[637] fand sich entsprechend auch schon in den Leitlinien der alten Vertikal-GVO[638] und entspricht allgemeiner Meinung.[639] Alle Verkäufe, die auf eine Eigeninitiative des Kunden, wie das Aufrufen der Händler-Internetpräsens und die kundenseitige Kontaktaufnahme zum Händler, zurückgehen, gelten daher auch außerhalb des Exklusivgebiets des Händlers als nicht beschränkungsfähige passive Verkäufe.

Gleiches gilt ausweislich der Leitlinien, wenn der Kunde den Händler auffordert (automatisch) über aktuelle Entwicklungen informiert zu werden und dies sodann zu einem Vertragsabschluss führt.[640] Auch der Passus, dass die auf der Webseite oder in der Korrespondenz gewählte Sprache für sich genommen nichts an der passiven Eigenschaft des Verkaufs ändert,[641] fand sich in ähnlicher Form bereits in den alten Leitlinien.[642]

Im Hinblick auf diesen letzten Punkt wird allerdings von Teilen der Literatur nicht ganz zu Unrecht angemerkt, dass gerade die Sprache der Webseite das maßgebliche Instrument ist, Sprachbarrieren aktiv zu überwinden und Kunden in Sprachregionen zu erreichen, die anderen Absatzmittlern zugewiesen sind.[643] So mag es sich daher noch solange um einen Passivverkauf handeln, wie der Händler für seine Webseite zusätzliche Sprachoptionen zur Verfügung stellt, die ihm

635 Leitlinien Tz. 52 f.

636 Leitlinien Tz. 52.

637 tLeitlinien Tz. 23.

638 VO 2790/1999, Leitlinien Tz. 51.

639 Statt vieler: Baron, in: Loewenheim/Meessen/Riesenkampff, Kartellrecht, Art. 4 Vert-GVO Rn. 191.

640 Leitlinien Tz. 52; vormals Tz. 51.

641 Leitlinien Tz. 52.

642 VO 2790/1999, Leitlinien Tz. 51.

643 Seeliger, WuW 2000, 1174, 1181; Nolte, in: Langen/Bunte, Kommentar zum deutschen und europäischen Kartellrecht; Bd. 2, Art. 81 Rn. 564.

aufgrund einer entsprechenden Bevölkerungsstruktur in seinem Absatzgebiet die Möglichkeit geben, weitere dort ansässige, potenzieller Abnehmer anzusprechen (etwa Türkisch in der Bundesrepublik Deutschland oder Englisch als gängige Wirtschaftssprache). Investiert der Händler indes mit einem merklichen Aufwand in eine weitere Sprachoption, die in seinem Absatzgebiet nicht geeignet ist, systematisch einen größeren Kundenkreis anzusprechen, ist nach der allgemeinen Lebenserfahrung eher davon auszugehen, dass der Händler seine Webseite gezielt auch auf diejenigen Sprachregionen ausgerichtet hat, in denen die betreffende Sprache mehrheitlich gesprochen wird. Eine solche Maßnahme kann sodann nur als „aktives“ Bestreben des Händlers ausgelegt werden, in das Verkaufsgebiet eines anderen Händlers vorzudringen.

In der Praxis dürften diese Überlegungen allerdings lediglich in solchen Fällen zum Tragen kommen, in denen es klar auf der Hand liegt, dass sich der Händler über weitere Sprachoptionen tatsächlich den Zugang zu anderen Marktregionen erschließen will. Demgegenüber wird es in Zweifelsfällen schon allein im Hinblick darauf, dass es im Zuge wachsender Mobilität kaum mehr ein Land mit einer gänzlich geschlossenen Bevölkerungsstruktur gibt,[644] bei dem auch von der europäischen Kommission vertretenen Grundsatz verbleiben, dass die auf der Homepage des Händlers gewählte Sprache nichts an der Eigenschaft als Passivverkaufsfördermaßnahme ändert.

Anders verhält es sich jedoch wiederum dann, wenn der betreffende Händler ergänzend hierzu durch die Eingabe sog. „meta tags“ auch noch dafür Sorge trägt, dass seine Homepage in fremdsprachigen Suchmaschinen, erleichtert aufgefunden werden kann und dort ggf. auch noch einen vorderen „Ranglistenplatz“ einnimmt. Derartige Maßnahme können nur noch als aktive Verkaufsfördermaßnahme in die betreffenden, exklusiv einem anderen Händler zugewiesen Verkaufsgebiete gewertet werden.[645]

Auch ein Händler, der für seine Internetseiten eine andere Länderkennung als die seines ihm als Exklusivverkaufsgebiet zugewiesenen Ursprungsstaates (z. B. „.de“ durch einen Händler mit auf Belgien beschränkten Exklusivrecht) oder eine kein Herkunftsland erkennbar machende sog. Top Level Domain (z. B. „.com“, „.net“) nutzt, verschleiert gegenüber den potenziellen Abnehmern in den ihm nicht zugewiesenen Verkaufsgebieten seinen tatsächlichen Standort und begibt sich so – wenn dies

644 Pautke/Schultze, BB 2001, 317, 321.

645 Nolte, in: Langen/Bunte, Kommentar zum deutschen und europäischen Kartellrecht; Bd. 2, Art. 81 Rn. 566; Pautke/Schultze, BB 2001, 317, 321; Pischel, GRUR 2010, 972, 973.

per se auch noch nicht als Maßnahme des Aktivverkaufs angesehen werden kann – zumindest eines Verteidigungsindizes für ein rein „passives" Verkaufsverhalten außerhalb seines Verkaufsgebiets.[646]

In Abgrenzung zum Passivverkauf sehen die europäischen und türkischen Leitlinien zutreffend alle Verkaufsbemühungen, die sich gezielt an ein bestimmtes Gebiet oder eine bestimmte Kundengruppe richten, z. B. mittels direkter Internetwerbung einschließlich unaufgeforderter Massen-Emails, als aktive Verkaufsformen an.[647] Gebietsspezifische Banner auf Webseiten Dritter, die sich je nach Standort des Users unterscheiden und Werbung der jeweiligen Region anzeigen, sind daher ebenso als eine Form des aktiven Verkaufs in das betreffende Gebiet, in dem diese Banner erscheinen, einzustufen, wie Zahlungen für eine Suchmaschine oder an einen Online-Werbeanbieter, die dafür sorgen, dass Werbung gezielt für Nutzer in einem bestimmten Gebiet oder einer bestimmten Kundengruppe erscheint.[648]

Um dem Praxisanwender zu verdeutlichen, welche Vereinbarungen konkret als Kernbeschränkungen passiver Internetverkäufe einzustufen sind, nennt die europäische Kommission in Tz. 52 der neuen Leitlinien nun vier Beispielfälle.

Demnach handelt es sich zunächst um eine Kernbeschränkungen, wenn der Händler/Alleinvertriebshändler verpflichtet wird, die aus einem anderen Gebiet stammenden Kunden daran zu hindern, seine Webseite einsehen zu können oder diese automatisch von seiner auf die Website des Unternehmers oder eines anderen Händlers umzuleiten hat. Erlaubt bleibt jedoch die Vereinbarung, dass die Webseite des Händlers zusätzlich Links zu Webseiten anderer Vertragshändler und/oder des Unternehmers enthalten muss.[649]

Nächster Fall der in den Leitlinien hervorgehobenen Kernbeschränkungen passiver Verkäufe, stellt eine Vereinbarung dar, nach der der Händler/Alleinvertriebshändler Internet-Transaktionen von Verbrauchern unterbricht, sobald deren Kreditkarte eine Adresse erkennen lässt, die nicht im Gebiet des Händlers liegt.[650]

Weiterhin stellt die Vereinbarung, dass der Händler den über das Internet getätigten Teil seiner Gesamtverkäufe begrenzt, eine unzulässige Beschränkung des passiven Verkaufs dar. Ausdrücklich unberührt bleibt jedoch das Recht des Unternehmers, vom Händler zu verlangen, das Produkt mindestens in einem nach Wert

646 Seeliger, WuW 2000, 1174, 1181.
647 Leitlinien Tz. 51; tLeitlinien Tz. 23.
648 Leitlinien Tz. 53.
649 Leitlinien Tz. 52 lit. a.
650 Leitlinien Tz. 52 lit. b.

oder Menge bestimmten absoluten Umfang von seinem physischen Verkaufspunkt aus zu verkaufen. Zudem kann der Unternehmer sicherstellen, dass das Online-Geschäft des Vertragshändlers mit dem Vertriebsmodell des Unternehmers in Einklang steht.[651]

Schließlich deklarieren die Leitlinien eine Vereinbarung, nach der dem Vertragshändler für die Produkte, die er über das Internet verkauft, ein höherer Preis abverlangt wird, als für Produkte, die er offline verkauft, als unzulässige Kernbeschränkung. Die Vereinbarung einer festen (also nicht variabel am Verhältnis Online- zu Offline-Umsatz ausgerichteten) Gebühr, zur Unterstützung seiner Offline oder Online-Verkaufsanstrengungen ist demgegenüber zulässig.[652]

Keine Anhaltspunkte enthalten die Leitlinien zu der Frage, ob ein den Vertriebshändlern auferlegtes Verbot, Waren über Internet-Auktionsplattformen wie eBay oder Amazon zu verkaufen, eine unzulässige Beschränkung des Gebiets oder Kundengruppe i. S. v. Art. 4 lit. b Vertikal-GVO darstellt und ob ggf. über die Gegenausnahme der bloßen Beschränkung des aktiven Verkaufs eine Freistellung nach Art. 4 lit. b Ziff. i) Vertikal-GVO in Betracht kommt.

Nach einer Ansicht sei ein solcher Vertrieb als Form des Aktivverkaufs an die nach abstrakten Merkmalen abgrenzbare Kundengruppe der „Internet-Auktionsplattformkunden" anzusehen und ein entsprechendes Verbot daher freistellungsfähig.[653] Anders als im Falle des Vorhaltens einer allgemeinen Webseite durch den Händler, deren territorial und persönlich unbegrenzte Wahrnehmbarkeit lediglich eine unbeabsichtigte Nebenfolge der Ubiquität des Internets sei, stelle das Einstellen von Verkaufsgesuchen in Internet-Auktionsplattformen nämlich ein gezieltes und intendiertes Herantreten des Händlers an eine geschlossene, ihm ggf. vertraglich vorenthaltene Kundengruppe dar. Dass es sich bei daraufhin getätigten Verkäufen auch keineswegs um unaufgeforderte Bestellungen der Kunden handele, zeige sich auch daran, dass das Einstellen eines Artikels auf einer Internetauktionsplattform eine sog. offerta ad incertas personas, also ein verbindliches Angebot im Rechtssinne darstelle.[654]

M. E. verfängt diese Argumentation indes nur vordergründig; eine wertende Gesamtbetrachtung muss vielmehr zu dem Ergebnis einer unzulässigen Beschränkung einer passiven Verkaufsform kommen. Ob der Händler seine Waren auf einer

---

651 Leitlinien Tz. 52 lit. c; 54, 56.

652 Leitlinien Tz. 52 lit. d.

653 Dieselhorst/Luhn WRP 2008, 1306, 1311; Nolte, in: Langen/Bunte, Kommentar zum deutschen und europäischen Kartellrecht; Bd. 2, Art. 81, Rn. 566.

654 Dieselhorst/Luhn WRP 2008, 1306, 1311.

eigenen Internetseite oder auf der Verkaufsplattform eines Dritten zum Kauf anbietet, macht im Ergebnis keinen erheblichen Wertungsunterschied. In beiden Fällen erfolgt eine gezielte Ansprache einzelner Kunden nicht. Adressat der eingestellten Angebote sind vielmehr in beiden Fällen sämtliche Internetnutzer. Eine weitere Kategorisierung dieses potenziellen Kundenkreises nach Gebieten oder Gruppen ist nicht möglich. Die Begründung einer eigenen Kundengruppe „Internet-Auktionsplattformkunden", welche durch die Einstellung entsprechender Angebote gezielt angesprochen werde, erscheint konstruiert. Dass die Einstellung eines Artikels auf einer Internet-Auktionsplattform bereits die Abgabe eines verbindlichen Angebots beinhaltet, ist ein rein rechtlicher Umstand bei der Abwicklung dieses speziellen Vertriebsweges. In Bezug auf die Frage, ob der Anbieter bestimmte Kunden mehr oder minder direkt anspricht, ist dies jedoch irrelevant.

c. Totalverbot des Internetvertriebs

Wie bereits aufgezeigt,[655] halten es die Leitlinien der GVOen im Grundsatz für ausgeschlossen, dass einem Händler die Nutzung des Internets als Vertriebskanal gänzlich untersagt wird. Eine diesbezügliche Ausnahmemöglichkeit sahen die alten Leitlinien zur Vertikal-GVO in Tz. 51 noch ausdrücklich für den Fall vor, dass „sachlich gerechtfertigte Gründe" vorliegen. Dieser der Sache nach auch weiterhin unverändert geltende Ausnahmetatbestand kommt nach h. M. allerdings allein dann in Betracht, wenn das vertriebene Produkt selbst besondere Gefahren für die Gesundheit oder Sicherheit bestimmter Personen (z. B. Waffen oder toxischer Rohrstoffe) in sich birgt.[656] Zudem kann sich der Unternehmer auf diesen Ausnahmetatbestand jedenfalls dann nicht berufen, wenn er sich den Internetvertrieb für die betreffenden Produkte selbst vorbehält. In diesem Fall ist nämlich davon auszugehen, dass der Unternehmer seinen Absatzmittlern den Internetvertrieb nicht aus Gründen der Gefahrenabwehr, sondern vielmehr aus subjektiven wirtschaftlichen Erwägungen vorenthalten will.[657]

Im Rahmen einer Produktneueinführung oder der Erschließung eines neuen Marktes durch einen einzelnen Händler, der zur Etablierung des Produktes am Markt erhebliche Anfangsinvestitionen zu tragen hat, sehen die Leitlinien zudem

---

655 Vgl. Fn. 621, 622.

656 Nolte, in: Langen/Bunte, Kommentar zum deutschen und europäischen Kartellrecht; Bd. 2, Art. 81 Rn. 606; Schultze/Kübler, in: Schultze u.a., Der Vertragshändlervertrag, Rn. 516; Pautke/Schultze, BB 2001, 317, 318.

657 Nolte, in: Langen/Bunte, Kommentar zum deutschen und europäischen Kartellrecht, aaO.; Pautke/Schultze, a.a.O.

ein Bedürfnis, dem betreffenden Händler einen gewissen, zeitlich befristeten Schutz vor konkurrierenden Händlern zu gewähren. Andernfalls wäre zu befürchten, dass sich kaum ein Händler bereit erklären würde, diese Anfangsinvestitionen zu tragen. Aus diesem Grund sehen die Leitlinien in derartigen Fällen eine Vereinbarung, nach welcher der Händler für die ersten zwei Jahren nach Einführung des neuen Produkts oder der Erschließung des neuen Marktes vor allen aktiven *und passiven* Verkäufen – so auch im Wege des Internetvertriebs – anderer Händler in das betreffende Gebiet oder an die betreffende Kundengruppe geschützt ist, als nicht vom Schutzbereich der Art. 101 Abs. 1 AEUV bzw. Art. 4 Abs. 1 tGSW erfasst an.[658]

d. Qualitative Anforderungen und Beschränkung des Internetvertriebs in selektiven Vertriebssystemen

Ebenso wie der Unternehmer Qualitätsanforderungen an die Einzelhandelsgeschäfte, den Versandhandel oder Werbe- und Verkaufsförderungsmaßnahmen im Allgemeinen stellen kann, kann er auch hinsichtlich der Verwendung des Internets zum Weiterverkauf der Waren Anforderungen stellen und Nutzungsbeschränkungen erteilen, um das Renommee der Marke und die Investitionen des Händlers zu schützen, was insbesondere im Bereich selektiver Vertriebssysteme von Bedeutung sein kann.[659]

aa. Pflicht zur Unterhaltung eines physischen Ladenlokals

Vielfach diskutiert ist die Frage, ob der Hersteller hochpreisiger Spitzenprodukte im Rahmen eines selektiven Vertriebssystems von seinen Händlern – wenn er diesen den Internethandel schon nicht gänzlich untersagen kann – verlangen kann, neben dem Internetvertrieb zumindest *auch* ein physisches Ladenlokal zu unterhalten und über dieses Ladenlokal bestimmte Mindestumsätze zu generieren.

Der BGH hat diesbezüglich bereits im Jahre 2003 in einer am Maßstab des § 20 GWB ausgerichteten Entscheidung festgestellt,[660] dass der Ausschluss des reinen Internetvertriebs im Rahmen eines selektiven Vertriebssystems für hochwertige Markenparfums rechtmäßig erfolgen könne. Ebenso wie im herkömmlichen Versandhandel, für den eine entsprechende nationale Rechtsprechung[661] und

658 Leitlinien Tz. 61; tLeitlinien Tz. 93.

659 Leitlinien, Tz. 54.

660 BGH NJW-RR 2004, 689 ff. („Depotkosmetik im Internet").

661 BGH WuW/E DE-R 206, 210 („Depotkosmetik").

Kommissionspraxis[662] bereits existierte, könnten den berechtigten Interessen des Unternehmers an einer Produktpräsentation in einem anspruchsvollen, die Aura des Exklusiven vermittelnden Umfeld auch in dem in vielen Punkten strukturell vergleichbaren Internethandel nicht ausreichend Rechnung getragen werden. Zudem gehe es den Unternehmern darum, den Kunden die Gelegenheit zu bieten, das jeweilige Parfum auszuprobieren und die eingehende Beratung von einem kundigen Fachpersonal in Anspruch nehmen zu können, was bei einem reinen Online-Vertrieb nicht möglich sei. Sekundäres Gemeinschafsrecht in Gestalt der vertikalen Gruppenfreistellungsverordnung kontrastiere ebenfalls nicht mit dieser Ansicht, da „feststehe, dass die Verordnung nicht gebiete, auf das Erfordernis eines stationären Ladenlokals als regelmäßigen Absatzweg zu verzichten".[663]

Hinsichtlich der Frage, in welchem Umfang den Händlern der Internetvertrieb gestattet bleiben muss, nahm der Senat nicht abschließend Stellung. Er stellte allerdings fest, dass es sachlich gerechtfertigt sei, wenn – wie im gegenständlichen Fall – den Depositären auferlegt würde, mindestens 50 % der Umsätze über den stationären Handel erzielen zu müssen.

In der Literatur ist die Entscheidung des BGH im Ergebnis auch unter dem Blickwinkel des Art. 101 AEUV allgemein auf Zustimmung gestoßen.[664]

Woher der BGH indes das Selbstverständnis nimmt, dass die Vertikal-GVO die Vorgabe zur Unterhaltung eines stationären Ladenlokals nicht verbiete, geht aus den Entscheidungsgründen allerdings nicht eindeutig hervor, was umso mehr verwundert, als der Senat selbst noch einmal ausdrücklich herausstellte, dass es sich beim Internetvertrieb grundsätzlich um eine nicht beschränkungsfähige Form des Passivverkaufs handele. In der Literatur wird insoweit argumentativ häufig auf Art. 4 lit. c Hs. 2 Vertikal-GVO zurückgegriffen, wonach der Lieferant Abnehmern selektiver Güter untersagen kann, Geschäfte von nicht zugelassenen Niederlassungen aus zu betreiben. Hieraus ergebe sich zugleich, dass der Hersteller dem Einzelhändler verbieten dürfe, nur über das Internet zu vertreiben, ohne überhaupt ein Ladenlokal zu unterhalten, da in diesem Fall überhaupt kein autorisierter Standort vorhanden wäre.[665]

---

662 EG-Kommission GRUR Int. 1992, 918 („Yves Saint Laurent Parfums").

663 BGH MMR 2004, 536, 537.

664 Nolte, in: Langen/Bunte, Kommentar zum deutschen und europäischen Kartellrecht; Bd. 2, Art. 81 Rn. 608; Bauer, WRP 2003, 243, 247 f.; Trube, WRP 2004, 861, 862; Rheinländer, WRP 2005, 285, 287; Bechtold/Buntscheck, NJW 2005, 2966, 2971.

665 Pautke/Schultze, BB 2001, 317, 322; Bauer WRP 2003, 243, 247; Klotz, in: Schröter/Jakob/Mederer, Kommentar zum Europäischen Wettbewerbsrecht, Art. 81-Fallgruppen Liefer- und Bezugsvereinbarungen, Rn. 105.

M. E. werden hierdurch Wortlaut und Telos des Art. 4 lit. c Hs. 2 Vertikal-GVO jedoch überspannt. Durch das Recht des Anbieters, den Mitgliedern seines Systems zu untersagen, Geschäfte von nicht zugelassenen Niederlassungen aus zu betreiben, soll dem Anbieter lediglich die Möglichkeit verschafft werden, Einfluss auf die räumliche Gestaltung seines Einzelhändlernetzes zu nehmen. Ein Anspruch des Unternehmers auf aktive Errichtung und Unterhaltung eines stationären Einzelhandelsgeschäfts durch den Händler lässt sich dem Wortlaut der Vorschrift demgegenüber nicht entnehmen. Auch ist es nicht so, dass eine wortlautgetreue Auslegung der Vorschrift ihr jeden praktikablen Anwendungsbereich in Bezug auf reine Internethändler nähme: So benötigen auch reine Internethändler eine örtliche Niederlassung, an der sie die eingehenden Bestellungen bearbeiten sowie die Vertragswaren lagern und zur Auslieferung geben können. Zumindest diesbezüglich könnte der Anbieter dem Händler geografische Vorgaben machen und somit einen gewissen Einfluss auf die Händlerdichte in bestimmten Gebieten seines Vertriebssystems nehmen.[666]

M. E. lässt sich die zulässige Verpflichtung der Händler zum Betrieb eines physischen Ladenlokals zudem auch ohne den Rückgriff auf eine extensive Auslegung des Art. 4 lit. c Hs. 2 Vertikal-GVO begründen. So spricht meiner Meinung nach nichts dagegen, die Verpflichtung zur Gewährleistung eines direkten Kundenkontakts durch die Unterhaltung eines stationären Ladenlokals bei der Teilnahme am Vertrieb bestimmter Luxusgüter als zulässige Qualitätsanforderung im Rahmen eines qualitativen selektiven Vertriebssystem zu machen und den Verkauf an Händler, die diese Anforderung nicht erfüllen gem. Art. 4 lit. b Ziff. iii) Vertikal-GVO auszuschließen. Dass diese Anschauung im Übrigen offenbar auch von Seiten der europäischen Kommission geteilt wird, zeigt ein Blick in die neuen Leitlinien zur Vertikal-GVO. Diese stellen nämlich im Zusammenhang mit den Qualitätsanforderungen, die ein Anbieter, insbesondere in selektiven Vertriebssystemen an die Verwendung des Internets stellen kann, nunmehr ausdrücklich fest, dass der Anbieter von seinen Händlern die Verfügung über einen oder mehrere physische Verkaufspunkte verlangen kann, wenn sie Mitglied des Verkaufssystems sein wollen.[667]

bb. Zulässigkeit der Untersagung des Vertriebs über Internetverkaufsplattformen

Gegenstand deutscher Gerichtsentscheidungen war in jüngerer Zeit wiederholt die Frage, ob besondere Formen des Internetvertriebs, namentlich ein solcher über

666 BGH MMR 2004, 536, 539.

667 Leitlinien, Tz. 54.

Internet-Auktionshäuser wie Ebay, Mitgliedern selektiver Vertriebssysteme untersagt werden kann.[668]

Das LG Berlin[669] hat in einem Eilverfahren aus dem Jahr 2007 betreffend den Vertrieb von Schulranzen den Ausschluss des Vertriebs über die Internet-Handelsplattform eBay als unzulässige Einschränkung des Wettbewerbs eingestuft, da dadurch die Handlungsfreiheit der an der Vereinbarung beteiligten Unternehmen beschränkt werde. Das generelle Verbot eines Absatzes über eBay stelle kein qualitatives Merkmal für die Auswahl des Wiederverkäufers im Rahmen eines selektiven Vertriebssystems dar.

Demgegenüber hat das LG Mannheim[670], bestätigt durch das OLG Karlsruhe[671], in einem gleichgelagerten Fall genau gegensätzlich entschieden, dass der Unternehmer die Belieferung eines Fachhändlers sehr wohl davon abhängig machen könne, dass er die Waren nicht über Ebay oder vergleichbare Auktionsplattformen vertreibe.

Zu Recht legen das LG Mannheim und das OLG Karlsruhe ausführlich dar, dass das unternehmerische Interesse, das eigene Vertriebssystem nach eigenem Ermessen so auszugestalten, dass an die fachliche und sachliche Qualifikation der Wiederverkäufer und die Erbringung von Serviceleistungen im Hinblick auf die gewünschte Positionierung der Vertragsware als hochwertiges Markenprodukt höher zu bewerten ist, als das wirtschaftliche Interesse der Händler an der Praktizierung dieses für ihn mit geringem Investitions- und Arbeitsaufwand verbundenen Vertriebsweges. Hat sich der Unternehmer für ein qualitativ-selektives Vertriebssystem entschieden, welches einen Vertrieb über qualifizierte Fachhandelsgeschäfte bevorzugt und legt er dabei einen besonderen Wert darauf, dass die Markenprodukte herausgehoben präsentiert werden, den individuellen Kundeninteressen durch eine angemessene Sortimentsbreite und -tiefe Rechnung getragen wird, die Produkte von geschultem Fachpersonal präsentiert werden und auf die Erbringung von Serviceleistungen Wert gelegt wird, so kann er auch an den Internet-Vertrieb entsprechende Qualitätsanforderungen stellen und insbesondere eine dem Markenimage entsprechende Präsentation und Abgrenzung der Marken

668 Zu der oben bereits diskutierten Frage (§ 3 F. II. 4. b.), ob sich der Unternehmer einen solchen Vertriebsweg über die Gegenausnahme des Art. 4 lit. b Ziff. i) Vertikal-GVO auch vollständig selbst vorbehalten kann, haben die Gerichte dabei in keiner Weise Stellung genommen.

669 LG Berlin GRUR-RR 2008, 252.

670 LG Mannheim GRUR-RR 2008, 253.

671 OLG Karlsruhe GRUR-RR 2010, 109.

verlangen sowie Vorgaben hinsichtlich der Benutzerfreundlichkeit und umfassenden Information zu den Produkten machen. Kann diesen Kriterien im Zuge eines Vertriebs über eBay nicht hinreichend Rechnung getragen werden, da insbesondere eine zureichende Präsentation der Marke sowie die Ermöglichung einer informierten Auswahl aus einem breiten Sortiment gegenüber potenziellen Kunden nicht möglich und statt dessen das von derartigen Auktionsplattformen ausgehende „Flohmarkt"-Image geeignet ist, das gesamte Konzept des selektiven Vertriebs in Frage zu stellen, so handelt es sich bei dem vollständigen Ausschluss dieses Vertriebsweges ebenfalls um ein objektives, an die Art und Weise des Vertriebs anknüpfendes Auswahlkriterium, von dessen Einhaltung die Belieferung eines Wiederverkäufers abhängig gemacht werden kann.[672]

Dieser Auffassung hat sich auch die Kommission in den neuen Leitlinien zur Vertikal-GVO angeschlossen. Demnach kann der Anbieter von seinen Händlern verlangen, dass die Nutzung von Verkaufsplattformen Dritter nur im Einklang mit den in dem selektiven Vertriebssystem vorgegebenen Normen zur Nutzung des Internets erfolgen darf.[673] Zudem kann der Anbieter dem Händler abverlangen, dass Kunden die Webseite des Händlers nicht über eine Webseite aufrufen können, die den Namen oder das Logo dieser Plattform tragen.[674]

Neben diesen in den Leitlinien ausdrücklich genannten Qualitätsanforderungen dürften zudem auch die bislang von der h. M.[675] anerkannten technischen und inhaltlichen Vorgaben an das look & feel einer Webseite, das Display des Logos, die Animation, das Erfordernis eines schnellen Seitenaufbaus und der leichten Seitennavigation, eine ausreichende Abgrenzung zu Wettbewerbsprodukten, insbesondere geringwertigeren „No-name-Produkten" oder die Motivation des Kunden zum Besuch einer konventionellen Verkaufsstelle zulässige Selektivkriterien im Rahmen des Internetvertriebs darstellen.

5. Verkaufsbeschränkung des Anbieters bezüglich des Verkaufs von Ersatzteilen

Art. 4 lit. e Vertikal-GVO bzw. Art. 4 lit. e tVertikal-GVO beinhalten für einen eng umgrenzten Sonderfall die einzige Kernbeschränkung, welche den Schutz des Lieferanten impliziert. Danach entfällt der Rechtsvorteil der Freistellung wenn

672 OLG Karlsruhe GRUR-RR 2010, 109, 112 f.

673 Leitlinien, Tz. 54.

674 Leitlinien, Tz. 54.

675 Lettl, WRP 2010, 807, 818; Pischel, GRUR 2010, 972, 976 m.w.N.

zwischen einem Anbieter von Teilen und einem Abnehmer, der diese Teile weiterverarbeitet, eine Vereinbarung getroffen wird, die unmittelbar oder mittelbar bezweckt, den Anbieter in der Möglichkeit zu beschränken, die Teile als Ersatzteile an Endverbraucher oder an Reparaturwerkstätten oder andere Dienstleistungserbringer zu verkaufen, die der Abnehmer nicht mit der Reparatur oder Wartung seiner Waren betraut hat.

Wie dem Wortlaut eindeutig zu entnehmen ist, ist allein der Verkauf der Bestandteile *als Ersatzteile* erfasst. Eine Beschränkung des Verkaufs für andere Zwecke – z. B. zum Weiter-verkauf – bleibt demgegenüber freigestellt.[676]

Nach den Leitlinien können „indirekte" Beschränkungen insbesondere dann vorliegen, wenn der Anbieter der Ersatzteile in seiner Freiheit beschränkt wird, technische Angaben und Spezialausrüstungen bereitzustellen, die für die Verwendung von Ersatzteilen durch Endverbraucher, unabhängige Reparaturbetriebe oder Dienstleister notwendig sind.[677] Anders herum kann der Erstausrüster von den Mitgliedern seines eigenen Reparatur- und Kundendienstnetzes hingegen verlangen, die Ersatzteile ausschließlich von ihm zu beziehen.[678]

III. Nicht freigestellte Wettbewerbsbeschränkungen nach Art. 5 Vertikal-GVO bzw. Art. 5 tVertikal-GVO (Wettbewerbsverbote des Händlers)

Wie eingangs bereits angesprochen, regeln auch Art. 5 Vertikal-GVO bzw. Art. 5 tVertikal-GVO Wettbewerbsbeschränkungen, die ebenfalls nicht in den Genuss der Freistellung nach Art. 2 Vertikal-GVO bzw. Art. 2 tVertikal-GVO kommen. Abweichend von den Kernbeschränkungen der Art. 4 Vertikal-GVO bzw. Art. 4 tVertikal-GVO werden die hier geregelten Beschränkungen von den Wettbewerbsbehörden jedoch als weniger wettbewerbsschädigend eingestuft. Die Rechtsfolge eines Verstoßes gegen eine Bestimmung der Art. 5 Vertikal-GVO bzw. Art. 5 tVertikal-GVO besteht daher auch lediglich in der Nichtigkeit der betreffenden Vertragsbestimmung selbst, während die übrigen Bestandteile der Vereinbarung grundsätzlich freigestellt bleiben.[679] Lediglich dann, wenn sich der übrige Teil nicht von der unwirksamen Wettbewerbsklausel trennen lässt oder die unwirksame

676 Schultze/Kübler, in: Schultze u.a., Der Vertragshändlervertrag, Rn. 437.

677 Leitlinien Tz. 59.

678 Leitlinien Tz. 59, Gürzumar, in: FS für Fehiman Tekil, 209, 259.

679 Leitlinien Tz. 71; tLeitlinien Tz. 32.

Klausel einen wesentlichen Teil der Vereinbarung bildet, kann ausnahmsweise die gesamte wettbewerbsbeschränkende Vereinbarung und unter besonderen Umständen sogar der gesamte Vertrag gem. §§ 139, 306 Abs. 3 BGB bzw. Art. 27 Abs. 2 tOG unwirksam sein.[680]

Regelungsgegenstand dieser Beschränkungsverbote sind Wettbewerbsverbote von unbestimmter Dauer oder von mehr als fünf Jahren während der Vertragslaufzeit, nachvertragliche Wettbewerbsverbote sowie Wettbewerbsverbote in selektiven Vertriebssystemen, die den Vertrieb von Waren bestimmter konkurrierender Anbieter verhindern. Von diesen Vorgaben enthalten die Regelungen der Art. 5 Vertikal-GVO bzw. Art. 5 tVertikal-GVO wiederum Ausnahmetatbestände, unter deren Voraussetzungen die Freistellung der betreffenden Bestimmung erhalten bleibt.

1. Wettbewerbsverbote zum Nachteil des Vertragshändlers während der Vertragslaufzeit

Der Unternehmer hat ein grundsätzliches Interesse daran, den Vertragshändlervertrag so auszugestalten, so dass der Vertragshändler seinen Bedarf an Vertragsprodukten zu einem möglichst großen Teil direkt vom Unternehmer zu dem von ihm vorgegebenen Preis bezieht und seine Verkaufsbemühungen ausschließlich auf die von ihm gelieferten Produkte konzentriert. Er wird daher stets bemüht sein, seine Händler durch entsprechende vertragliche Vereinbarungen derart an ihn zu binden, dass sie keine Möglichkeit haben, sich die Produkte anderweitig zu günstigeren Preisen zu verschaffen oder auf Konkurrenzprodukte von Wettbewerbern zurückzugreifen und im Laufe der Zeit das gesamte übrige Vertriebsnetz mit diesen zu versorgen.

Art. 1 Abs. 1 lit. d Vertikal-GVO und Art. 3 Abs. 1 lit. d tVertikal-GVO definieren Wettbewerbsverbote inhaltlich übereinstimmend als unmittelbare oder mittelbare Verpflichtung, die den Abnehmer veranlasst, keine Waren oder Dienstleistungen herzustellen, zu beziehen, zu verkaufen oder weiterzuverkaufen, die mit den Vertragswaren oder -dienstleistungen im Wettbewerb stehen. Zudem stellt jede unmittelbare oder mittelbare Verpflichtungen des Abnehmers, auf dem relevanten Markt mehr als 80 % seines Gesamtbezugs an Vertragswaren oder -dienstleistungen und ihren Substituten, welcher am Bedarf des vorangegangenen Kalenderjahres zu berechnen ist, vom Anbieter oder von einem anderen vom

---

680 tLeitlinien Tz. 32; Emde, Vertriebsrecht, Vor § 84, Rn. 140; Gürzumar, in: FS für Fehiman Tekil, 209, 260; Demir-Gökyayla, Milletlerarası Özel Hukukta Tek Satıcılık Sözleşmeleri, S. 75.

Anbieter benannten Unternehmen zu beziehen, ebenso ein Wettbewerbsverbot im Sinne der GVOen dar. Die Vertikal-GVO enthält in ihrer seit dem 01.06.2010 geltenden Fassung zudem eine dahingehende Präzisierung, dass die Mindestabnahmeverpflichtungen in geeigneten Fällen nicht mehr nur anhand des Bezugswertes berechnet werden können, sondern auch anhand des bezogenen Volumens. Hierdurch hat die Kommission die Auslegungsschwierigkeiten beseitigt, die dann bestanden, wenn die Mindestabnahmemenge mittels Mengenvorgaben in absoluten Zahlen ausgedrückt wird.[681]

Dem im Grundsatz nachvollziehbaren Interesse des Unternehmers, seine Händler möglichst eng an den Vertrieb seiner Produkte zu binden, stehen auf der anderen Seite allerdings die von derartigen Bezugsbindungen ausgehenden Gefahren für den Wettbewerb gegenüber. Diese Gefahren bestehen insbesondere in einer möglichen Abschottung des Marktes gegenüber konkurrierenden oder potenziellen Abnehmern, einer Aufweichung des Wettbewerbs, der Erleichterung einer Kollusion unter Anbietern, die gleichartige Vereinbarungen handhaben (kumulative Wirkung) sowie – sollte es sich beim Anbieter um einen Wiederverkäufer gegenüber Endverbrauchern handeln – in einer möglichen Beschränkung des Markenwettbewerbs (Inter-brand Wettbewerb).[682]

Die europäischen Leitlinien gehen unter Rückgriff auf das von der Rechtsprechung entwickelte Kriterium des Erfordernisses der Spürbarkeit wettbewerbswidriger Auswirkungen davon aus, dass bei Vereinbarungen mit Markenzwang von einer Dauer von weniger als einem Jahr, die von Unternehmen in nicht marktbeherrschender Stellung gehandhabt werden, grundsätzlich noch nicht von einer Verletzung des Art. 101 Abs. 1 AEUV auszugehen sei.[683]

Im Übrigen haben die Verordnungsgeber diesen Konflikt in Art. 5 Abs. 1 lit. a Vertikal-GVO bzw. Art. 5 Abs. 1 lit. a tVertikal-GVO dahingehend gelöst, dass sie dem Unternehmer die Möglichkeit geben, seinen Händlern ein zeitlich beschränktes Wettbewerbsverbot für eine maximale Dauer von fünf Jahren aufzuerlegen. Durch diese Möglichkeit wird dem Umstand Rechnung getragen, dass ein Unternehmer in aller Regel nicht bereit sein wird, eine längerfristige Betriebsbindung einzugehen, wenn er gleichzeitig einen durch seine eigenen Händler geförderten Wettbewerb fürchten müsste. Für einen Zeitraum von maximal fünf Jahren wird also das Interesse an der Ermöglichung einer längerfristigen Vertriebsvereinbarung höher bewertet, als das mögliche Interesse der Händler während dieses

681 Funke/Just, KSzW 2010, 151, 158.

682 Leitlinien Tz. 130.

683 Leitlinien Tz. 133.

Zeitraums selbst in den Markt einzutreten.[684] Ab dem sechsten Jahr ist sodann allerdings davon auszugehen, dass die Bindung an ein Wettbewerbsverbot bei den meisten Investitionsarten nicht mehr als für die Erzielung der behaupteten Effizienzgewinne erforderlich zu erachten ist bzw. dass diese Gewinne nicht ausreichen, um die mit der Abschottungswirkung bewirkten Nachteile zu kompensieren.[685]

a. Erscheinungsformen der Bezugsbindungen und ihr wettbewerbsbeschränkender Charakter

Auf Grundlage der Legaldefinition in den vertikalen Gruppenfreistellungsverordnungen werden die Wettbewerbsverbote nach der herkömmlichen Terminologie regelmäßig in klassische Wettbewerbsverbote (Exklusivitätsbindungen), Mindestabnahmeverpflichtungen sowie Alleinbezugsverpflichtungen, mit ihren Spezialformen der Direktbezugsverpflichtungen und der Gesamtbedarfsdeckungsverpflichtungen unterteilt.[686]

aa. Exklusivitätsbindung (Wettbewerbsverbot im engeren Sinn)

Die klassischste Form eines Wettbewerbsverbots stellt die Auferlegung einer Exklusivitätsbindung dar, durch die der Vertragshändler verpflichtet wird, keine Waren oder Dienstleistungen herzustellen, zu beziehen, zu verkaufen oder weiterzuverkaufen, die mit den Vertragswaren oder -dienstleistungen des Unternehmers im Wettbewerb stehen. Eine solche Verpflichtung des Händlers ist nach den eindeutigen Verordnungskonzeptionen (Art. 5 Abs. 1 lit. a Vertikal-GVO bzw. Art. 5 Abs. 1 lit. a tVertikal-GVO) lediglich mit einer maximalen Geltungsdauer von fünf Jahren gem. Art. 2 Abs. 1 Vertikal-GVO bzw. Art. 2 Abs. 1 tVertikal-GVO freigestellt.

Dies gilt in gleicher Weise auch für in der Praxis häufiger zu lesende Vereinbarungen, gemäß derer der Vertragshändler keine mit den Vertragsprodukten im Wettbewerb stehenden Produkte vertreiben darf, „soweit die Vertragsprodukte vom Unternehmer zu wettbewerbsfähigen Konditionen, beispielsweise hinsichtlich Liefertermintreue, Qualität und Bezugspreise, geliefert werden". Ob der Händler von seiner Wettbewerbsverbotsverpflichtung befreit wird, liegt dabei nämlich allein im Machtbereich des Unternehmers. Er hat es selbst in der Hand, durch die Erfüllung seiner weitgehend ohnehin bereits vertraglich geschuldeten

684 Schultze/Kübler, in: Schultze u.a., Der Vertragshändlervertrag, Rn. 408.
685 Leitlinien Tz. 133.
686 Schultze/Kübler, in: Schultze u.a., Der Vertragshändlervertrag, Rn. 402; Emde, Vertriebsrecht, Vor § 84, Rn. 143.

Verpflichtungen, wie termingerechte Belieferung, Gewährleistung der Produktqualität und Forderung wettbewerbskonformer Preise, sicherzustellen, dass der Vertragshändler keine konkurrierenden Produkte vertreiben darf.[687]

bb. Mindestabnahmeverpflichtung

Praktisch die gleiche Wirkung wie mit der Vereinbarung einer Exklusivitätsbindung lässt sich erzielen, indem dem Händler sehr hohe Mindestabnahmemengen abverlangt werden, die zumindest annähernd seinen gesamten Jahresbedarf der betreffenden Produktart decken, so dass er kein Bedürfnis für den Zugriff auf Konkurrenzprodukte mehr hat. Aus diesem Grund, haben die Verordnungsgeber in Art. 1 Abs. 1 lit. d Vertikal-GVO bzw. Art. 3 Abs. 1 lit. d tVertikal-GVO festgelegt, dass eine Verpflichtung des Abnehmers, mehr als 80 % seines Vorjahresbedarfs an Vertragswaren oder mit diesen konkurrierenden Produkten vom Unternehmer oder einem vom Unternehmer benannten Drittunternehmen beziehen zu müssen, ebenfalls ein Wettbewerbsverbot im Sinne der Gruppenfreistellungsverordnungen darstellt und daher gem. Art. 5 Abs. 1 lit. a Vertikal-GVO und Art. 5 lit. a tVertikal-GVO lediglich bei einer Beschränkung auf eine Maximaldauer von fünf Jahren freigestellt ist. Mindestabnahmeverpflichtungen, die diese 80 %-Grenze nicht erreichen, unterliegen demgegenüber keinen Einschränkungen und sind daher auch ohne zeitliche Begrenzung freigestellt.[688]

Liegen im ersten Jahr nach Abschluss der Vereinbarung noch keine Einkaufsdaten des Abnehmers zur Ermittlung seines vorjährigen Bedarfs an Vertragsprodukten vor, so kann der Gesamtjahresbedarf geschätzt werden.[689]

Keine Hinweise enthalten die Leitlinien zu der Frage, wie der Fall zu beurteilen ist, in dem es innerhalb des Fünfjahreszeitraums abwechselnd zum Über- und Unterschreiten der 80 %-Schwelle kommt. In der Literatur wird insoweit die Auffassung geäußert, dass in diesen Fällen sowohl ein wiederholter Neubeginn der Fünfjahresfrist als auch eine bloße Fristhemmung denkbar seien.[690] M. E. besteht für eine solche mit erheblicher Rechtsunsicherheit und Streitpotenzial belastete

---

687 Schultze/Kübler, in: Schultze u.a., Der Vertragshändlervertrag, Rn. 403; Demir-Gökyayla, Milletlerarası Özel Hukukta Tek Satıcılık Sözleşmeleri, S. 172 f.

688 Schultze/Pautke/Wagener, Vertikal-GVO, Rn. 202; Bechtold/Bosch/Brinker/Hirsbrunner, EG-Kartellrecht, Art. 1 VO 2790/1999, Rn. 6; Klotz, in: Schröter/Jakob/Mederer, Kommentar zum Europäischen Wettbewerbsrecht, Art. 81- Fallgruppen Liefer- und Bezugsvereinbarungen, Rn. 113.

689 Leitlinien Tz. 66; tLeitlinien Tz. 33.

690 Funke/Just, KSzW 2010, 151, 157.

Auslegung indes keinerlei Anknüpfungspunkt. Die Regelungen der Art. 5 Abs. 1 lit. a Vertikal-GVO und Art. 5 lit. a tVertikal-GVO sind vielmehr eindeutig so ausgestaltet, dass allein die für die Dauer von maximal fünf Jahren abgeschlossen Wettbewerbsverbote i. S. d. Art. 1 lit. d Vertikal-GVO bzw. Art. 3 Abs. 1 lit. d tVertikal-GVO freigestellt sind. Entscheidend ist insoweit die zeitlich beschränkte „Vereinbarung", unabhängig davon wie sich der jeweiliger Jahresbedarf des Abnehmers in den folgenden fünf Jahren im Einzelnen tatsächlich entwickelt. Vor Ablauf des vereinbarten Fünfjahreszeitraums müssen die Parteien daher in jedem Fall in neue Verhandlungen für eine Verlängerung/Erneuerung des Wettbewerbsverbots eintreten. Eine irgendwie geartete Verlängerung des Fünfjahreszeitraums durch Fristhemmung oder Neubeginn, nur weil die befürchtete Marktabschottungswirkung in einzelnen Jahren nicht eingetreten sein mag, kommt demgegenüber nicht in Betracht.

cc. Alleinbezugsverpflichtung

Durch eine Alleinbezugsverpflichtung (im weiten Sinn) wird der Händler verpflichtet, die betreffenden Vertragsprodukte bzw. artgleiche Konkurrenzprodukte allein von dem betreffenden Unternehmer zu beziehen.[691]

Derartige Verpflichtungen existieren in Vertragshändlerverträgen entweder in Form einer sog. reinen oder mittelbaren Direktbezugsverpflichtung oder in Gestalt einer sog. Alleinbezugsverpflichtung (im engen Sinn).

Ist die Verpflichtung des Händlers auf den Bezug der konkreten Vertragsprodukte, zumeist einer bestimmten Marke (z. B. Bier der Marke Krombacher, Handys der Marke Nokia) gerichtet, spricht man von einer Direktbezugsverpflichtung.[692] Bezieht sich diese Verpflichtung dabei auf den Bezug vom Unternehmer selbst, handelt es sich um eine reine/unmittelbare Direktbezugsverpflichtung; benennt der Unternehmer einen Dritten, von dem die Abnahme zu erfolgen hat, liegt eine mittelbare Direktbezugsverpflichtung des Händlers vor.

Eine Alleinbezugsbindung (im engen Sinn) beinhaltet demgegenüber die Verpflichtung, dass der Käufer die gesamte Produktgattung, d. h. sowohl die Vertragsprodukte als auch die mit diesen konkurrierenden Produkte, nur von einem Unternehmer zu beziehen. Dem Händler wird also entweder untergesagt, mit den Vertragsprodukten im Wettbewerb stehende Produkte bei anderen Lieferanten zu beziehen oder ihm wird – was die identischer Wirkung entfaltet – aufgegeben,

691 Schultze/Kübler, in: Schultze u.a., Der Vertragshändlervertrag, Rn. 405; Demir-Gökyayla, Milletlerarası Özel Hukukta Tek Satıcılık Sözleşmeleri, S. 130.

692 Schultze/Kübler, in: Schultze u.a., Der Vertragshändlervertrag, Rn. 405.

seinen gesamten Bedarf an der betreffenden Produktgattung allein bei dem einen Unternehmer zu decken.[693]

Da der Händler im Rahmen einer Direktbezugsverpflichtung nicht gehindert wird, Konkurrenzprodukte aus einer nicht vom Unternehmer vorgegebenen Quelle zu beziehen, stellt diese unter Hinweis auf den Wortlaut in Art. 1 Abs. 1 lit. d Vertikal-GVO nach einhelliger Meinung in der deutschen Literatur kein Wettbewerbsverbot im Sinne der Vertikal-GVO dar und unterfällt daher auch nicht den Beschränkungen der Art. 5 Abs. 1 lit. a Vertikal-GVO.[694] Nach der Formulierung in Art. 1 Abs. 1 lit. d Hs. 2 Vertikal-GVO liegt ein Wettbewerbsverbot durch die Auferlegung einer Mindestabnahmeverpflichtung von über 80 % des Gesamtbezugs des Händlers nämlich nur dann vor, wenn sich diese auf die „Vertragswaren und -dienstleistungen *und ihren Substituten* auf dem relevanten Markt" bezieht. Letztere werden bei einer Direktbezugsverpflichtung jedoch gerade nicht mitumfasst, so dass dem Händler eine solche, allein auf die konkrete Produktmarke bezogene Direktbezugsverpflichtung auch für eine über den Fünfjahreszeitraum hinausgehende Dauer auferlegt werden kann.

Für das türkische Recht gelten diese Ausführungen entsprechend. Dass die Abgrenzung der Tatbestandsalternativen in der gesetzlichen Definition des Wettbewerbsverbots nach Art. 3 Abs. 1 lit. d tVertikal-GVO dabei durch das Wort „oder" und nicht wie im europäischen Verordnungstext über das Wort „und" erfolgt, macht insoweit keinen sachlichen Unterschied.[695]

Anders verhält es sich demgegenüber bei den Alleinbezugsbindungen im engen Sinn (häufig auch in Gestalt sog. Gesamtbedarfsdeckungsverpflichtungen), deren Merkmal es gerade ist, den Händler auch in Bezug auf etwaige Substitute zu den Vertragsprodukten auf den Alleinbezug von einem Unternehmer zu beschränken. Diese gelten nach allgemeiner Meinung als empfindliche Einschränkung des Markenwettbewerbs (interbrand Wettbewerb) und stellen stets ein Wettbewerbsverbot i. S. v. Art. 1 lit. d Vertikal-GVO und Art. 3 Abs. 1 lit. d tVertikal-GVO dar.[696]

---

693 Demir-Gökyayla, Milletlerarası Özel Hukukta Tek Satıcılık Sözleşmeleri, S. 131; Schultze/Kübler, in: Schultze u.a., Der Vertragshändlervertrag, Rn. 406.

694 Bauer/de Bronett, Die Gruppenfreistellungsverordnung für vertikale Wettbewerbsbeschränkungen, Rn. 151; Baron, in: Loewenheim/Meessen/Riesenkampff, Kartellrecht, Art. 4 Vert-GVO, Rn. 268; Schultze/Kübler, in: Schultze u.a., Der Vertragshändlervertrag, Rn. 405.

695 Demir-Gökyayla, Milletlerarası Özel Hukukta Tek Satıcılık Sözleşmeleri, S. 133.

696 Schultze/Kübler, in: Schultze u.a., Der Vertragshändlervertrag, Rn. 406; Demir-Gökyayla, Milletlerarası Özel Hukukta Tek Satıcılık Sözleşmeleri, S. 132.

dd. Kombination verschiedener Bezugsbindungen

In der Praxis kommt es häufiger vor, dass in den Händlerverträgen mehrere Bezugsbindungsformen – etwa in Gestalt einer Direktbezugsverpflichtung mit einer Mindestabnahmepflicht – kombiniert werden. In diesen Fällen ist hinsichtlich der Frage, ob die Restriktionen der vertikalen GVOen zu beachten sind, auf die den Händler am stärksten einschränkende Bindung abzustellen. Anders ausgedrückt kann der Umstand, dass neben der Verpflichtung des Abnehmers zu einer von der Definition der Art. 1 lit. d Vertikal-GVO bzw. Art. 3 Abs. 1 lit. d tVertikal-GVO erfassten Mindestabnahmeverpflichtung zusätzlich noch eine die Merkmale eines Wettbewerbsverbots i. S. d. der GVOen nicht erfüllende Direktbezugspflicht vereinbart wird, freilich nicht dazu führen, dass nunmehr die gesamte Vereinbarung nicht mehr in den Geltungsbereich der Verordnungen fällt.[697] Soll eine solche Verpflichtung daher ohne zeitliche Beschränkung auf fünf Jahre vereinbart werden, muss die vereinbarte Mindestabnahmepflicht ab dem sechsten Jahr eine Reduzierung auf maximal 80 % des Vorjahresbedarfs des Händlers vorsehen.[698]

b. Anreizregelungen als mittelbare Verpflichtung?

Wettbewerbsverbote im Sinne der deutschen und türkischen GVOen können gem. Art. 1 lit. d Vertikal-GVO und Art. 3 Abs. 1 lit. d tVertikal-GVO auch in einer „mittelbare Verpflichtung" des Abnehmers bestehen. Problematisch ist in diesem Zusammenhang, ob sog. Anreizregelungen, nach denen der Händler etwa einen höheren Rabatt erhält, wenn er seinen gesamten Bedarf beim Lieferanten deckt, unter den Begriff der „mittelbaren Verpflichtung" subsumiert werden können.

Die europäische Kommission und der türkische Wettbewerbsausschuss haben Anreizregelungen in ihren Leitlinien ohne weiteres einer (mittelbaren) Verpflichtung im Sinne der Legaldefinition des Wettbewerbsverbots gleichgestellt. Auch solche Regelungen könnten den Abnehmer faktisch an den Lieferanten binden und damit zu einem Markenzwang und einer Marktabschottung führen.[699]

In der deutschen Literatur wird diese Auffassung zu recht fast durchgehend kritisch gesehen.[700] Art. 1 lit. b Vertikal-GVO erfordert – ebenso wie Art. 3 Abs. 1 lit. d tVertikal-GVO auch – für die Annahme eines Wettbewerbsverbots i. S. d. GVO eine

697 Demir-Gökyayla, Milletlerarası Özel Hukukta Tek Satıcılık Sözleşmeleri, S. 133.

698 Schultze/Kübler, in: Schultze u.a., Der Vertragshändlervertrag, Rn. 407.

699 Leitlinien Tz. 129; tLeitlinien Tz. 112.

700 Baron, in: Loewenheim/Meessen/Riesenkampff, Kartellrecht, Art. 4 Vert-GVO, Rn. 262, 265; Schultze/Pautke/Wagener, Vertikal-GVO, Rn. 192; Schultze/Kübler, in: Schultze u.a., Der Vertragshändlervertrag, Rn. 411; a. A. in Anlehnung an die

„*Verpflichtung*". Eine bloß faktische Bindung, die von ihrer Wirkung u. U. einem rechtlichen Zwang gleichkommen mag, lässt sich unter diesen Wortlaut nicht subsumieren.[701] Sollten die Wirkungen einer Anreizregelung mit den Voraussetzungen des Art. 101 Abs. 3 AEUV bzw. Art. 5 Abs. 1 tGSW im Einzelfall unvereinbar sein, so steht der Kommission und den nationalen Wettbewerbsbehörden immer noch die Möglichkeit eines Entzugs der Freistellung solcher Regelungen zur Verfügung.[702]

c. *Englische Klauseln*

Sog. englische Klauseln verpflichten den Abnehmer, dem Unternehmer ein günstigeres Angebot eines anderen Unternehmers zu melden und darauf nur einzugehen, wenn der bindende Unternehmer nicht in das günstigere Angebot des Dritten eintritt.[703] In der Praxis werden solche Klauseln zudem oft mit einem Wettbewerbsverbot kombiniert, wonach grundsätzlich eine Bezugspflicht des Händlers an den bindenden Unternehmer besteht, von der er nur dann entbunden wird, wenn der Unternehmer nicht in die günstigeren Konditionen des anderen Anbieters eintritt.[704]

Potenzielle Gefahren für den Wettbewerb können bei Verwendung derartiger Klauseln darin begründet liegen, dass die durch sie bewirkte Transparenz in Bezug auf die Preise konkurrierender Unternehmer zu einer Erleichterung der horizontalen Kollusion zwischen Lieferanten und zu einer Abschottung der gebundenen Abnehmer gegenüber anderen Lieferanten führen kann.[705]

Nach den Leitlinien dürften englische Klausen jedenfalls dann die gleiche Wirkung wie ein Markenzwang haben, wenn der Abnehmer den Namen seines Abnehmers preisgeben muss.[706]

Bezüglich der sog. „offenen" englischen Klauseln, bei denen – etwa durch Einschaltung eines zur Verschwiegenheit verpflichteten Wirtschaftsprüfers – die

Kommission: Nolte, in: Langen/Bunte, Kommentar zum deutschen und europäischen Kartellrecht, Bd. 2, Art. 81, Rn 644.

701 Schultze/Pautke/Wagener, Vertikal-GVO, Rn. 192; Schultze/Kübler, in: Schultze u.a., Der Vertragshändlervertrag, Rn. 411.

702 Schultze/Kübler, in: Schultze u.a., Der Vertragshändlervertrag, Rn. 411.

703 Leitlinien Tz. 129; tLeitlinien Tz. 129.

704 Nolte, BB 1998, 2429, 2438; Schultze/Kübler, in: Schultze u.a., Der Vertragshändlervertrag, Rn. 413.

705 Leitlinien Tz. 129 a. E.; tLeitlinien Tz. 129; Schultze/Pautke/Wagener, Vertikal-GVO, Rn. 205; Petsche, in: Liebscher/Flohr/Petsche, Handbuch der EU-Gruppenfreistellungsverordnungen, § 7, Rn. 192; Schultze/Kübler, in: Schultze u.a., Der Vertragshändlervertrag, Rn. 413.

706 Leitlinien Tz. 129; tLeitlinien Tz. 129.

Anonymität des günstigeren Anbieters gewahrt bleibt, entspricht es demgegenüber zurecht der herrschenden Auffassung, dass bereits ein Verstoß gegen Art. 101 Abs. 1 AEUV bzw. Art. 4 Abs. 1 tGSW nicht vorliegt.[707] In diesen Fällen erscheint die Gefahr des Eintritts der genannten wettbewerbsschädlichen Wirkungen eher fernliegend. Auf eine Freistellung nach den Gruppenfreistellungsverordnungen kommt es diesbezüglich demzufolge nicht einmal an.

Aber auch dann, wenn der Händler verpflichtet ist, die Identität der Wettbewerber preiszugeben, dürfte eine solche Klausel m. E. nicht per se einen Verordnungsverstoß begründen. So können derartige Klauseln allenfalls dann zu einer ein Wettbewerbsverbot i. S. d. GVOen begründenden Bezugsbindung führen, wenn diese zugleich sicherstellen, dass der Unternehmer von seinem Eintrittsrecht tatsächlich in einem Umfang von mehr als 80 % des jährlichen Händler-Bedarfs Gebrauch machen kann.[708] Dem Anschein einer solchen Wirkung können die Parteien in der Praxis zumindest mit einer entsprechenden Öffnungsklausel begegnen. Zumindest in diesem Fall dürfte einer Freistellung nach den GVOen dann nichts mehr entgegen stehen.

d. Keine Beschränkung von Wettbewerbsverboten bei Nutzung von Räumlichkeiten des Anbieters

Art. 5 Abs. 2 Vertikal-GVO und Art. 5 lit. a Satz 3 tVertikal-GVO schreiben vor, dass die zeitliche Beschränkung des Wettbewerbsverbot auf maximal fünf Jahre ausnahmsweise nicht gilt, wenn die Vertragswaren oder -dienstleistungen vom Abnehmer in Räumlichkeiten und auf Grundstücken verkauft werden, die im Eigentum des Anbieters stehen oder von diesem von nicht mit dem Abnehmer verbundenen Dritten gemietet oder gepachtet worden sind und das Wettbewerbsverbot nicht über den Zeitraum hinausreicht, in dem der Abnehmer diese Räumlichkeiten und Grundstücke nutzt.

Hintergrund dieser Ausnahmebestimmungen ist offenkundig derjenige, dass von einem Anbieter nicht erwartet werden kann, den Verkauf von Konkurrenzprodukten in seinen Räumlichkeiten und auf seinen Grundstücken dulden zu müssen.[709] In der Praxis spielen diese Regelungen insbesondere im Rahmen von

707 Nolte, BB 1998, 2429, 2438; Petsche, in: Liebscher/Flohr/Petsche, Handbuch der EU-Gruppenfreistellungsverordnungen, § 7, Rn. 192; Kirchhoff, in: Wiedemann, Handbuch des Kartellrechts, § 10 Rn. 276; Nolte, in: Langen/Bunte, Kommentar zum deutschen und europäischen Kartellrecht, Bd. 2, Art. 81, Rn. 645.

708 Petsche, in: Liebscher/Flohr/Petsche, Handbuch der EU-Gruppenfreistellungsverordnungen, § 7, Rn. 192.

709 Leitlinien Tz. 67; tLeitlinien Tz. 38.

Bierlieferungs-[710] und Tankstellenverträgen[711] eine zentrale Rolle, da in diesen Bereichen häufig in großem Umfang auf der Grundlage längerfristiger Pachtverträge mit Wettbewerbsverboten gearbeitet wird.[712]

Rechtliche Konstruktionen wie die zeitlich begrenzte Übertragung von Eigentumsrechten an Räumlichkeiten oder Grundstücken, durch die lediglich die Fünfjahresfrist umgangen werden soll, fallen demgegenüber nicht unter diese Ausnahmebestimmung und sind daher nicht freigestellt.[713]

Eine ähnliche Interessenlage ergibt sich zudem in Fällen, in denen der Abnehmer zwar nicht in Räumlichkeiten oder auf Grundstücken des Anbieters tätig wird, in denen der Anbieter dem Abnehmer jedoch – etwa im Rahmen von Gaststättenverträgen – große Teile der erforderlichen Geschäftsausstattung zur Verfügung stellt. Überlegungen, den Lieferanten in diesen Fällen ebenfalls durch die Freistellung eines über den Fünfjahreszeitraum hinausgehendes – etwa bis zum Ende der Abschreibungsdauer der vertragsspezifischen Investitionen – Wettbewerbsverbot vor dem Bezug von Konkurrenzprodukten durch den Händler zu schützen, ist in der Literatur jedoch zu Recht eine Absage erteilt worden. Der Wortlaut der Art. 5 Abs. 2 Vertikal-GVO bzw. Art. 5 lit. a Satz 3 tVertikal-GVO ist eindeutig auf die dort konkret beschriebenen Ausnahmefälle beschränkt, so dass für alle anderen Fallkonstellationen allenfalls eine Einzelfallfreistellung über die Legalausnahmen der Art. 101 Abs. 3 AEUV bzw. Art. 5 Abs. 1 tGSW in Erwägung gezogen werden kann.

Da Art. 5 Abs. 2 Vertikal-GVO bzw. Art. 5 lit. a Satz 3 tVertikal-GVO grundsätzlich eine zeitlich unbegrenzte Freistellungsmöglichkeit gewähren, ist es für deren wirksame Vereinbarung allerdings erforderlich, dass in dem Vertrag zwischen Unternehmer und Händler auch sichergestellt ist, dass mit dem Fortfall der Voraussetzungen des Ausnahmetatbestands, nämlich der Nutzung von Räumlichkeiten oder Grundstücken des Unternehmers, zugleich auch das hieran gekoppelte Wettbewerbsverbot entfällt.[714]

e. *Staffelung des Fünfjahreszeitraums und darüber hinausgehende Verlängerungsmöglichkeiten*

Nach Art. 5 Abs. 1 S. 2 Vertikal-GVO bzw. Art. 5 lit. a S. 2 tVertikal-GVO gelten Wettbewerbsverbote, deren Dauer sich über den Zeitraum von fünf Jahren hinaus stillschweigend verlängert, als auf unbestimmte Zeit vereinbart und

---

710 EuGH, Urt. v. 28.2.1991, Rs. C-234/89, Slg. 191, I-935 („Delimitis/Henninger Bräu").
711 Kommission, 17. Wettbewerbsbericht, 1987, Rn. 29 („Union Petrolifera").
712 Schultze/Pautke/Wagener, Vertikal- GVO, Rn. 870.
713 Leitlinien Abs. 67; Aslan, Rekabet Hukukunda Dikey Anlaşmalar, S. 152.
714 Schultze/Pautke/Wagener, Vertikal- GVO, Rn. 871; Metzlaff, BB 2000, 1201, 1208.

sind daher gem. Art. 5 Abs. 1 lit. a Vertikal-GVO bzw. Art. 5 lit. a tVertikal-GVO nicht freigestellt. Unbenommen ist es den Parteien demgegenüber, eine automatische oder stillschweigende Verlängerungsregelung zu treffen, die sich ausschließlich innerhalb des zulässigen Fünfjahreszeitraums bewegt.[715] So können sie beispielsweise einen Vertrag mit einer zunächst auf zwei Jahre befristen Wettbewerbsklausel vereinbaren, welche sich automatisch einmalig um drei weitere Jahre verlängert, wenn sie nicht zum Ablauf der Zwei-Jahresfrist gekündigt wird.

Die Parteien können zudem bereits vertraglich vorsehen, dass sie sich zu einem bestimmten Zeitpunkt vor Ablauf der fünf Jahre zu Neuverhandlungen über die Verlängerung des zunächst auf fünf Jahre befristeten Wettbewerbsverbots zusammensetzen werden. Erforderlich ist allein, dass klar zum Ausdruck kommt, dass die Parteien über die Fortgeltung des Wettbewerbsverbots erneut verhandeln werden.[716] Dementsprechend sind nach allgemeiner Meinung auch Vereinbarungen, die hintereinander geschaltete, im Fünfjahresrythmus jeweils neu abzuschließende, wiederum auf maximal fünf Jahre zu befristende Wettbewerbsverbote enthalten (sog. Kettenverträge), nicht als auf unbestimmte Dauer geschlossene Wettbewerbsverbote zu qualifizieren und daher freigestellt.[717] Auch die vertragliche Einräumung eines Kündigungsrechts zugunsten des Unternehmers für den Fall, dass eine Einigung über die Verlängerung des Wettbewerbsverbots nach Ablauf des Fünfjahreszeitraums nicht zustande kommt, ist für die Freistellung unschädlich.[718]

Da die vertikalen Gruppenfreistellungsverordnungen zudem lediglich zeitliche Beschränkungen hinsichtlich des Wettbewerbsverbots *des Abnehmers* vorsehen, ist eine einseitige Verlängerungsoption zugunsten des Abnehmers ohne weiteres zulässig, solange diese nicht faktisch wiederum in einen Verlängerungszwang für den Abnehmer umschlägt.[719]

---

715 Schultze/Pautke/Wagener, Vertikal-GVO, Rn. 858.

716 tLeitlinien Tz. 34; Schultze/Pautke/Wagener, Vertikal-GVO, Rn. 859; Polley/Seeliger, WRP 2000, 1203, 1214; Demir-Gökyayla, Milletlerarası Özel Hukukta Tek Satıcılık Sözleşmeleri, S. 171.

717 Schultze/Pautke/Wagener, Vertikal-GVO, Rn. 861; Veelken, in: Immenga/Mestmäkker, Wettbewerbsrecht EG, Teil 1, Vertikal-GVO, Rn. 285; Nolte, in Langen/Bunte, Kommentar zum deutschen und europäischen Kartellrecht, Bd. 2, Art. 81 Rn. 649; Demir-Gökyayla, Milletlerarası Özel Hukukta Tek Satıcılık Sözleşmeleri, S. 172.

718 Petsche, in: Liebscher/Flohr/Petsche, Handbuch der EU-Gruppenfreistellungsverordnungen, § 7, Rn. 163; Veelken, in: Immenga/Mestmäcker, Wettbewerbsrecht EG, Teil 1, Vertikal-GVO, Rn. 285.

719 Schultze/Kübler, in: Schultze u.a., Der Vertragshändlervertrag, Rn. 423.

f. Geltungserhaltende Reduktion

Fraglich ist, ob ein für mehr als fünf Jahre vereinbartes Wettbewerbsverbot im Wege einer geltungserhaltenden Reduktion auf maximal fünf Jahre herabgesetzt werden kann. Die ältere, aus der Zeit vor Inkrafttreten der Vertikal-GVO stammende Rechtsprechung des BGH hielt eine solche geltungserhaltende Reduktion übermäßig langer Wettbewerbsverbote im Rahmen von Individualverträgen grundsätzlich für zulässig,[720] und auch die türkischen Leitlinien zur vertikalen Gruppenfreistellungsverordnung sehen in einem solchen Fall vor, dass der Abnehmer bis zum Ablauf der fünfjährigen Frist einem Wettbewerbsverbot unterliege und erst im Anschluss daran, im Hinblick auf die nunmehr eintretende Unwirksamkeit der Wettbewerbsklausel von dem Wettbewerbsverbot befreit werde.[721]

Dieser Auffassung kann indes nicht gefolgt werden. In Bezug auf allgemeine Geschäftsbedingungen entspricht es ohnehin bereits der ständigen Rechtsprechung des BGH, dass jede Form einer geltungserhaltenden Reduktion unzulässig ist.[722] Darüber hinaus ist eine solche geltungserhaltende Reduktion aber auch generell mit dem Wortlaut der Art. 5 Abs. 1 lit. a Vertikal-GVO bzw. Art. 5 lit. a tVertikal-GVO, welche Wettbewerbsverbote mit einer über die fünf Jahre hinausgehenden Geltungsdauer unmissverständlich für nicht freigestellt erklären, nicht in Einklang zu bringen.[723] Im Falle der Zulassung einer geltungserhaltenden Reduktion bestünde für die Parteien widersinniger Weise keinerlei Anreiz, sich an diese gesetzgeberischen Vorgaben zu halten und überhaupt ein befristetes Wettbewerbsverbot zu vereinbaren. Im Gegenteil würden ihnen die Grundsätze der geltungserhaltenden Reduktion die Möglichkeit einräumen, zumindest die maximal zulässige Höchstdauer auszunutzen.[724]

720 BGH WuW/E 1984, 2090, 2095; BGH WuW/E 1981, 1898, 1900; BGH WuW/E 1997, 3115, 3120.

721 tLeitlinien Tz. 36.

722 BGH NJW 1993, 1135; 1996, 1407; BGH NJW 1989, 582, 583.

723 Schultze/Pautke/Wagener, Vertikal-GVO, Rn. 868; Polley/Seeliger, WRP 2000, 1203, 1214; Demir-Gökyayla, Milletlerarası Özel Hukukta Tek Satıcılık Sözleşmeleri, S. 172; Gürzumar, in: FS für Fehiman Tekil,209, 260, Fn. 145.

724 Schultze/Pautke/Wagener, Vertikal-GVO, Rn. 868; Demir-Gökyayla, Milletlerarası Özel Hukukta Tek Satıcılık Sözleşmeleri, S. 172.

g. Konkludente Annahme eines Wettbewerbsverbots in Alleinvertriebsverträgen?

Vor Inkrafttreten der tVertikal-GVO entsprach es der Rechtsprechung des Kassationshofes[725] und der herrschenden Lehre in der türkischen Literatur[726], dass der mit einem Alleinvertriebsrecht ausgestattete Vertragshändler auch ohne eine diesbezügliche Vereinbarung während der gesamten Dauer des Vertragsverhältnisses einem Wettbewerbsverbot unterliege. Die Herstellung, der Bezug oder der Verkauf von mit den Vertragswaren im Wettbewerb stehender Produkte durch den Vertragshändler sei mit der Rechtsnatur des Alleinvertriebsvertrages nicht in Einklang zu bringen.

Mit der Rezeption der europäischen Regelungen, insbesondere der Einführung von Art. 5 lit. a tVertikal-GVO kann an dieser Auffassung indes kaum festgehalten werden. Fraglich kann vielmehr allein noch sein, ob in Verträge, die weiterhin keine ausdrückliche Regelung hinsichtlich eines Wettbewerbsverbots enthalten, mit Blick auf die hier noch gesteigerte Treue- und Interessenwahrnehmungspflicht des Händlers, wenigstens ein auf fünf Jahre befristetes Wettbewerbsverbot als stillschweigend vereinbart hineingelesen werden kann.[727] Eine diesbezügliche Stütze könnte zudem noch der Bestimmung des Art. 104 tHGB entnommen werden, wonach der Handelsvertreter grundsätzlich kraft Gesetz in seinem Bezirk mit einem Exklusivrecht ausgestattet ist und korrespondierend dazu im gleichen Bezirk einem Vermittlungsverbot für Wettbewerber unterliegt.

M. E. kann die Annahme eines konkludent geschlossenen, auf fünf Jahre befristeten Wettbewerbsverbots für Vertragshändlerverträge in Gestalt von Alleinvertriebsverträgen nicht überzeugen. So enthalten weder die Verordnung selbst noch zumindest die Leitlinien einen Hinweis darauf, dass im Bereich von Alleinvertriebsverträgen liberalere Freistellungsregelungen gelten sollen, als in sonstigen vertikalen Vertriebsvereinbarungen. Bringt der Verordnungsgeber zudem seine aus wettbewerbsrechtlicher Sicht generell kritische Haltung in Bezug auf die Vereinbarung von Wettbewerbsverboten zum Ausdruck, indem er diese nur noch bis zu einer Maximaldauer von fünf Jahren zulässt, erscheint es kaum vertretbar, die vollständige Ausschöpfung dieser Frist allein auf eine angeblich stillschweigende Vereinbarung eines solchen Verbots zu stützen. Haben die Parteien eine diesbezügliche Regelung nicht ausdrücklich niedergelegt, ist folglich vom gesetzlichen

---

725 Yargıtay 19. HD., 05.03.2002, E. 4568, K. 1473 (YKD. 2003 Band 29, S. 1418–1419); Yargıtay HGK 04.07.2001, E. 19–526, K. 572 (YKD 2003, Band 29, S. 1419).

726 İşgüzar, Tek Satıcılık Sözleşmesi, S. 83; Tandoğan, BATIDER 1982, 1, 21.

727 So Demir-Gökyayla, Milletlerarası Özel Hukukta Tek Satıcılık Sözleşmeleri, S. 174 f.

Regelfall der Ermächtigung des Händlers, auch Produkte anderer Unternehmer vertreiben zu dürfen, auszugehen.

2. Nachvertragliches Wettbewerbsverbot zum Nachteil des Vertragshändlers

Art. 5 Abs. 1 lit. b, Abs. 3 Vertikal-GVO bzw. Art. 5 lit. b tVertikal-GVO regeln die Grenzen innerhalb derer ein nachvertraglichen Wettbewerbsverbot für den Abnehmer gruppenfreistellungsfähig ist. Eine nähere Befassung mit dieser Bestimmung erfolgt an späterer Stelle im Rahmen der Darstellung Rechtsfolgen der Vertragsbeendigung.[728]

3. Wettbewerbsverbot in selektiven Vertriebssystemen

Wie im Abschnitt zum Selektivvertrieb bereits erwähnt,[729] stellen alle unmittelbaren oder mittelbaren Verpflichtungen, die Mitglieder eines selektiven Vertriebssystems veranlassen, Marken *bestimmter* konkurrierender Anbieter nicht zu verkaufen, gem. Art. 5 Abs. 1 lit. c Vertikal-GVO und Art. 5 lit. c tVertikal-GVO eine nicht freigestellte Beschränkung dar.

Im Rahmen selektiver Vertriebssysteme ist es dem Unternehmer grundsätzlich gestattet, den Verkauf von Produkten konkurrierender Marken zu untersagen.[730] Art. 5 Abs. 1 lit. c Vertikal-GVO und Art. 5 lit. c tVertikal-GVO erfassen daher nicht den Fall, in denen der Unternehmer in seinem Vertriebssystem eine Markenexklusivität vorsieht. Unterbunden werden soll vielmehr der Fall, dass gezielt gegen einzelne Konkurrenzunternehmen gerichtete Vertragsklauseln vereinbart werden, mittels derer der Verkauf von Produkten einzelner, ganz bestimmter Marken untersagt wird.[731] Insbesondere geht es darum, zu verhindern, dass mehrere Anbieter, die dieselben Verkaufsstätten eines selektiven Vertriebsnetzes nutzen, einen bestimmten Wettbewerber oder bestimmte Wettbewerber davon abhalten, beim Vertrieb ihrer Produkte auf diese Verkaufsstätten zurückzugreifen (Marktausschluss eines konkurrierenden Anbieters in Form eines kollektiven Boykotts).[732]

Für den Ausschluss der Freistellung ist es nötig, dass die betroffene Marke entweder namentlich benannt wird oder eindeutig namentlich bestimmbar ist.

---

728 § 4 D. IV.

729 § 3 F. II. 3. g.

730 Leitlinien Tz. 69; tLeitlinien Tz. 40.

731 Emde, Vertriebsrecht, Vor § 84, Rn. 148.

732 Leitlinien Tz. 69.

Erforderlich ist im Hinblick auf den eindeutigen Wortlaut zudem wiederum, dass es sich bei der Verbotsbestimmung tatsächlich um eine rechtlich bindende „Verpflichtung“ handelt. Eine rein faktische Bindung durch die Ausübung von Druck oder die Gewährung von Anreizen ist demgegenüber nicht ausreichend, um den Vorteil der Freistellung zu entziehen, selbst wenn diese von ihrer Wirkung einer rechtlichen Bindung gleichkommt.[733]

IV. Wettbewerbsverbot des Unternehmers

Da die Definitionen der Art. 1 Abs. 1 lit. d Vertikal-GVO bzw. Art. 3 Abs. 1 lit. d tVertikal-GVO lediglich dem Abnehmer auferlegte Wettbewerbsverbots-verpflichtungen erfassen, sind Vereinbarungen, die Wettbewerbsverbote zum Nachteil des Unternehmers beinhalten, im Anwendungsbereich der GVOen demgegenüber ohne weitere Einschränkungen freigestellt. Der Unternehmer kann sich also auch über die zeitlichen Beschränkungen der Art. 5 Abs. 1 lit. a Vertikal- GVO bzw. Art. 5 lit. a tVertikal-GVO hinaus grundsätzlich wirksam verpflichten, die Vertragswaren zum Zwecke einer spezifischen Verwendung oder des Weiterverkaufs nur an einen einzigen Händler zu verkaufen (Alleinbelieferungsverpflichtung), oder bestimmte Kundengruppen oder Gebiete nicht unmittelbar selbst zu beliefern.

Etwas anderes gilt – abgesehen von dem engen Ausnahmetatbestand der Art. 4 lit. e Vertikal-GVO bzw. Art. 4 lit. e tVertikal-GVO[734] – lediglich dann, wenn der Händler eine bestimmte Marktstärke erlangt hat. Wie bereits ausgeführt,[735] ist mit Inkrafttreten der neuen Vertikal-GVO Nr. 330/2010 in Art. 3 Abs. 1 Vertikal-GVO eine zweite generelle Marktanteilsschwelle eingeführt worden, nach der die Freistellung nach Art. 2 Abs. 1 Vertikal-GVO nur noch dann erfolgt, wenn auch der Anteil des Abnehmers an dem relevanten Markt, auf dem er die Vertragswaren oder -dienstleistungen bezieht, 30 % nicht überschreitet. Liegt der Marktanteil des Händlers über dieser 30 %-Grenze, so unterfallen Wettbewerbsverbote zum Nachteil des Unternehmers daher nicht mehr der generellen Freistellung nach Art. 2 Abs. 1 Vertikal-GVO.

Die nach wie vor an der europäischen „Vorgänger“-GVO (Nr. 2790/1999) orientierte tVertikal-GVO kennt zwar diese generelle zweite Marktanteilsschwelle nicht. In Bezug auf den Sonderfall von Alleinbelieferungsverpflichtungen enthält

733 Emde, Vertriebsrecht, Vor § 84, Rn. 148.

734 Vgl. dazu oben, § 3 F. II. 5.

735 § 3 E.

jedoch auch sie (in Entsprechung des Art. 3 Abs. 2 Vertikal-GVO a. F.) in Art. 2 Abs. 3 tVertikal-GVO ebenfalls eine Bestimmung, nach der die Freistellung dann entfällt, wenn der Anteil des Käufers an dem relevanten Markt zu groß geworden ist, wobei die türkische GVO diese Schwelle anders als die europäische GVO nicht schon bei 30 %, sondern erst bei 40 % als erreicht ansieht. Liegt also der Markanteil des Händlers, auf dem er die Vertragswaren bezieht, über 40 %, so ist eine Alleinbelieferungsverpflichtung folglich auch nach der türkischen GVO untergesagt.

Voraussetzung für das Vorliegen der Ausschlussgründe des Art. 3 Abs. 1 Vertikal-GVO bzw. Art. 2 Abs. 3 tVertikal-GVO ist allerdings, dass die Alleinbelieferungsverpflichtung Folge einer Vereinbarung und als solche auch bezweckt ist. Eine bloß faktische Alleinbelieferung, die sich etwa daraus ergibt, dass ein Liefervertrag über eine bestimmte Menge, die Kapazitäten des Lieferanten vollständig erschöpft, ist nicht untersagt.[736]

736 Veelken, in: Immenga/Mestmäcker, Wettbewerbsrecht EG, Teil 1, Vertikal-GVO, Rn. 285; Schultze/Kübler, in: Schultze u.a., Der Vertragshändlervertrag, Rn. 435.

§ 4 Die Beendigung des Vertragshändlervertrages und deren Rechtsfolgen

A. Wirtschaftliche Grundüberlegungen

Die Beendigung des Vertragshändlervertrages ist, insbesondere wenn diese mehr oder weniger unvorbereitet erfolgt, für den Vertragshändler grundsätzlich mit weit größeren wirtschaftlichen Risiken verbunden als für den Unternehmer.

Mit der Beendigung des Vertragshändlervertrages verliert der Vertragshändler regelmäßig seine einzige Erwerbsquelle.[737] Ggf. haben sich Gebäude und Betriebsausstattungen, die der Vertragshändler aufgrund des „corporate design“ und der „Marketing-Strategie“ des Unternehmers an dessen Vertriebssystem angepasst hat, während des Vertragsverhältnisses noch nicht amortisiert.[738] Spezifische Maschinen, die für die Durchführung der Garantie- und Wartungsarbeiten erforderlich sind, sind häufig speziell auf die Vertragswaren zugeschnitten und können nach der Beendigung des Vertragsverhältnisses – wenn überhaupt – nur unter großen Verlusten umgestellt werden.[739] Weiterhin verliert der Vertragshändler mit der Beendigung des Vertragsverhältnisses regelmäßig seinen Kundenkreis und die von ihm vorgehaltenen Waren- und Ersatzteillager verlieren für ihn ihren Wert.

Demgegenüber verliert der Unternehmer mit der Beendigung der Geschäftsbeziehung oftmals lediglich einen seiner vielen Händler, der in der Regel zudem zügig ersetzt werden kann.

B. Laufzeiten von Vertragshändlerverträgen

Beschäftigt man sich mit der Beendigung und den Beendigungsarten des Vertragshändlervertrages, so ist zunächst die vereinbarte Vertragslaufzeit in den Blick zu nehmen. Nach der vereinbarten Dauer des Vertrages richten sich die möglichen Beendigungsarten und die Länge der einzuhaltenden Kündigungsfristen. Da der

737 OLG Stuttgart BB 1990, 1015.

738 Genzow, Vertragshändlervertrag, Rn. 102.

739 OLG Frankfurt BB 1983, 1435, 1438; Demir-Gökyayla, Milletlerarası Özel Hukukta Tek Satıcılık Sözleşmeleri, S. 186.

Vertragshändlervertrag ein Dauerschuldverhältnis mit einer Reihe gegenseitiger Rechte und Pflichten begründet, haben die Parteien an der Feststellung der Vertragsdauer ein hervorgehobenes rechtliches Interesse. Dabei sind sie in den Grenzen der Vertragsfreiheit grundsätzlich unbeschränkt, die Länge der Vertragslaufzeit frei zu bestimmen und zwischen einer zeitlich beschränkten Vertragslaufzeit und einem auf unbestimmte Dauer geschlossenen Vertrag zu wählen.

Bei der Bemessung der Vertragsdauer kann allerdings die Interessenlage beider Parteien nicht unberücksichtigt bleiben. So hat die Festlegung der Vertragsdauer insbesondere den vertraglich vereinbarten Investitionen des Vertragshändlers,[740] wie z. B. Gebäude- und Betriebsausstattungen, Personalschulungen, etc., den sonstigen Erfordernissen des Geschäfts und seinen rechtlichen Grundlagen[741] sowie den in der betreffenden Branche üblichen Vertragslaufzeiten in angemessener Weise Rechnung zu tragen. Je enger die Einbindung des Vertragshändlers in die Vertriebsstruktur des Unternehmers und je spezifischer die von ihm getätigten Investitionen an den Vertragswaren ausgerichtet sind, desto länger ist regelmäßig die Vertragsdauer zu bestimmen.

Unabhängig davon, ob die Vertragsdauer mittels einer AGB-Klausel festgelegt oder individualvertraglich ausgehandelt worden ist, kann die betreffende Vertragsbestimmung u. U. unwirksam bzw. nichtig sein, wenn die getroffene Laufzeitbestimmung zu kurz oder zu lang bemessen ist und daher eine Partei, regelmäßig den Vertragshändler, unangemessen benachteiligt. Prüfungsmaßstab ist insoweit im Standardvertrag eine auf Grundlage von § 307 BGB bzw. Art. 25 tOG ausgelegte Prüfung nach den Geboten von „Treu und Glauben".[742] Liegt ein Individualvertrag vor, ist die Grenze der Vertragsfreiheit erreicht, wenn die Dauer eines Vertragshändlervertrags, die wirtschaftliche Bewegungs- und Entscheidungsfreiheit der Parteien in einem nicht mehr hinnehmbaren Maße einschränkt. In diesem Fall ist die betreffende Vereinbarung gem. § 138 BGB bzw. Art. 27 Abs. 1 tOG als sittenwidrig und damit nichtig zu erachten.[743] Mag die Grenze des Zulässigen im

---

740 BGH NJW 2000, 1110, 1113; BGH NJW 2003, 1313, 1315.

741 BGH NJW 2003, 1313, 1315.

742 Die strikte Regelung des § 309 Nr. 9 BGB findet demgegenüber im Rahmen der AGB-Kontrolle zwischen Unternehmen allerdings keine Anwendung und entfaltet auch keine Indizwirkung für den unternehmerischen Verkehr, vgl. Dammann, in: Wolf/Lindacher/Pfeiffer, AGB Recht, § 309 Nr. 9, Rn. 170; Spenner, in: Schultze u.a., Der Vertragshändlervertrag; Rn. 584.

743 BGH BB 1970, 1419, 1420; BGH NRW-RR 1986, 982, 983; Finger, DB 1970, 141, 142; Eren, Borçlar Hukuku Genel Hükümler, S. 293; Kocayusufpaşaoğlu/Hatemi/Serozan/Arpacı, Borçlar Hukukuna Giriş, § 42, Rn. 61.

Rahmen der AGB-Kontrolle auch noch ein wenig strenger sein, so werden dabei doch grundsätzlich in beiden Fällen sehr ähnliche Wirtschaftlichkeitserwägungen anzustellen sein. Erforderlich ist in jedem Fall eine konkrete Einzelfallprüfung.

Unter engen Voraussetzungen kann eine zu kurz bemessene Vertragslaufzeit ausnahmsweise dann der Inhaltskontrolle nicht stand halten, wenn es die vorgegebene Vertragslaufzeit dem Vertragshändler nicht einmal annähernd ermöglicht, seine Investitionen zu amortisieren.[744]

Daneben kann in Verträgen ohne ordentliche Kündigungsmöglichkeit oder einer sehr lang bemessenen Kündigungsfrist insbesondere auch eine überlange Vertragslaufzeit zur Sittenwidrigkeit des Vertrages führen. Da für Verträge mit einer bestimmten Dauer die ordentliche Kündigung grundsätzlich ausgeschlossen ist,[745] können zu lang bemessene Vertragslaufzeiten zu einer Knebelung der schwächeren Vertragspartei führen und sind daher ab einer bestimmten Grenze als sittenwidrig zu erachten. Generalisierende Ausführungen, wann zumindest regelmäßig von einer sittenwidrig lang bemessenen Vertragsdauer auszugehen ist, lassen sich der Rechtsprechung jedoch kaum entnehmen.

Der BGH hatte sich im Rahmen von dem Vertragshändlervertrag ähnelnder Vertriebsverträge, insbesondere aus dem Bereich Tankstellen- und Bierlieferungsverträge, in der Vergangenheit wiederholt dahingehend geäußert, dass Verträge mit einer Laufzeit von mehr als 20 Jahren regelmäßig als sittenwidrig zu erachten seien.[746] Lediglich wenn besondere Umstände hinzukämen, könne eine 20-jährige Vertragsdauer gerade noch gerechtfertigt sein.[747]

Das Handelsgericht Istanbul[748] hat, bestätigt durch den Kassationshof,[749] in einem umgekehrten Fall, in dem sich der Unternehmer vorzeitig aus dem Vertragsverhältnis lösen wollte und den mit einer Vertragslaufzeit von zehn Jahren und mit einer ordentlichen Kündigungsfrist von einem Jahr versehenen Alleinvertriebsvertrag für mit Art. 19 f. tOG a. F. unvereinbar erachtete, eine sittenwidrige Beschränkung der wirtschaftlichen Entscheidungsfreiheit des Unternehmers abgelehnt.

---

744 Vgl. BGH, Urt. v. 06.12.2002, V ZR 220/02, Tz. 9 f.; Spenner, in: Schultze u.a., Der Vertragshändlervertrag; Rn. 586.

745 Vgl. dazu auch sogleich § 4 C. I. 1. a.

746 Vgl. etwa BGH NJW 1982, 1692, 1693.

747 BGH NJW 1979, 865.

748 İstanbul 2. Asliye Ticaret Mahkemesi, 06.06.1975, E. 1974/156, K. 1975/300 (nicht veröffentlicht, zum Inhalt der Entscheidung, siehe: İşgüzar, Tek Satıcılık Sözleşmesi, S. 107).

749 Yargıtay 11. HD., 09.01.1976, E. 1975/4099, K. 1976/47 (in: İşgüzar, Tek Satıcılık Sözleşmesi S. 106).

Bei der Heranziehung solcher Fristen aus bislang bekannt gewordenen Entscheidungen ist jedoch, insbesondere wenn diese bereits 30 Jahre und mehr zurückliegen, äußerste Vorsicht geboten. Dass diesen Entscheidungen keine verlässlichen Leitlinien bzgl. der generell noch als zulässig zu erachtenden Vertragslaufzeiten entnommen werden können, zeigt sich beispielsweise an einer deutlich nach den zitierten BGH-Entscheidungen ergangene Entscheidung des LG Köln,[750] wonach eine Bezugsbindung bei Bierbezugsverträgen bereits bei einer Vertragslaufzeit von mehr als zehn Jahren unter Berücksichtigung des einschlägigen europäischen Wettbewerbsrechts generell als sittenwidrig zu erachten sei.

Steht im Rahmen des konkreten Vertragsverhältnisses die persönliche Dienstleistung des Vertragshändlers im Vordergrund, so können ausnahmsweise auch die dienstvertraglichen Regelungen der § 624 BGB bzw. Art. 430 Abs. 3 tOG herangezogen werden.[751] Danach kann in diesen Fällen der auf Lebenszeit oder mit einer Laufzeit von mehr als fünf Jahren (§ 624 BGB) bzw. von mehr als zehn Jahren (Art. 430 Abs. 3 tOG) geschlossene Vertrag nach Ablauf dieser fünf bzw. zehn Jahre mit einer Kündigungsfrist von sechs Monaten gekündigt werden.

Ist eine als unangemessen kurz oder lang anzusehende Vertragslaufzeit Gegenstand einer AGB-Klausel, so hat dies zur Folge, dass die betreffende Klausel im Rahmen der Inhaltskontrolle für unwirksam zu erklären ist. Im Übrigen bleibt der Vertrag indes wirksam und an die Stelle der unwirksamen Klausel treten die gesetzlichen Bestimmungen (vgl. § 306 Abs. 1 und 2 BGB bzw. Art. 27 Abs. 2 tOG). Dies führt dazu, dass der Vertrag als auf unbestimmte Zeit geschlossen anzusehen ist und nach Maßgabe der für den Vertragshändlervertrag einschlägigen Kündigungsfristen[752] ordentlich gekündigt werden kann.

Ist die vereinbarte Vertragsdauer demgegenüber infolge von Sittenwidrigkeit für nichtig zu erachten (§ 138 Abs. 1 BGB bzw. Art. 27 Abs. 1 tOG), so führt dies in Abweichung zum türkischen Recht (hier gilt wiederum Art. 27 Abs. 2 tOG) nach deutschem Recht *in der Regel* dazu, dass das gesamte Rechtsgeschäft für nichtig zu erachten ist (§ 139 BGB) und die bislang erbrachten Leistungen nach Bereicherungsrecht rückabzuwickeln sind. Für den Bereich der Bierbezugsverträge hat der BGH jedoch entschieden, dass im Falle einer zu lang gewählten Vertragslaufzeit, lediglich die betreffende Laufzeitbestimmung, nicht aber der gesamte Vertrag als

750 LG Köln NJW-RR 1994, 242, 243.

751 BGH NJW 1982, 1692; Spenner, in: Schultze u.a., Der Vertragshändlervertrag; Rn. 591; 615.

752 Dazu sogleich, § 4 C. I. 1. b. bb.

nichtig zu erachten sei.[753] Diese Entscheidungspraxis wird sich für das Vertragshändlerrecht generalisieren lassen, da der objektive Parteiwille in aller Regel nur dahingehend ausgelegt werden kann, dass das Vertragsverhältnis nicht mit der vereinbarten Laufzeitbestimmung stehen und fallen sollte.

Oftmals werden die Parteien indes überhaupt kein Interesse daran haben, den Vertragshändlervertrag zeitlich zu beschränken. Dies gilt in besonderem Maße für den Vertragshändler, der zumeist seinen gesamten Betrieb umstellen und durch die Beschaffung der spezifischen Werkzeuge und sonstigen Arbeitsmittel sowie die Ausbildung und Schulung seines Personals ganz auf den Vertrieb der Vertragswaren ausrichten muss. Daneben hat aber auch der Unternehmer, der bei dem Aufbau des Vertragshändlerbetriebes häufig behilflich ist, indem er die erforderlichen Fachkenntnisse zur Verfügung stellt, sich teilweise an den Anfangsinvestitionen beteiligt oder die notwendige Fortbildung des Personals übernimmt,[754] wenig Interesse an einer lediglich kurzfristigen Bindung der Vertragsparteien. Dementsprechend schließen die Parteien den Vertragshändlervertrag häufig ohne Beschränkung auf eine bestimmte Vertragsdauer auf unbestimmte Zeit. Die Möglichkeit der Lösung vom Vertrag besteht sodann – unter Beachtung der vereinbarten oder analog heranzuziehenden gesetzlichen Kündigungsfristen – über den Weg der ordentlichen Kündigung.

Haben die Parteien sich bei Vertragsschluss auf eine bestimmte Vertragslaufzeit festgelegt, so endet das Vertragsverhältnis nach deren Ablauf automatisch. Ein Anspruch auf Vertragsverlängerung steht dem Vertragshändler nicht zu. Auch dem gesetzlich normierten Dienstvertrags- und Handelsvertreterrecht ist ein solcher Anspruch fremd. Ebenso wenig wie es grundsätzlich einen Anspruch auf Vertragsabschluss gibt, gibt es einen Anspruch ein befristetes Vertragsverhältnis fortzusetzen. Setzen die Parteien das Vertragsverhältnis nach Ablauf der vereinbarten Laufzeit allerdings stillschweigend und ohne erneute Befristung weiter fort, so gilt der Vertrag als auf unbestimmte Zeit verlängert, mit der Konsequenz, dass sodann die Regelungen für unbefristete Vertragshändlerverträge, insbesondere die dort zu beachtenden Kündigungsfristen, auf den geänderten Vertrag Anwendung finden. Dies lässt sich für das deutsche Recht aus einer analogen Anwendung des § 89 Abs. 3 dHGB und für das türkische Recht aus der entsprechenden, im Zuge der HGB-Reform erstmals eingeführten[755] Bestimmung des Art. 121 Abs. 2 tHGB herleiten.

---

753 BGH NJW 1972, 1459; NJW 1979, 865, 866.

754 Finger, DB 1970, 141, 142.

755 Gleiches wurde für das türkische Recht indes auch schon vor der Kodifizierung des Art. 121 Abs. 2 tHGB n. F. nach der bis zum 30.06.2012 bestehenden Rechtslage

Haben die Parteien zwar zunächst eine feste Vertragslaufzeit vereinbart, enthält der Vertrag darüber hinaus aber zugleich eine sog. Verlängerungsklausel, wonach sich das Vertragsverhältnis nach Ablauf der vereinbarten Laufzeit – vorbehaltlich der Kündigung durch eine Vertragspartei – stets automatisch für einen weiteren festgelegten Zeitraum verlängert, so steht den Parteien neben dem Recht zur Kündigung zum Ende der grundsätzlichen Vertragslaufzeit nach allgemeiner Meinung zudem ein ordentliches Kündigungsrecht wie beim unbefristeten Vertrag zu.[756] Da das Vertragsverhältnis aufgrund seiner tatsächlichen Ausgestaltung in diesem Fall nämlich niemals automatisch ausläuft und zu seiner Beendigung stets einer rechtsgestaltenden Kündigungserklärung bedarf, steht es einem auf unbestimmte Dauer abgeschlossenen Vertrag doch zumindest sehr nahe.[757]

Auch zeitlich befristete Verträge, die ohne erneute Aushandlung hintereinander wiederholt mit gleichem oder ähnlichem Inhalt immer wieder neu abgeschlossen werden (sog. Kettenverträge), sind kündigungstechnisch wie ein unbefristeter Vertrag zu behandeln und sind der ordentlichen Kündigung zugänglich.[758]

Haben die Parteien in dem Vertragshändlervertrag zunächst eine Probezeit vereinbart, ohne zugleich eine Regelung bzgl. der anschließenden Fortsetzung des Vertragsverhältnisses getroffen zu haben, so endet das Vertragsverhältnis mit Ablauf der Probezeit ohne Weiteres. Haben die Parteien demgegenüber vereinbart, dass das Vertragsverhältnis nach dem Ablauf der Probezeit automatisch fortgesetzt wird, so handelt es sich um ein auf unbestimmte Dauer geschlossenes Vertragsverhältnis mit den hierfür vorgesehenen Kündigungsmöglichkeiten.[759]

C. Beendigungsarten des Vertragshändlervertrages

Neben den naheliegendsten Beendigungsgründen des Ablaufs eines befristeten Vertrages und der ordentlichen oder außerordentlichen Kündigung können auch

---

angenommen, Kayıhan, Türk Hukukuńda Acentelik Sözleşmesi, S. 217; Ülgen/Teoman/Helvacı/Kendigelen/Kaya/Nomer-Ertan, Ticari İşletme Hukuku, S. 651, Rn. 2042.

756 Küstner, BB 1975, 195, 196; Spenner, in: Schultze u.a., Der Vertragshändlervertrag, Rn. 595.

757 OLG Hamm BB 1973, 1233, 1234, Küstner, BB 1975, 195, 196.

758 BGH BB 2002, 2520, 2521; BB 2002, 2036, 2038 (zu Franchise-Kettenverträgen); Thume, in: Thume, Vertriebsrecht, Teil II, Kap. 6, Rn. 5.

759 Spenner, in: Schultze u.a., Der Vertragshändlervertrag, Rn. 597; Demir-Gökyayla, Milletlerarası Özel Hukukta Tek Satıcılık Sözleşmeleri, S. 185.

eine Reihe weiterer Gründe, wie die einvernehmliche Aufhebung des Vertrages oder dessen Anfechtung sowie Tod, Insolvenz oder Entmündigung einer Vertragspartei zur Beendigung des Vertragsverhältnisses führen. Praktisch wesentlich relevanter und häufig mit weitaus höherem rechtlichem Streitpotenzial verbunden ist allerdings die Beendigung des Vertragsverhältnisses durch ordentliche bzw. außerordentliche Kündigung. Im Folgenden wird daher zunächst die Rechtslage bezüglich der Kündigung des Vertragshändlerverhältnisses näher beleuchtet, ehe auf die weiteren Beendigungsgründe sodann nur noch am Rande eingegangen werden soll.

I. Kündigung des Vertrages

1. Ordentliche Kündigung

Die ordentliche Kündigung stellt für jede Vertragspartei allgemein das Gestaltungsrecht dar, sich innerhalb einer bestimmten Frist aus einem für unbestimmte Dauer eingegangenen Vertragsverhältnis zu lösen. Sie stellt eine bedingungsfeindliche, einseitige, empfangsbedürftige Willenserklärung dar.[760] Die ordentliche Kündigung muss dabei nach dem allgemeinen Zivilrecht weder begründet noch gerechtfertigt werden. Die ausdrückliche Nutzung des Wortes „Kündigung“ ist nicht erforderlich; ausreichend ist vielmehr, dass der Kündigungswille der kündigenden Vertragspartei eindeutig erkennbar wird.[761] Ihre Grenzen werden durch die Verbote sittenwidrigen Handelns, widersprüchlichen Verhaltens[762] und dem Ausspruch von Vergeltungs- oder Schikanekündigungen[763] sowie den Grundsätzen von Treu und Glauben[764] und der Verhältnismäßigkeit bestimmt. Eine weitere Grenze ergebe sich nach einer weit verbreiteten Ansicht zudem aus dem Diskriminierungsverbot nach Art. 102 lit. c AEUV, § 20 GWB bzw. Art. 6 Abs. 2 lit. b tGSW.[765] Innerhalb dieser Grenzen ist

760 Yargıtay HGK 10.02.2010, E. 19–38, K. 69 (www.kazanci.com.tr); Yargıtay 11. HD., 15.01.1992, E. 1990/1959, K. 1992/96 (YKD Band 18, Heft 5, S. 718–719); Weidenkaff, in: Palandt, Vorb v § 620, Rn. 28; Eren Borçlar Hukuku Genel Hükümler, S. 1211,1212.

761 Yargıtay HGK 10.02.2010, E. 19–38, K. 69 (www.kazanci.com.tr).

762 Ulmer, S. 459.

763 Genzow, Vertragshändlervertrag, Rn. 104.

764 BGH BB 1995, 1257, 1258.

765 OLG Stuttgart NJOZ 2003, 483, 486; Westphal, Vertragshändler, Rn. 549; Niebling, BB 1996, 1727, 1729.

eine Kündigung auch bei einer über längere Zeit ungestört verlaufenden Geschäftsbeziehung üblich und ohne weiteres zulässig.[766]

a. Keine Anwendbarkeit auf befristete Verträge

Befristete Verträge enden grundsätzlich mit Ablauf der vereinbarten Laufzeit. Das Recht zur vorzeitigen Vertragslösung durch ordentliche Kündigung ist in diesen Fällen im Gegenzug grundsätzlich ausgeschlossen. Dies ergibt sich für das Dienst- und Handelsvertreterrecht unmittelbar aus dem Gesetz (vgl. § 620 Abs. 1 und 2 BGB, § 89 Abs. 1 dHGB bzw. Art. 430 Abs. 1 tOG, Art. 121 Abs. 1 tHGB).[767] Darüber hinaus enthalten diese Regelungen zudem einen allgemeinen zivilrechtlichen Rechtsgedanken und finden daher auch im Vertragshändlerrecht entsprechende Anwendung.[768]

b. Auf unbestimmte Zeit geschlossene Verträge

Im Gegensatz zu den automatisch auslaufenden befristeten Verträgen können Verträge mit einer unbestimmten Laufzeit ohne besondere sachliche Rechtfertigung allein im Wege der ordentlichen Kündigung beendet werden.

aa. Form der Kündigungserklärung

Während das deutsche Recht außerhalb von Arbeitsverhältnissen ein Formerfordernis für die ordentliche Kündigungserklärung nicht kennt,[769] unterlag die Kündigung unter Kaufleuten nach türkischem Recht bislang dem Formerfordernis des Art. 20 Abs. 3 tHGB a. F. Danach konnten Mahnungen und Erklärungen zwischen

766 BGH BB 1995, 113, 114.

767 Yargıtay HGK 08.12.2005, E. 2891, K. 12272 (www.kazanci.com.tr), im Gegensatz zu einer älteren Entscheidung (Yargıtay 4. HD. 02.11.1957, E. 5685, K. 6596, in: Olgaç, İçtihatlar, Art. 338, S. 958), in welcher der 4. Senat des Kassationshofs noch davon ausging, dass auch befristete Verträge – vorbehaltlich einer anderweitigen vertraglichen Vereinbarung – durch ordentliche Kündigung gekündigt werden könnten. Nach dieser Entscheidung sei die vereinbarte Vertragslaufzeit lediglich im Sinne einer maximal gewünschten Vertragsdauer zu verstehen. Eine vorherige Beendigung des Vertragsverhältnisses durch ordentliche Kündigung sei demgegenüber möglich; Art. 338 tOG a. F. (Art. 430 tOG n. F.) enthalte keine zwingende Regelung. Diese Entscheidung, die den gesetzlichen Regelfall in sein Gegenteil verkehrt, dürfte spätestens seit der Entscheidung aus dem Jahre 2005 als überholt angesehen werden.

768 Niebling BB 1996, 1727.

769 Westphal, Vertragshändler, Rn. 546: Aus Beweisgründen empfiehlt es sich, dass die Kündigung schriftlich abzufassen.

Kaufleuten, durch die die andere Partei in Verzug gesetzt oder der Vertrag gekündigt oder der Rücktritt vom Vertrag erklärt wird, nur dann „rechtswirksam (*muteber*)“ erfolgen, wenn diese durch Vermittlung des Notars, eingeschriebenen Brief mit Rückschein oder Telegramm erfolgten. Nach dem klaren Wortlaut der Vorschrift handelte es sich dabei auch nicht um eine bloße Beweisvorschrift sondern um eine echte Wirksamkeitsvoraussetzung,[770] deren Missachtung zur Unwirksamkeit der betreffenden Erklärung führte. Im Falle einer Kündigung bedeutete dies demnach, dass der Vertrag ungeachtet der (formunwirksamen) Kündigung unverändert fortbestand.[771]

Dieses besondere Schriftformerfordernis wurde in der Literatur oftmals für zu streng erachtet und es wurde vielfach die Ansicht vertreten, dass diese ungewöhnliche[772] Regelung des Art. 20 Abs. 3 tHGB eng auszulegen sei.[773] Auch einige Senate des Kassationshofs hatten sich bereits dieser Kritik angenommen und Art. 20 Abs. 3 tHGB a. F. entgegen seinem klaren Wortlaut wiederholt zu einer bloßen Beweislastvorschrift herabgestuft.[774] So hat beispielsweise der Große Zivilsenat die Kündigung eines Alleinvertriebsvertrags mittels Fax für wirksam erklärt.[775] Andere Entscheidungen[776] des Kassationshofs gingen demgegenüber m. E. zu recht weiterhin von einer echten Wirksamkeitsvoraussetzung aus.

Im Zuge der am 01.07.2012 in Kraft getretenen HGB-Reform wird sich diese Auseinandersetzung nunmehr erledigt haben. So ist der neue Art. 18 Abs. 3 tHGB nicht nur um die weiteren Übermittlungsmöglichkeiten mittels „sicherer elektronischer Signatur“ erweitert und die Form der Übermittlung mittels „eingeschriebenen Briefes mit Rückschein“ in die Form des einfachen „eingeschriebenen Briefes“ umgewandelt worden. Vielmehr wurde insbesondere auch das Wort „rechtswirksam“ aus dem Gesetzeswortlaut entfernt. Hierdurch bringt der türkische Gesetzgeber zum Ausdruck, dass er die neue Formvorschrift des

770 Arkan, Ticari İşletme Hukuku, S. 150; Poroy/Yasaman, Ticari İşletme Hukuku, N. 212; Kayıhan, Türk Hukukunda Acentelik Sözlesmesi, S. 222; Demir-Gökyayla, Milletlerarası Özel Hukukta Tek Satıcılık Sözleşmeleri, S. 189; Krüger, RIW 2009, 771, 773.

771 Demir-Gökyayla, Milletlerarası Özel Hukukta Tek Satıcılık Sözleşmeleri, S. 190.

772 Krüger, RIW 2009, 771, 773.

773 Arkan, Ticari İşletme Hukuku, S. 151.

774 Yargıtay HGK, 12.03.1997, E. 11–951, K. 178; Yargıtay 11. HD. 12.06.1995, E. 2430, K. 4849 (www.kazanci.com.tr).

775 Yargıtay HGK, 12.03.1997, E. 1996/11–951, K. 1997/178 (www.kazanci.com.tr).

776 Yargıtay 19. HD., 09.07.2003, E. 10825, K. 7553; Yargıtay 19. HD. 04.07.2003, E. 4054, K. 7423; Yargıtay 19. HD., 14.10.2002, E. 8376, K. 6628 (www.kazanci.com.tr).

Art. 18 Abs. 3 tHGB nicht mehr als echte Wirksamkeits- sondern nur noch als Beweislastregelung erachtet.[777] Somit kommt es auch hinsichtlich etwaiger Kündigungsformerfordernisse künftig zum Gleichlauf des türkischen mit dem deutschen Vertragshändlerrecht.

bb. Kündigungsfrist

Durch den Ausspruch der ordentlichen Kündigung wird das Vertragshändlerverhältnis allerdings noch nicht unmittelbar beendet. Vielmehr setzt diese Erklärung zunächst den bei allen Dauerschuldverhältnissen üblichen Lauf einer Kündigungsfrist in Gang und das Vertragsverhältnis endet – vorbehaltlich einer zwischenzeitlichen außerordentlichen Kündigung – erst nach Ablauf dieser Frist. Zweck einer solchen Frist ist es, den Vertragsparteien einen angemessenen Zeitraum einzuräumen, um sich auf die veränderte wirtschaftliche Situation einstellen zu können, Ersatzmöglichkeiten zu verschaffen und die durch die Beendigung des Vertragsverhältnisses bedingten wirtschaftlichen Verluste zu minimieren.[778] Während des Laufes der Kündigungsfrist bestehen die Leistungspflichten grundsätzlich unverändert fort[779] und ein diesbezüglicher Verstoß kann weiterhin zu Schadensersatzansprüchen führen.[780] Im Hinblick auf die fehlende Kodifizierung des Vertragshändlerrechts und des Fehlens einer durchgehend gefestigten Rechtsprechung der im Vertragshändlerrecht anzuwendenden Kündigungsfristen, begründet die Frage nach der erforderlichen Fristlänge das höchste Streitpotenzial im Bereich der ordentlichen Kündigung des Vertragsverhältnisses und es erscheint empfehlenswert, die Kündigungsfristen im Vertragshändlervertrag – sei es individualvertraglich oder als AGB-Klausel – ausdrücklich zu vereinbaren.

i. Fehlen vertraglicher Vereinbarungen hinsichtlich der Kündigungsfrist

Haben die Parteien vertraglich keine Vereinbarung über die Länge der einzuhaltenden Kündigungsfristen getroffen, werden in deutscher und türkischer Rechtsprechung und Literatur verschiedene Ansätze verfolgt, wie diese zu bemessen sei. Ein Teil der Literatur versteht sich dabei insbesondere im Hinblick auf die generelle Schutzbedürftigkeit und wirtschaftliche Abhängigkeit des Vertragshändlers

777 Gesetzesbegründung zum Art. 18 tHGB.
778 Genzow, Vertragshändlervertrag, Rn. 115.
779 Thume, in: Thume, Vertriebsrecht, Teil II, Kap. 7, Rn. 19.
780 OLG Stuttgart BB 1990, 1016; OLG Karlsruhe BB 1959, 1006.

auf Jahresfristen. Insoweit werden zumeist Fristen von einem[781] bis zu zwei Jahre[782] für ausreichend erachtet. Nach anderer Ansicht seien die gesetzlichen Kündigungsfristen des Dienstvertrags- oder des Handelsvertreterrechts, im türkischen Recht ggf. auch aus dem Recht der GbR (vgl. Art. 640 tOG) analog heranzuziehen.[783] Nach wieder anderer Ansicht[784] sei die richtige Bemessung der Kündigungsfrist schließlich eine Frage der am jeweiligen Einzelfall auszurichtenden ergänzenden Vertragsauslegung und sei demzufolge in das richterliche Ermessen zu stellen.

(1) Analoge Anwendung der Vorschrift des Dienstvertrages

Die größte Rechtssicherheit verspricht in jedem Falle die analoge Anwendung von Kündigungsfristen eines gesetzlich kodifizierten Vertragstyps. Die Heranziehung der dienstvertraglichen Kündigungsfristen des § 621 BGB wird indes heute – auch in Ansehung der dienstvertraglichen Elemente des Vertragshändlervertrages – allgemein abgelehnt. Da die Kündigungsfristen des § 621 BGB nach dem Intervall gestaffelt sind, nach dem die Auszahlung der Vergütung bemessen ist (täglich, wöchentlich, monatlich, vierteljährlich), ist sie für den Vertragshändlervertrag, in dem der Händler eine Vergütung gerade nicht ausgezahlt bekommt und seinen Gewinn grundsätzlich aus der Differenz zwischen eigenem Ein- und Verkaufspreis generiert, erkennbar unpassend.[785]

(2) Analoge Anwendung der Kündigungsvorschrift zur GbR

In der türkischen Literatur wird vielfach auch unter Bezugnahme auf die schweizerische Literatur[786] die Ansicht vertreten, dass hinsichtlich der ordentlichen Kündigungsfristen des Vertragshändlervertrages im Falle mangelnder vertraglicher Vereinbarungen auf die Kündigungsfristen zur Gesellschaft des bürgerlichen

781 Z. B. v. Westphalen, in: Röhricht/v. Westphalen, HGB, S. 2650, Rn. 54.

782 Ulmer/Schäfer, in: Ulmer/Brandner/Hensen, AGB-Recht, Teil 2, Besondere Vertragstypen,Vertragshändlerverträge, Rn. 33; Pfeffer, NJW 1985, 1241, 1247; Dammann, in: Wolf/Lindacher/Pfeiffer, AGB-Recht, Klauseln, V 363 f., der eine zweijährige Mindestkündigungsfrist „in aller Regel" nicht für beanstandenswert hält, im Ausnahmefall also offenbar noch darüber hinausgehen will.

783 Demir-Gökyayla, Milletlerarası Özel Hukukta Tek Satıcılık Sözleşmeleri, S. 195.

784 OLG Stuttgart BB 1990, 1015; Thume, in: Thume, Vertriebsrecht, Teil II, Kap. 7, Rn. 11; Ebenroth/Strittmatter, BB 1993, 1521; İşgüzar, Tek Satıcılık Sözleşmesi S. 151; Tandoğan, BATIDER 1982, 1, 30; Şenol, Bayilik Sözleşmesi, S. 190.

785 Spenner, in: Schultze u.a., Der Vertragshändlervertrag, Rn. 604.

786 Z. B. Meyer, Der Alleinvertrieb, S. 335 f.

Rechts (*adi şirket* hükümleri) zurückgegriffen werden könne.[787] Argumentativ wird insoweit ausgeführt, auch der Unternehmer und der Vertragshändler eines Vertragshändlervertrages seien in vergleichbarer Weise zur Erreichung eines gemeinsamen Zwecks, nämlich der Absatzförderung verbunden (vgl. Art. 620 Abs. 1 tOG). Auch verlange ein Vertragshändlerverhältnis ebenso wie ein GbR-Verhältnis eine dauerhafte und von gegenseitigen Treuepflichten geprägte Beziehung der Parteien zueinander. Aus diesem Grund ähnele auch die Auflösung des Vertragsverhältnisses zwischen Vertragshändler und Unternehmer von der Interessenlage her der Kündigung eines GbR-Gesellschafters derart, dass eine analoge Anwendung der dortigen Kündigungsfristen gerechtfertigt sei.[788] Nach Art. 640 tOG kann jeder Gesellschafter den Gesellschaftsvertrag mit einer Frist von sechs Monaten kündigen, wenn die Gesellschaft auf unbestimmte Dauer oder auf Lebenszeit eines Gesellschafters geschlossen worden ist.

M. E. überzeugt diese Argumentation nicht, denn tatsächlich die Parteien eines Vertragshändlervertragsverhältnisses verfolgen keinen gemeinschaftlichen Zweck im Sinne der GbR-Vorschriften. Zwar ist es durchaus Ziel beider Vertragsparteien, einen möglichst hohen Absatz der Vertragswaren und damit einen möglichst hohen Gewinn zu erzielen. Auch handelt es sich hierbei auch auf Seiten des Vertragshändlers um eine seiner vertraglichen Hauptpflichten. Dennoch verfolgt jede Partei dieses Ziel primär im eigenen Interesse und ist dabei darauf fixiert, den eigenen Gewinnanteil bestmöglich zu maximieren. Anders als im GbR-Recht treten Unternehmer und Vertragshändler typischerweise nicht auf der gleichen, sondern auf gegenüberliegenden Vertragsseiten auf und jede Partei verfolgt ihre eigenen wirtschaftlichen Interessen, welche häufig auch im Widerspruch zu den Interessen der anderen Vertragspartei stehen. So ist der Vertragshändler beispielsweise – genau gegenläufig zum Interesse des Unternehmers – darauf bedacht, dass ihm seitens des Unternehmers kein zu hoher Einkaufspreis abverlangt wird, damit er seine eigene Gewinnspanne maximieren kann. Insgesamt fehlen dem Vertragshändlervertrag daher typische Merkmale einer GbR, so dass die analoge Anwendung von GbR-Vorschriften abzulehnen ist.

(3) Analoge Anwendung der Handelsvertretervorschriften oder ergänzende Vertragsauslegung

Nach wohl herrschender Auffassung in der deutschen Rechtsprechung und Literatur seien die Kündigungsfristen der handelsvertreterrechtlichen Vorschrift des

787 Demir-Gökyayla, Milletlerarası Özel Hukukta Tek Satıcılık Sözleşmeleri, S. 195; für den Franchiseverträge s. auch Kırca, Franchise Sözleşmesi, S. 178.

788 Demir-Gökyayla, Milletlerarası Özel Hukukta Tek Satıcılık Sözleşmeleri, S. 195.

§ 89 dHGB analog auf Vertragshändlerverträge anzuwenden.[789] Dies gelte mangels Alternative zudem unabhängig davon, ob der Vertragshändler gleich einem Handelsvertreter in die Absatzorganisation des Unternehmers eingegliedert sei oder eine solche Eingliederung nicht stattgefunden hat.[790] Nach Maßgabe der Regelung des § 89 Abs. 1 dHGB könnte ein unbefristeter Vertragshändlervertrag demnach, im ersten Jahr mit einer Frist von einem Monat, im zweiten Jahr mit einer Frist von zwei Monaten und im dritten bis fünftem Vertragsjahr mit einer Frist von drei Monaten, jeweils zum Schluss eines Kalendermonats gekündigt werden. Ab dem fünften Jahr betrüge die Kündigungsfrist sodann sechs Monate.

Die entsprechende handelsvertreterrechtliche Vorschrift des Art. 121 tHGB sieht unabhängig von der bisherigen Vertragslaufzeit eine drei-monatige Frist für die Kündigung eines unbefristeten Handelsvertretervertrages vor.

Die h. A. in der türkischen Literatur,[791] aber auch einzelne deutsche Obergerichte[792] und größere Teile des deutschen Schrifttums[793] empfinden die handelsvertreterrechtlichen Kündigungsfristen für den Vertragshändlervertrag als unangemessen kurz und lehnen diese Analogie daher ab. Insbesondere dem Vertragshändler gäben die kurzen handelsvertreterrechtlichen Fristen nicht im Ansatz die Möglichkeit seine Anfangsinvestitionen, wie etwa für die Einrichtung des Geschäftslokals oder der Schulung des Personals, die dieser nicht nur im Eigeninteresse, sondern im gleichen Maße auch im Interesse des Unternehmers tätige, zu amortisieren. Die Schutzfunktion der Kündigungsfrist gebiete es zudem, den Vertragsparteien die hinreichende Möglichkeit einzuräumen, sich den geänderten Verhältnissen rechtzeitig anpassen zu können, was über die kurzen handelsvertreterrechtlichen Kündigungsfristen nicht hinreichend gewährleistet sei.[794] Insofern seien diese Kündigungsfristen selbst aus Sicht des Unternehmers zu kurz bemessen, weil die Marktverhältnisse es häufig nicht zuließen, derart kurzfristig Ersatz für den kündigenden Vertragshändler zu finden. Insbesondere bei bereits

789 BGH NJW 1962, 1107; BB 1967, 94; BB 2002, 2520, 2521; Schwytz, 1997, 2385, 2387; Martinek, Aktuelle Fragen des Vertriebsrechts, Rn. 130; Spenner, in: Schultze u.a., Der Vertragshändlervertrag, Rn. 605.

790 Spenner, a.a.O.

791 İşgüzar, Tek Satıcılık Sözleşmesi S. 149; Demir-Gökyayla, Milletlerarası Özel Hukukta Tek Satıcılık Sözleşmeleri, S. 195; Şenol, Bayilik Sözleşmesi, S. 189; für den Franchisevertrag: Kırca, Franchise Sözleşmesi, S. 177.

792 OLG Stuttgart BB 1990, 1015.

793 Thume, in: Thume, Vertriebsrecht, Teil II, Kap. 7, Rn. 11; van der Moolen, in: Martinek/Semler/Habermeier/Flohr, Handbuch des Vertriebsrechts, § 23, Rn. 35.

794 Genzow, in: Ensthaler, § 89, Rn. 24.

seit langer Zeit anhaltenden Vertragsbeziehungen seien diese Fristen daher für unverhältnismäßig kurz zu erachten. Sachgerecht sei es daher bei fehlender vertraglicher Vereinbarung von Kündigungsfristen im Vertragshändlervertrag von einer bestehenden Vertragslücke auszugehen, welche an Hand einer am Einzelfall auszurichtenden ergänzenden Vertragsauslegung sachgerecht zu schließen sei.[795] Hierbei seien dem Umfang der getätigten Investitionen, der bisherigen Vertragslaufzeit und den gegenseitigen Rechten und Pflichten der Parteien in angemessener Weise Rechnung zu tragen.[796] Demnach wäre es letztlich Sache des Richters auf Grundlage von Treu und Glauben zu entscheiden, ob die kündigende Partei der anderen Vertragspartei eine angemessen lange Kündigungsfrist gesetzt hat oder nicht. Nach einer Entscheidung des Kassationshofs zieht das erkennende Gericht für die Bestimmung der Angemessenheit der Kündigungsfrist dabei ein Gremium aus Sachverständigen hinzu.[797]

Wie bereits erwähnt[798] werden in der Literatur – jedenfalls für die unternehmerische Kündigung – teilweise Kündigungsfristen von mehreren Jahren für angemessen erachtet. Auch die Rechtsprechung hat im Rahmen der AGB-rechtlichen Inhaltskontrolle – trotz der grundsätzlichen Befürwortung der analogen Anwendung des § 89 HGB – zumindest im Automobilsektor wiederholt Kündigungsfristen von einem Jahr,[799] bei bereits länger andauernden Vertragsverhältnissen teilweise auch noch längere Fristen, etwa bis zu zwei Jahren,[800] für erforderlich erachtet. Nur bei derart langen Fristen sei gewährleistet, dass der Vertragshändler ausreichend Gelegenheit erhalte, das von ihm eingesetzte Kapital zu amortisieren.

M. E. können die für eine Verlängerung der Kündigungsfristen – über die für den Handelsvertreter normierten Fristen hinaus – vorgebrachten Argumente nicht überzeugen. Schon bei der lange Zeit höchst streitigen Frage, ob dem Vertragshändler nach Vertragsbeendigung ein Ausgleichsanspruch analog § 89 b dHGB

795 OLG Stuttgart BB 1990, 1015; Thume, in: Thume, Vertriebsrecht, Teil II, Kap. 7, Rn. 11; van der Moolen in: Martinek/Semler/Habermeier/Flohr, Handbuch des Vertriebsrechts, § 23, Rn. 39; Löwisch, in: Ebenroth/Boujong/Joost/Strohn, HGB, § 84 Rn. 103 und § 89 Rn. 36; Ebenroth/Strittmatter, BB 1993, 1521; İşgüzar, Tek Satıcılık Sözleşmesi S. 151; Tandoğan, BATIDER 1982, 1, 30; Şenol, Bayilik Sözleşmesi, S. 190.

796 Yargıtay 11. HD., 15.01.1992, E. 1990/1959, K. 1992/96 (www.kazanci.com.tr); OLG Stuttgart BB 1990, 1016; Şenol, Bayilik Sözleşmesi, S. 191.

797 Yargıtay 11. HD., 15.01.1992, E. 1990/1959, K. 1992/96 (www.kazanci.com.tr).

798 Vgl. Fn. 782.

799 BGH BB 1995, 1657; OLG Stuttgart BB 1990, 1016 (betreffend Kfz-Händlervertrag).

800 OLG München, Urt. v. 21.1.1993, WuW/E 5091.

zuzubilligen ist,[801] waren für den BGH die auch im dortigen Zusammenhang vorgebrachten Argumente der generellen Schutzbedürftigkeit und der wirtschaftlichen Abhängigkeit des Vertragshändlers sowie Fragen nach dem Umfang des durch den Vertragshändler eingesetzten Kapitals letztlich nicht entscheidend.[802]

Losgelöst davon, zeigt aber schon die Existenz eines solchen Ausgleichsanspruchs, dass es andere Rechtsinstrumente gibt, um dem Vertragshändler eine Kompensation für erlittene Umstellungsverluste im Zuge der Vertragsbeendigung zuzuerkennen. Soweit dem entgegen gehalten wird, auch die Zuerkennung eines Ausgleichsanspruchs führe nicht zu einer vollen Kompensation der Umstellungsverluste des Vertragshändlers bei der Vertragsbeendigung und entschädige letztlich allein den Verlust des Kundenstamms,[803] ist dies zwar richtig. Gleichwohl ist es auch nicht Sinn und Zweck der Kündigungsfristen und einer möglichst langen Laufzeit derselben für eine weitgehend vollständige Amortisierung der vertragshändlerseitig getätigten Investitionen und einer umfassenden Kompensation seiner Umstellungsverluste zu sorgen.[804] So ist zunächst festzuhalten, dass auch der Handelsvertreter bei der Vertragsbeendigung Umstellungsverluste erleidet, die ebenfalls allein über den Ausgleichsanspruch nur teilweise kompensiert werden.[805]

Darüber hinaus ist es zudem so, dass unter dem Gesichtspunkt des Investitionsumfangs überhaupt allenfalls diejenigen Aufwendungen Berücksichtigung finden könnten, die tatsächlich vom Unternehmer veranlasst worden und keiner anderweitigen Verwendung zugänglich sind. Entscheidet sich der Vertragshändler etwa für den Bezug eines besonders exquisiten Verkaufslokals, ohne dass diese Investition Voraussetzung für den Abschluss des Vertragshändlervertrages gewesen oder in sonstiger Weise vom Unternehmer verlangt worden wäre, so können diese Investitionen schon per se keinen Einfluss auf die Länge der Kündigungsfrist haben. Auch die Kosten für Lagerhaltung und Ersatzteile haben außer Acht zu bleiben, da den Unternehmer insoweit – selbst bei Fehlen einer vertraglichen Verpflichtung – ohnehin weitgehende Obliegenheiten zur Rücknahme bzw. Unterstützung bei der Verwertung dieser Gegenstände treffen.[806]

Aber selbst in Bezug auf die vom Unternehmer verlangten markenspezifischen Investitionen des Vertragshändlers, die ggf. zudem noch derart eng mit dem

---

801 Dazu unten, § 4 D. V. 3. a.

802 Vgl. BGH DB 1977, 860, 861; DB 1983, 2032 f.; DB 1987, 1730, 1731.

803 Vgl. BB 1995, 1658.

804 Schwytz, BB 1997, 2385, 2388.

805 Schwytz, a.a.O., S. 2386.

806 BGHZ 54, 338, 342 ff.; BGH NJW-RR 1988, 1077, 1081; vgl. dazu auch unten § 4 D. II.

Erscheinungsbild des Unternehmers und dessen Marken verknüpft sind, dass sie nach der Vertragsbeendigung weder einer Veräußerung noch einer sinnvollen Weiterverwertung durch den Vertragshändler zugänglich sind, ist der Vertragshändler als selbständiger Kaufmann primär selbst dafür verantwortlich, Chancen und Risiken seiner Investitionen abzuschätzen.[807] Schon aus diesem Grund erscheint es ohnehin nicht interessengerecht, die wirtschaftlichen Folgen des Scheiterns der Vertragsbeziehung allein dem Unternehmer anzulasten und den lösungswilligen Unternehmer noch langfristig an den Schwebezustand eines bereits gekündigten Vertrages zu binden. Vielmehr stellt es grundsätzlich ein legitimes Anliegen des Unternehmers dar, auf wirtschaftliche Entwicklungen in angemessener Zeit reagieren und seine Vertriebsorganisation entsprechend neu ausgestalten zu können.[808] Demgegenüber ist eine lange Auslaufzeit des durch den Ausspruch der Kündigung in der Regel belasteten Vertragsverhältnisses häufig nicht einmal geeignet, die Chance auf eine bis dato nicht erreichte Amortisation der getätigten Investitionen des Vertragshändlers zu verbessern.[809] Insofern erscheinen lange Kündigungsfristen nicht einmal als geeignetes Mittel, einem etwaigen Schutzbedürfnis des Vertragshändlers Rechnung zu tragen.

Erst recht erscheint es nicht interessengerecht, die Länge der Kündigungsfrist je nach Dauer der Vertragsbeziehung zu staffeln. Zwar ergibt sich eine solche Staffelung im deutschen Recht bei analoger Heranziehung der handelsvertreterrechtlichen Kündigungsfristen ohnehin qua Gesetz. Zwingende Gründe hierfür gibt es indes keineswegs. Im Hinblick auf den Amortisationsgedanken erscheint ein linearer Anstieg der Kündigungsfristen bei längerer Vertragsdauer sogar eher widersinnig. So ist doch gerade bei länger andauernden Verträgen, die Chance, die Früchte der getätigten Investitionen bereits erfolgreich geerntet zu haben, höher, als wenn die Kündigung bereits nach relativ kurzer Vertragslaufzeit erfolgt.[810] Dies führte daher in Konsequenz sogar dazu, dass die Länge der Kündigungsfrist eher degressiv zur Länge der Vertragslaufzeit ausgestaltet werden müsste, was indes soweit ersichtlich von niemandem vertreten wird. Auch gibt es im Übrigen keine belegbaren Erfahrungswerte dafür, dass bei einer längeren Vertragsbeziehung zwangsläufig größere Investitionen getätigt würden, denen sodann im Rahmen verlängerter Vertragsauslaufzeiten Rechnung zu tragen wäre.[811]

---

807 BGH BB 1995, 1657, 1658; Spenner, in: Schultze u.a., Der Vertragshändlervertrag; Rn. 608.

808 Schwytz, a.a.O., S. 2386.

809 BGH BB 1995, 1657, 1658; Ebenroth/Strittmatter, BB 1993, 1521, 1528.

810 OLG Köln, NJW-RR 1995, 29, 30; Schwytz, a.a.O., S. 2387.

811 Schwytz, a.a.O., S. 2387.

Soweit ein Anknüpfungspunkt für längere als die für Handelsvertreterverträge vorgesehenen Kündigungsfristen zudem in den abgelaufenen europäischen Kfz-GVOen Nr. 123/85, 1475/95 und 1400/2002[812] und den unter deren Geltungsdauer ergangenen Entscheidungen[813] gesucht wird,[814] geht dies ebenfalls fehl. So waren diese Regelungen letztlich nur ein Ausfluss der lange Zeit vorherrschenden Auffassung, dass im Kfz-Sektor mit dem Abschluss eines Vertragshändlervertrages zunächst regelmäßig besonders hohe Investitionen erforderlich würden, die es für diesen Wirtschaftszweig erforderlich machten, strengere Anforderungen an die Freistellung vom Wettbewerbsverbot des Art. 81 Abs. 1 EGV (heute Art. 101 Abs. 1 AEUV) bzw. Art. 4 Abs. 1 tGSW zu stellen, als in anderen Branchen.[815]

Schon im Hinblick auf die ausdrückliche Betonung dieser sektorspezifischen Erwägungen wird deutlich, dass sich hieraus jedenfalls keine Argumente für eine branchenübergreifende Verlängerung der Kündigungsfristen gewinnen lassen.

---

812 Art. 2 Abs. 5 der Kfz-GVO 1400/2002 sah vor, dass die Freistellung vom Wettbewerbsverbot nach Art. 81 Abs. 1 EGV (heute Art. 101 Abs. 1 AEUV) voraussetze, dass die vertikale Vereinbarung eine Laufzeit von mindestens fünf Jahren habe und sich die Vertragsparteien verpflichten, eine Nichtverlängerung mindestens sechs Monate im Voraus anzukündigen oder bei unbefristeter Laufzeit eine Kündigungsfrist von mindestens zwei Jahren vereinbaren, die lediglich unter bestimmten Voraussetzungen auf ein Jahr verkürzt werden konnte.

813 Das OLG Stuttgart kam mit Urt. v. 15.9.1989, BB 1990, 1015 zu der Einschätzung, dass eine Kündigungsfrist von drei Monaten, insbesondere in Ansehung der Regelungen der Kfz-GVO 123/85, der Inhaltskontrolle gem. § 9 AGBG (heute § 307 BGB) nicht standhalte. Im Wege der ergänzenden Vertragsauslegung stellte das Gericht sodann fest, dass sich die Parteien auf eine insoweit als angemessen erachtete Frist von einem Jahr geeinigt hätten.

Der BGH hielt mit Urt. v. 21.2.1995, BB 1995, 1657, eine formularmäßig vorgesehene Kündigungsfrist von einem Jahr ebenfalls unter Bezugnahme auf die Kfz-GVO 123/85 für AGB-rechtlich unbedenklich.

814 Vgl. Ulmer/Schäfer, in: Ulmer/Brandner/Hensen, AGB-Recht, Teil 2, Besondere Vertragstypen,Vertragshändlerverträge, Rn. 33.

Auch Gürzumar hat bereits im Jahre 2001 bei einer von der türkischen Wettbewerbsbehörde organisierten Konferenz unter Hinweis auf die damals geltende Regelung in Art. Art. 6 Abs. 2 lit. b, c Kfz-GVO Nr. 1998/3 (heute: Art. 4 Abs. 3 lit. c Nr. 1 und 2 tKfZ-GVO Nr. 2005/04) die Frage aufgeworfen, ob die speziell für den Kfz-Sektor vorgesehenen Kündigungfristen auch analog auf Vertragshändlerverträge (bzw. Alleinvertriebshändlerverträge) in anderen Branchen angewendet werden können (zu dem Diskussionsverlauf vgl. Genç, Distribütörlük Sözleşmeleri, S. 178 f.).

815 Vgl. Erwägungsgrund Nr. 2 zur Kfz-GVO 1400/2002.

Darüber hinaus ist zudem erneut darauf hinzuweisen,[816] dass viele Sonderregelungen für den Kfz-Sektor, nach der Auswertung des Berichts der Kommission vom 28.05.2008 zur Bewertung der Kfz-GVO Nr. 1400/2002[817], wonach erhebliche wettbewerbsrechtliche Unterschiede zu anderen Wirtschaftssektoren nicht festgestellt wurden, im Rahmen der neuen Kfz-GVO 461/2010 auf europäischer Ebene keinen Niederschlag mehr gefunden haben. So findet sich auch eine Art. 2 Abs. 5 der alten Kfz-GVO 1400/2002 entsprechende Vorschrift, welche bestimmte Mindestkündigungsfristen für die Freistellung vom Wettbewerbsverbot des Art. 101 Abs. 1 AEUV verlangt, in der neuen Kfz-GVO nicht mehr.

Im Ergebnis ist jedenfalls festzuhalten, dass keine durchschlagenden Gründe ersichtlich sind, die es erforderlich erscheinen ließen, die Mindestkündigungsfristen im Vertragshändlerrecht länger zu bemessen als für den Handelsvertretervertrag. Wenn der Gesetzgeber daher die – insbesondere im türkischen Recht mit einer generellen Kündigungsfrist von drei Monaten – recht kurz bemessenen Kündigungsfristen im Handelsvertreterrecht für ausreichend erachtet, so gilt dies gleichermaßen auch für den Vertragshändlervertrag. Die analoge Anwendung der handelsvertreterrechtlichen Kündigungsfristen gewährt der Kautelarjurisprudenz zudem den nicht zu unterschätzenden Vorteil, dass ihr eindeutige Vorgaben an die Hand gegeben werden, welche in der Rechtsanwendung die erforderliche Rechtssicherheit vermitteln. Demgegenüber erscheint die grundsätzliche Bejahung der analogen Anwendbarkeit der handelsvertreterrechtlichen Kündigungsfristen unter der Einschränkung, dass die Kündigungsfrist auch ausreicht, um die Umstände des Einzelfalls angemessen zu berücksichtigen,[818] wenig geeignet, klare Rechtsverhältnisse zu schaffen und lässt den im Grundsatz befürworteten Analogieschluss de facto wieder ins Leere laufen. Spätestens wenn Gerichte dann auch noch dazu übergehen, die Angemessenheit der Kündigungsfrist im Einzelfall über Sachverständigengremien ermitteln zu lassen und dadurch den in Ermangelung klarer gesetzlicher Vorgaben in Streit geratenen Parteien weitere, nicht unerhebliche Kosten verursachen, liegt dies gewiss nicht mehr im Interesse der Vertragsparteien.

Selbst wenn der Unternehmer den Vertragshändler „zur Unzeit" veranlasst weitere Ausgaben, beispielsweise für die Errichtung einer neuen Lagerhalle oder erhebliche Investitionen markenspezifischer Art, zu tätigen, um das Vertragsverhältnis sodann doch unvermittelt zu kündigen, erscheint es m. E. nicht sachgerecht,

---

816 Vgl. bereits oben § 2 B. VIII. 1.

817 Fn. 381.

818 Thume, in: Thume, Vertriebsrecht, Teil II, Kap. 7, Rn. 11; Westphal, Vertragshändler, Rn. 560.

den Unternehmer in seiner Dispositionsfreiheit, ein unliebsam gewordenes Vertragsverhältnis ordentlich beenden zu können, einzuschränken. Weder die Verlängerung der Kündigungsfristen noch ein von der deutschen Rechtsprechung gelegentlich bemühtes Kündigungsverbot nach dem Diskriminierungsverbot des § 20 GWB[819] stellen insoweit eine interessengerechte Lösung dar. Vielmehr erscheint es wesentlich sachgerechter, dem Vertragshändler im Falle eines hierin begründeten schuldhaften Verstoßes gegen die gesteigerte Treuepflicht des Unternehmers einen Schadensersatzanspruch nach § 280 Abs. 1 BGB bzw. Art. 112 tOG zuzusprechen, das Recht zur ordentlichen Kündigung nach Maßgabe der üblichen Kündigungsfristen hiervon jedoch unbeeinflusst zu lassen.[820]

ii. Vertragliche Regelungen der Kündigungsfrist

Angesichts dessen, dass die analoge Anwendung der handelsvertreterrechtlichen Kündigungsfristen im deutschen Rechtsraum auch vor den Gerichten keine allgemeinverbindliche Anerkennung erfahren hat und die herrschende Ansicht in der Türkei hinsichtlich der Bestimmung einer angemessenen Kündigungsfrist gar zu einer Einzelfallkasuistik unter Beteiligung von Sachverständigen neigt, ist es den Parteien nahezulegen, die Länge der Kündigungsfristen vertraglich zu fixieren. Hinsichtlich der Ausgestaltung der Kündigungsfristen genießen die Parteien grundsätzlich Vertragsfreiheit. Zwingende Grenzen ergeben sich für den Individualvertrag allein aus den Grundsätzen von Treu und Glauben (§ 242 BGB bzw. Art. 2 tZGB) sowie dem Verbot eines Verstoßes gegen die guten Sitten (§ 138 BGB bzw. Art. 27 Abs. 1 tOG)[821] und für den Formularvertrag darüber hinaus aus der AGB-rechtlichen Inhaltskontrolle (§ 307 BGB bzw. Art. 25 tOG).[822]

Als unangemessene Benachteiligung kommen – wie zuvor bereits angesprochen – nach Rechtsprechung und h. L.[823] im Einzelfall dabei insbesondere zu kurz bemessene Fristen in Betracht, die der engen Bindung des Vertragshändlers an den Unternehmer und der Ausrichtung seines Betriebes an den Interessen des

819 OLG Stuttgart, WuW/E OLG 3415; WuW/E OLG 2708.

820 Dazu noch unten § 4 D. III. 2.

821 BGH BB 1995, 1257, 1258; NJW-RR 1993, 1460, 1461; BB 1975, 811, 812; Yargıtay 11. HD., 23.12.2005, E. 2004/14742, K. 2005/12767 (für den Handelsvertreter) (www.kazanci.com.tr); Ulmer, S. 445; Ebenroth/Strittmatter, BB 1993, 1521, 1529; Demir-Gökyayla, Milletlerarası Özel Hukukta Tek Satıcılık Sözleşmeleri, S. 192.

822 Thume, in: Thume, Vertriebsrecht, Teil II, Kap. 7, Rn. 15.

823 Statt Vieler: Genzow, in: Ensthaler, § 89, Rn. 24.

Unternehmers sowie den mit Blick hierauf getätigten Investitionen des Vertragshändlers nicht hinreichend Rechnung tragen.[824]

Konkrete Regelungsschranken ergeben sich nach der hier vertretenen Auffassung für das deutsche Recht insbesondere aus § 89 Abs. 2 dHGB analog, wonach lediglich eine Verlängerung der in Abs. 1 geregelten Fristen zulässig ist. Denn jedenfalls dann, wenn der Vertragshändler ähnlich einem Handelsvertreter in die Vertriebsorganisation des Unternehmers eingegliedert ist, folgt aus der m. E. zu befürwortenden generellen Analogie der handelsvertreterrechtlichen Kündigungsfristen des § 89 Abs. 1 dHGB konsequenter Weise auch, dass auch die Vorschrift des § 89 Abs. 2 dHGB ebenfalls auf den Vertragshändlervertrag zu übertragen ist und die in Abs. 1 geregelten Fristen zugleich Mindestfristen beinhalten und eine weitergehende Verkürzung nicht zulässig ist.[825] Darüber hinaus ist auch die Fristenparität zugunsten des Handelsvertreters auf das Vertragshändlervertragsverhältnis zu übertragen, d. h. die Frist für die ordentliche Kündigung des Unternehmers darf nie kürzer sein, als die Frist für die ordentliche Kündigung des Vertragshändlers (vgl. § 89 Abs. 2 dHGB).

Auch wenn das türkische Gesetz eine entsprechende (klarstellende) Vorschrift nicht kennt, sind auch hier die in Art. 121 Abs. 1 tHGB geregelten Mindestkündigungsfristen als zwingend anzusehen und eine weitergehende Verkürzung sowohl im Formular- als auch im Individualvertrag für unwirksam zu erachten. Die Vereinbarung einer längeren Kündigungsfrist für den Vertragshändler gegenüber der durch den Unternehmer einzuhaltenden Frist würde auch im Individualvertrag einen Treuerechtsverstoß begründen und damit zur Unwirksamkeit einer solchen Vereinbarung führen.[826]

iii. Ausschluss des Rechts zur ordentlichen Kündigung

Die ganz h. M. in der deutschen Rechtsprechung und Literatur geht – unter Bezugnahme auf eine Reihe von Entscheidungen zu ähnlichen Dauerschuldverhältnissen[827] – davon aus, dass es den Parteien außerhalb von Formularverträgen[828]

---

824 Wie im vorherigen Abschnitt bereits ausgeführt, wurden in der Vergangenheit auch von der Rechtsprechung, zumindest im Kfz-Händler-Bereich, im Rahmen der Inhaltskontrolle, trotz der grundsätzlichen Bejahung der analogen Anwendbarkeit der handelsvertreterrechtlichen Kündigungsfristen, Fristen von einem Jahr und mehr für erforderlich erachtet.

825 So auch: Westphal, Vertragshändler, Rn. 559; Spenner, in: Schultze u.a., Der Vertragshändlervertrag; Rn. 618; Thume, in: Thume, Vertriebsrecht, Teil II, Kap. 7, Rn. 13.

826 Şenol, Bayilik Sözleşmesi, S. 178.

827 Vgl. etwa BGH BB 1995, 1257 (für einen Alleinvertriebsvertrag).

828 Vgl. OLG München VersR 1997, 1003.

grundsätzlich unbenommen ist, das Recht zur ordentlichen Kündigung auch gänzlich auszuschließen und die Kündigungsmöglichkeiten auf das Recht zur außerordentlichen Kündigung aufgrund wichtigen Grundes zu beschränken.[829] Ein solcher Ausschluss des ordentlichen Kündigungsrechts ist demnach erst dann wiederum für sittenwidrig und damit unwirksam zu erachten, wenn die persönliche Selbstständigkeit und Freiheit sowie der wirtschaftliche Bewegungsspielraum einer Vertragspartei unter Berücksichtigung der allgemeinen Interessenlage und den vertragstypischen und durch die Besonderheiten des Einzelfalls geprägten Umstände durch den Ausschluss des ordentlichen Kündigungsrechts in unvertretbarer Weise eingeengt wird.[830] Auf Grundlage dieser für die Vertragspraxis freilich wenig konkreten Vorgaben hat der BGH beispielsweise in einem Fall[831] den Vertrag zwischen einem Tankstelleninhaber und einer Mineralölgesellschaft für sittenwidrig erklärt, weil der Tankstellenbetreiber den Vertrag praktisch nur mit Zustimmung des Mineralölkonzerns kündigen konnte und der Tankstellenbetreiber dadurch wesentlich in seiner Selbstbestimmung eingeschränkt worden sei. Ebenso entspricht es im Bereich von Bier- und Getränkebezugsverpflichtungen von Gastwirten gegenüber Brauereien gefestigter Rechtsprechung, dass eine überlange oder unbeschränkte Vertragsdauer ohne entsprechende Lösungsmöglichkeit zu einer nicht mehr hinnehmbaren Abhängigkeit von der Brauerei führen kann.[832] Demgegenüber hat der BGH in einer Reihe anderer Konstellationen von Dauerrechtsverhältnissen[833] die Abbedingung des ordentlichen Kündigungsrechts in Verträgen mit einer Laufzeit von 20 Jahre oder gar auf unbestimmte Zeit geschlossenen Verträgen für zulässig angesehen. Tendenziell neigt der BGH dazu, den Ausschluss des Kündigungsrechts weithin zuzulassen. So bedürften vertragliche Beschränkungen des ordentlichen Kündigungsrechts zu ihrer Wirksamkeit keiner besonderen Rechtfertigung, vielmehr seien sie als Ausfluss der Vertragsfreiheit in den Grenzen der guten Sitten und der Regeln von Treu und Glauben im

829 Spenner, in: Schultze u.a., Der Vertragshändlervertrag; Rn. 616; Thume, in: Thume, Vertriebsrecht, Teil II, Kap. 6, Rn. 9; Niebling, BB 1996, 1727, 1732.

830 BGH WM 1970, 1402, 1403; NJW 1974, 2089; NJW 1975, 307; BB 1995, 1257, 1258.

831 BGH BB 1982, 1016 ff.

832 BGH WM 1970, 1402; WM 1972, 1224; DB 1987, 1730, 1732.

833 BGH NJW 1975, 1268, 1269 (Wärmeversorgungsvertrag); NJW-RR 1993, 1460 (Wäschereivertrag); BB 1995, 1257 (Alleinvertriebsvertrag für Salzprodukte); VersR 2008, 1492 (für das Kündigungsrecht des Unternehmers i. R. eines Handelsvertretervertrages).

Grundsatz eben gerade zulässig.[834] Im Rahmen der anzustellenden Einzelfallprüfung wird sich im Vertragshändlerrecht für die Zulässigkeit des vertraglichen Ausschlusses des ordentlichen Kündigungsrechts zumeist ins Feld führen lassen, dass beide Vertragspartner die Kaufmannseigenschaft besitzen und regelmäßig keine im Wirtschaftsleben unerfahrenen Unternehmen sind, so dass davon ausgegangen werden kann, dass sie die Folgen eines solchen Verzichts und die damit verbundenen Risiken selbst ausreichend sicher einschätzen können müssen.[835] Auf der anderen Seite entspricht es den üblichen Gepflogenheiten des Wirtschaftslebens, dass faktisch eine Vertragspartei – im Vertragshändlerrecht herkömmlicherweise der Unternehmer – eine größere Marktstärke besitzt als die andere Partei und die Vereinbarung derartiger Bestimmungen daher schnell als Voraussetzung für den Vertragsschluss durchgesetzt werden kann.

Die Frage der Sittenwidrigkeit einer vertraglichen Vereinbarung bestimmt sich dabei nach ständiger BGH-Rechtsprechung nach den Verhältnissen zum Zeitpunkt des Abschlusses des Rechtsgeschäfts.[836] Haben sich die Rahmenbedingungen im Laufe der Zeit signifikant geändert und können die Vertragsprodukte deshalb beispielsweise nicht mehr wirtschaftlich kalkuliert und abgesetzt werden, so könnten derartige Umstände eher unter den rechtlichen Gesichtspunkten der Kündigung aus wichtigem Grund oder des Wegfalls der Geschäftsgrundlage Bedeutung erlangen.[837]

Demgegenüber wird in der türkischen Literatur davon ausgegangen,[838] dass das Recht zur ordentlichen Kündigung zwar eingeschränkt, jedoch keinesfalls gänzlich abbedungen werden könne. Zulässig seien insoweit etwa Vereinbarungen, wonach die kündigungswillige Partei nur unter der Voraussetzung wichtiger Gründe oder zusätzlicher, vom Gesetz nicht vorgesehener Voraussetzungen ordentlich kündigen könne.[839] Diesbezügliche Rechtsprechung ist bislang nicht bekannt geworden. M. E. überzeugt diese Ansicht nicht, vermengt sie doch die Voraussetzungen von ordentlicher und außerordentlicher Kündigung völlig und macht eine diesbezügliche Abgrenzung unmöglich. Dass die Parteien für die ordentliche Kündigung

834 BGH BB 1995, 1257, 1258; VersR 2008, 1492, 1493.

835 BGH BB 1995, 1257, 1258.

836 BGHZ 100, 353, 359; 107, 92, 96 f.; 125, 206, 209.

837 BGH BB 1995, 1257, 1258.

838 Ayan, Acentenin Denkleştirme Talep Etme Hakkı, S. 43 unter Bezugnahme auf İnal, Tamer, Borca Aykırılık ve Sonuçları, İstanbul 2004, S. 136; Tunçomağ, Kenan, Türk Borçlar Hukuku, Özel Borç İlişkileri, Band II, 3. Auflage, İstanbul 1977, S. 918.

839 Ayan, Acentenin Denkleştirme Talep Etme Hakkı, S. 43.

gerade keinen besonderen Kündigungsgrund oder -anlass benötigen, ist gerade das elementare Wesensmerkmal der ordentlichen Kündigung.

2. Außerordentliche Kündigung

Neben dem Recht zur ordentlichen Kündigung steht beiden Vertragspartnern des Vertragshändlervertrages das jedem Dauerschuldverhältnis vertragsimmanente zwingende Recht zur außerordentlichen Kündigung zu.[840] Demnach können die Parteien den Vertrag jederzeit und unabhängig von einer Kündigungsfrist kündigen, wenn für die Beendigung des Vertragsverhältnisses ein „wichtiger Grund" besteht. Für das Handelsvertreterrecht hat dieses Kündigungsrecht in § 89 a Abs. 1 S. 1 dHGB bzw. Art. 121 Abs. 1 tHGB eine spezialgesetzliche Rechtsgrundlage erhalten, die auch für den Vertragshändlervertrag analog herangezogen werden kann.[841] Das Recht zur außerordentlichen Kündigung besteht dabei unabhängig davon, ob der Vertrag auf eine bestimmte oder auf unbestimmte Zeit abgeschlossen wurde (so Art. 121 Abs. 1 tHGB ausdrücklich) oder zuvor ggf. bereits eine ordentliche Kündigung von einer der Parteien ausgesprochen wurde, welche den Lauf einer Kündigungsfrist in Gang gesetzt hat.

Auch wenn die Kündigung mit einer Frist verbunden wird, kann sie als außerordentliche Kündigung erfolgen, wenn zumindest klar zum Ausdruck kommt, dass sie aufgrund eines besonderen Ereignisses oder Umstandes ausgesprochen wurde, die zur fristlosen Kündigung berechtigen. Die Mindestfristen nach § 89 Abs. 1 dHGB bzw. Art. 121 Abs. 1 tHGB bleiben dabei im Rahmen einer solchen außerordentlichen Kündigung mit sog. Auslauffrist ohne Bedeutung.[842]

Im Hinblick auf die ex nunc Wirkung einer Kündigungserklärung endet das Vertragsverhältnis in jedem Fall erst mit dem Ausspruch der wirksamen Kündigungserklärung bzw. dem Ablauf der Auslauffrist und nicht etwa bereits rückwirkend mit dem den Kündigungsgrund liefernden Umstand.

840 Ulmer, S. 481; Karayalçın, Meseleler ve Görüşler, S. 96; İşgüzar, Tek Satıcılık Sözleşmesi S. 152; Demir-Gökyayla, Milletlerarası Özel Hukukta Tek Satıcılık Sözleşmeleri, S. 195; Yavuz, Özel Hükümler, S. 35; Westphal, Vertragshändler, Rn. 583 ff.

841 Hopt, Handelsvertreterrecht; § 84, Rn. 11; Demir-Gökyayla, Milletlerarası Özel Hukukta Tek Satıcılık Sözleşmeleri, S. 196.

842 Hopt, in: Baumbach/Hopt, HGB, § 89a, Rn. 4.

a. Form und Inhalt der Kündigungserklärung

Hinsichtlich etwaiger Formerfordernisse der Kündigungserklärung kann auf die Ausführungen zur ordentlichen Kündigung Bezug genommen werden.[843] Sowohl nach deutschem Recht wie nach Inkrafttreten der HGB-Reform, welche die Bestimmung des Art. 18 Abs. 3 tHGB zu einer bloßen Beweislastregelung herabstuft, auch nach türkischem Recht kann auch die außerordentliche Kündigung grundsätzlich ohne Formzwang ausgesprochen werden kann.

Inhaltlich muss für den Kündigungsempfänger der Wille der kündigenden Vertragspartei, das Vertragsverhältnis außerordentlich kündigen zu wollen, eindeutig erkennbar sein.[844] Die ausdrückliche Verwendung der Worte „fristlos" oder „außerordentlich" ist allerdings ebenso wenig erforderlich, wie die Darlegung des Kündigungsgrundes in der Kündigungserklärung.[845] Auf Verlangen des Gekündigten hat der Kündigende allerdings den Grund der Kündigung unverzüglich mitzuteilen.[846] Dies kann im deutschen Recht auf die Vorschrift des § 626 Abs. 2 S. 3 BGB gestützt werden[847] und hat demnach schriftlich zu erfolgen. Im türkischen Recht folgt diese Verpflichtung aus dem Grundsatz von Treu und Glauben. Ein besonderes Formerfordernis wird insoweit allerdings nicht für erforderlich gehalten.[848]

b. Erfordernis eines wichtigen Kündigungsgrundes

Nach den Bestimmungen der § 89a dHGB und Art. 121 Abs. 1 tHGB benötigt die lösungswillige Partei für die fristlose Kündigung des Vertrages eines „wichtigen Grundes". Wann ein wichtiger Grund i. S. d. Gesetzes vorliegt, ist gesetzlich nicht näher geregelt. Nach der ständigen Rechtsprechung des BGH und des Kassationshofes sowie der h. M. in der Literatur ist von der Annahme eines wichtigen Kündigungsgrundes dann auszugehen, wenn das vertragliche Vertrauensverhältnis derart nachhaltig zerrüttet ist, dass dem Kündigenden die Fortsetzung des Vertragsverhältnisses bis zum vereinbarten Vertragsende oder bis zum Ablauf der ordentlichen Kündigungsfrist unter Abwägung der

843 § 4 C. I. b. aa.

844 Hopt, in: Baumbach/Hopt, HGB, § 89a Rn. 13.

845 Westphal, Vertragshändler, Rn. 583; Demir-Gökyayla, Milletlerarası Özel Hukukta Tek Satıcılık Sözleşmeleri, S. 204.

846 Westphal, Vertragshändler, Rn. 583.

847 Spenner, in: Schultze u.a., Der Vertragshändlervertrag, Rn. 650.

848 Demir-Gökyayla, Milletlerarası Özel Hukukta Tek Satıcılık Sözleşmeleri, S. 204; Şenol, Bayilik Sözleşmesi, S. 199.

gegenseitigen Interessen und unter Berücksichtigung aller Umstände des Einzelfalls nicht zugemutet werden kann.[849]

Ob der jeweilige Sachverhalt die Fortsetzung des Vertragsverhältnisses unzumutbar macht, ist an Hand objektiver Kriterien zu bestimmen und ist unabhängig von den subjektiven Empfindungen des Kündigenden.[850] Nicht erforderlich ist es, dass der wichtige Grund in der Person einer der beiden Vertragsteile selbst liegt oder von ihr zu vertreten ist.[851] Ebenso kann das Verhalten Dritter bzw. Hilfspersonen Kündigungsgrund sein.[852] Der Kündigungsgrund kann sowohl bereits vorvertraglich angelegt sein, als auch auf sich erst im Laufe der Vertragsbeziehung ergebende Umstände, die dem Kündigenden vor Beginn des Vertragsverhältnisses noch unbekannt waren, zurückgehen.[853] Weiterhin kann der Grund betrieblich veranlasst sein, wie beispielsweise, wenn der Unternehmer die Herstellung der Vertragswaren einstellt, da er die ursprünglich avisierten Umsatzzahlen nicht erreichen konnte oder ihm die für die Herstellung erforderlichen Lizenzen nachträglich entzogen werden,[854] oder in persönlichen Umständen, wie Krankheit, u. U. auch der Änderung des Wohnsitzes oder des Willens nach langer Zeit in den Ruhestand treten zu wollen, begründet sein.[855] Schließlich kann auch die von einer Partei zu Unrecht ausgesprochene außerordentliche Kündigung das Vertrauensverhältnis so nachhaltig stören, dass dies sodann die andere Partei zu einer außerordentlichen Kündigung berechtigt.[856]

Allerdings rechtfertigt nicht bereits jede Vertragsverletzung die außerordentliche Kündigung. So rechtfertigt beispielsweise eine einmalige kurzzeitige

---

849 BGH WM 1986, 742, 743; WM 1988, 1490, 1491; NJW-RR 1999, 1481; Yargıtay HGK 04.07.2001, E. 19–526, K. 572 (YKD 2003, Band 29, S. 1419); Yargıtay 19. HD., 23.03.1996, E. 11898, K. 2975 (www.kazanci.com.tr); Ulmer S. 482; Westphal, Vertragshändler, Rn. 587; Spenner, in: Schultze u.a., Der Vertragshändlervertrag, Rn. 631; Demir-Gökyayla, Milletlerarası Özel Hukukta Tek Satıcılık Sözleşmeleri, S. 197; Arkan, Ticari İşletme Hukuku, S. 210; Ülgen/Teoman/Helvacı/Kendigelen/Kaya/Nomer-Ertan, Ticari İşletme Hukuku, S. 652, Rn. 2048.

850 Ülgen/Teoman/Helvacı/Kendigelen/Kaya/Nomer-Ertan, Ticari İşletme Hukuku, S. 652, Rn. 2048; Tandoğan, BATIDER 1982, 1, 31.

851 Von Hoyningen-Huene, in: MünchKomm zum HGB, § 89a, Rn. 13; Arkan, Ticari İşletme Hukuku, S. 210.

852 OLG Saarbrücken NJW-RR 1999, 1339.

853 Von Hoyningen-Huene, in:MünchKomm zum HGB, § 89a, Rn. 13.

854 Demir-Gökyayla, Milletlerarası Özel Hukukta Tek Satıcılık Sözleşmeleri, S. 197.

855 Demir-Gökyayla, Milletlerarası Özel Hukukta Tek Satıcılık Sözleşmeleri, S. 197.

856 Westphal, Vertragshändler, Rn. 581.

Liefer- oder Zahlungsverzögerung in aller Regel keine außerordentliche Kündigung. Erst wenn eine Partei in derartigen Fällen ihre vertraglichen Pflichten trotz mehrfacher Abmahnungen wiederholt nicht ordnungsgemäß erfüllt, wird man in der Regel darauf schließen können, dass solche Vertragsverletzungen auch in Zukunft zu erwarten sind und der anderen Partei im Hinblick darauf, ein weiteres Festhalten am Vertrag nicht zugemutet werden kann.[857]

Für die Frage, ob im konkreten Fall eine derartige Zerrüttung des Vertragsverhältnisses angenommen werden kann, dass die Fortsetzung des Vertragsverhältnis unzumutbar erscheint, sind in erster Linie alle Details des jeweiligen Einzelfalls umfassend zu würdigen.[858] Gleichwohl bietet die Vielzahl obergerichtlicher Entscheidungen, die in diesem Bereich zwischenzeitlich ergangen sind, der Praxis eine wertvolle Orientierungshilfe, wann im Regelfall von der Annahme eines wichtigen Grundes ausgegangen werden kann. Dabei ist grundsätzlich davon auszugehen, dass der Ausgang des konkret zu beurteilenden Falles nicht davon abhängen kann, ob er von einem deutschen oder einem türkischen Gericht zu entscheiden ist.

aa. Wichtige Kündigungsgründe für den Unternehmer

In der deutschen Literatur[859] finden sich diverse Zusammenstellungen von Fällen in denen die Rechtsprechung in der Vergangenheit bereits die Annahme eines wichtigen Kündigungsgrundes bejaht hat. Diese Entscheidungspraxis kann gleichermaßen auch auf das türkische Recht übertragen werden,[860] wie die in diesem Bereich ergangenen Entscheidungen des Kassationshofes auch vor einem deutschen Obergericht hätten ergehen können. Für den Unternehmer ist die Annahme eines wichtigen Kündigungsgrundes von der Rechtsprechung insbesondere in folgenden Fällen bejaht worden:

- mangelnde Mitteilung der Änderung der Unternehmensstruktur des Vertragshändlers, die die Haftungssituation nachteilig berührt,[861]
- Nichtausführung von Kundendiensten und Einstellung des Werkstattbetriebes,[862]

857 Tandoğan, BATIDER 1982, 1, 31.

858 Yargıtay 11. HD., 27. 03.1979, E. 1979/981, K. 1979/1537 (www.kazanci.com.tr).

859 Vgl. etwa: Jaletzke, in: Stumpf/Jaletzke/Schultze, Der Vertragshändlervertrag, Rn. 650; Spenner, in: Schultze u.a., Der Vertragshändlervertrag, Rn. 633; Thume, in: Thume, Vertriebsrecht, Teil II, Kap. 7, Rn. 37 ff.

860 Demir-Gökyayla, Milletlerarası Özel Hukukta Tek Satıcılık Sözleşmeleri, S. 198 ff.

861 BGH BB 1978, 982 f.

862 BGH BB 1988, 2201, 2205 (bei einem Kfz-Vertragshändler).

- Verstoß gegen ein vertraglich wirksam vereinbartes Wettbewerbsverbot, insbesondere die Übernahme einer vertraglich untersagten Zweitvertretung durch den Händler[863]
- Insolvenz des Vertragshändlers,[864]
- finanziell schlechte Lage des Vertragshändlers,[865]
- schweres Zerwürfnis zwischen den Gesellschaftern des Händlerunternehmens, durch das eine weitere erfolgreiche Vertriebstätigkeit unmöglich gemacht wird,[866]
- Verletzung der Abrechnungs- und Zahlungspflichten oder aufgrund mangelhafter Führung eingetretener Fehlbestand bei Verkauf aus einem Konsignationslager,[867]
- unwahre Angaben des Vertragshändlers bei den Vertragsverhandlungen im Hinblick auf die wirtschaftliche Lage des Vertragshändlers,[868]
- schwerwiegende, über einen längeren Zeitraum anhaltende vorsätzliche oder grob fahrlässige Vernachlässigung der Vertriebspflichten,[869]
- Verletzung der Abnahmepflicht bzw. der Mindestabnahmepflicht,[870]
- Weitergabe[871] oder Ausforschung[872] von Geschäfts- und Betriebsgeheimnissen des Unternehmers,
- Verletzung der Treupflicht durch den Verkauf von Konkurrenzprodukten durch den Vertragshändler entgegen einer wirksam vereinbarten Verbotsvereinbarung[873]
- Manipulation von Abrechnungen und Übernahme des Vertragshändlers von einem Wettbewerber des Unternehmers,[874]

---

863 BGH WuW 1979, 776; Yargıtay 19. HD., 19.04.2001, E. 2000/8507, K. 2001/3028 (www.kazanci.com); Yargıtay 19. HD., 05.03.2002, E. 4568, K. 1473 (YKD. 2003 Band 29, S. 1418–1419); OLG Köln, WuW 1985, 825.

864 OLG Hamm, NJW-RR 2004, 1554; OLG München, NJOZ 2006, 3489.

865 RGZ 65, 37.

866 BGH BB 1985, 218, 224.

867 BGH BB 1958, 894; OLG Celle, BB 1958, 894 (für den Handelsvertreter).

868 OLG Nürnberg BB 1960, 956 (für den Handelsvertreter).

869 OLG Nürnberg BB 1963, 447 (für den Handelsvertreter).

870 Yargıtay 19. HD., 23.03.2009, E. 2008/6339, K. 2009/2087 (www.kazanci.com).

871 OLG Nürnberg, BB 1958, 1151.

872 BGH, NJW 1959, 878.

873 Yargıtay HGK 04.07.2001, E. 19–526, K. 572 (YKD 2003, Band 29, S. 1419); Yargıtay HGK 06.06.2001, E. 11–426, K. 481(www.kazanci.com); Yargıtay 19. HD., 05.03.2002, E. 4568, K. 1473 (YKD 2003 Band 29, S. 1418–1419); Yargıtay 19. HD., 21.10.2005, E. 2004/12781, K. 2005/1055 (www.kazanci.com); Yargıtay 19. HD., 28.02.2008, E. 2007/6993, K. 2008/1785 (www.kazanci.com).

874 Spenner, in: Schultze u.a., Der Vertragshändlervertrag; Rn. 634.

- mit Bedacht geäußerte Beleidigungen,[875]
- Verstoß gegen Mitteilungs- und Berichtspflichten in wichtigen Bereichen,[876]
- Berufsunfähigkeit oder Erkrankung des Vertragshändlers auf unabsehbare Zeit, die die Fortsetzung des Vertrages unmöglich machen.[877]

Weitere in der Literatur immer wieder genannte Beispiele für einen wichtigen Kündigungsgrund des Unternehmers stellen das Abwerben von Angestellten des Unternehmers,[878] die Nichtdurchführung vertraglich vereinbarter, zur Qualitätssicherung erforderlicher Schulungsmaßnahmen,[879] die unberechtigte Entfernung von vom Unternehmer angebrachter Produktkennzeichnungen[880] oder die Nichtdurchführung vereinbarter Investitionen[881] dar.

bb. Wichtige Kündigungsgründe für den Vertragshändler

Die gleichen Gründe, die den Unternehmer zur außerordentlichen Kündigung berechtigen, liefern häufig auch dem Vertragshändler einen wichtigen Grund, das Vertragsverhältnis außerordentlich zu kündigen. Dies gilt namentlich für Verstöße gegen wesentliche Informationspflichten, Beleidigungen, den Verrat von Geschäfts- und Betriebsgeheimnissen und die länger andauernde Nichtbelieferung des Vertragshändlers wegen langfristiger Erkrankung oder Berufsunfähigkeit des Unternehmers.[882]

Weitere typischerweise für den Vertragshändler in Betracht kommende außerordentliche Kündigungsgründe sind:

- die willkürliche Ablehnung von Bestellungen des Vertragshändlers durch den Unternehmer,[883]
- Verletzung der Lieferpflicht,[884]

---

875 BGH, VersR 1959, 887; OLG Stuttgart, BB 1960, 956; OLG Hamburg BB 1960, 1300.

876 OLG Köln, BB 1971, 543.

877 BGH BB 1995, 1437.

878 Westphal, Vertragshändler, Rn. 607; Demir-Gökyayla, Milletlerarası Özel Hukukta Tek Satıcılık Sözleşmeleri, S. 200.

879 Westphal, Vertragshändler, Rn. 621.

880 Jaletzke, in: Stumpf/Jaletzke/Schultze, Der Vertragshändlervertrag, Rn. 651.

881 Şenol, Bayilik Sözleşmesi, S. 222.

882 BGH BB 1995, 1437.

883 BGH, BB 1972, 193; Thume, in: Thume Vertriebsrecht, Teil II, Kap. 7, Rn. 56; van der Moolen, in: Martinek/Semler/Habermeier/Flohr, Handbuch des Vertriebsrechts, § 23, Rn. 44.

884 Yargıtay 19. HD., 10.02.2006, E. 2005/8770, K. 2006/1256 (www.kazanci.com).

– die häufige oder gar regelmäßige Lieferung mangelhafter Waren,[885]
– die einseitige Änderung wesentlicher Vertragsbestandteile, wie z. B. Bezirksverkleinerungen,[886]
– die Aufnahme des Direktvertriebs[887] oder die Einsetzung eines weiteren Vertriebshändlers[888] im Exklusivgebiet des Vertragshändlers,
– der Versuch des Unternehmers Mitarbeiter oder Vertriebsbeauftrage des Vertragshändlers abzuwerben,[889]
– das Vorenthalten verkaufsnotwendiger Unterlagen, ohne die der Vertragshändler seiner Vertriebstätigkeit nicht mehr ordnungsgemäß nachkommen kann.[890]

cc. Vertragliche Konkretisierung wichtiger Kündigungsgründe

Aus Gründen der Vertragsautonomie ist es den Parteien in den Grenzen der §§ 138, 242 BGB bzw. Art. 27 tOG, Art. 2 tZGB für den Individualvertrag und § 307 BGB bzw. Art. 25 tOG für den Standardvertrag grundsätzlich unbenommen, die Gründe, die im Einzelfall eine fristlose Kündigung rechtfertigen sollen, im Vertragshändlervertrag näher auszugestalten.[891] Zweck einer solchen Regelung ist es, durch die konkrete Benennung bestimmter Kündigungsgründe zum Ausdruck zu bringen, dass die Parteien in diesen Fällen stets vom Vorliegen eines wichtigen Kündigungsgrundes ausgehen wollen, ohne dass es insoweit einer weiteren Interessenabwägung bedürfte.[892]

Erforderlich ist allerdings, dass die Parteien klar zum Ausdruck bringen, dass die vertragliche Auflistung der Kündigungsgründe lediglich beispielhaft zu verstehen ist und das gesetzliche Recht der außerordentlichen Kündigung hierdurch unter keinen Umständen abbedungen, beschränkt oder erschwert wird. Die

885 Demir-Gökyayla, Milletlerarası Özel Hukukta Tek Satıcılık Sözleşmeleri, S. 202.
886 Van der Moolen, in: Martinek/Semler/Habermeier/Flohr, Handbuch des Vertriebsrechts, § 23 Rn. 44; Thume, in: Thume, Vertriebsrecht, Teil II, Kap. 7, Rn. 57; Demir-Gökyayla, Milletlerarası Özel Hukukta Tek Satıcılık Sözleşmeleri, S. 201, Fn. 965; Şenol, Bayilik Sözleşmesi, S. 218.
887 BGH NJW-RR 1993, 678, 680; Yargıtay 19. HD., 19.04.2001, E. 2000/8507, K. 2001/3028 (www.kazanci.com.tr).
888 BGH BB 1967, 94, 95; BB 1972, 1204; NJW 1982, 2432; Demir-Gökyayla, Milletlerarası Özel Hukukta Tek Satıcılık Sözleşmeleri, S. 201.
889 BGH, DB 1964, 1022; DB 1982, 1269 (für den Handelsvertreter).
890 Westphal, Vertragshändler, Rn. 631.
891 Schmidt, Handelsrecht, S. 739; Kayıhan, Türk Hukukunda Acentelik Sözleşmesi, S. 220.
892 BGH WM 1988, 1490, 1491 f.

Unzulässigkeit der Beschränkung des außerordentlichen Kündigungsrechts folgt im deutschen Recht unmittelbar aus § 89 a Abs. 1 Satz 2 dHGB analog, gilt nach ganz h. M. aber gleichermaßen auch ohne diesbezügliche ausdrückliche Regelung ebenso im türkischen Recht.[893]

In Standardverträgen ist zum Schutz der anderen Vertragspartei zudem zu fordern, dass die geregelten Kündigungsgründe objektiv so erheblich sind, dass sie eine außerordentliche Kündigung als angemessene Folge erscheinen lassen.[894] Vor diesem Hintergrund hat der BGH mit Urteil vom 26.11.1984,[895] in dem er sich ausführlich mit der Frage der Wirksamkeit einzelner vertraglich vorgegebener Kündigungsgründe auseinandergesetzt hat, in folgenden Fällen die wirksame Vereinbarung wichtiger Kündigungsgründe durch eine AGB-Klausel bejaht:

- Änderung in der Geschäftsführung des Vertragshändlers, die dazu führt, dass keine ausreichend qualifizierten Geschäftsleitungspersonen mehr vorhanden sind,
- Änderungen in der Zusammensetzung des Gesellschafterkreises des Vertragshändlers, die die Kapitalausstattung des Vertragshändlerunternehmens oder die ungestörte Durchführung des Vertragshändlervertrages beeinträchtigen,
- Veräußerung, Übertragung oder Abtrennung einzelner Rechte oder Pflichten des Vertragshändlervertrages ohne vorherige schriftliche Zustimmung des Unternehmers,

und in folgenden Fällen verneint:

- Personelle Veränderungen in der Geschäftsführung oder im Gesellschafterkreis des Vertragshändlers ohne Rücksicht darauf, ob die Interessen des Unternehmers dadurch nachteilig berührt werden,
- Veräußerung von Anteilen an dem Vertragshändlerunternehmen in Höhe von 10 % ohne Rücksicht auf die Folgen der Veräußerung,
- Meinungsverschiedenheiten oder Streitigkeiten innerhalb des Vertragshändlerunternehmens, die sich nachteilig auf den Unternehmer auswirken (eine solche Klausel sei zu weit und unbestimmt),
- Tod oder Arbeitsunfähigkeit des Geschäftsführers des Vertragshändlers ohne Einschränkung auf Fälle, in denen die Vertragserfüllung gefährdet ist.[896]

---

893 Arkan, Ticari İşletme Hukuku, S. 211; Demir-Gökyayla, Milletlerarası Özel Hukukta Tek Satıcılık Sözleşmeleri, S. 204; Tandoğan, BATIDER 1982, 1, 32.

894 Spenner, in: Schultze u.a., Der Vertragshändlervertrag; Rn. 640.

895 BGH BB 1985, 218, 220.

896 Weitere Rechtsprechungsbeispiele finden sich bei Spenner, in: Schultze u.a., Der Vertragshändlervertrag; Rn. 641 ff.

Bei der Betrachtung sonstiger, vertraglich nicht geregelter Kündigungsgründe, können die vertraglich wirksam vereinbarten Kündigungsgründe im Einzelfall zudem ggf. als Prüfungsmaßstab dafür herangezogen werden, ob der kündigungswilligen Vertragspartei ein weiteres Festhalten am Vertrag tatsächlich nicht mehr zugemutet werden kann.

c. Abmahnerfordernis

Im Hinblick auf die Dauerhaftigkeit der Zusammenarbeit und die gegenseitige Treuepflicht der Parteien, hat der außerordentliche Kündigung im deutschen wie im türkischen Recht in der Regel zunächst eine Abmahnung der anderen Vertragspartei vorauszugehen.[897] Insbesondere wenn die Kündigung durch eine Störung des Leistungsbereiches (wiederholt Lieferungen mangelhafter Vertragswaren, Vernachlässigung der Absatzförderungspflicht, etc.) begründet ist, stellt das Erfordernis einer vorherigen Abmahnung den Regelfall dar.[898] Liegt die Ursache für den Ausspruch der außerordentlichen Kündigung demgegenüber in einer Störung des Vertrauensbereichs (Verstoß gegen vertragliche Wettbewerbsverbote, Straftaten, Abwerben wichtiger Mitarbeiter, Verrat von Geschäftsgeheimnissen) kann eine vorherige Abmahnung häufig entbehrlich sein. Dies ist immer dann der Fall, wenn sich die in Rede stehende Pflichtverletzung im Einzelfall als so gravierend darstellt, dass die Vertrauensbasis des Vertragsverhältnisses derart zerrüttet worden ist, dass eine Wiederherstellung desselben durch eine Abmahnung nicht zu erreichen ist.[899]

Mittels der Abmahnung wird der andere Teil aufgefordert, die geschuldete Leistung vertragsmäßig zu erbringen. Dabei hat die Abmahnung die Vertragspflicht, welche verletzt worden ist, zu bezeichnen und die Aufforderung zu enthalten, die Vertragsverletzung binnen einer angemessenen Frist zu beseitigen. Weiterhin muss für den Erklärungsgegner klar erkennbar werden, dass die Aufrechterhaltung

897 Yargıtay 11. HD., 29.01.1988, E. 9048, K. 402 (in: Kayıhan, Türk Hukukunda Acentelik Sözleşmesi, S. 221, Fn. 763); Demir-Gökyayla, Milletlerarası Özel Hukukta Tek Satıcılık Sözleşmeleri, S. 209.

898 OLG Hamm NJW-RR 1994, 243, 245; Hopt, in: Baumbach/Hopt, HGB, § 89a Rn. 10 m. w. N.

899 BGH NJW-RR 1999, 1481, 1483; OLG Köln NJW-RR 2001, 820, 821; VersR 2002, 482; OLG Saarbrücken NJW-RR 2002, 542; Thume, in: Thume, Vertriebsrecht, Teil II, Kap. 7, Rn. 31.

oder die Wiederholung der Vertragsverletzung, die Kündigung des Vertragsverhältnisses mit sich zieht.[900]

Wird die außerordentliche Kündigung ausgesprochen, obwohl eine vorherige Abmahnung erforderlich gewesen wäre, ist die Kündigung nicht durchsetzbar.[901] Wird die andere Vertragspartei abgemahnt, obwohl eine Abmahnung entbehrlich gewesen wäre und beseitigt diese daraufhin die Pflichtverletzung, so ist die außerordentliche Kündigung aus diesem Grund ebenfalls nicht mehr durchsetzbar.[902]

d. Nachschieben von Kündigungsgründen

Der wichtige Grund, aus dem das Vertragsverhältnis außerordentlich gekündigt wird, muss im Zeitpunkt der Kündigungserklärung vorliegen. Entfällt der Grund zu einem späteren Zeitpunkt wieder, bleibt die Wirksamkeit der Kündigung hiervon unberührt.

Reicht der ursprünglich angeführte Umstand nicht aus, um die außerordentliche Kündigung zu rechtfertigen, kann der Kündigende nach h. M. in der deutschen und türkischen Rechtsprechung und Literatur einen anderen Umstand, der im Zeitpunkt der Kündigungserklärung ebenfalls bereits vorgelegen hat, zur Rechtfertigung der Kündigung nachschieben.[903] Dabei ist es unerheblich, ob der Kündigende diesen Umstand zum Zeitpunkt der Kündigungserklärung bereits kannte oder erst später Kenntnis hiervon erlangt hat.[904]

Die Richtigkeit dieser Auffassung lässt sich u. a. damit begründen, dass der Kündigende ohnehin nicht verpflichtet ist, in seiner Kündigungserklärung die Gründe seiner Kündigung darzulegen. Ausreichend ist vielmehr, dass diese objektiv vorliegen. Lediglich in Ausnahmefällen kann das Nachschieben von Kündigungsgründen einen Verstoß gegen den Grundsatz von Treu und Glauben begründen, wenn die betreffenden Gründe dem Kündigenden zum Zeitpunkt der Kündigung bereits bekannt waren und der Gekündigte die berechtigte

900 Genzow, Vertragshändlervertrag, Rn. 129; Demir-Gökyayla, Milletlerarası Özel Hukukta Tek Satıcılık Sözleşmeleri, S. 209, Fn. 1023.

901 BGH NJW-RR 1999, 539 (für den Handelsvertreter); Demir-Gökyayla, Milletlerarası Özel Hukukta Tek Satıcılık Sözleşmeleri, S. 210.

902 Spenner, in: Schultze u.a., Der Vertragshändlervertrag; Rn. 647.

903 BGH DB 1963, 1149 (für den Handelsvertreter); Thume, in: Thume, Vertriebsrecht, Teil II, Kap. 7, Rn. 34; Demir-Gökyayla, Milletlerarası Özel Hukukta Tek Satıcılık Sözleşmeleri, S. 205; a. A.: Teoman, Tek Satıcılık, S. 35.

904 Spenner, in: Schultze u.a., Der Vertragshändlervertrag, Rn. 653.

Erwartung hegen durfte, dass der Kündigende sich auf diese Umstände gerade nicht berufen werde.[905]

Entstehen neue Kündigungsgründe erst nach der zuvor bereits ausgesprochenen Kündigung, so bedarf es in aller Regel einer erneuten Kündigungserklärung. Lediglich unter der engen Voraussetzung, dass diese neuen Umstände mit dem ersten Kündigungsgrund in einem direkten inneren Zusammenhang stehen, kann eine erneute Kündigungserklärung ausnahmsweise entbehrlich sein. Wirksam wird die Kündigung allerdings auch in dem Fall erst dann, wenn der Vertragshändler von dem tatsächlich vorliegenden, die außerordentliche Kündigung rechtfertigenden Kündigungsgrund erfährt.[906]

Eine zeitliche Beschränkung für das Nachschieben von Kündigungsgründen besteht grundsätzlich nicht.[907] Der BGH hat selbst nach mehr als zwei Jahren noch ein Nachschieben wichtiger Kündigungsgründe für zulässig erachtet.[908]

e. Erklärungsfrist nach Kenntnisnahme des Kündigungsgrundes?

Weder das deutsche noch das türkische Gesetz kennt eine feste Frist, innerhalb derer die Aussprache der Kündigung nach Kenntniserlangung des wichtigen Grundes zu erfolgen hat. Unstreitig ist es daher jedenfalls nicht erforderlich, dass die Kündigungserklärung unmittelbar nach Kenntniserlangung des wichtigen Grundes ausgesprochen werden muss.[909]

In der Literatur wird darüber hinaus teilweise die Ansicht vertreten, die Kündigungserklärung unterliege grundsätzlich überhaupt keiner zeitlichen Beschränkung. Eine Grenze bilde insoweit lediglich der Grundsatz von Treu und Glauben.[910] Demnach könne der Kündigungswillige sich erst dann nicht mehr auf die zur Kündigung berechtigenden Umstände berufen, wenn er der anderen Vertragspartei über längere Zeit den Eindruck suggeriert hat, er werde das Vertragsverhältnis auch in Ansehung der bekannt gewordenen Vertragsverstöße nicht außerordentlich kündigen.

905 Thume, in: Thume, Vertriebsrecht, Teil II, Kap. 7, Rn. 34; Demir-Gökyayla, Milletlerarası Özel Hukukta Tek Satıcılık Sözleşmeleri, S. 205.

906 BGH BB 1961, 48, 49; Hopt, in: Baumbach/Hopt, HGB, § 89a, Rn. 15.

907 Westphal, Vertragshändler, Rn. 601; Demir-Gökyayla, Milletlerarası Özel Hukukta Tek Satıcılık Sözleşmeleri, S. 205.

908 BGH DB 1963, 1149, 1150 (für den Handelsvertreter).

909 İşgüzar, Tek Satıcılık Sözleşmesi S.157.

910 Demir-Gökyayla, Milletlerarası Özel Hukukta Tek Satıcılık Sözleşmeleri, S. 208.

Nach zutreffender Ansicht[911] verwirkt die kündigungswillige Vertragspartei indes ihr Kündigungsrecht generell bereits dann, wenn sie die Kündigung auch nach Ablauf einer angemessenen Überlegungsfrist noch nicht ausgesprochen hat. In diesem Fall kann die andere Vertragspartei nämlich davon ausgehen, dass der Kündigende die Vertragsverletzung nicht als so gravierend erachtet, als dass ihm die Fortsetzung des Vertragshändlerverhältnisses unzumutbar erscheine.[912] Hiergegen lässt sich auch nicht vorbringen, dass nach h. M. auch für das Nachschieben von Kündigungsgründen keine zeitlichen Grenzen bestehen. In diesem Fall hat der Kündigende nämlich bereits durch eine – wenn auch im Ergebnis sachlich nicht gerechtfertigte – Kündigungserklärung seinen unbedingten Lösungswillen vom Vertrag gegenüber der anderen Vertragspartei zum Ausdruck gebracht. Für einen Vertrauensschutz der anderen Vertragspartei in den Fortbestand des Vertragsverhältnisses bleibt dann aber kein Raum mehr.

Die richtige Bemessung der angemessenen Überlegungsfrist, innerhalb derer die zur außerordentlichen Kündigung berechtigte Vertragspartei die Folgen einer Vertragsbeendigung gegenüber den Folgen der Fortsetzung des Vertragsverhältnisses abzuwägen hat, hängt von dem konkreten Einzelfall ab. Im Streitfall ist der Richter berufen, zu entscheiden, ob die Kündigung in noch angemessener Zeit nach Kenntniserlangung des Kündigungsgrundes ausgesprochen worden ist.[913] Der BGH hat bereits sechswöchige[914] und zweimonatige[915] Überlegungsfristen für noch angemessen erachtet, in einem anderen Fall[916] eine zweimonatige Überlegungsfrist jedoch bereits als zu lang angesehen. Auch in der Literatur werden regelmäßig Überlegungsfristen mit einer Zeitspanne von – je nach Einzelfall – zwei Wochen bis zu zwei Monaten für ausreichend erachtet.[917]

---

911 BGH BB 1982, 515, 517; BGH NJW-RR 1993, 682, 684; Spenner, in: Schultze u.a., Der Vertragshändlervertrag, Rn. 656; İşgüzar, Tek Satıcılık Sözleşmesi S. 157; Demir-Gökyayla, Milletlerarası Özel Hukukta Tek Satıcılık Sözleşmeleri, S. 208, Fn. 1013.

912 BGH BB 1983, 1629, 1630; van der Moolen, in: Martinek/Semler/Habermeier/Flohr, Handbuch des Vertriebsrechts, § 23, Rn. 56.

913 Krüger, RIW 2009, 771, 774.

914 BGH BB 1978, 982, 983.

915 BGH BB 1982, 516, 517.

916 BGH BB 1994, 816.

917 Thume, in: Thume, Vertriebsrecht, Teil II, Kap. 7, Rn. 62; Westphal, Vertragshändler, Rn. 575.

f. Umdeutung in ordentliche Kündigung oder Angebot zum Abschluss eines Aufhebungsvertrages

Wie bereits ausgeführt, muss der Kündigungserklärung auch ohne die ausdrückliche Verwendung der Worte „außerordentlich“ oder „fristlos“ eindeutig und unmissverständlich zu entnehmen sein, dass die kündigende Vertragspartei die sofortige Beendigung des Vertragsverhältnisses begehrt.[918] Solange sich der Erklärung die Art der Kündigung nicht eindeutig entnehmen lässt, gilt die Kündigung stets als ordentliche Kündigung[919] und setzt lediglich den Lauf der ordentlichen Kündigungsfrist in Gang.

Liegen die sachlichen Voraussetzungen einer erklärten außerordentlichen Kündigung nicht vor und erscheint die Fortführung des Vertrages für die lösungswillige Vertragspartei während einer Kündigungsfrist zumutbar, so kann die unwirksame außerordentliche Kündigung nach zutreffender h. M. in eine ordentliche Kündigung umgedeutet werden.[920] Der außerordentlichen Kündigungserklärung lässt sich nämlich in aller Regel der unbedingte Wille entnehmen, dass der Kündigende unter allen Umständen das Vertragshändlerverhältnis beenden möchte.

Nach einer Entscheidung des OLG München könne die sachlich nicht gerechtfertigte außerordentliche Kündigung zudem als Angebot zum Abschluss eines einvernehmlichen Aufhebungsvertrages ausgelegt werden, welches der Gekündigte – soweit ihm die fehlende Berechtigung bewusst sei – zudem durch konkludentes Verhalten annehmen könne, indem er die weitere Zusammenarbeit unterlasse.[921] Zu Recht wird dieser Entscheidung jedoch entgegen gehalten, dass den Parteien durch die unterstellte Aufhebungsvereinbarung eine Teilregelung aufgezwungen wird, die sie eigentlich nicht wollten. Entschließen sich die Parteien nämlich zum Abschluss eines Aufhebungsvertrages, wollen sie darin regelmäßig alle Modalitäten der Vertragsbeendigung vertraglich regeln. Demgegenüber ergeben sich die Rechtsfolgen der Vertragsbeendigung durch eine Kündigung entweder aus dem Gesetz oder aus zuvor getroffenen vertraglichen Vereinbarungen.[922] Darüber hinaus kann der vorläufigen Einstellung der

---

918 Hopt, Handelsvertreterrecht, § 89a, Rn. 13.

919 Hopt, in: Baumbach/Hopt, HGB, § 89a, Rn. 13; Westphal, Vertragshändler, Rn. 583; Demir-Gökyayla, Milletlerarası Özel Hukukta Tek Satıcılık Sözleşmeleri, S. 205.

920 BGH DB 1981, 1821; Yargıtay 11. HD. 15.01.1992, E. 1990/1959, K. 1992/96 (YKD, Band 18, Heft 5, S. 718–719); Ebenroth, Absatzmittlungsverträge, S. 158; Demir-Gökyayla, Milletlerarası Özel Hukukta Tek Satıcılık Sözleşmeleri, S. 205.

921 OLG München NRW-RR 1995, 95.

922 Spenner, in: Schultze u.a., Der Vertragshändlervertrag, Rn. 660.

Vertragsbeziehung durch die gekündigte Vertragspartei in der Regel auch nicht das stillschweigende Einverständnis zur Vertragsbeendigung beigemessen werden. Die Umdeutung einer unwirksamen außerordentlichen Kündigung in ein Angebot zum Abschluss eines Aufhebungsvertrages erscheint daher allenfalls in Ausnahmefällen denkbar.[923]

g. *Schadensersatzansprüche wegen vorzeitiger Vertragsbeendigung*

Ist die außerordentliche Kündigung des Vertragshändlervertrages aufgrund einer Vertragsverletzung erfolgt, die die andere Vertragspartei zu vertreten hat, so hat diese den durch die vorzeitige Aufhebung des Vertragsverhältnisses entstehenden Schadens zu ersetzen.[924] Dies wird für das deutsche Recht überwiegend aus einer analogen Anwendung des § 89 a Abs. 2 dHGB[925] und für das türkische Recht aus einer analogen Anwendung des Art. 437 tOG[926] hergeleitet. Darüber hinaus wird sich ein entsprechender Anspruch regelmäßig auch auf die allgemeinen schuldrechtlichen Schadensersatzansprüche nach § 280 Abs. 1 BGB bzw. Art. 112 tOG stützen lassen.[927]

Der Schadensersatzanspruch ist auf das positive Interesse gerichtet und erstreckt sich bei befristeten Verträgen auf den zuvor vertraglich vereinbarten Zeitraum und bei unbefristeten Verträgen bis zu dem Zeitpunkt, zu dem auch die gekündigte Vertragspartei das Vertragsende im Wege der ordentlichen Kündigung hätte herbeiführen können.[928] Haben die Parteien das Recht zur ordentlichen Kündigung ausgeschlossen, so unterliegt der Schadensersatzanspruch keiner zeitlichen Begrenzung und erstreckt sich auf den entgangenen Gewinn, der nach dem gewöhnlichen Verlauf der Dinge und den besonderen Umständen des Einzelfalls mit Wahrscheinlichkeit zu erwarten gewesen wäre (vgl. für das deutsche Recht § 252

923 BGH WM 1980, 1397, 1398 f.

924 Van der Moolen, in: Martinek/Semler/Habermeier/Flohr, Handbuch des Vertriebsrechts, § 23, Rn. 60; Demir-Gökyayla, Milletlerarası Özel Hukukta Tek Satıcılık Sözleşmeleri, S. 206.

925 Spenner, in: Schultze u.a., Der Vertragshändlervertrag, Rn. 662; van der Moolen, in: Martinek/Semler/Habermeier/Flohr, Handbuch des Vertriebsrechts, § 23, Rn. 60.

926 Poroy/Yasaman, Ticari İşletme Hukuku, S. 245, Rn. 31; Genç, Distribütörlük Sözleşmeleri, S. 161.

927 So auch: Renz, Das Rechtsverhältnis, S. 80; Demir-Gökyayla, Milletlerarası Özel Hukukta Tek Satıcılık Sözleşmeleri, S. 207.

928 BGH BB 1993, 883, 884; Poroy/Yasaman, Ticari İşletme Hukuku, S. 245, Rn. 311; Demir-Gökyayla, Milletlerarası Özel Hukukta Tek Satıcılık Sözleşmeleri, S. 207.

S. 2 BGB).[929] Schadensmindernd zu berücksichtigen ist nach den Bestimmungen des allgemeinen Schuldrechts (§ 254 BGB bzw. Art. 52 Abs. 1 tOG) allerdings ein etwaiges Mitverschulden in Bezug auf den Anlass der Kündigung oder hinsichtlich der allgemeinen Schadensminderungspflicht nach dem Ausspruch der Kündigung.[930]

Auch ein einvernehmlicher Aufhebungsvertrag steht dem Schadensersatzanspruch bei Vorliegen eines wichtigen Kündigungsgrundes nur dann entgegen, wenn der Verletzte in dessen Rahmen auf Schadensersatzansprüche verzichtet.[931] Demgegenüber entfällt der Anspruch allerdings dann, wenn auch der Kündigungsempfänger zum Zeitpunkt der Kündigung aus wichtigem Grund hätte kündigen können, wobei es insoweit unerheblich ist, ob er von diesem Recht tatsächlich Gebrauch gemacht hat.[932]

3. Teilkündigung und Änderungskündigung

Durch eine Teilkündigung will der Kündigende sich lediglich von einer bestimmten Vertragsverpflichtung entlasten, an denen der Kündigungsgegner vollständig festhalten und sich die daraus ergebenden Rechte bewahren will.[933] Ein solcher einseitiger, nachträglicher Eingriff in den Inhalt des fortbestehenden Vertragsverhältnisses, der regelmäßig den Zweck verfolgt, zu Lasten des Vertragspartners wirkende Vertragsänderungen herbeizuführen, ist allerdings mit dem Prinzip der Vertragsautonomie und dem Grundsatz von Treu und Glauben nicht vereinbar und daher grundsätzlich unwirksam.[934] Vielmehr kann die andere Vertragspartei eine derartige Teilkündigung als Vertragsverletzung erachten und den Vertrag im Falle einer dadurch bewirkten Zerrüttung des Vertrauensverhältnisses ggf. selbst aus wichtigem Grund außerordentlich kündigen.[935]

Lediglich ausnahmsweise kann die Teilkündigung zulässig sein, wenn die Vertragsparteien ein solches Recht im Rahmen des Vertragsschlusses ausdrücklich

929 BGH, VersR 2008, 1492, 1493.

930 BGH WM 1984, 1005 f.

931 BGH BB 1982, 515, 516.

932 Van der Moolen, in: Martinek/Semler/Habermeier/Flohr, Handbuch des Vertriebsrechts, § 23, Rn. 61.

933 BGH DB 1993, 1616, 1617; Demir-Gökyayla, Milletlerarası Özel Hukukta Tek Satıcılık Sözleşmeleri, S. 188.

934 Thume, in: Thume, Vertriebsrecht, Teil II, Kap. 7, Rn. 4; Demir-Gökyayla, Milletlerarası Özel Hukukta Tek Satıcılık Sözleşmeleri, S. 188.

935 BGH DB 1993, 1616, 1617.

vorbehalten haben.[936] Allerdings sind der AGB-rechtlichen Zulässigkeit von Teilkündigungsklauseln enge Grenzen gesteckt. So gelten beispielsweise Klauseln, die eine Verkleinerungsmöglichkeit des Marktverantwortungsgebiets ohne das Erfordernis schwerwiegender Änderungsgründe oder eine nur kurz bemessene Änderungsfrist vorsehen oder dem Vertragshändler insofern keinen Ausgleich für entstehende Einbußen zusprechen allgemeinhin als unwirksam.[937]

Demgegenüber verfolgt der Kündigende mit einer sog. Änderungskündigung das Ziel, das gesamte Vertragsverhältnis zu beenden und mit dem gleichen Vertragspartner einen neuen Vertrag, jedoch mit geänderten Vertragsbedingungen abzuschließen.[938] Lehnt der Gekündigte dieses zulässige Angebot ab, so endet das Vertragsverhältnis mit dem Ablauf der durch die ausgesprochene Kündigung in Gang gesetzten ordentlichen Kündigungsfrist.[939]

II. Aufhebungsvereinbarung und Anfechtung

Die Frage, ob die Parteien das Vertragsverhältnis im gegenseitigen Einvernehmen aufheben können, ist nicht Gegenstand gesetzlicher Regelungen; sie ist jedoch im Hinblick auf den Grundsatz der Privatautonomie unstreitig zu bejahen.[940] Dies gilt gleichermaßen für unbefristete wie für befristete Vertragshändlerverträge. Die Aufhebung ist dabei, selbst wenn für den aufgehobenen Vertrag ein Formerfordernis vorgesehen war, an kein Formerfordernis gebunden,[941] wobei es sich in

936 BGH DB 1993, 1616, 1617; Demir-Gökyayla, Milletlerarası Özel Hukukta Tek Satıcılık Sözleşmeleri, S. 188.

937 BGH BB 1984, 233, 234; Thume, in: Thume, Vertriebsrecht, Teil II, Kap. 7, Rn. 5; noch weitergehend: Genzow, Vertragshändlervertrag, Rn. 114, der derartige Klauseln in Formularverträgen generell für unzulässig erachtet.

938 Genzow, Vertragshändlervertrag, Rn. 115.

939 Thume, in: Thume, Vertriebsrecht, Teil II, Kap. 7, Rn. 6; Demir-Gökyayla, Milletlerarası Özel Hukukta Tek Satıcılık Sözleşmeleri, S. 188.

940 Thume, in: Thume, Vertriebsrecht, Teil II, Kap. 6, Rn. 23; Eren, Borçlar Hukuku Genel Hükümler, S. 1210; Demir-Gökyayla, Milletlerarası Özel Hukukta Tek Satıcılık Sözleşmeleri, S. 185.

941 Rolfs, in: Ascheid/Preis/Schmidt, Kündigungsrecht, Rn. 17; Eren, Borç lar Hukuku Genel Hükümler, S. 1211.
Etwas anderes gilt im deutschen Recht insofern allein im Bereich von Arbeitsverhältnissen (vgl. § 623 BGB)

der Praxis schon aus Beweisgründen grundsätzlich empfiehlt, eine solche Aufhebungsvereinbarung schriftlich abzufassen.[942]

Im Falle von Irrtum, Täuschung oder Drohung im Sinne des Gesetzes (§ 119 ff. BGB, Art. 30–39 tOG), kann der Vertragshändlervertrag weiterhin – wie jedes andere Vertragsverhältnis auch – durch Anfechtung beendet werden.

Wollen die Parteien mit einem Aufhebungsvertrag oder einer Vertragsanfechtung im Vertragsrecht allgemein auch bewirken, dass der frühere Rechtszustand eintritt (ex tunc-Wirkung), so kann eine solche Vereinbarung oder Gestaltungserklärung bei bereits in Gang gesetzten Dauerschuldverhältnissen, wie dem Vertragshändlervertrag, gleichwohl nur eine Wirkung für die Zukunft entfalten (ex nunc-Wirkung), da eine sachgerechte Rückabwicklung der gegenseitigen Vertragspflichten nach der Invollzugsetzung des Vertragsverhältnisses regelmäßig nicht mehr möglich ist.[943] Dies hat zur Folge, dass die bis dahin erworbenen Ansprüche, einschließlich eines etwaigen Ausgleichsanspruchs nach Vertragsbeendigung, bestehen bleiben.

III. Insolvenz oder Tod einer Vertragspartei

Im deutschen Recht beendet die Eröffnung des Insolvenzverfahrens über das Vermögen des Unternehmers gemäß §§ 115 f. InsO den Vertragshändlervertrag, ohne dass es einer diesbezüglichen Kündigung bedürfte. Demgegenüber beendet die Insolvenz des Händlers das Vertragsverhältnis nicht ipso iure, berechtigt den Unternehmer aber in aller Regel zur außerordentlichen Kündigung.[944]

Der Tod des Vertragshändlers beendet, wenn der Vertragshändler eine natürliche Person ist, nach der analog heranzuziehenden Auslegungsregel der §§ 675 Abs.1, 673 BGB im Zweifel das Vertragsverhältnis automatisch. Etwas anderes gilt lediglich dann, wenn der Geschäftsbetrieb des Vertragshändlers erkennbar

942 Westphal, Vertragshändler, Rn. 642.

943 BGH NJW 1978, 2198; OLG Düsseldorf DNotZ 2006, 681; allgemein für Dauerschuldverhältnisse wie Ehe; Gesellschaftsverträge oder Arbeitsverhältnisse: Ellenberger, in: Palandt, BGB, Überbl v § 104, Rn. 36; Eren, Borçlar Hukuku Genel Hükümler, S. 1211;für den Vertragshändlervertrag: Thume, in: Thume, Vertriebsrecht, Teil II, Kap. 6, Rn. 27; Demir-Gökyayla, Milletlerarası Özel Hukukta Tek Satıcılık Sözleşmeleri, S. 187; a. A.: Spenner, in: Schultze u.a., Der Vertragshändlervertrag, Rn. 666, der hinsichtlich des Rahmenvertrages von einer ex tunc-Wirkung ausgeht.

944 Hopt, Handelsvertreterrecht, § 89 Rn. 4; von Hoyningen-Huene, in: MünchKomm zum HGB, § 89 Rn. 25; Stumpf/Ströbl, MDR 2004, 1209, 1211.

nicht allein auf seine Person ausgerichtet ist. Bei Tod des Unternehmers besteht das Vertragsverhältnis hingegen im Zweifel fort (vgl. §§ 675 Abs.1, 672 BGB). Ist in diesem Fall die Vertragsbeendigung erwünscht, so ist das Vertragsverhältnis im Regelfall ordentlich zu kündigen.[945]

Nach türkischem Handelsvertreterrecht, endet das Vertragsverhältnis nach Art. 121 Abs. 3 tHGB i. V. m. 513 Abs. 1 tOG im Falle von Insolvenz, Tod oder Entmündigung des Unternehmers oder des Handelsvertreters grundsätzlich automatisch. Aufgrund gleichgelagerter Interessenlage findet diese Vorschrift auch auf den Vertragshändlervertrag Anwendung. Wie dem Wortlaut dieser Bestimmung eindeutig zu entnehmen ist, ist diese Rechtsfolge indes nicht zwingend. Es ist den Parteien daher unbenommen, eine dahingehende Regelung zu treffen, wonach das Vertragsverhältnis auch in diesen Fällen entweder unmittelbar zwischen den Parteien oder mit deren Erben oder Stellvertretern fortgeführt werden soll.[946]

Der Vertragsgestaltungspraxis ist auch in diesen Bereichen anzuraten, klare Regelungen zu treffen.

D. Rechtsfolgen der Vertragsbeendigung

Auch nach Beendigung des Vertrages sind die Parteien eines Vertragshändlervertrages noch einer Reihe gegensätzlicher Rechte und Pflichten ausgesetzt. Diese können sowohl Ausfluss der aus der ehemaligen Dauerrechtsbeziehung fortwirkenden Treue- und Fürsorgepflichten sein als auch erst durch die Vertragsbeendigung begründet werden. Von besonderer Bedeutung sind dabei insbesondere die mit der Abwicklung des Vertragsverhältnisses verbundenen Probleme betreffend die Rücknahme des Waren- und Ersatzteillagers durch den Unternehmer, Ersatzansprüche des Vertragshändlers für nicht amortisierte Investitionen, die Zulässigkeitsvoraussetzungen für die Vereinbarung nachvertraglicher Wettbewerbsverbote und die Zuerkennung und den Umfang eines Ausgleichsanspruchs des Vertragshändlers für die Überlassung des durch ihn geworbenen Kundenstamms. Fragen können sich zudem in Bezug auf die Auswirkungen der Vertragsbeendigung auf die zuvor bereits geschlossenen, bislang aber unerledigten Einzelkaufverträge ergeben.

---

945 Hopt, Handelsvertreterrecht, § 89 Rn. 3.

946 Demir-Gökyayla, Milletlerarası Özel Hukukta Tek Satıcılık Sözleşmeleri, S. 187.

I. Auswirkung der Vertragsbeendigung auf die Lieferansprüche von Vertragswaren und Ersatzteilen

Grundsätzlich bleibt der Unternehmer auch nach der Vertragsbeendigung verpflichtet, sämtliche vor der Vertragsbeendigung angenommenen Lieferaufträge zu erfüllen, wie der Vertragshändler weiterhin verpflichtet bleibt, die zuvor georderten Vertragswaren abzunehmen und zu bezahlen.[947] Versuche diese Obliegenheiten AGB-rechtlich einzuschränken, dürften in aller Regel unwirksam sein. Insbesondere Klauseln, welche die Fortgeltung der Belieferungspflicht selbst dann beschränken, wenn der Vertragshändler schon entsprechende Weiterverkäufe getätigt hat, halten der Inhaltskontrolle nicht stand.[948] Gleichwohl können die diesbezüglichen vertraglichen Pflichten des Vertragshändlervertrages in Ansehung der absehbaren oder bereits eingetretenen Vertragsbeendigung unter Treuegesichtspunkten eine Modifikation erfahren.

1. Rechtslage zwischen Kündigungserklärung und Ablauf der Kündigungsfrist

Wird das Vertragshändlerverhältnis mittels ordentlicher Kündigung beendet, so bleiben die gegenseitigen Rechte und Pflichten der Parteien grundsätzlich auch während des Laufes der Kündigungsfrist unverändert bestehen. Insbesondere bleibt der Vertragshändler bis zum Ablauf der Kündigungsfrist zum Vertrieb der Produkte berechtigt und dem Unternehmer steht es nicht zu, die wirtschaftlichen Chancen des Vertragshändlers aus dem Produktabsatz, durch Beschränkungen der Belieferung zu beeinträchtigen. Ebenso wie er bereits zuvor geschlossene Einzelkaufverträge zu erfüllen hat, hat er daher grundsätzlich auch neue Lieferaufträge bis zur Vertragsbeendigung grundsätzlich anzunehmen und zu erfüllen.[949]

Allerdings verpflichtet die gegenseitige Treuepflicht die Parteien dazu, ihre Rechte und Pflichten in dieser Übergangszeit bis zum Auslauf der Vertragsbeziehung so wahrzunehmen, dass eine reibungslose Beendigung des Vertragsverhältnisses

---

947 Ulmer, S. 487; Westphal, Vertragshändler; Rn. 668; Ebenroth, Absatzmittlungsverträge, S. 210; İşgüzar, Tek Satıcılık Sözleşmesi S. 159; Demir-Gökyayla, Milletlerarası Özel Hukukta Tek Satıcılık Sözleşmeleri, S. 211.

948 Vogels/Köhnen, in: Giesler, Praxishandbuch Vertriebsrecht, § 3 Rn. 426; Thume, in: Thume, Vertriebsrecht, Teil II, Kap. 8, Rn. 2.

949 Ebenroth, Absatzmittlungsverträge, S. 211; Wauschkuhn, in: Schultze u.a., Der Vertragshändlervertrag; Rn. 677; İşgüzar, Tek Satıcılık Sözleşmesi S. 159; Şenol, Bayilik Sözleşmesi, S. 225.

gewährleistet ist.[950] Aus diesem Grund kann es dem Unternehmer schlechterdings nicht zugemutet werden, dem Vertragshändler für die Zeit nach der Vertragsbeendigung die Lager zu füllen. Da der Unternehmer nach der Vertragsbeendigung häufig zur Rücknahme der Lagerbestände verpflichtet ist, würde es zudem ein unredliches Geschäftsgebaren des Vertragshändlers darstellen, wenn er im Wissen auf die bevorstehende Vertragsbeendigung Massenbestellungen in einem Umfang erteilen würde, in dem er die Vertragswaren im Rahmen des ordnungsgemäßen Geschäftsganges voraussichtlich nicht mehr wird absetzen können.[951] In derartigen Fällen entfällt daher die Belieferungspflicht des Unternehmers.

2. Rechtslage nach Beendigung des Vertragsverhältnisses

Da die Kündigung des Vertragshändlervertrages lediglich für die Zukunft wirkt, sind grundsätzlich alle während der Vertragslaufzeit noch wirksam zustande gekommenen Einzelkaufverträge auch nach der Beendigung des Vertragsverhältnisses noch zu erfüllen.[952] Ob die bestellten Waren dabei bereits an den Endkunden weiterverkauft worden sind, ist unerheblich.[953] Etwas anderes kann hier u. U. allerdings im Falle der fristlosen Kündigung gelten. Ist das gegenseitige Vertrauensverhältnis durch das die Kündigung begründende Ereignis nämlich in empfindlicher Weise belastet worden, so kann die nachvertragliche Lieferpflicht des Unternehmers selbst dann entfallen, wenn der Unternehmer die Bestellungen bereits angenommen hatte und der Vertragshändler entsprechende Anschlussverkäufe nachweisen kann.[954] Dies kann beispielsweise der Fall sein, wenn der Vertragshändler die fristlose Kündigung durch eine nachhaltige Imageschädigung des Unternehmers veranlasst hat. Umgekehrt kann im Einzelfall auch die

---

950 Wauschkuhn, in: Schultze u.a., Der Vertragshändlervertrag, Rn. 677.

951 Wauschkuhn, in: Schultze u.a., Der Vertragshändlervertrag, Rn. 679; Ebenroth, Absatzmittlungsverträge, S. 211; Demir-Gökyayla, Milletlerarası Özel Hukukta Tek Satıcılık Sözleşmeleri, S. 211.

952 Thume, in: Thume, Vertriebsrecht, Teil II, Kap. 8, Rn. 2; Westphal, Vertragshändler, Rn. 668; Demir-Gökyayla, Milletlerarası Özel Hukukta Tek Satıcılık Sözleşmeleri, S. 211; İşgüzar, Tek Satıcılık Sözleşmesi, S. 159.

953 Thume, a.a.O.; Westphal, a.a.O.; a. A. Jaletzke, in: Stumpf/Jaletzke/Schultze, Der Vertragshändlervertrag, Rn. 673; Wauschkuhn, in: Schultze u.a., Der Vertragshändlervertrag, Rn. 685, die davon ausgehen, dass die fortbestehende Lieferpflicht des Unternehmers lediglich solche Waren umfasst, die der Vertragshändler zum Zeitpunkt der Vertragsbeendigung bereits weiterverkauft hatte.

954 Ebenroth, Absatzmittlungsverträge, S. 211; Vogels/Köhnen, in: Giesler, Praxishandbuch Vertriebsrecht, § 3 Rn. 427.

Bezugspflicht des Vertragshändlers für bereits in Auftrag gegebene Bestellungen entfallen, wenn die vertragshändlerseitige Kündigung etwa darauf beruht, dass der Unternehmer ständig mangelhafte Ware geliefert hat.[955]

Besteht der Vertragshändler nach der Vertragsbeendigung jedoch auf die Lieferung der zuvor bereits georderten Waren, so ist es ihm im Hinblick auf seine nachvertragliche Treuepflicht sodann allerdings untersagt, sich im Anschluss an gescheiterte Absatzbemühungen auf eine vertraglich vorgesehene Rücknahmepflicht des Unternehmers hinsichtlich der Vertragswaren zu berufen und diesen entsprechend zur Rücknahme aufzufordern.[956]

3. Rechtslage bzgl. der Belieferung mit Ersatzteilen

Auch die Pflicht, den Vertragshändler mit den notwendigen Ersatzteilen zu beliefern, um diesem die Durchführung von Garantie- und Reparaturleistungen zu ermöglichen, endet grundsätzlich mit der Vertragsbeendigung.[957]

Besonderheiten können sich hier jedoch ergeben, wenn der Unternehmer den Vertragshändler mit mangelhaften Waren beliefert hat. Da der Vertragshändler in diesem Fall gegenüber seinen Kunden ebenfalls verpflichtet bleibt, etwaige Gewährleistungsarbeiten auszuführen, umfasst der Nacherfüllungsanspruch des Vertragshändlers gegenüber dem Unternehmer nach § 439 Abs. 1 BGB auch die insoweit erforderliche Belieferung mit den für die Beseitigung der Mängel erforderlichen Ersatzteilen.[958] Entsprechendes ergibt sich für das türkische Recht aus Art. 227 Abs. 1 Nr. 3 tOG.

Wurde die Vertragsbeendigung zudem durch ein schuldhaftes Verhalten des Unternehmers begründet, so ergibt sich die Belieferungspflicht des Unternehmers zudem als Teil seiner Schadensersatzpflicht. Danach hat der Unternehmer den Vertragshändler auch nach der Vertragsbeendigung in dem gleichen Umfang mit Ersatzteilen für seine Gewährleistungs- und Reparaturarbeiten zu versorgen, wie dies im Falle der Fortsetzung des Vertragsverhältnisses der Fall wäre.[959]

---

955 İşgüzar, Tek Satıcılık Sözleşmesi, S. 160.

956 Thume, in: Thume, Vertriebsrecht, Teil II, Kap. 8, Rn. 2; Westphal, Vertragshändler, Rn. 668; Wauschkuhn, in: Schultze u.a., Der Vertragshändlervertrag, Rn. 688.

957 Wauschkuhn, in: Schultze u.a., Der Vertragshändlervertrag, Rn. 688.

958 Genzow, Rn. 136 unter Hinweis auf ein unveröffentlichtes Uretil des OLG Saarbrükken, 2.4.1987, 8 U 77/85; Wauschkuhn, in: Schultze u.a., Der Vertragshändlervertrag, Rn. 691; Vogels/Köhnen, in: Giesler, Praxishandbuch Vertriebsrecht, § 3, Rn. 431.

959 Westphal, Vertragshändler, Rn. 672.

Schließlich kann sich die Lieferpflicht der Ersatzteile auch aus kartellrechtlichen Gründen unter dem Gesichtspunkt des Verbots des Missbrauchs einer marktbeherrschenden Stellung und des Diskriminierungsverbotes für marktstarke Unternehmen (Art. 102 AEUV; § 20 GWB bzw. Art. 6 Abs. 1 und 2 lit. b tGSW) ergeben. Nimmt der Unternehmer aufgrund der Komplexität seiner Produkte im Hinblick auf die diesbezüglichen Ersatzteile eine marktbeherrschende oder eine nach § 20 Abs. 2 GWB hiermit gleichgestellte marktstarke Stellung ein, so kann die gezielte Nichtbelieferung seinen ehemaligen Vertragshändler derart in dessen Möglichkeiten einschränken, Wartungs- und Reparaturdienstleistungen für derartige Produkte zu erbringen, dass darin eine Beeinträchtigung des Wettbewerbs und eine Diskriminierung des ausgeschiedenen Vertragshändlers zu sehen ist.[960] Ist dies der Fall, steht dem Vertragshändler somit auch nach Vertragsbeendigung weiterhin ein Anspruch auf die Lieferung der Ersatzteile zu.

Etwas anderes gilt freilich wiederum dann, wenn für diese Ungleichbehandlung gegenüber anderen Händlern ein rechtfertigender Grund vorliegt. Dies ist vor allem dann der Fall, wenn der Vertragshändler nach der Vertragsbeendigung für ein Konkurrenzunternehmen tätig wird. So kann es dem Unternehmer schlechterdings nicht zugemutet werden, dem Händler zu seinem eigenen Nachteil Wettbewerbsvorteile in dessen Neugeschäft mit einem Konkurrenzprodukt zu verschaffen.[961]

II. Rücknahme und Rückkauf von Geschäftsunterlagen, Waren- und Ersatzteillager

Nach der Vertragsbeendigung stellt sich regelmäßig die Frage, wie mit Geschäftsunterlagen und Geschäftsausstattungen, die dem Vertragshändler zum Zwecke der Absatzförderung überlassen worden sind sowie mit den Überresten in den Waren- und Ersatzteillagern des Vertragshändlers zu verfahren ist.

1. Unterlagen und markenspezifische Geschäftsausstattung

Unterlagen, die dem Vertragshändler durch den Unternehmer lediglich zur Erleichterung seiner Absatzbemühungen während der Laufzeit überlassen worden sind, wie beispielsweise Muster, Werbe- und Informationsmaterialien, Pläne,

---

960 EuGH GRUR Int. 1980, 46 („Hugin Kassaregister“); BGH BB 1974, 714; BGH BB 1989, 1575; Westphal, Vertragshändler, Rn. 673; Wauschkuhn, in: Schultze u.a., Der Vertragshändlervertrag, Rn. 697.

961 BGH BB 1989, 1575, 1576.

Zeichnungen, Reparaturhandbücher, Arbeitsanweisungen, Kundenlisten, etc. sind nach allgemeiner Meinung analog der geschäftsbesorgungsrechtlichen Verpflichtungen nach den §§ 675, 667 BGB bzw. der auftragsrechtlichen Verpflichtung nach Art. 508 Abs. 1 tOG nach der Vertragsbeendigung an den Unternehmer zurückzugeben.[962] Sind diese Gegenstände im Eigentum des Unternehmers verblieben, ergibt sich ein Rückgabeanspruch des Unternehmers zudem aus dem Vindikationsanspruch des § 985 BGB bzw. Art. 683 Abs. 2 tZGB. Die gleichen Ansprüche bestehen zudem für die dem Vertragshändler für das Vertriebssystem zur Verfügung gestellten markenspezifischen Geschäftsausstattungen.[963]

War der Vertragshändler zuvor verpflichtet diese Unterlagen und Materialen entgeltlich anzukaufen, so sind diese allerdings nur gegen Zahlung eines Rückkaufpreises zurückzugeben.[964] Soweit aufgrund unsachgemäßer Aufbewahrung Schäden an diesen Gegenständen entstanden sind, wirken sich diese mindernd auf den Vergütungsanspruch des Vertragshändlers aus.[965]

2. Waren- und Ersatzteillager

Der ausscheidende Vertragshändler hat regelmäßig ein nachvollziehbares Interesse daran, dass der Unternehmer die Restbestände in seinem Waren- und Ersatzteillager zurücknimmt. Während der Unternehmer diese nämlich grundsätzlich ohne größere Schwierigkeiten in seinem Vertrieb selbst verwerten oder an einen anderen seiner zugelassenen Vertragshändler veräußern kann, sieht sich der Vertragshändler an der Veräußerung der ehemaligen Vertragswaren häufig gehindert oder zumindest stark eingeschränkt, da er nicht mehr in die Absatzorganisation des Unternehmers eingegliedert ist und nicht mehr mit der Marke des Unternehmers werben darf.

Ebenso verlieren die vorgehaltenen Ersatzteile für den Vertragshändler regelmäßig ihren Wert, da auch die Erbringung der erforderlichen Kundendienstleistungen nach der Beendigung des Vertragsverhältnisses oftmals einem Nachfolger des Vertragshändlers übertragen wird.

---

962 Wauschkuhn, in: Schultze u.a., Der Vertragshändlervertrag, Rn. 704; Westphal, Vertragshändler, Rn. 653; Finger, DB 1970, 141, 147; İşgüzar, Tek Satıcılık Sözleşmesi S. 170; Demir-Gökyayla, Milletlerarası Özel Hukukta Tek Satıcılık Sözleşmeleri, S. 234.

963 Vogels/Köhnen, in: Giesler, Praxishandbuch Vertriebsrecht, § 3 Rn. 391.

964 Ulmer, S. 484; ; İşgüzar, Tek Satıcılık Sözleşmesi S. 170.

965 Westphal, Vertragshändler, Rn. 681.

a. Rechtsgrundlagen für die Rücknahme- bzw. Rückkaufverpflichtung des Unternehmers

Unproblematisch ergibt sich ein Rückgaberecht des Vertragshändlers bezüglich solcher Waren- oder Ersatzteile, die sich lediglich in einem sog. Konsignationslager des Vertragshändlers befinden und damit ohnehin im Eigentum des Unternehmers geblieben sind.

Sind die Lagerwaren und Ersatzteile demgegenüber zuvor an den Vertragshändler veräußert und übereignet worden, ergibt sich eine Rückkaufsverpflichtung des Unternehmers nicht ohne Weiteres. Vielmehr hat der Vertragshändler als selbständiger Kaufmann die mit der Anlegung eines Waren- und Ersatzteillagers verbundenen Absatzchancen und -risiken grundsätzlich selbst zu tragen.[966] Auch gibt es keinerlei spezielle gesetzliche Regelung, an der man eine generelle Rücknahmeverpflichtung des Unternehmers festmachen könnte. Insbesondere finden die o. g. Vorschriften betreffend die Herausgabepflicht bei entgeltlichen Geschäftsbesorgungsverträgen bzw. Aufträgen auf Vertragswaren, an denen der Vertragshändler das rechtliche und wirtschaftliche Eigentum erworben hat, keine Anwendung.[967]

Im Hinblick darauf, dass die Lagerhaltung durch den Vertragshändler – wie bereits aufgezeigt – indes keinesfalls im Alleininteresse des Vertragshändlers erfolgt und diese ihm häufig sogar vertraglich vorgeschrieben ist, hat der BGH bereits im Jahre 1970 entschieden,[968] dass den Unternehmer zumindest dann, wenn der Vertragshändler einer solchen vertraglichen Verpflichtung zur vorrätigen Einlagerung von Vertragswaren und Ersatzteilen unterliege, eine Rückkaufverpflichtung treffe. Diese Verpflichtung finde ihre Rechtsgrundlage in der Lagerabrede und der nachvertraglichen Treuepflicht des Unternehmers.

Während der Kassationshof – soweit ersichtlich – bislang keine Gelegenheit hatte, sich hinsichtlich dieses Problemkreises zu äußern, hat der BGH seine vorerwähnte Grundsatzentscheidung in späteren Entscheidungen[969] wiederholt bestätigt und auch in der Literatur hat diese Auffassung m. E. zu recht breite Zustimmung erfahren.[970] Da der Vertragshändler das Lagerrisiko in dem Fall einer vertraglichen

966 BGH NJW 1971, 29, 31.

967 BGH NJW 1971, 29, 30; Demir-Gökyayla, Milletlerarası Özel Hukukta Tek Satıcılık Sözleşmeleri, S. 212.

968 BGH NJW 1971, 29, 31.

969 BGH NJW 1994, 1060, 1061 („Daihatsu"); NJW 1995, 524, 525 („Suzuki"); NJW-RR 2005, 1496, 1498; NJW-RR 2007, 1697, 1700; NJW-RR 2008, 1371, 1372.

970 Thume, in: Thume, Vertriebsrecht, Teil II, Kap. 8, Rn. 9; Wauschkuhn, in: Schultze u.a., Der Vertragshändlervertrag, Rn. 705; Westphal, Vertragshändler; Rn. 656.

Verpflichtung zur Lagerhaltung nämlich nicht nach eigenem Ermessen trägt und an die Vorgaben des Unternehmers gebunden ist, erschiene es unbillig, ihm die durch die Vertragsbeendigung speziell in seiner Person auftretenden Schwierigkeiten bei der Verwertung der noch eingelagerten Waren und Ersatzteile aufzuerlegen. Die nachvertragliche Treuepflicht verpflichtet den Unternehmer im Rahmen des Zumutbaren an der Vertragsabwicklung mitzuwirken, um der Entstehung etwaiger zusätzlicher Schäden beim Vertragshändler vorzubeugen.[971] Dementsprechend trifft den Unternehmer die Rücknahmeverpflichtung im Falle einer vertraglichen Verpflichtung des Vertragshändlers zur Lagerhaltung auch dann, wenn die Parteien hinsichtlich der Rücknahmeverpflichtung keine ausdrückliche Vereinbarung getroffen haben.[972]

Die Verknüpfung der Rückkaufverpflichtung des Unternehmers mit der Verpflichtung des Vertragshändlers zur Lagerhaltung wird in der türkischen Literatur teilweise als zu eng empfunden. Auch ohne diesbezügliche vertragliche Vereinbarung erfolge die Lagerhaltung des Vertragshändlers primär im Hinblick auf seine Absatzförderungs- und Interessenwahrnehmungspflicht, um eine auch im Interesse des Unternehmers liegende zügige Auslieferung der Waren und eine prompte Erfüllung von Kundendienstverpflichtungen gewährleisten zu können. Dem Vertragshändler in diesem Fall den Anspruch auf Rückverkauf der übriggebliebenen Waren und Ersatzteile zu versagen, entspräche daher nicht der Billigkeit.[973]

Dieser Ansicht ist allerdings entgegen zu halten, dass der Vertragshändler eigenverantwortlich handelnder Kaufmann ist. Entschließt er sich daher ohne diesbezügliche vertragliche Verpflichtung dazu, ein Waren- oder Ersatzteillager zu unterhalten, so handelt es sich insoweit um eine einseitige Dispositionsentscheidung des Vertragshändlers, bzgl. derer er auch die damit verbundenen Risiken zu tragen hat. Der Umstand, dass hiervon rein faktisch wiederum auch der Unternehmer profitiert, ändert daran nichts.

Hat der Vertragshändler das Vertragsverhältnis aufgrund einer allein durch den Unternehmer verschuldeten Vertragsverletzung beendet, so kann sich die Rücknahmepflicht des Unternehmers zudem unter dem Gesichtspunkt des Schadensersatzes

971 BGH NJW 1971, 29, 31; Ebenroth, Absatzmittlungsverträge, S. 213.

972 BGHZ 54, 338, 342 ff.; BGH NJW 2007, 1697, 1700; Thume, in: Thume, Vertriebsrecht, Teil II, Kap. 8, Rn. 9; Genzow, Vertragshändlervertrag, Rn. 130.

973 Demir-Gökyayla, Milletlerarası Özel Hukukta Tek Satıcılık Sözleşmeleri, S. 213.

ergeben. In diesem Fall hat der Unternehmer den Vertragshändler nämlich so zu stellen, als hätte dieser die erworbenen Waren veräußern können.[974]

Demgegenüber entfällt die Rücknahmeverpflichtung des Unternehmers, wenn der Vertragshändler die Vertragsbeendigung ausschließlich selbst verschuldet hat.[975] Der Vertragshändler kann sich nämlich billigerweise nicht auf eine nachvertragliche Treuepflicht des Unternehmers berufen, wenn er sich zuvor selbst treuwidrig verhalten und die Beendigung des Vertragsverhältnisses durch ein schuldhaftes Verhalten selbst verursacht hat.[976] Die Verwertung des restlichen Warenlagers liegt sodann in dem von ihm selbst geschaffenen Gefahrenbereich.[977]

Auch wenn sich die Waren im Zugriffsbereich des Vertragshändlers wesentlich verschlechtert haben oder der Umfang des restlichen Warenbestands beim Vertragshändler auf offenkundigen Dispositionsfehlern des Vertragshändlers beruht, kann dem Unternehmer ein Rückkauf nicht zugemutet werden.[978]

Lediglich geringfügige Verstöße im Rahmen der Lagerobliegenheiten begründen indes keinen Ausfall der Rücknahmepflicht des Unternehmers und können allenfalls bei der Bemessung des Rückkaufpreises Berücksichtigung finden. Insbesondere die ordentliche Kündigung des Vertrages oder die Ablehnung eines Folgevertrages begründen kein Verschulden des Vertragshändlers in Bezug auf die Vertragsbeendigung und wirken sich daher nicht mindernd auf den Rückverkaufsanspruch des Vertragshändlers aus.[979]

Haben beide Parteien die Vertragsbeendigung verschuldet, haben sie das Risiko für den restlichen Lagerbestand des Vertragshändlers gemeinsam zu tragen.[980] Es verbleibt insoweit grundsätzlich bei der Rücknahmeverpflichtung des Unternehmers, der für die Rückführung der Waren und Ersatzteile allerdings nur

---

974 BGH NJW 1971, 29, 31ff.; ZIP 1994, 461, 470; ZIP 1995, 222,223; ZIP 2005, 1785, 1793; Schiefers, BB 1992, 2158, 2159; Demir-Gökyayla, Milletlerarası Özel Hukukta Tek Satıcılık Sözleşmeleri, S. 217.

975 BGH NJW 1971, 29, 31; Westphal, Vertragshändler; Rn. 657; Demir-Gökyayla, Milletlerarası Özel Hukukta Tek Satıcılık Sözleşmeleri, S. 215.

976 Schiefers, BB 1992, 2158, 2159.

977 BGH NJW 1971, 29, 31.

978 Ulmer, S. 472; Thume, in: Thume, Vertriebsrecht, Teil II, Kap. 8, Rn. 25; Schiefers, BB 1992, 2158, 2160; Demir-Gökyayla, Milletlerarası Özel Hukukta Tek Satıcılık Sözleşmeleri, S. 214.

979 Wauschkuhn, in: Schultze u.a., Der Vertragshändlervertrag, Rn. 710; Thume, in: Thume, Vertriebsrecht, Teil II, Kap. 8, Rn. 12; Westphal, Vertragshändler; Rn. 657.

980 BGH BB 1988, 2201, 2206.

einen an seinem Verschuldensanteil auszurichtenden Teil des Rückkaufpreises zu zahlen hat.[981]

b. Vertragliche Abbedingung der Rücknahmeverpflichtung

Individualvertraglich ist die Abbedingung der Rückkaufverpflichtung des Unternehmers weitgehend möglich. Eine Grenze bildet insoweit lediglich § 276 Abs. 3 BGB bzw. Art. 115 Abs. 1 tOG, wonach dem Schuldner eine Haftung für eine vorsätzlich begangene Schädigung nicht im Voraus erlassen werden kann.

In Standardverträgen ist die Beschränkung der Rücknahmeverpflichtung des Unternehmers demgegenüber nur in eingeschränktem Umfang zulässig. So werden insbesondere alle Klauseln, die das Rückgaberecht des Vertragshändlers auch dann beschränken, wenn er die Beendigung des Vertragshändlervertrages nicht verschuldet hat, allgemeinhin als unangemessen benachteiligend beurteilt.[982] Dies gilt zudem nicht allein für solche Klauseln, bei denen die Verknüpfung der Zuerkennung des Rückgaberechts mit dem Erfordernis eines unternehmerischen Alleinverschuldens eindeutig hervortritt.[983] Vielmehr sind weiterhin auch Klauseln, die das Rückgaberecht auf nur noch eingeschränkt verkaufsfähige[984] oder auf solche Vertragsprodukte beschränken, die dem Vertragshändler innerhalb der letzten drei Jahre geliefert wurden,[985] für unwirksam zu erachten, soweit diese Klauseln uneingeschränkt auch für den Fall zur Anwendung kommen, dass den Unternehmer ein Verschulden an der Vertragsbeendigung trifft.

Für zulässig erachtet wurden demgegenüber Klauseln, welche die Rücknahmepflicht im Bereich von Ersatzteillagern auf original verpackte Waren[986] oder auf 25 % des Jahreseinkaufs[987] beschränkten. Es erscheint dem Vertragshändler

---

981 Westphal, Vertragshändler, Rn. 658.

982 BGH BB 1995, 113,114; BGH NJW-RR 1999, 106; OLG München BB 1993, 1753; Wauschkuhn, in: Schultze u.a., Der Vertragshändlervertrag, Rn. 715.

983 Für unwirksam erklärt wurden insoweit u. a. die formularvertragliche Beschränkung des Rückgaberechts auf den Fall, dass den Vertragshändler für die Vertragsbeendigung keinerlei (Mit-) Verantwortung trifft, BGH BB 1988, 2201, 2206 („Peugeot") oder ihm ein außerordentliches Kündigungsrecht zusteht, BGH NJW 1995, 524, 525 („Suzuki") sowie der Ausschluss des Rückgaberechts für den Fall der ordentlichen Kündigung durch den Vertragshändler und den Fall einer bloß grob fahrlässig verursachten Kündigung durch den Unternehmer, BGH BB 1995, 113, 114.

984 BGB BB 1994, 885, 890 f.

985 BGH NJW 1995, 524, 525 („Suzuki").

986 BGH BB 1994, 885, 890.

987 OLG Köln BB 1987, 148.

nach Ansicht des BGH zumutbar, die Waren erst dann der Originalverpackung zu entnehmen, wenn diese für die Ausführung einer Service- oder Reparaturarbeit benötigt werden. Die Beschränkung auf 25 % des Jahreseinkaufs wurde für zulässig erachtet, weil sich das Lager des Händlers erfahrungsgemäß zweimal im Jahr umgeschlagen hatte.

c. Umfang der Rücknahmeverpflichtung

Wie bereits ausgeführt, können ein Alleinverschulden des Vertragshändlers an der Vertragsbeendigung oder wesentliche Verschlechterungen der Waren während der Lagerung durch den Vertragshändler sowie ihm vorwerfbare Dispositionsfehler in Bezug auf den Umfang des Warenlagers, den Rückverkaufsanspruch gänzlich ausschließen. Letztlich ist es dabei eine Frage des Einzelfalls, ob dem Unternehmer die Rücknahme unter Berücksichtigung der gegenseitigen Interessen noch zugemutet werden kann.[988]

Im Übrigen betrifft die Rücknahmepflicht des Unternehmers zudem grundsätzlich nur diejenigen Vertragswaren und Ersatzteile, die der Vertragshändler auch tatsächlich unmittelbar von dem Unterneher oder von einem durch den Unternehmer benannten Dritten bezogen hat.[989] Hat der Vertragshändler die Waren oder Ersatzteile demgegenüber aufgrund eigener Disposition von Dritten bezogen, fehlt es schon an einer Lieferbeziehung zwischen Unternehmer und Vertragshändler, welche „rückabgewickelt" werden könnte.[990] Allein die vertragliche Pflicht zur Unterhaltung eines Waren- oder Ersatzteillagers kann einen Ankauf des Unternehmers der nicht von ihm bezogenen Produkte nach Vertragsende nicht rechtfertigen.[991]

Verlangt der Vertragshändler den Rückkauf der restlichen Lagerwaren, so kann er dies grundsätzlich nur in Bezug auf das gesamte Lager verlangen. Eröffnete man dem Vertragshändler die Möglichkeit, die Lagerwaren zunächst zu selektieren und die Rückgabe auf die weniger gut verkäuflichen Waren zu beschränken, während er die „Rosinenstücke" zum Zwecke der Eigenverwertung zurückbehalten könnte,

988 Ebenroth, Absatzmittlungsverträge, S. 213.

989 Wauschkuhn, in: Schultze u.a., Der Vertragshändlervertrag, Rn. 706; Genzow, Vertragshändlervertrag, Rn. 136; Demir-Gökyayla, Milletlerarası Özel Hukukta Tek Satıcılık Sözleşmeleri, S. 213.

990 Kleinmann/Siegert, BB 2006, 785, 788.

991 Wauschkuhn, in: Schultze u.a., Der Vertragshändlervertrag; Rn. 706 unter Hinweis auf ein nicht veröffentlichtes Urteil des OLG Karlsruhe, v. 30.4.2002, 8 U 23/01 (für ein Ersatzteillager).

liefe dies auf eine unangemessene Bevorzugung des Vertragshändlers hinaus.[992] Weist man dem Unternehmer schon die Risiken der vertraglich vereinbarten Lagerhaltung zu, so müssen ihm zumindest auch die hiermit verbundenen Chancen erhalten bleiben.[993]

Etwas anderes kann lediglich für den Fall gelten, dass der Rückgabeanspruch nicht allein auf die Depotabrede und die nachvertragliche Treuepflicht, sondern zugleich auf Gründe des Schadensersatzes gestützt werden kann. In diesem Fall ist der teilweise Abverkauf durch den Vertragshändler sodann als Maßnahme der Schadensminderung zu werten.[994]

d. Bemessung des Rückkaufpreises

Nach überwiegender Auffassung hat der Vertragshändler keinen grundsätzlichen Anspruch darauf, im Falle des Rückkaufs stets den vollen Einkaufspreis vom Unternehmer verlangen zu können. Vielmehr hat er für die Wertminderungen älterer Bestände zumindest insoweit das Risiko zu tragen, als diese nicht auf Umständen aus dem Einflussbereich des Unternehmers, etwa der Einführung neuer Modelle, beruhen.[995] Ersetzbar ist daher lediglich der aktuelle Verkehrswert der zurückgegebenen Waren und Ersatzteile.[996]

Es kann allerdings nicht von vornherein vermutet werden, dass allein aufgrund der Einlagerung eine Wertminderung eingetreten ist. Sind die Waren weiterhin absetzbar, wird in der Regel vielmehr davon auszugehen sein, dass der Einkaufswert nach wie vor auch dem Verkehrswert entspricht.

Etwas anderes gilt lediglich für den Bereich der Ersatzteile. Hier kann im Regelfall von einer schlechteren Verkäuflichkeit ausgegangen werden, so dass ein pauschaler Abschlag von 10 %, nicht aber von 25 % in Abzug gebracht werden kann.[997]

In diesem Umfang hat die deutsche Rechtsprechung auch AGB-rechtlich vereinbarte Pauschalabschläge für im Regelfall nicht unangemessen erachtet.[998] Die Vereinbarung von AGB-Klauseln, nach denen der Vertragshändler die Kosten und

992 LG Frankfurt a. M. BB 1977, 1475,1476; Ebenroth, Absatzmittlungsverträge, S. 213; Demir-Gökyayla, Milletlerarası Özel Hukukta Tek Satıcılık Sözleşmeleri, S. 215.

993 Wauschkuhn, in: Schultze u.a., Der Vertragshändlervertrag, Rn. 728.

994 ds., aaO., Rn. 727.

995 BGH BB 1970, 1458; Wauschkuhn, in: Schultze u.a., Der Vertragshändlervertrag, Rn. 738; Ulmer, S. 472.

996 Westphal, Vertragshändler; Rn. 662; Wauschkuhn, in: Schultze u.a., Der Vertragshändlervertrag, Rn. 738.

997 Thume, in: Thume, Vertriebsrecht, Teil II, Kap. 8, Rn. 21.

998 BGH BB 1995, 113, 115; BGH ZIP 2005, 1785, 1795 f.

die Gefahr der Rücklieferung zu tragen hat[999] und die vom Vertragshändler beim Erwerb der Produkte erbrachten Fracht- und Nebenkosten bei der Berechnung des Rücknahmepreises unberücksichtigt bleiben sollen,[1000] werden allgemein für zulässig erachtet.

Erfolgt die Rückkaufverpflichtung allerdings unter Schadensersatzaspekten, so sind derartige Abzüge vom Einkaufspreis des Vertragshändlers grundsätzlich ausgeschlossen.[1001] Etwas anderes kann hier lediglich dann gelten, wenn die zwischenzeitliche Wertminderung der Waren oder Ersatzteile durch den Vertragshändler schuldhaft herbeigeführt worden ist.

Nach der Rechtsprechung des BGH kommen auf die Rücknahmeverpflichtung des Unternehmers zudem die Vorschriften über den Rücktritt vom Vertrag zur analogen Anwendung,[1002] so dass der Vertragshändler vom Unternehmer u. a. gem. § 346 Abs. 1, Abs. 2 BGB Ersatz für die durch ihn gezogenen Nutzungen verlangen kann. Eine solche Nutzungsvergütung, die von dem Rückkaufpreis in Abzug gebracht werden kann, kommt insbesondere bei Vorführgeräten in Betracht.[1003] Eine entsprechende Nutzungsersatzbestimmung kennt das türkische Recht demgegenüber nicht.

e. Ausschlussfrist für die Geltendmachung des Rückgabeanspruchs

Grundsätzlich kann dem Vertragshändler nicht zugemutet werden, den Rückkaufanspruch unmittelbar nach der Vertragsbeendigung geltend zu machen. Vielmehr ist ihm eine angemessene Zeitspanne zuzubilligen, in der er hinreichend Gelegenheit hat, den Bestand des Waren- bzw. Ersatzteillagers im Hinblick auf eine etwaige eigene Verwertungsmöglichkeit hin zu überprüfen. Auf der anderen Seite hat allerdings auch der Unternehmer ein schützenswertes Interesse daran, dass diese Überlegungsfrist nicht ausufert, da die eingelagerten Vertragswaren mit zunehmender Lagerdauer häufig weiter an Wert verlieren oder aufgrund der Markteinführung neuer Modelle weniger marktgängig werden.[1004] Insbesondere steht dem Vertragshändler kein Recht zu, die Rückgabe der Waren- und Ersatzteillager an den Unternehmer herauszuzögern, um die gut verkäuflichen Restbestände noch

---

999 BGH BB 1995, 113, 115.

1000 BGH ZIP 2005, 1785, 1794 f.

1001 Demir-Gökyayla, Milletlerarası Özel Hukukta Tek Satıcılık Sözleşmeleri, S. 218.

1002 BGH NJW 1972, 1191, 1193; BGH BB 1994, 885, 891.

1003 Westphal, Vertragshändler, Rn. 663; Thume, in: Thume, Vertriebsrecht, Teil II, Kap. 8, Rn. 20.

1004 Wauschkuhn, in: Schultze u.a., Der Vertragshändlervertrag, Rn. 729.

auf eigene Rechnung zu verwerten und dem Unternehmer lediglich die schlechter absetzbaren Produkte zurückzugewähren.[1005] Es ist daher allgemein anerkannt, dass der Vertragshändler seinen Rückgabeanspruch verwirkt, wenn er diesen nicht innerhalb einer angemessenen Frist geltend macht.[1006]

Hinsichtlich der Frage, welche Frist insoweit für angemessen zu erachten ist, werden in der Literatur Zeiträume von sechs Wochen, über drei Monate[1007] bis hin zu sechs Monaten[1008] vertreten. Der BGH hat eine formularmäßige Ausschlussfrist von drei Monaten für den Fall, dass weitere Voraussetzungen für das Rückgaberecht des Händlers zu prüfen waren, für unwirksam erachtet.[1009] M. E. wird man – soweit keine weiteren Umstände hinzutreten – ein längeres Zuwarten als drei Monate im Regelfall allerdings nicht mehr für angemessen erachten können.

3. Spezialwerkzeuge

Anders als bzgl. der Waren- und Ersatzteillager besteht hinsichtlich der Werkzeuge, zu deren Anschaffung der Vertragshändler vertraglich verpflichtet war, keine Rücknahmeverpflichtung des Unternehmers. Anders als die nicht abgesetzten Waren und verbrauchten Ersatzteile kann der Vertragshändler die Werkzeuge regelmäßig während der Vertragslaufzeit gewinnbringend nutzen.

III. Schadensersatzansprüche des Vertragshändlers für nicht amortisierte Investitionen

Der Vertragshändler ist in aller Regel aufgrund vertraglicher Vereinbarungen oder unternehmerischer Weisungen verpflichtet, vor der Aufnahme des Vertragsverhältnisses oder während der Vertragslaufzeit umfangreiche Investitionen zur Umsatzsteigerung und Erzielung von Gewinnen zu tätigen. Übliche Beispiele sind insoweit die Errichtung von Lagerhallen und Werkstätten, die Anmietung bzw.

1005 Demir-Gökyayla, Milletlerarası Özel Hukukta Tek Satıcılık Sözleşmeleri, S. 220, Fn. 1079.

1006 Thume, in: Thume, Vertriebsrecht, Teil II, Kap. 8 Rn. 20; Westphal, Vertragshändler, Rn. 666; Demir-Gökyayla, Milletlerarası Özel Hukukta Tek Satıcılık Sözleşmeleri, S. 219.

1007 So die wohl h. M., u. a.: Westphal, Vertragshändler, Rn. 666; Wauschkuhn, in: Schultze u.a., Der Vertragshändlervertrag, Rn. 734.

1008 Von Westphalen, in: Röhricht/v. Westphalen, HGB, S. 2658, Rn. 70.

1009 BGH BB 1995, 113.

der Erwerb der Ausstellungs- oder Verkaufsräume, die Anschaffung von speziellen Computersystemen, Spezialwerkzeugen und die Schulungen des Personals.[1010] Die Investitionen sind für die zumeist mittelständischen Betriebe dabei nicht selten mit erheblichen Kosten verbunden, werden durch den Vertragshändler im Vertrauen auf eine langfristige Zusammenarbeit mit dem Unternehmer aber gleichwohl getragen. Die Amortisationszeit derartiger Investitionen ist teilweise beträchtlich. Trifft der Unternehmer in der Umsetzung von Rationalisierungsmaßnahmen, Vertriebskonzeptänderungen oder Ähnlichem die unternehmerische Entscheidung, das Vertragsverhältnis ordentlich zu kündigen, stellt sich daher die Frage, welche Partei das Risiko der vertragshändlerseitig, letztlich im beidseitigen Interesse getätigten, aber noch nicht abgeschriebenen Investitionen zu tragen hat, bzw. ob dem Vertragshändler für seine noch nicht amortisierten Investitionen im Einzelfall ein Schadensersatzanspruch gegen den Unternehmer zusteht. Ohne einen derartigen Investitionsschutz kann der Vertragshändler, neben den mit der Vertragsbeendigung ohnehin verbundenen wirtschaftlichen Folgen, im Einzelfall weitere spürbare Verluste erleiden, da ihm die Weiterverwendung oder Verwertung der markenspezifischen Investitionen häufig nur schwer gelingen wird.

Relevant wird die Frage nach einem solchen Schadensersatzanspruch für nicht amortisierte Investitionen allerdings allein für den Fall der ordentlichen Kündigung bzw. der Nichtverlängerung eines befristeten Vertrages durch den Unternehmer.[1011] Hat der Vertragshändler dem Unternehmer einen wichtigen Grund zur außerordentlichen Kündigung gesetzt, so kommen Schadensersatzansprüche des Vertragshändlers per se nicht in Betracht.[1012] Hatte umgekehrt der Vertragshändler aufgrund schuldhaften Handelns des Unternehmers das Recht zur außerordentlichen Kündigung, so kann er seinen Schaden ohnehin bereits auf Grundlage allgemeiner Schadensersatzansprüche ersetzt verlangen.[1013]

Da den vergeblichen Investitionen des Vertragshändlers zur Vermeidung einer Zementierung der durch die Kündigung ohnehin bereits gestörten Vertragsbeziehung und eines Eingriffs in die unternehmerische Dispositionsfreiheit des Unternehmers zur fristgemäßen Beendigung des Vertragsverhältnisses nach richtiger Ansicht schon nicht im Rahmen verlängerter Kündigungsfristen Rechnung

---

1010 Foth, BB 1987, 1270.

1011 Foth, BB 1987, 1270; Demir-Gökyayla, Milletlerarası Özel Hukukta Tek Satıcılık Sözleşmeleri, S. 223.

1012 BGH BB 1970, 1458, 1459 f.; Ulmer, JZ 1971, 264; Foth, BB 1987, 1270; Karayalçın, Yetkili Satıcılık Sözleşmesi, 15, 18.

1013 Ds., a.a.O.

getragen werden kann,[1014] wird zumindest die Zuerkennung eines solchen Investitionsersatzanspruchs im Hinblick auf die vorgeschilderte Interessenlage von weiten Teilen des deutschen und türkischen Schrifttums dem Grunde nach bejaht.[1015] Die in der Literatur vertretenen Ansätze zur Herleitung eines solchen allgemeinen Ersatzanspruchs können indes – wie aufzuzeigen sein wird – durchgehend weder dogmatisch noch vom Ergebnis her überzeugen.

1. Kein allgemeiner Investitionsersatzanspruch des Vertragshändlers

Gesetzliche Regelungen finden sich auch für das Handelsvertreterrecht weder im deutschen noch im türkischen Recht. Heute unbestritten stellen die handelsgesetzlichen Vorschriften über den Ausgleichsanspruch des Handelsvertreters gegen den Unternehmer nach Vertragsbeendigung (§ 89 b dHGB bzw. Art. 122 tHGB)[1016] keine tragfähige Anspruchsgrundlage zur Begründung eines Investitionsersatzanspruchs dar. Diese Regelungen sehen vielmehr ausschließlich einen spezialgesetzlichen Ersatzanspruch des Vertragshändlers für den von ihm aufgebauten und nach Vertragsbeendigung auf den Unternehmer zu übertragenden Kundenstamm vor. Der Ausgleichsanspruch stellt damit auf einen für den Unternehmer bleibenden Wert ab. Die Investitionen des Absatzmittlers sind hingegen für den Unternehmer wertlos. Die Konstellationen lassen sich somit nicht miteinander vergleichen.[1017]

1014 Vgl. dazu oben § 4 C. I. 1. b. bb. i. (3).

1015 Ebenroth, Absatzmittlungsverträge, S. 175 ff.; Ebenroth/Strittmatter, BB 1993, 1521; Foth, BB 1987, 1270; Genzow, Vertragshändlervertrag, Rn. 137; Creutzig, NJW 2002, 3430 ff.; Ensthaler/Gesmann-Nuissl/Stopper, DB 2003, 257; van der Moolen, in: Martinek/Semler/Habermeier/Flohr, Handbuch des Vertriebsrechts, § 23, Rn. 74 ff.; Vogels/Köhnen, in: Giesler, Praxishandbuch Vertriebsrecht, § 3 Rn. 436 ff.; Demir-Gökyayla, Milletlerarası Özel Hukukta Tek Satıcılık Sözleşmeleri, S. 233; für den Handelsvertreter: Ayan, Acentenin Denkleştirme Talep Etme Hakkı; S. 74. Unter eingeschränkten Voraussetzungen auch: Ulmer, S. 458 f.; Thume, in: Thume, Vertriebsrecht, Teil II, Kap. 8, Rn. 28 ff.; Wauschkuhn, in: Schultze u.a., Der Vertragshändlervertrag, Rn. 756; Karayalçın, Yetkili Satıcılık Sözleşmesi, 15, 19 f.

1016 Ulmer, S. 464 ff.

1017 Creutzig, NJW 2002, 3430, 3432; van der Moolen, in: Martinek/Semler/Habermeier/Flohr, Handbuch des Vertriebsrechts, § 23, Rn. 77; Stumpf, NJW 1998, 12, 17; Deister, Der Investitionsschutz des Absatzmittlers, S. 7.

Auch die Herleitung des Investitionsersatzanspruchs im Wege ergänzender Vertragsauslegung (§§ 133, 157 BGB bzw. Art. 19 Abs. 1 tOG)[1018] oder in der Annahme eines konkludenten Vertragsschlusses[1019], teilweise unter ergänzender Heranziehung von § 242 BGB[1020] bzw. Art. 2 tZGB[1021] überzeugt nicht.

Ausgangslage dieser Überlegungen ist, dass die meisten Vertragshändlerverträge eine Regelung betreffend nicht amortisierter Aufwendungen des Vertragshändlers nicht enthalten. Hierin wird teilweise eine Vertragslücke gesehen, die der ergänzenden Vertragsauslegung zugänglich sei. Im Zuge der insoweit erforderlichen angemessenen Abwägung der gegenseitigen Interessen sei sodann davon auszugehen, dass die Parteien bei redlichem Verhalten, das auch die Interessen des schwächeren Vertragsteils ausreichend würdigt, einen entsprechenden Ersatzanspruch geregelt hätten. Aufgrund des besonderen Vertrauensverhältnisses zwischen den Parteien eines Vertragshändlervertrages müsse dem mit hohen Investitionen langfristig in Vorlage tretenden Vertragshändler die Chance gewährt werden, sich eine angemessene Rendite zu sichern.[1022]

Nach richtiger Ansicht liegt eine auslegungsfähige Vertragslücke indes nicht vor. Vielmehr ist davon auszugehen, dass die Parteien die Entscheidung, keine Vereinbarung über den Ersatz nicht amortisierter Investitionen in den Vertrag aufzunehmen, bewusst treffen.[1023] Die Aufnahme eines solchen Ersatzanspruchs würde eine einseitige Schlechterstellung des Unternehmers begründen. Einer solchen steht aber der tatsächliche Wille des Unternehmers entgegen, der sich aus Gründen der Rationalisierung bei dem Warenabsatz gerade bewusst eines Vertragshändlers bedient, um das Absatzrisiko sowie die Vertriebskosten, inklusive der erforderlichen Investitionen auf diesen zu übertragen.[1024]

Darüber hinaus wäre dem Vertragshändler mit diesem Lösungsansatz auch nicht viel geholfen, würde dieser bei Verfestigung dieser Ansicht in künftigen Verträgen doch regelmäßig abbedungen werden. Soweit eine solche Abbedingung in

1018 Foth, BB 1987, 1270, 1271; van der Moolen, in: Martinek/Semler/Habermeier/Flohr, Handbuch des Vertriebsrechts, § 23, Rn. 80; Westphal, Vertragshändler, Rn. 677; Thume, in: Thume, Vertriebsrecht, Teil II, Kap. 8, Rn. 32.

1019 Haiber, Investitionsersatzanspruch, 134 ff.

1020 Martinek, Aktuelle Fragen des Vertriebsrechts, Rn. 160.

1021 Demir-Gökyayla, Milletlerarası Özel Hukukta Tek Satıcılık Sözleşmeleri, S. 233.

1022 Foth, BB 1987, 1270, 1271 f.

1023 Creutzig, a.a.O., 3431.

1024 Creutzig, a.a.O., 3431; Wauschkuhn, in: Schultze u.a., Der Vertragshändlervertrag, Rn. 734.

Formularverträgen für unwirksam erachtet wird,[1025] ist dies m. E. kaum vertretbar. Die Herleitung eines Anspruchs zunächst mit einer auslegungsbedürftigen Lücke im Vertrag zu begründen, die Schließung dieser Vertragslücke aber zwingend nur zugunsten einer Vertragspartei zuzulassen, erscheint widersinnig.

Aus den gleichen Erwägungen ist auch die Konstruktion eines konkludenten Vertragsschlusses als verfehlt anzusehen. Da auf Seiten des Unternehmers ein Wille zu einer diesbezüglichen rechtlichen Bindung offenkundig nicht vorhanden ist, fehlt es bereits an einer notwendigen Voraussetzung für eine rechtswirksame Willenserklärung.[1026]

Nach anderer Ansicht in der deutschen Literatur[1027] ließe sich der Investitionsersatzanspruch des Vertragshändlers über eine analoge Anwendung der Vorschriften über die Kündigung zur Unzeit (vgl. §§ 627 Abs. 2 S. 2, 671 Abs. 2 S. 2, 712 Abs. 2 Hs. 2, 723 Abs. 2 S. 2, 2226 S. 2 BGB) begründen. Nach diesen Vorschriften bleibt eine Kündigung, die bei der Wahl des Kündigungszeitpunktes den schutzwürdigen Belangen des Vertragspartners nicht ausreichend Rechnung trägt zwar wirksam. Der Kündigungsempfänger kann jedoch Schadensersatz verlangen. Nach dieser Ansicht befinde sich der ordentlich gekündigte Vertragshändler, der zuvor im Vertrauen auf eine langfristige Vertragsbeziehung und auf Veranlassung des Unternehmers umfangreiche Investitionen getätigt habe, in einer vergleichbar schutzwürdigen Position. Der Ausspruch der Kündigung vor der Amortisierung seiner Investitionen schädige den Vertragshändler in unbilliger Weise und sei daher als treuwidrig zu erachten. Die Kündigung des Unternehmers zu einem solchen Zeitpunkt sei geradezu eine Kündigung zur Unzeit.[1028]

Tatsächlich fehlt es indes an der für einen Analogieschluss zu den Regelungen über die Kündigung zur Unzeit erforderlichen vergleichbaren Interessenlage. Sämtliche dieser Vorschriften gelten für Fälle, in denen die Kündigung nicht an eine Frist gebunden ist. Sie sollen dem Kündigungsempfänger in den Fällen, in denen ein Dauerschuldverhältnis jederzeit ohne eine Auslauffrist beendet werden kann, wenigstens einen gewissen Dispositionsschutz gewähren.[1029] So liegt der Fall im Vertragshändlerrecht jedoch gerade nicht. Wie aufgezeigt,[1030] sind auf den

1025 Foth, BB 1987, 1270, 1273; Genzow, Vertragshändlervertrag, Rn. 140; Demir-Gökyayla, Milletlerarası Özel Hukukta Tek Satıcılık Sözleşmeleri, S. 226.

1026 Creutzig, a.a.O., 3431.

1027 Creutzig, a.a.O., 3433.

1028 Creutzig, a.a.O., 3434.

1029 Preis, in: Staudinger, § 627, Rn. 27.

1030 Vgl. oben, § 4 C. I. 1. b. bb. i. (3).

Vertragshändlervertrag vielmehr die ordentlichen Kündigungsfristen des Handelsvertretervertrages analog anwendbar. Dass diese im Einzelfall mitunter für unverhältnismäßig kurz befunden werden, rechtfertigt es nicht, auf die Anwendung vertragstypenfremder Vorschriften auszuweichen.

In Ermangelung weiterer Anspruchsgrundlagen rekurrieren weite Teile der Literatur bei der Begründung des Investitionsersatzanspruchs unter dem Gesichtspunkt einer Treuepflichtverletzung zudem unmittelbar auf § 242 BGB bzw. Art. 2 tZGB in der Fallgruppe des widersprüchlichen Verhaltens (venire contra factum proprium).[1031]

Diese Ansicht kann schon deshalb nicht überzeugen, da § 242 BGB bzw. Art. 2 tZGB per se grundsätzlich keine eigene Anspruchsgrundlagen darstellen.[1032] Darüber hinaus stellt sich zudem nicht jeder Widerspruch zu einem früheren Verhalten als treuwidrig dar. Grundsätzlich ist es jeder Partei unbenommen, ihre Ansicht in Bezug auf ein früheres Verhalten zu ändern.[1033] Eine unzulässige Rechtsausübung liegt vielmehr erst dann vor, wenn durch das Hinzutreten weiterer Umstände bei der anderen Partei ein besonderer Vertrauenstatbestand geschaffen wird, der die Verhaltensänderung in einer Gesamtbetrachtung als treuwidrig erscheinen lässt.[1034] Das OLG München hat daher in Übereinstimmung hiermit auch einen Schadensersatzanspruch des Vertragshändlers gegen einen Kfz-Hersteller wegen auf Veranlassung des Herstellers getätigter und zum Zeitpunkt der Vertragsbeendigung noch nicht amortisierter Investitionen zu Recht abgewiesen und ausgeführt, dass in der ordentlichen Kündigung des Herstellers keine Treuepflichtverletzung gesehen werden könne.[1035]

Letztlich ist allen aufgezeigten Lösungsansätzen gemein, dass sie den Vertragshändler als den in der Regel schwächeren Vertragspartner hinsichtlich aller fremdbestimmten Investitionen für schutzwürdig erachten. Charakteristisch für die Dauerrechtsbeziehung des Vertragshändlervertrages sei, dass der Vertragshändler seine eigenen Interessen denen des Unternehmers unterzuordnen habe, indem er

---

1031 Ulmer, S. 458 f.; ders., in: Ulmer, in: FS für Philipp Möhring, 295, 306 ff.; Ebenroth, Absatzmittlungsverträge, S. 184; Martinek, Moderne Vertragstypen II, S. 135 f.; Ebenroth/Abt, EWS 1993, 81, 91; Ebenroth/Strittmatter, BB 1993, 1521, 1529; Genzow, Vertragshändlervertrag, Rn. 136; Demir-Gökyayla, Milletlerarası Özel Hukukta Tek Satıcılık Sözleşmeleri, S. 229.

1032 BGH NJW 1981, 1779; Grüneberg, in: Palandt, § 242, Rn. 21; Creutzig, a.a.O., 3431. vgl. Kılıçoğlu, Borçar Hukuku, S. 479.

1033 BGH NJW 1997, 3377, 3380.

1034 Grüneberg, in: Palandt, § 242, Rn. 55.

1035 OLG München NJW-RR 1995, 1137, 1139.

weisungsgebunden den Absatz der Systemzentrale fördere. Damit korrespondiere aber auch eine besonders ausgeprägte Pflicht des Unternehmers zur Rücksichtnahme, welche sich auch in den Kündigungsfristen manifestieren und dabei die zum Teil extrem hohen Investitionen des Absatzmittlers reflektieren müsse. Die vorzeitige Kündigung widerspräche demzufolge der vorher erfolgten Investitionsaufforderung und stelle sich daher als treuwidrig dar. Der Investitionsersatzanspruch sei demzufolge auf Ersatz des Vertrauensschadens des Vertragshändlers gerichtet, die dieser durch diejenigen Investitionen erleide, die er auf Geheiß des Unternehmers vorgenommen habe.[1036] Soweit eine Teilamortisation bereits stattgefunden habe, sei der Anspruch entsprechend zu mindern. Aus Eigenantrieb getätigte Luxusinvestitionen des Vertragshändlers seien freilich nicht schutzwürdig und daher von dem Anspruch ausgeschlossen. Auch aus Sicht des Unternehmers stelle die Anerkennung eines solchen Ersatzanspruchs im Vergleich zu einer angenommenen Rechtswidrigkeit der Kündigung den geringstmöglichen Eingriff dar. So erhalte dieser faktisch ein Wahlrecht, ob er den Vertrag mit der Folge des Ersatzanspruchs ordentlich kündige, oder ob er die Kündigung erst für die Zeit nach Ablauf der Amortisationszeit ausspreche.[1037]

Die Konzeption des Investitionsersatzanspruchs ist indes im deutschen und türkischen Recht weder rechtlich vertretbar noch praktisch umsetzbar. Sämtliche aufgezeigten Lösungsansätze erscheinen ausschließlich ergebnisorientiert und konstruiert. Neben den bereits aufgezeigten eklatanten dogmatischen Schwächen aller Bemühungen um die Konstruktion einer tragfähigen Anspruchsgrundlage, ist m. E. sogar davon auszugehen, dass der deutsche und der türkische Gesetzgeber bewusst auf die Regelung eines Investitionsersatzanspruchs verzichtet haben. So ist zunächst festzustellen, dass der handelsvertreterrechtliche Ausgleichsanspruch als vergleichbarer nachvertraglicher Schadensersatzanspruch im Gegensatz zu dem propagierten Investitionsersatzanspruch seine gesetzliche Niederlegung gefunden hat. Auch dürfte es sich bei der Frage der Anerkennung des Investitionsersatzanspruchs um keine unbekannte, dem Gesetzgeber bislang entgangene Rechtsproblematik handeln. So hat ein solcher Anspruch in anderen Rechtsordnungen

---

1036 Foth, a.a.O., 1273; Noch weiter gehend: Creutzig, a.a.O., 3434 f., Ebenroth/Parche, BB 1988, 1, 26; Genzow, Vertragshändlervertrag, Rn. 140, die den Investitionsersatzanspruch auf Grundlage von § 252 BGB auch auf den Ersatz des entgangenen Gewinns ausdehnen wollen.

1037 Foth, a.a.O., 1272.

unlängst einen gesetzlichen Niederschlag gefunden.[1038] Gleichwohl hat der Investitionsersatzanspruch in den Diskussionen zu den wesentlichen Änderungen der handelsrechtlichen Vorschriften der letzten Jahre weder in Deutschland noch in der Türkei eine Rolle gespielt.[1039]

Das angebliche Schutzbedürfnis des Vertragshändlers liegt de facto im Übrigen nicht vor. Jede marktwirtschaftlich orientierte Rechtsordnung geht von dem Grundsatz aus, dass die Wirtschaftssubjekte in ihren Entscheidungen, Verträge abzuschließen frei sind. In Deutschland und der Türkei ist dieser Grundsatz der Privatautonomie verfassungsrechtlich verankert (Art. 2 Abs. 1 GG bzw. Art. 48 Abs. 1 der türkischen Verfassung) und ist für das Zivilrecht in § 305 BGB bzw. Art. 26 tOG noch einmal ausdrücklich geregelt worden. Die hiermit verbundene Freiheit verpflichtet jeden Teilnehmer am Geschäftsverkehr zugleich aber auch zu einer sorgfältigen, eigenverantwortlichen Prüfung, ob die Vorteile eines ihm angebotenen Vertrages dessen Risiken übersteigen. Im Wirtschaftsleben ist es dabei keine Seltenheit, dass sich mit einem Vertragsschluss verbundene Anfangsinvestitionen oftmals erst nach Jahren rechnen und der break-even-Punkt tatsächlich nie erreicht wird. Auch ein irgendwie geartetes Kräfteungleichgewicht zwischen den Vertragsparteien entpflichtet die schwächere Vertragspartei in der Regel nicht von einer sorgfältigen Kalkulation der vertraglichen Risiken.

Lediglich in Fällen, in denen ein systemimmanentes Ungleichgewicht vorliegt und der Anbieter die Vertragsbedingungen mehr oder minder stark diktieren kann, wie beispielsweise im Arbeits- oder Wohnraummietrecht, hat der Gesetzgeber entschieden, weitere Schutzmaßnahmen zu installieren.[1040] Ein derart ausgeprägtes Ungleichgewicht beinhaltet der Vertragshändlervertrag indes nicht. Zwar begibt sich der Vertragshändler in eine gewisse Abhängigkeit zum Unternehmer, der in der Regel auch die wesentlichen Vertragselemente vorgeben wird. Allerdings trifft der Vertragshändler durch den Beitritt zu diesem Vertriebssystem gleichwohl eine bewusste, eigenverantwortliche unternehmerische Entscheidung, die ihm im

---

1038 Gemäß des zum 21.08.2003 in Kraft getretenen § 454 des österreichischen HGB hat ein Unternehmer, der an einem vertikalen Vertriebsbindungssystem als gebundener Unternehmer oder als selbständiger Handelsvertreter teilnimmt, bei Beendigung des Vertragsverhältnisses mit dem bindenden Unternehmer, Anspruch auf Ersatz von Investitionen, die er nach dem Vertriebsbindungsvertrag für einen einheitlichen Vertrieb zu tätigen verpflichtet war, soweit sie bei der Vertragsbeendigung weder amortisiert noch angemessen verwertbar sind.

1039 Deister, Der Investitionsschutz des Absatzmittlers, S. 12; Gesetzesentwürfe zum neuen tHGB (abrufbar unter www.adalet.gov.tr).

1040 Ds., a.a.O., S. 11.

Gegenzug zu seiner Investitionsentscheidung bei gleichzeitigem Erhalt seiner wirtschaftlichen und juristischen Selbständigkeit in der Regel auch den Eintritt in ein etabliertes System mit etablierten Markenprodukten ermöglicht. Nicht selten sind die zu erzielenden Gewinnmargen auf der Stufe des Vertragshändlers sogar größer als auf der Stufe des Unternehmers.[1041] Da es sich bei dem Vertragshändler zudem um einen Kaufmann handelt, erscheint es insgesamt zumutbar, ihm abverlangen zu können, die vertraglichen Chancen und Risiken, einschließlich der einschlägigen ordentlichen Kündigungsfristen zu überblicken und ggf. auf eine vertragliche Verlängerung dieser Fristen zu bestehen. Darüber hinausgehend sind die allgemeinen Schutzmechanismen, wie die AGB-rechtliche Inhaltskontrolle oder das Verbote von Schikanekündigungen (§ 242 BGB bzw. Art. 2 tZGB) für ausreichend zu erachten.

Lediglich ergänzend sei bemerkt, dass der von der Lehre befürwortete Investitionsersatzanspruch auch erheblichen praktischen Bedenken ausgesetzt wäre. So ist insbesondere das Kriterium der „Fremdbestimmtheit der Investitionen" lediglich auf den ersten Blick einleuchtend, erweist sich jedoch bei genauerem Hinschauen als äußerst konturschwach. So dienen letztlich auch Luxusinvestitionen des Vertragshändlers – wo auch immer man insoweit die Grenze ziehen mag – dem *gemeinsamen* Vertragszweck der Absatzförderung und sind mithin zumindest mittelbar auch fremdbestimmt. Auf der anderen Seite ist es denkbar, dass der Unternehmer dem Vertragshändler keine näheren Vorgaben hinsichtlich der Geschäftsausstattung macht oder ihm zumindest mehrere Optionen zur Verfügung stellt. Dies führt sogleich wieder zu der schwierigen Auslegungsfrage, ob diese Investitionen sodann noch gänzlich oder zumindest bis zur Höhe der kostengünstigsten Variante als fremdbestimmt und zu erachten wären.

Auch die Bestimmung der Anspruchshöhe ginge mit weiteren Problemen mit erheblichem Streitpotenzial einher. So stellte sich im Falle von Teilamortisationen die Frage, ob eine lineare oder degressive Abschreibung der Investitionsgüter oder gar eine Berechnung an Hand des hiermit bislang erwirtschafteten Erfolges vorzunehmen wäre.[1042]

Nach der überwiegenden Ansicht in der Literatur sei der Anspruch zudem ausgeschlossen, wenn eine angemessene Zeit für die Amortisation bereits verstrichen sei, dem Vertragshändler die vollständige Amortisierung aber gleichwohl nicht gelungen sei.[1043] Auch hier stellt sich die Frage, wie der konkrete Zeitpunkt

1041 Ds., a.a.O., S. 11

1042 Deister, a.a.O., S. 14 f.

1043 Foth, BB 1987, a.a.O., 1273; Demir-Gökyayla, Milletlerarası Özel Hukukta Tek Satıcılık Sözleşmeleri, S. 231.

ermittelt werden sollte, in dem der Vertragshändler eine Vollamortisierung unter normalen Umständen hätte erwirtschaften müssen.

2. Schadensersatz aufgrund positiver Vertragsverletzung

Nach den zuvor getroffenen Feststellungen kommt ein Schadensersatzanspruch des Vertragshändlers wegen zum Zeitpunkt der Vertragsbeendigung nicht amortisierter Aufwendungen somit im Einzelfall allein wegen Verletzung vertraglicher Pflichten, insbesondere der gesteigerten Treuepflichtverletzung in Betracht. Anspruchsgrundlage bilden insoweit die allgemeinen Schadensersatznormen der § 280 Abs. 1 BGB bzw. Art. 112 tOG. Voraussetzung ist dabei aber insbesondere, dass der Unternehmer gerade im Hinblick auf die Investitionen einen besonderen Vertrauenstatbestand geschaffen hat, aufgrund dessen der Vertragshändler von einer Fortsetzung des Vertragsverhältnisses bis zur Amortisierung dieser Investitionen ausgehen durfte.

Zur Begründung eines Schadens ist darüber hinaus in jedem Fall erforderlich, dass die Investitionen nicht rückgängig gemacht werden können und weder weiter nutzbar noch anderweitig verwertbar sind. Der BGH hat in diesem Zusammenhang ausgeführt, dass der Vertragshändler Betriebsgelände und -räume grundsätzlich auch für andere Zwecke, insbesondere in einem anderen Vertragsverhältnis weiterverwenden könne.[1044] Das Risiko, dass der Vertragshändler keinen neuen Vertragspartner finde, müsse der Vertragshändler als selbständiger Kaufmann nach einer Entscheidung des OLG München ebenfalls selbst tragen.[1045]

Eine Ersatzfähigkeit wird sich daher im Ergebnis vorrangig allein im Bereich sog. markenspezifischen Investitionen, die so sehr auf die Marke und das Erscheinungsbild des Unternehmers ausgerichtet sind, dass eine anderweitige Verwendung nach Vertragsbeendigung allenfalls unter größten Schwierigkeiten möglich erscheint, bejahen lassen.[1046]

IV. Nachvertragliches Wettbewerbsverbot des Vertragshändlers

Nach der Beendigung des Vertragshändlerverhältnisses ist der Vertragshändler in den Grenzen der Vorschriften gegen den unlauteren Wettbewerb grundsätzlich

1044 BGH NJW-RR 1995, 1260, 1261 f.

1045 OLG München NJW-RR 1995, 1137.

1046 Creutzig, a.a.O., 3432; Wauschkuhn, in: Schultze u.a., Der Vertragshändlervertrag, Rn. 756.

berechtigt, mit dem Unternehmer in Konkurrenz zu treten.[1047] Nicht selten versucht der Unternehmer dem entgegenzutreten, indem er dem Vertragshändler ein nachvertragliches Wettbewerbsverbot auferlegt.

Erste Voraussetzungen für die wirksame Vereinbarung eines solchen nachvertraglichen Wettbewerbsverbots ergeben sich aus den einschlägigen Bestimmungen für den Handelsvertreter, welche aufgrund gleicher Interessenlage analog auch zum Schutze des Vertragshändlers heranzuziehen sind. § 90a Abs. 1 dHGB bzw. Art. 123 Abs. 1 tHGB[1048] sehen insoweit vor, dass die Wettbewerbsabrede schriftlich zu vereinbaren ist und dem Handelsvertreter eine vom Unternehmer unterzeichnete, die vereinbarten Bestimmungen enthaltene Urkunde auszuhändigen ist. In zeitlicher Hinsicht darf sich das Wettbewerbsverbot längstens auf zwei Jahre nach der Vertragsbeendigung erstrecken. Inhaltlich darf es sich – im Falle derartiger Beschränkungen – lediglich auf den dem Vertragshändler zugewiesenen Bezirk oder Kundenkreis und nur auf die Vertragswaren beziehen. Für die Dauer des Wettbewerbsverbotes hat der Unternehmer dem Vertragshändler eine angemessene Entschädigung zu zahlen (sog. Karenzentschädigung).

Noch engere Vorgaben für die Vereinbarung eines nachvertraglichen Wettbewerbsverbots werden den Parteien durch die Bestimmungen des Wettbewerbsrechts auferlegt. Nach Art. 5 Abs. 1 lit. b Vertikal-GVO bzw. Art. 5 lit. b tVertikal-GVO sind in vertikalen Vertriebsvereinbarungen grundsätzlich alle unmittelbaren und mittelbaren Verpflichtungen, die es dem Händler nach der Vertragsbeendigung untersagen, Waren oder Dienstleistungen herzustellen, zu erbringen, zu beziehen, zu verkaufen oder weiterzuverkaufen nicht freigestellt.

Lediglich unter den kumulativ zu erfüllenden Vorgaben der Art. 5 Abs. 3 Vertikal-GVO bzw. Art. 5 lit. b S. 2 tVertikal-GVO ist ein nachvertragliches Wettbewerbsverbot ausnahmsweise freigestellt. Diese setzen voraus, dass es

1047 Wauschkuhn, in: Schultze u.a., Der Vertragshändlervertrag, Rn. 758.

1048 Nach der bis zum 30.06.2012 gültigen Rechtslage kannte das tHGB eine Regelung für das nachvertragliche Wettbewerbsverbot des Handelsvertreters, welche analog auf den Vertragshändlervertrag hätte angewandt werden können, noch nicht. Das Fehlen einer solchen Regelung wurde allerdings allgemein kritisiert (vgl. Can, Acentelikte Rekabet Yasağ ı Anlaşması, S. 18; Kayıhan, Türk Hukuku'nda Acentelik Sözleşmesi, S. 110) und die insoweit bestehende Regelungslücke durch eine analoge Anwendung der Vorschriften über das Wettbewerbsverbot in Dienstverträgen (Art. 348–352 tOG a. F. bzw. Art. 444–447 tOG n. F.) geschlossen (Ayan, Acentenin Denkleştirme Talep Etme Hakkı, S. 70; Topcuoğlu, Acentelik ve Dağıtım Sözleşmeleri, S. 191 f.; Kayıhan, Türk Hukuku'nda Acentelik Sözleşmesi, S. 110).

- sich auf Waren oder Dienstleistungen beschränkt, die mit den Vertragswaren oder -dienstleistungen im Wettbewerb stehen und
- sich auf Räumlichkeiten und Grundstücke beschränkt, von denen aus der Händler während der Vertragslaufzeit seine Geschäfte betrieben hat und
- unerlässlich ist, um ein dem Händler vom Lieferanten übertragenes Know-how zu schützen und
- sich auf eine Dauer von höchstens einem Jahr nach Vertragsbeendigung begrenzt.

Zudem kann die Nutzung und Offenlegung von Know-how, welches nicht allgemein zugänglich ist, unbefristeten Beschränkungen unterworfen werden (Art. 5 Abs. 3 S. 2 Vertikal-GVO bzw. im Art. 5 lit. b S. 3 tVertikal-GVO).

Eine geltungserhaltende Reduktion hinsichtlich des räumlichen oder zeitlichen Umfangs der Wettbewerbsvereinbarung ist auch außerhalb von allgemeinen Geschäftsbedingungen abzulehnen.[1049]

V. Ausgleichsanspruch

Das seit Jahren dominierende Thema des gesamten Vertragshändlerrechts und Gegenstand einer Vielzahl von Gerichtsentscheidungen ist die Frage, ob und unter welchen Voraussetzungen der Vertragshändler, insbesondere in Anlehnung an § 89b dHGB bzw. Art. 122 tHGB, nach der Beendigung des Vertragsverhältnisses einen angemessenen Ausgleich für den Aufbau oder die Erweiterung des unternehmerischen Kundenstamms vom Unternehmer verlangen kann.

1. Zweck und Rechtsnatur des Ausgleichsanspruchs

Zweck des Ausgleichsanspruchs ist es, dem abhängigen Absatzmittler einen Ausgleich für die Nachteile zu verschaffen, die er durch die Beendigung des Vertragsverhältnisses erleidet, während der Unternehmer auch nach der Vertragsbeendigung weiterhin von den Früchten der vorherigen Zusammenarbeit und des Markterschließungsbeitrags seines ausgeschiedenen Händlers zehren kann. Nach der herrschenden Auffassung handelt es sich dabei weder um eine bloße Billigkeitsregelung noch um eine sozial indizierte Schutznorm.[1050] Der Ausgleichsanspruch soll dem Handelsvertreter vielmehr eine Gegenleistung dafür gewähren, dass er

1049 BGH NJW 1986, 2945, 2946; BGH NJW 1994, 384, 386; BGH NJW 1997, 3090.
1050 Schmidt, Handelsrecht, S. 740.

mit der Erweiterung des Kundenstammes eine Leistung für den Unternehmer erbracht hat, die während der bisherigen Vertragszeit noch nicht abgegolten worden ist und im Hinblick auf die Beendigung des Vertragsverhältnisses auch in Zukunft nicht mehr durch Provisionszahlungen oder sonstige Vergütungsregelungen ausgeglichen wird.[1051]

Schwierigkeiten bereitet hat immer wieder einmal die rechtsdogmatische Einordnung dieses Ersatzanspruchs. So kann der Ausgleichsanspruch weder als Schadensersatzanspruch, etwa wegen einer zu missbilligen Kündigung durch den Unternehmer, bezeichnet noch als Bereicherungsanspruch qualifiziert werden. Die Einordnung als Bereicherungsanspruch scheidet schon deshalb aus, weil der Unternehmer den rechtlichen Vorteil des Kundenstamms gerade nicht ohne rechtlichen Grund, sondern auf Grund der vertraglichen Tätigkeit des Handelsvertreters bzw. Vertragshändlers erlangt hat.

Im Ergebnis handelt es sich um einen nachvertraglichen Anspruch eigener Art, der auf die Partizipation an den zukünftigen Erträgen des Unternehmers gerichtet ist und mit der Vertragsbeendigung überhaupt erst zur Entstehung gelangt. Er ist pfändbar, verpfändbar und vererbbar.[1052]

2. Entstehungsgeschichte des Ausgleichsanspruchs für den Handelsvertreter

Bevor man das Augenmerk unmittelbar auf die Frage der Anerkennung eines Ausgleichsanspruchs auf den Vertragshändlervertrag richtet, erscheint es zunächst sinnvoll, einen Blick auf die Entstehungsgeschichte des Ausgleichsanspruchs zugunsten des Handelsvertreters zu werfen.

Die erste Kodifizierung eines nachvertraglichen Ausgleichsanspruchs erfolgte in Europa in dem im Jahre 1921 in Kraft getretenen § 25 des österreichischen HVG. Zum 1.1.1950 folgte eine entsprechende Regelung in Art. 418u des schweizerischen Obligationenrechts (SchwOR) unter dem Begriff „Entschädigung für die Kundschaft“. Erst in der Folge traten vergleichbare Vorschriften auch in anderen europäischen Staaten, insbesondere Deutschland[1053] und Frankreich[1054], in

1051 Von Hoyningen-Huene, in: MünchKomm zum HGB, § 89b Rn. 3; Wauschkuhn, in: Schultze u.a., Der Vertragshändlervertrag, Rn. 764; Demir-Gökyayla, Milletlerarası Özel Hukukta Tek Satıcılık Sözleşmeleri, S. 239; Karayalçın, Ticaret Hukuku, S. 535.

1052 Roth, in: Koller/Roth/Morck, § 89b, Rn. 1; Ayan, Acentenin Denkleştirme Talep Etme Hakkı, S. 106.

1053 HGB-Änderungsgesetz vom 06.08.1953, BGBl. I 771–776.

1054 Art. 3 Abs. 2 des Dekrets Nr. 58–1345 vom 23.12.1958.

Kraft und wurden sodann – hierdurch beeinflusst – auch von einer Vielzahl nah- und mittelöstlicher Staaten, wie beispielsweise Libanon, Jordanien und Kuwait übernommen.[1055]

a. Der Ausgleichsanspruch im deutschen Handelsrecht

Die ursprüngliche Fassung des dHGB kannte ebenfalls eine Regelung betreffend den Ausgleichsanspruch des Handelsvertreters nach Vertragsende noch nicht. Erst durch das Änderungsgesetz von 1953 wurde schließlich durch die Aufnahme des § 89b dHGB eine diesbezügliche Regelung in das Gesetz aufgenommen[1056] und in der Folgezeit noch zweimal geändert.[1057]

Nach der Anpassung[1058] des § 89b Abs. 1 Satz 1 dHGB an den Wortlaut der Richtlinie des Rates der EG v. 18.12.1986 zur Koordinierung der Rechtsvorschriften der Mitgliedsstaaten betreffend die selbständigen Handelsvertreter 86/653/EWG (sog. Handelsvertreter-Richtlinie)[1059] kann der Handelsvertreter vom Unternehmer nach Beendigung des Vertrages nunmehr einen angemessenen Ausgleich verlangen, wenn und soweit

- der Unternehmer aus der Geschäftsverbindung mit neuen Kunden, die der Handelsvertreter geworben hat, auch nach Beendigung des Vertragsverhältnisses erhebliche Vorteile hat und
- die Zahlung eines Ausgleichs unter Berücksichtigung aller Umstände, insbesondere der dem Handelsvertreter aus Geschäften mit diesen Kunden entgehenden Provisionen, der Billigkeit entspricht.

§ 89b Abs. 1 Satz 2 dHGB stellt zudem klar, dass es der Werbung eines neuen Kunden gleich steht, wenn der Handelsvertreter die Geschäftsverbindung mit einem Kunden so wesentlich erweitert hat, dass dies wirtschaftlich der Werbung eines neuen Kunden entspricht. § 89b Abs. 2 enthält eine sog. Kappungsgrenze, die den Anspruch der Höhe nach begrenzt, Abs. 3 enthält Regelungen zum Anspruchsausschluss, Abs. 4 zum zwingenden Charakter und zur Geltendmachungsfrist des Anspruchs.

1055 Vgl. Krüger, in: FS für Gerhard Kegel, 1987, 269, 290 ff.

1056 Fn. 1053.

1057 Gesetz vom 23.10.1989, BGBl. I, S. 1910; Gesetz vom 31.07.2009, BGBl. I, S. 2512.

1058 Art. 6a des Gesetzes zur Neuregelung der Rechtsverhältnisse bei Schuldverschreibungen aus Gesamtemissionen und zur verbesserten Durchsetzbarkeit von Ansprüchen von Anlegern aus Falschberatung vom 21.07.2009, BGBl. I, S. 2512, in Kraft getreten am 05.08.2009.

1059 ABl. EG Nr. L 382 v. 31.12.1986, 17.

b. Der Ausgleichsanspruch im türkischen Handelsrecht

aa. Fehlende gesetzliche Grundlage in der Altfassung des tHGB

Obwohl das schweizerische Obligationsgesetz seit 1950 und das deutsche HGB seit 1953 also bereits entsprechende Ansprüche kannten und diese Rechtssysteme von erheblicher Bedeutung für die Ausarbeitung des 1956 in Kraft getretenen türkischen HGB waren, enthielt dieses in seiner bis zum 30.06.2012 gültigen Fassung keine Regelung über einen allgemeinen nachvertraglichen Ausgleichsanspruch des Handelsvertreters. Hinsichtlich der Frage, warum eine entsprechende Vorschrift im türkischen Recht keinen Niederschlag gefunden hat, ist viel spekuliert worden.[1060] Stattdessen wurde im Jahre 1956 lediglich Art. 844 des alten türkischen Handelsgesetzes von 1926 betreffend die Handelsvertretung mit der Überschrift „Schadensersatzverpflichtung" in Art. 134 tHGB übernommen. Nach dieser inhaltlich bis heute unverändert gebliebenen Vorschrift (jetzt: Art. 121 Abs. 4, Abs. 5 tHGB) steht dem Handelsvertreter oder seinem Rechtsnachfolger bei Beendigung des Handelsvertretervertrages lediglich in einer Reihe eng begrenzter Spezialfälle ein Anspruch auf einen angemessenen Schadensersatz zu.

Die Nichtberücksichtigung eines dem Art. 418u SchwOR entsprechenden Ausgleichsanspruchs für den Handelsvertreter in dem türkischen Gesetzesentwurf liegt wohl darin begründet, dass das deutsche Handelsrecht einen solchen zum damaligen Zeitpunkt ebenfalls noch nicht vorsah und Prof. Dr. Hirsch, der geistige Vater des türkischen Handelsrechts, diesen daher in seinem Entwurf für das türkische Recht ebenfalls nicht für erforderlich hielt.[1061] Dieser Gesetzesentwurf aus dem Jahre 1951 wurde sodann im Jahre 1956 ohne jede Änderung direkt dem türkischen Parlament übersandt und vom Rechtsausschuss, der speziell für dieses Projekt gebildet worden war, vor der endgültigen Verabschiedung des Gesetzes nur noch sehr geringfügig, in dem hier relevanten Bereich überhaupt nicht abgeändert. Obwohl also auch im deutschen Recht mit § 89b dHGB im Jahre 1953 zwischenzeitlich eine diesbezügliche Regelung eingeführt worden war, trat somit die gesetzliche Neureglung des türkischen Handelsvertreterrechts in den §§ 116–134 tHGB a. F. in Kraft, ohne dass dort eine Regelung über einen allgemeinen nachvertraglichen Ausgleichsanspruch des Handelsvertreters Einzug erhalten hätte.

1060 Tekinalp, in: FS für Ali Bozer, 1, 2; Krüger, RIW 2009, 771, 774; Krüger, in: Informationsbrief der DTJV 2/2011, 6, 7–8; Bozbel, RIW 2011, 125, 126.

1061 Tekinalp, RIW 1999, 342.

bb. Die Anerkennung und Herleitung des Ausgleichsanspruchs („Portefeuille-Schadensersatzanspruchs“) durch Rechtsprechung und Lehre

In der Literatur hatte man die Entwicklungen des Handelsvertreterrechts und speziell die gesetzlichen Verankerungen des Ausgleichsanspruchs des Handelsvertreters nach Vertragsende in vielen europäischen Staaten, deren Rechtsordnungen regelmäßig, so auch im vorliegenden Bereich, Leitbildfunktion für das türkische Privatrechtssystem hatten, nicht übersehen. Das Fehlen eines solchen Ausgleichsanspruchs im türkischen Recht wurde vom Schrifttum daher seit jeher kritisiert.[1062]

Ansatzpunkte zur Herleitung eines solchen Anspruchs auch für das türkische Handelsvertreterrecht wurden insbesondere in einer extensiven Auslegung der bereits angesprochenen Schadenersatzregelung des Art. 134 tHGB gesehen, wobei teilweise auf eine Erweiterung des Abs. 1, teilweise auf diejenige des Abs. 2[1063] rekurriert wurde. Nach Art. 134 Abs. 1 ist diejenige Partei, welche den Vertrag ohne einen berechtigten Grund und ohne Einhaltung der Kündigungsfrist von drei Monaten kündigt, der anderen Partei zum Ersatz desjenigen Schadens verpflichtet, der dieser aus der Nichtbeendigung begonnener Geschäfte entsteht. Art. 134 Abs. 2 tHGB beinhaltet einen Schadensersatzanspruch des Handelsvertreters bzw. seines Rechtsnachfolgers speziell für diejenigen Fälle, in denen der Handelsvertretervertrag wegen Konkurses, Todes oder Entmündigung des Unternehmers endet.

Der Kassationshof erhielt erstmals im Jahre 1996 die Gelegenheit, sich mit der Anerkennung eines nachvertraglichen Ausgleichsanspruchs im türkischen Handelsvertreterrecht auseinanderzusetzen. Konkret ging es dabei um eine Klage eines Handelsvertreters für Versicherungspolicen, der gegenüber dem Unternehmer einen Provisionsanspruch geltend machte, weil dieser nach Beendigung des Vertragsverhältnisses profitable Nachträge zu fünf von ihm zuvor vermittelten Versicherungspolicen abgeschlossen hatte. Der 11. Zivilsenat des Kassationshofes

---

1062 Deutlich bereits Tekinalp/Çamoğlu, Açıklamalı TTK, İstanbul 1966, S. 62: „Obwohl das türkische HGB ein neues Gesetz ist, enthält es eine erhebliche Lücke, da es einen Ausgleichsanspruch des Handelsvertreters wie im deutschen und schweizerischem Recht nicht kennt“; Karayalçın, Ticaret Hukuku, S. 534; Ansay, Agency, 39, 48.Arkan, Ticari İşletme Hukuku, S. 212; Poroy/Yasaman, Ticari Isletme Hukuku, S. 231, Rn. 308; Tekinalp, in: FS für Ali Bozer, 1, 2; Ülgen/Teoman/Helvacı/Kendigelen/Kaya/Ertan, Ticari İşletme Hukuku, S. 655, Rn. 2065; speziell für den Alleinvertriebshändler: Yavuz, Türk Borçlar Hukuku Özel Hükümler, S. 34.

1063 Karayalçın, Ticari İşletme Hukuku, S. 535; Arkan, Ticari İşletme Hukuku, S. 213.

stimmte dem Handelsgericht Ankara, welches die Klage des Handelsvertreters in erster Instanz abgewiesen hatte, in seinen zwei Grundsatzentscheidungen vom 20.04.1996[1064] und vom 25.12.1996[1065] zwar insoweit zu, dass die zuvor erfolgte Kündigung des Vertragsverhältnisses durch den Unternehmer nicht zu beanstanden sei und aus den nach der Kündigung erfolgten Vertragsverlängerungen als solchen kein wie auch immer gearteter Provisionsanspruch des Handelsvertreters folgen könne. Allerdings sah sich der Senat in der Lage das Begehren des Klägers weit auszulegen und bejahte einen Anspruch des Handelsvertreters auf sog. „Portefeuille-Schadensersatz"[1066] nach Beendigung des Handelsvertretervertrags, der in der auf seiner Tätigkeit beruhenden Erweiterung des Kundenkreises des beklagten Versicherungsunternehmens begründet sei. Konsequenterweise stellte der Senat zudem fest, dass sich die Höhe der zugesprochenen Ausgleichszahlung auch nicht nach der Höhe der ursprünglich vertraglich vereinbarten Provisionen richte, sondern durch einen Sachverständigen nach Maßgabe der Billigkeit zu bestimmen sei.[1067]

Bei der rechtsdogmatischen Herleitung des durch den Kassationshof als „Portefeuille-Schadensersatz" bezeichneten Anspruchs, der in der Sache dem im deutschen Recht bekannten Ausgleichsanspruch entspricht, tat sich allerdings auch der Kassationshof schwer. Während er im Ausgangspunkt richtig feststellt, dass weder das tHGB noch das damalige Versicherungsaufsichtsgesetz (Gesetz-Nr. 7397) entsprechende Regelungen enthielten und in der Folge nachvollziehbar von einer planmäßigen, regelungsfähigen Gesetzeslücke ausging,[1068] kommt in den Entscheidungen gleichwohl nicht klar zum Ausdruck, auf welche Anspruchsgrundlage das Gericht den Schadensersatzanspruch im Ergebnis stützt. So zieht der Senat zunächst wiederum eine erweiternde Auslegung des Art. 134 Abs. 2 tHGB als Rechtsgrundlage heran,[1069] rekurriert des weiteren allerdings auch auf Art. 108 des tOG, welcher einen verschuldensabhängigen Schadensersatzanspruch im Falle des verzugsbedingten Rücktritts vom Vertrag enthält.

Nach richtiger, heute überwiegend vertretener Auffassung sind sämtliche der zuvor angesprochenen Analogieschlüsse abzulehnen. Sie gehen weit über den

---

1064 Yargıtay 11.HD. 20.04.1996; E. 2084, K. 4544 (www.kazanci.com.tr).

1065 Yargıtay 11. HD, 25.12.1996, E. 6699, K. 9192 (www.kazanci.com.tr).

1066 Der Terminus des „Portfeuille-Schadensersatzes" erfolgt insoweit in bewusster Abgrenzung zu sonstigen, auf einer Pflichtverletzung beruhenden Schadensersatzansprüchen.

1067 Tekinalp, in: FS für Ali Bozer, 1, 12, Rn. 4.

1068 Tekinalp, in: FS für Ali Bozer, 1, 12, Rn. 5.

1069 Yargıtay 11. HD 20.06.1996, E. 2084, K. 4544 (www.kazanci.com.tr).

Gesetzeswortlaut der angeführten Vorschriften hinaus, betreffen Fallgestaltungen, die inhaltlich nicht vergleichbar sind und sind daher als rein ergebnisorientiert abzulehnen, zumal es über Art. 1 Abs. 2 tZGB eine tragfähige Möglichkeit gibt, den Ausgleichsanspruch auch unter der bisherigen Rechtslage im türkischen Handelsrecht anzuerkennen.

Art. 134 Abs. 2 tHGB gewährt einen Schadensersatzanspruch für die speziellen Beendigungsgründe Tod, Konkurs und Entmündigung. Die Frage der Zuerkennung eines Ausgleichsanspruchs betrifft demgegenüber eine qualitativ völlig andere Fallgestaltung. Eine erweiternde Auslegung des Art.134 Abs. 2 des tHGB auf die hier in Rede stehenden Fälle scheitert daher sowohl an der Wortlautgrenze als auch an Sinn und Zweck der Vorschrift.[1070] Gleiches gilt für Art.134 Abs. 1. Auch dieser enthält eine abschließende Regelung und kann nicht auf alle Fälle ausgedehnt werden, in denen der Handelsvertretervertrag ohne wichtigen Grund und ohne Einhaltung einer Kündigungsfrist gekündigt wird.[1071] Der Wortlaut „begonnene und noch nicht vollständig ausgeführte Aufträge" ist eindeutig und kann nicht erweiternd auf bereits vollständig erfüllte Aufträge und damit quasi genau gegenteilig ausgelegt werden. Erst recht können von dem Wortlaut nicht diejenigen Fälle erfasst werden, in denen der Handelsvertretervertrag aufgrund bloßen Zeitablaufs endet. Art. 134 Abs. 1 normiert gerade einen speziellen Schadensersatzanspruch für den Fall, dass der Unternehmer den Vertrag entweder ohne wichtigen Grund oder ohne Beachtung der dreimonatigen Kündigungsfrist kündigt. Ein allgemeiner Schadensersatzanspruch für die Erweiterung des unternehmerischen Kundenkreises während der Vertragslaufzeit lässt sich hierauf nicht stützen.[1072]

Art. 108 Abs. 2 tOG bietet schon deshalb keine geeignete Anspruchsgrundlage, weil dieser auf Dauerschuldverhältnisse nicht anwendbar ist und der dort geregelte Schadensersatz wegen Schuldnerverzuges eine völlig andere Rechtsnatur besitzt, als der hier in Rede stehenden nachvertragliche „Portefeuille-Schadensersatzanspruch", der zudem verschuldensunabhängig zur Entstehung gelangt.[1073]

Richtigerweise und nach heute h. M.[1074] sollte der Ausgleichsanspruch im türkischen Handelsvertreterrecht nach bisheriger Rechtslage daher auf Art. 1 Abs. 2 tZGB gestützt und als Ergebnis richterrechtliche Rechtsfortbildung bezeichnet

1070 Tekinalp, RIW 1999, 342, 348.

1071 So aber Tekinalp, in: FS für Ali Bozer, S. 14.

1072 Poroy/Yasaman; Ticari İşletme Hukuku, S. 232, Rn. 308.

1073 Tekinalp, in: FS für Ali Bozer, S. 13, Rn. 6.

1074 Demir-Gökyayla, Milletlerarası Özel Hukukta Tek Satıcılık Sözleşmeleri, S. 238; Erdem, in: FS für Ünal Tekinalp, S. 106; Şenol, Bayilik Sözleşmesi, S.252.

werden. Art. 1 Abs. 2 tZGB gibt dem Gericht, soweit dem Gesetz keine passende Vorschrift entnommen werden kann, die Möglichkeit, nach Gewohnheitsrecht und, wo es auch an einem solchen mangelt, nach der Regel, die es als Gesetzgeber aufstellen würde, zu entscheiden. Zu Recht hatte der Kassationshof die für eine solche richterliche Rechtsfortbildung erforderliche Regelungslücke in den zuvor zitierten Entscheidungen festgestellt. Da sich die vom Kassationshof in der Folge vorgenommene Gesamtanalogie zu Art. 134 Abs. 2 tHGB und Art. 108 tOG nach dem oben Gesagten indes verbietet, bleibt als dogmatisch gangbarer Weg nur die Rechtsfortbildung entsprechend Art. 1 tZGB, in dessen Rahmen Art. 134 tHGB und Art. 108 tOG sodann wertend mitbeachtet werden können. Wie sich aus der allgemeinen Kritik des türkischen Schrifttums an dem Fehlen eines derartigen Ausgleichsanspruchs sowie der Anerkennung dieses Anspruchs gerade in den europäischen Rechtssystemen, welche regelmäßig eine Leitbildfunktion für das türkische Privatrecht, insbesondere im Bereich der Wirtschaftsgesetze inne haben, ablesen lässt, entspricht die Anerkennung des Portefeuille-Schadensersatzanspruchs des Handelsvertreters auch dem mutmaßlichen Willen des Gesetzgebers.

Im Ergebnis lässt sich daher festhalten, dass die Anerkennung des „Portefeuille-Schadensersatzanspruchs" auch unter der bisherigen Rechtlage durch den 11. Zivilsenat des Kassationshofs im Ergebnis Zustimmung verdient. Rechtsdogmatisch sollte diese Entscheidungspraxis jedoch auf Art. 1 tZGB und eine richterliche Rechtsfortbildung gestützt werden.

cc. Der „Portefeuille-Schadensersatzanspruch" des Handelsvertreters nach dem neuen tHGB

In künftigen Fallgestaltungen wird sich die Auseinandersetzung hinsichtlich der Frage nach der Anerkennung und die Schwierigkeiten bei der dogmatischen Begründung der Herleitung des Ausgleichsanspruchs auch im türkischen Handelsrecht erledigt haben. Nachdem die Existenz des „Portefeuille-Schadensersatzanspruchs" nach den Entscheidungen des Kassationshofes aus dem Jahr 1996 in der Praxis ohnehin bereits allgemein anerkannt wurde, nutzt der türkische Gesetzgeber mit der Neufassung des am 01.07.2012 in Kraft getretenen neuen türkischen HGB die Gelegenheit – nach der Kodifizierung des spezialgesetzlichen Ausgleichsanspruchs für den Versicherungsvertreter in Art. 23 Nr. 16 des türkischen Versicherungsgesetzes[1075] – nunmehr auch im Bereich des Handelsvertreterrechts endgültig für Rechtsklarheit zu sorgen, indem er in Art. 122

1075 Gesetz Nr. 5684, RG vom 14.06.2007, 26552. Näher hierzu: Ayan, Acentenin Denkleştirme Talep Etme Hakkı, S. 225–240.

tHGB eine inhaltlich weitgehend dem § 89b dHGB in dessen bis zum 05.08.2009 gültigen Fassung[1076] entsprechende Bestimmung in das tHGB aufnimmt. Indem die Gesetzesbegründung zudem ausdrücklich klarstellt, dass die Aufnahme dieser Bestimmung keine neue Rechtseinrichtung darstelle, sondern lediglich den in der Gerichtspraxis bereits anerkannten Anspruch erstmalig gesetzlich niederlege,[1077] bringt der Gesetzgeber zudem rückblickend zum Ausdruck, dass er die in dem Jahr 1996 begründete Rechtsprechung zur Anerkennung des Ausgleichsanspruchs für zutreffend erachtet.

Nach Art. 122 Abs. 1 tHGB kann der Handelsvertreter demnach künftig nach der Beendigung des Vertragsverhältnisses einen angemessenen Ausgleich verlangen, wenn und soweit

- der Unternehmer aus der Geschäftsverbindung mit Kunden, die der Handelsvertreter geworben hat, auch nach der Vertragsbeendigung erhebliche Vorteile hat (Art. 122 Abs. 1 lit. a) und
- dem Handelsvertreter infolge der Vertragsbeendigung Ansprüche auf Provision entgehen, die er bei Fortsetzung desselben aus bereits abgeschlossenen oder künftig zustande kommenden Geschäften mit den von dem Handelsvertreter geworbenen Kunden gehabt hätte (Art. 122 Abs. 1 lit. b) und
- die Zahlung eines Ausgleichs unter Berücksichtigung aller Umstände der Billigkeit entspricht (Art. 122 Abs. 1 lit. c).

Art. 122 Abs. 2 bis 4 tHGB enthalten sodann die bereits aus § 89b Abs. 2–4 dHGB bekannten Vorschriften zur Höchstgrenze, zum Anspruchsausschluss, zum zwingenden Charakter und zur Geltendmachungsfrist des handelsvertreterrechtlichen Ausgleichsanspruchs.

3. Analogiefähigkeit des Ausgleichsanspruchs auf den Vertragshändlervertrag

Die Beantwortung der Frage, ob und inwieweit es interessengerecht ist, auch dem Vertragshändler nach der Vertragsbeendigung einen angemessenen Ausgleichsanspruch in analoger Anwendung von § 89b dHGB bzw. Art. 122 tHGB zuzuerkennen, ist immer noch streitig.

1076 Zu dieser jüngsten, europarechtlichen bedingten Änderung des § 89b dHGB näher unten, § 4 D. V. 4. c.

1077 Begründung zum neuen türkischen HGB, Art. 122.

a. Der Ausgleichsanspruch des Vertragshändlers nach deutschem Recht

Während die Analogie des Handelsvertreterausgleichsanspruchs zugunsten des Vertragshändlers in den meisten europäischen Staaten nach wie vor abgelehnt wird,[1078] hat sich diese insbesondere in den deutschsprachigen Ländern, die auch bereits bei der Entwicklung des Ausgleichsanspruchs für den Handelsvertreter im europäischen Rechtsraum eine Vorreiterrolle übernommen hatten,[1079] weitgehend etabliert. Der BGH hat sich bereits in seiner Grundsatzentscheidung vom 11.12.1958[1080] grundsätzlich für die Analogiefähigkeit des § 89b dHGB auf den Vertragshändlervertrag ausgesprochen und dies bis heute in ständiger Rechtsprechung bestätigt.[1081]

Nicht ganz einfache Abgrenzungsfragen ergeben sich allerdings hinsichtlich der notwendigen Eingrenzung des Anspruchs, da dieser keine dahingehende Ausuferung erfahren darf, dass letztlich auch gewöhnliche Eigenhändler bei Abbruch einer längere Zeit andauernden Lieferbeziehung eine Ausgleichszahlung verlangen könnten. Die Schwierigkeit besteht im Vertragshändlerrecht also in der Abgrenzung des zu schützenden Händlerkreises.[1082]

Der II. und VII. Zivilsenat des BGH verlangten in diesem Zusammenhang zunächst eine besondere Schutzbedürftigkeit des Vertragshändlers.[1083] Als schutzbedürftig galt dabei nur derjenige Vertragshändler, der seinen Geschäftsbetrieb ohne erheblichen eigenen Kapitaleinsatz führte.[1084] Da sich dieses Kriterium jedoch nicht mit dem Entgeltgedanken, auf dem der Ausgleichsanspruch beruht, verträgt, hat der I. Zivilsenat dieses Kriterium nach einer Änderung in der Geschäftsverteilung in einer späteren Entscheidung ausdrücklich abgelehnt.[1085]

Inzwischen hat der BGH zunächst durch den I. und später den VIII. Zivilsenat in einer Reihe von Entscheidungen formale Kriterien aufgestellt, unter denen dem Vertragshändler ein Ausgleichsanspruch zuzugestehen ist. Herausgebildet haben

1078 Einen Überblick geben Christoph/Effenberger, KSzW 2010, 183, 188 ff.

1079 Das Handelsvertreterrecht ist in den Mitgliedstaaten der Europäischen Union durch die europäische Handelsvertreter-Richtlinie vom 18.12.1986 (86/653/EWG), deren wesentliches Vorbild das deutsche Handelsvertreterrecht war, weitgehend harmonisiert worden.

1080 BGHZ 29, 83.

1081 BGH WM 1987, 1462 ff.; BB 1994, 241; BB 1996, 1458, 1459; BB 2006, 1648, 1649; m. w. N.; NJW 2011, 848, 849.

1082 Schmidt, Handelsrecht, S. 772.

1083 BGHZ 29, 83, 87 ff.; 34, 282, 291 f.

1084 BGHZ 34, 282, 291.

1085 BGHZ 68, 340, Leitsatz, 346 ff.

sich dabei namentlich zwei Analogievoraussetzungen, die der BGH in ständiger Rechtsprechung wiederholt[1086] und die auch von der Literatur im Grundsatz anerkannt sind.[1087] Demnach ist es erforderlich, dass

- das Rechtsverhältnis zwischen dem Vertragshändler und dem Unternehmer so ausgestaltet ist, dass es sich nicht in einer bloßen Verkäufer-Käufer-Beziehung erschöpft, sondern den Händler so in die Absatzorganisation des Unternehmers eingliedert, dass er wirtschaftlich in erheblichem Umfang einem Handelsvertreter vergleichbare Aufgaben zu erfüllen hat (Eingliederung in die Absatzorganisation) und
- der Vertragshändler vertraglich verpflichtet ist, dem Unternehmer spätestens bei Vertragsende seinen Kunden namhaft zu machen, so dass dieser sich die Vorteile des Kundenstammes sofort und ohne weiteres nutzbar machen kann (Übertragung des Kundenstamms).

aa. Eingliederung in die Absatzorganisation

Das Kriterium der Eingliederung in die Absatzorganisation des Unternehmers beinhaltet nichts anderes als das grundlegende Wesensmerkmal des Vertragshändlervertrages, dessen Erfüllung überhaupt erst dazu berechtigt, dem Vertragshändler eine Sonderstellung gegenüber einem völlig unabhängig agierenden Eigenhändler einzuräumen. Es ist dann erfüllt, wenn sich der Vertragshändler für den Vertrieb der Produkte des Unternehmers wie ein Handelsvertreter einzusetzen hat und auch sonst Verpflichtungen und Bindungen unterliegt, wie sie für einen Handelsvertreter typisch sind.[1088] Aus der Rechtsprechung[1089] bekannte Merkmale, die für eine Integration des Vertragshändlers in die Vertriebsorganisation sprechen, sind beispielsweise die Auferlegung von Berichts- und Mitteilungspflichten, die Einrichtung sonstiger Kontroll- und Überwachungsbefugnisse für den Unternehmer, die Vorgabe der Zahlungs- und Lieferbedingungen, die Vereinbarung eines vertraglichen Wettbewerbsverbots für den Vertragshändler, Vorgaben zur Organisation des

---

1086 BGH WM 1987,1462; BB 1994, 241; BB 1996, 1458 1459; BB 2006, 1648, 1649; BB 2007, 1586, 1587; NJW 2011, 848.

1087 Jaletzke/Wauschkuhn, in: Stumpf/Jaletzke/Schultze, Der Vertragshändlervertrag, Rn. 44 ff.; Oetker, Handelsrecht, S. 127.

1088 BGH NRW-RR 2007, 1327, 1328; Wauschkuhn, in: Stumpf/Jaletzke/Schultze, Der Vertragshändlervertrag, Rn. 45.

1089 BGH BB 1984, 167; BB 1987, 1730; WM 1988, 1642, 1645; NJW-RR 1992, 421, 422; ZIP 1996, 1299, 1302; NJW 2000, 1413, 1414; BB 2004, 461, 462; BB 2007, 1586, 1587; OLG München BB 1997, 595, 596.

Geschäftsbetriebes, des Kreises der zu beliefernden Kunden und der zu veranlassenden Werbemaßnahmen, die Pflicht, einen bestimmten Vorrat an Vertragsprodukten sowie ein Ersatzteillager vorzuhalten und Kundenleistungen zu erbringen, die Pflicht zur Förderung des Absatzes und zur Schulung des Personals sowie die Vorgabe von Richtlinien für Verhandlungen mit Interessenten, die Abwicklung der Geschäfte und die Buchführung.

Ist für die analoge Anwendbarkeit des Ausgleichsanspruchs auch nicht erforderlich, dass alle diese Kriterien erfüllt sind, so muss sich doch aus dem Gesamtbild der Bindungen und Verpflichtungen des Vertragshändlers ergeben, dass der Vertragshändler einem Handelsvertreter vergleichbar in die Absatzorganisation des Unternehmers integriert ist. Eine herausgehobene Stellung misst die h. M. dabei den Kriterien der Übernahme einer detaillierten Informations- und Berichtspflicht durch den Vertragshändler[1090] und dem Bestehen von Kontroll- und Überwachungsbefugnissen zugunsten des Unternehmers[1091] zu.

Die Einräumung eines Alleinvertriebsrechts oder zumindest eines Gebietsschutzes kommt demgegenüber nach der Rechtsprechung weder eine verstärkte Indizwirkung für die Annahme der Eingliederung in die unternehmerische Absatzorganisation zu, noch wäre dies gar notwendige Voraussetzung für die Gleichstellung des Vertragshändlers mit einem Handelsvertreter.[1092] In einer jüngeren Entscheidung[1093] hat der BGH die Gleichstellung eines Vertragshändlers mit einem Handelsvertreter beispielsweise verneint, obgleich dem Vertragshändler ein Alleinvertriebsrecht eingeräumt und er zugleich verpflichtet war, die Vertragsprodukte ausschließlich vom Unternehmer zu beziehen, deren Absatz zu fördern und nicht für ein Konkurrenzunternehmen tätig zu werden. Der BGH stellte insoweit fest, dass die dem Vertragshändler auferlegten Pflichten in unmittelbaren Zusammenhang zu dem Alleinvertriebsrecht stünden und primär lediglich dazu dienten, dass der Vertragshändler von dem Alleinvertriebsrecht auch Gebrauch mache und die Vertragsprodukte entsprechend absetze.

bb. Verpflichtung zur Übertragung des Kundenstammes

Neben der Integration in die Absatzorganisation des Unternehmers setzt die Gewährung des Ausgleichsanspruchs voraus, dass der Vertragshändler vertraglich

1090 OLG Hamm NJW-RR 1996, 226; Paulusch, WM Sonderbeilage Nr. 1/1995, S. 4; Hübsch/Hübsch, WM Sonderbeilage Nr. 1/2011, 1, 12.

1091 BGH WM 1988, 1642, 1645; OLG Köln BB 1995, 2547; BB 1997, 2451 f.

1092 BGH NJW 1982, 2819; WM 1988, 1642.

1093 BGH BB 2007, 1586, 1587 f.

verpflichtet ist, dem Unternehmer spätestens bei Vertragsbeendigung seinen Kundenstamm zu übertragen, d. h. seine Kundendaten zu übermitteln, so dass sich dieser die Vorteile des Kundenstammes sofort und ohne weiteres nutzbar machen kann.[1094] Hinter diesem Erfordernis steht der Gedanke, dass, wenn es an einer Überlassungspflicht überhaupt fehlen würde, der Vertragshändler den Kundenstamm nicht für den Unternehmer, sondern lediglich für sich selbst geworben, also insoweit kein fremdes sondern ein eigenes Geschäft besorgt hätte. Wäre dies aber der Fall, könnte ihm folgerichtig ein Ausgleichsanspruch nicht zustehen, da dieser gerade ein Äquivalent für eine vertraglich geschuldete, aber durch die Einzelgeschäfte nicht voll abgegoltene Leistung des Absatzmittlers darstellt.[1095]

Die Überlassungspflicht des Kundenstammes muss im Vertrag nicht expressis verbis festgelegt sein. Ausreichend ist vielmehr, dass sie sich zumindest mittelbar aus den dem Vertragshändler auferlegten Pflichten ergibt, wobei die betreffenden Vereinbarungen auch stillschweigend oder durch ständige praktische Übung getroffen werden können.[1096] Unerheblich ist des weiteren, ob die Verpflichtung bereits bei Vertragsschluss oder erst während der Vertragslaufzeit begründet wurde,[1097] und ob die Übertragung der Kundendaten erst zum Zeitpunkt der Beendigung des Vertragsverhältnisses oder bereits während des Laufs der Vertragshändlerbeziehung, etwa in Gestalt von Verkaufs- und Geschäftsgangberichten oder der Überlassung von Meldeblättern über getätigte Verkäufe, zu erfolgen hat.[1098] Ferner ist ohne Belang, welchen Zweck der Unternehmer mit den übermittelten Kundendaten verfolgt, und ob er diese überhaupt tatsächlich nutzt. Erforderlich ist allein die Einräumung der Möglichkeit, diese zu nutzen.[1099] Auch ein Verzicht des Unternehmers auf die Einhaltung der Überlassungsverpflichtung ändert grundsätzlich nicht die Entstehung des Ausgleichsanspruchs; allerdings kann dieser Umstand bei der Bemessung der Höhe des Ausgleichsanspruchs im Rahmen der Billigkeitsprüfung zu berücksichtigen sein.[1100]

Zu Recht verneint wird das Merkmal der Überlassung des Kundenstammes allerdings dann, wenn nach der Vertragsbeendigung lediglich eine faktische

---

1094 BGH BB 1994, 241; BB 1996, 1458, 1459; BB 1996, 2265; VersR 2000, 487, 488; BB 2004, 461, 462.

1095 Canaris, Handelsrecht, S. 288 f., Rn. 25.

1096 BGH VersR 2000, 487, 488.

1097 BGH NJW-RR 1992, 421, 423.

1098 BGH NJW 1964, 1952, 1953; BB 1981, 871, 872; WM 1986, 530, 531; NJW 2000, 1413.

1099 BGH NJW 1984, 2102, 2103; OLG Saarbrücken NJW-RR 1997, 1186, 1188.

1100 BGH BB 1980, 12, 13.

Kontinuität des Kundenstammes besteht und der Unternehmer den Kundenstamm *ausschließlich* aufgrund der sog. „Sogwirkung der Marke" behält.[1101] Hinter dieser Rechtsprechung steht wiederum der Gedanke, dass dem Unternehmer der Kundenstamm des Vertragshändlers (Handeln im eigenen Namen) anders als derjenige des Handelsvertreters (Handeln im Namen des Unternehmers) nicht automatisch, sondern nur Kraft besonderen Übertragungsakts zufällt. Erst durch die vertragliche Verpflichtung zur Überlassung des Kundenstamms wird deshalb die Rechtslage zwischen Fabrikant und Vertragshändler der schon kraft Gesetz bestehenden Rechtslage zwischen Unternehmer und Handelsvertreter, wonach der vom Handelsvertreter geworbene Kundenstamm nach dem Ausscheiden des Vertreters dem Unternehmer unmittelbar zugutekommt, so weit angenähert, dass eine entsprechende Anwendung des § 89b geboten und vertretbar erscheint.[1102]

Problematisch zu beurteilen können zudem Fälle sein, in denen der Unternehmer die Übernahme des Kundenkreises mittels entsprechender vertraglicher Bestimmungen gezielt zu vermeiden sucht und den Vertragshändler allenfalls eine Verpflichtung zur Weitergabe der Kundendaten an eine vom Unternehmer unabhängige Drittfirma trifft. So hatte der BGH sich in den sog. „Toyota-Entscheidungen"[1103] mit einem Fall zu befassen, in dem der Vertragshändlervertrag jede Verpflichtung des Vertragshändlers, dem Unternehmer seine Kunden zu benennen, ausdrücklich ausschloss. Der Vertragshändler war zwar verpflichtet, eine Kundendatei zu führen und eine vom Unternehmer bestimmte Marktanalysefirma für ein Kundenkontaktprogramm einzuschalten, aber auch dieser Firma war jede Weiterleitung der Namen an den Unternehmer verboten. Zudem war es dem Unternehmer verboten, bei der Einsicht in Geschäftsunterlagen des Händlers Kundennamen zu notieren. Im Anschluss an das Vertragsverhältnis war die Marktanalysefirma verpflichtet die Kundendaten zu löschen. Auch in diesen Entscheidungen hat der BGH einen Ausgleichsanspruch des Vertragshändlers abgelehnt, da es an der Voraussetzung der Überlassung des Kundenstammes fehle.

Von Teilen der Literatur wird diese Judikatur schon im Ansatz für verfehlt gehalten und die Aufgabe des Kriteriums der Übertragung des Kundenstammes für die Entstehung des Ausgleichsanspruchs gefordert.[1104] Zwar sei es richtig, dass der Vertragshändler anders als der Handelsvertreter im eigenen Namen verkaufe.

1101 BGH VersR 1961, 401, 402; OLG Bremen, Urt. v. 22.3.1990, 2 U 70/09.

1102 BGH, a.a.O.; OLG Bremen, a.a.O.

1103 BGH NJW 1996, 2159; NJW-RR 1998, 390.

1104 Schmidt, DB 1979, 2357, 2359 ff., ds. Handelsrecht, S. 773 ff.; Köhler, NJW 1990, 1689, 1691; Eckert, WM 1991, 1237, 1243 f.

Gleichwohl könne auch hier bereits von vornherein ein Kundenstamm beim Unternehmer entstehen, den sich dieser auch nach der Vertragsbeendigung weiterhin ohne Weiteres nutzbar machen könne. Von einem bloßen „Fachhändler" unterscheide sich der Vertragshändler eben dadurch, dass die Kunden – wenn auch als Vertragspartner des Händlers – in wirtschaftlicher Hinsicht bereits originär dem Unternehmer-Kundenstamm zuzuordnen seien. Entscheidendes Kriterium für die Abgrenzung, ob dem Vertragshändler ein Ausgleichsanspruch zustehe, sei daher nicht die Frage der Überlassung des Kundenstammes, sondern der „Kontinuität dieses Kundenstammes".[1105] Die entscheidende Wertungsfrage müsse somit lauten, ob der Kundenstamm im zu beurteilenden Fall *auch* dem Unternehmer zuzurechnen, also dem Kontinuitätserfordernis genüge getan sei, oder ob die Informationssperre den Zurechnungszusammenhang zwischen dem vom Händler gewonnenen Kundenkreis und dem Unternehmer unterbreche. Diese Unterbrechung liege in einem Fall wie er den „Toyota-Entscheidungen" zugrunde lag, gerade nicht vor.[1106]

Dieser Ansicht kann indes aus rechtsdogmatischen Gründen nicht gefolgt werden. Fehlt es nämlich an einer vertraglich vereinbarten Überlassungspflicht überhaupt, so hat der Vertragshändler den Kundenstamm eben gerade nicht für den Unternehmer, sondern allein für sich selbst geworben, also insoweit kein fremdes, sondern ausschließlich ein eigenes Geschäft besorgt.[1107] Dass der Händler einen Anteil am Aufbau der Marke trägt und die Absatzzahlen steigen, was zwangsläufig auch dem Unternehmer zugutekommt, ist Folge jeder von einem Händler im eigenen Interesse durchgeführten Werbung für einen Markenartikel. Einen allgemeinen Rechtssatz, dass derjenige, der durch ein im eigenen Interesse vorgenommenes Handeln nebenher für einen anderen Vorteile verursacht, von diesem eine Beteiligung an den Vorteilen in Gestalt eines „Ausgleichs" fordern könnte, gibt es nicht.[1108]

Gleichwohl ist m. E. durchaus festzustellen, dass der BGH die Anforderungen an die Annahme einer konkludent vereinbarten Überlassungspflicht gelegentlich überspannt. So trägt er etwa mit dem Erfordernis, dass sich für die Vereinbarung einer (konkludenten) Überlassungspflicht stets konkrete Anhaltspunkte aus dem jeweiligen Vertrag ergeben müssten, der geschäftsbesorgungsrechtlichen Komponente des Vertragshändlervertrages, aus der in der Regel bereits für sich eine solche Pflicht abgeleitet werden kann, nicht in ausreichendem Maße Rechnung.[1109]

1105 Schmidt, Handelsrecht, S. 773.
1106 Schmidt, Handelsrecht, S. 777.
1107 Canaris, Handelsrecht, S. 288 f., Rn. 25.
1108 BGH VersR 1961, 401, 402; OLG Bremen, Urt. v. 22.3.1990, 2 U 70/09.
1109 So insbesondere auch Canaris, Handelsrecht, S. 289, Rn. 26.

Auch hat der Vertragshändler nach der Beendigung des Vertragsverhältnisses regelmäßig kein wirtschaftliches Interesse daran, die Kundendaten vor dem Unternehmer geheim zu halten, während das Interesse des Unternehmers am Ausschluss einer diesbezüglichen Mitteilungspflicht allein darin gesehen werden kann, den Ausgleichsanspruch des Vertragshändlers vertraglich abzubedingen.[1110] Auch bei der den „Toyota-Entscheidungen" zugrunde liegenden Vertragsgestaltung handelt es sich m. E. daher um eine Umgehung der Vorschrift des § 89 Abs. 4 Satz 1 dHGB, nach der der Ausgleichsanspruch nicht im Voraus abdingbar ist. Eine solche Vertragsgestaltung stellt daher eine Beschränkung wesentlicher Vertragspflichten dar und ist folglich nach § 307 Abs. 1, Abs. 2 BGB und bei individualvertraglicher Vereinbarung aufgrund widersprüchlichen Verhaltens nach § 242 BGB unwirksam.

Zusammenfassend ist daher festzuhalten, dass das Erfordernis der Pflicht zur Überlassung der Kundendaten aus rechtsdogmatischen Gründen nicht völlig aufgegeben werden kann, diese Pflicht sich jedoch regelmäßig bereits aus der Rechtsnatur des Vertragshändlervertrages ergibt und daher keinen ausdrücklichen Niederschlag im Vertrag finden muss. Eine vertragliche Verwahrung des Unternehmers gegen die Überlassung der Kundendaten wird regelmäßig für nichtig zu erklären sein.

b. Der Ausgleichsanspruch des Vertragshändlers nach türkischem Recht

Auch im türkischen Recht erkennt jedenfalls die Rechtsprechung seit längerer Zeit dem Vertragshändler grundsätzlich einen Ausgleichsanspruch für die auf seine Tätigkeit zurückgehende Erweiterung des unternehmerischen Kundenkreises zu. Das neue tHGB enthält – wie sogleich noch näher zu erläutern ist – ausdrücklich eine entsprechende Regelung.

aa. Die Anerkennung des Ausgleichsanspruchs für den Vertragshändler durch die Entscheidungen des Kassationshofes aus dem Jahr 2000

Der 19. Zivilsenat des Kassationshofs hatte sich erstmals in einer Entscheidung vom 04.05.2000 betreffend die Rechtmäßigkeit einer Kündigung eines mehr als 41 Jahre andauernden Alleinvertriebshändlervertrages und das Schadensersatzbegehren des Vertragshändlers wegen zu kurzer Bemessung der Kündigungsfrist mit dieser Problematik zu befassen. In diesem Fall kündigte der Unternehmer den seit dem 05.03.1956 bestehenden Händlervertrag am 01.04.1997 zum 31.07.1997.

1110 Canaris, Handelsrecht, S. 289, Rn. 26.

Der Vertragshändler berief sich daraufhin darauf, dass die Kündigungsfrist für den vorliegenden Fall zu kurz bemessen sei und verlangte einen Ausgleich dafür, dass sich der Kundenkreis des Herstellers durch seine Anstrengungen während der 41 Jahre dauernden Vertragsbeziehung erweitert habe.

Der 19. Zivilsenat des Kassationshofs folgte – anders als das erstinstanzlich mit dem Fall befasste Handelsgericht Istanbul – der Argumentation des beklagten Unternehmers, er habe bei seiner Kündigungserklärung die im Handelsvertreterrecht vorgegebene dreimonatige Kündigungsfrist des Art. 134 tHGB eingehalten, so dass der Klägerin ein Schadensersatzanspruch nicht zustehe, nicht.[1111] Der Senat bejahte vielmehr einen Anspruch des Vertragshändlers auf Portefeuille-Schadensersatz und ließ die Höhe des Ausgleichsgeldes durch einen Sachverständigen bestimmen. Zur Begründung seiner Entscheidung verwies der 19. Zivilsenat auf die Begründung der Entscheidung des 11. Zivilsenats vom 25.12.1996[1112] und der herrschenden Meinung des türkischen Schrifttums zur Anerkennung des Ausgleichsanspruchs im Rahmen des Handelsvertreterrechts. Die dort gegebene planmäßige Regelungslücke sei im Vertragshändlerrecht entsprechend auszufüllen, so dass auch er im Falle einer nicht von ihm zu vertretenen Vertragsbeendigung einen angemessenen Ausgleich für die Erweiterung des Kundenkreises verlangen könne.

Im Ergebnis verdient auch diese Entscheidung aus den bereits oben erörterten Gründen Zustimmung. Rechtsdogmatisch konnte die Entscheidung im türkischen Recht wiederum nur auf Art. 1 Abs. 2 tZGB gestützt werden. Da der Ausgleichsanspruch – wie gezeigt – sogar für den Handelsvertreter nicht aus dem Gesetz abgeleitet werden konnte, musste der Richter im Bereich des Vertragshändlers erst recht die bestehende Regelungslücke entsprechend ausfüllen, um diesem den Ausgleichanspruch gewähren zu können.[1113]

bb. Gesetzliche Verankerung des Ausgleichsanspruchs für den (Alleinvertriebs-) Vertragshändler in Art. 122 Abs. 5 tHGB

Im Zuge der HGB-Reform wollte der türkische Gesetzgeber nunmehr bei der Frage der Zuerkennung des Ausgleichsanspruchs auch für Vertragshändlerverträge für Rechtsklarheit sorgen, indem er – anders als in den meisten anderen europäischen Staaten, so insbesondere auch in Deutschland und der Schweiz – in Art. 122 Abs. 5 tHGB auch für Vertragshändlerverträge – allerdings nur in Gestalt von Alleinvertriebsverträgen – und ähnliche Dauerschuldverhältnisse eine

1111 Yargıtay 19.HD, 04.05.2000, E.1999/7724, K. 2000/3470 (www.kazanci.com.tr).

1112 Yargıtay 11. HD, 25.12.1996, E. 6699, K. 9192 (www.kazanci.com.tr).

1113 Poroy/Yasaman, Ticari İşletme Hukuku, S. 245, Rn. 311.

entsprechende gesetzliche Anspruchsgrundlage geschaffen hat. Demnach findet die Vorschrift des Art. 122 tHGB – sofern es nicht der Billigkeit widerspricht – auch bei der Beendigung von Alleinvertriebshändlerverträgen und ähnlichen Dauerschuldverhältnissen, in denen (dem Beauftragten) ein Exklusivrecht eingeräumt worden ist, Anwendung.

Die aus der deutschen Rechtsprechung für die Anerkennung des Ausgleichsanspruchs im Vertragshändlerrecht bekannten Voraussetzungen der „Eingliederung in die Absatzorganisation" und der „Verpflichtung zur Übertragung des Kundenstamms" haben in dem neuen tHGB keinen Niederschlag gefunden. Das Fehlen dieser Voraussetzung kann somit – da es auf einen Analogieschluss künftig nicht mehr ankommt und Art. 122 Abs. 5 tHGB durch den Verweis auf Art. 122 Abs. 1 bis 4 tHGB vielmehr eine eigene unmittelbare Anspruchsgrundlage für Alleinvertriebshändlerverträge und ähnliche Dauerschuldverhältnisse bereit hält[1114] – nicht mehr für einen etwaigen Ausschluss des Anspruchs ins Feld geführt werden.[1115]

Augenfällig ist zudem, dass die gesetzliche Bestimmung des Art. 122 Abs. 5 tHGB – und dies stellt ebenfalls einen gewichtigen Unterschied zu der deutschen Rechtslage dar – den Anspruch allein auf „Alleinvertriebsverträge und ähnliche Dauerschuldverhältnisse, in denen dem Absatzmittler ein Exklusivrecht eingeräumt worden ist", beschränkt.

Diese Restriktion auf Vertriebsverträge mit Exklusivrecht, die erst am Ende des Gesetzgebungsverfahrens in das Gesetz eingeflossen ist,[1116] und welche auch durch das noch vor dem Inkrafttreten der Neufassung erlassenen Änderungsgesetzes zum tHGB v. 26.06.2012 (Gesetz Nr. 6335) unangetastet geblieben ist, entbehrt m. E. jedes sachlichen Grundes und erscheint aus Gerechtigkeitserwägungen kaum nachvollziehbar. Warum der Vertragshändler, der durch die Einräumung eines Exkusivschutzes bereits zu Vertragszeiten eine stärkere Rechtsposition genießt als ein Händler ohne derartige Rechtsposition, bei der Beendigung des Vertragsverhältnisses durch die Zuerkennung einer Entschädigungszahlung für die Erweiterung des unternehmerischen Kundenstamms nochmals gegenüber letzterem privilegiert werden sollte, ist nicht verständlich.

1114 Koçer, İBD 2012, 274, 276.

1115 Nach Ansicht von Demir-Gökyayla, Milletlerarası Özel Hukukta Tek Satıcılık Sözleşmeleri, S. 244, sei die Verpflichtung zur Überlassung des Kundenstamms allerdings als ein Kriterium dafür zu berücksichtigen, dass die Zuerkennung des Anspruchs nicht dem Gesichtspunkt der Billigkeit zuwider läuft.

1116 Zum Gesetzesentwurf ohne diese Einschränkung, siehe Adalet Bakanlığı „Türk Ticaret Kanunu Tasarısı", Ankara 2005, S. 30.

Zu der Frage, warum es im Rahmen des Gesetzgebungsverfahrens noch kurzfristig zu dieser Korrektur des Gesetzeswortlauts gekommen ist, schweigen die Gesetzesmotive. Auch in der Literatur sucht man eine nachvollziehbare Begründung hierfür bislang vergeblich.[1117] M. E. kann der Grund hierfür allein in terminologischen Missverständnissen gefunden werden.

Auch eine Reihe älterer BGH-Entscheidungen gab in der Vergangenheit Anlass zu der Annahme, der BGH sähe in der Vereinbarung eines Alleinbezugsrechts des Vertragshändlers eine notwendige Voraussetzung zur Bejahung der analogen Anwendung des § 89 b HGB auf Vertragshändlerverträge.[1118] Diese Ansicht schien sich in der Folge in der deutschen Rechtsprechung auch zu verfestigen,[1119] ehe der BGH sich – allerdings auch bereits – mit Urteil v. 25.03.1982[1120] ausdrücklich von dieser Rechtsauffassung distanzierte und insoweit klarstellte, dass eine dem Handelsvertreter vergleichbare Einordnung in die Absatzorganisation des Unternehmers bei dem Vertrieb von Markenwaren, die Einräumung eines Alleinvertriebsrechts mit einem ausschließlichen Gebietsschutz zugunsten des Vertragshändlers nicht zwingend voraussetze. Die Übertragung des Alleinvertriebs für ein bestimmtes Gebiet sei nicht einmal ein besonderes Indiz für eine dem Handelsvertreter vergleichbare Einordnung in die Absatzorganisation des Unternehmers.[1121] Diese Auffassung

1117 Ebenso kritisch: Krüger, in: Informationsbrief der DTJV 2/2011, 6, 13.

1118 Vgl. Urteil v. 11.12.1958, BGHZ 29, 83, 87 f.: „Für eine Gesetzesanalogie kommen in erster Linie nur die typischen Eigenhändlerverträge in Frage, wie sie sich insbesondere mit den Herstellern von Markenartikel herausgebildet haben. Es handelt sich dabei um einen Vertrag eigener Art, einen Rahmenvertrag, durch den ein Unternehmen einem Händler für ein bestimmtes Gebiet den Alleinvertrieb seiner Erzeugnisse überträgt und sich in der Regel verpflichtet, selbst keine Verkäufe vorzunehmen."; Urteil v. 12.2.1961, BGHZ 34, 282, 285 ff.: „Es muss sich um einen typischen Eigenhändlervertrag handeln, d. h. durch den ein Unternehmer dem Vertragshändler für ein bestimmtes Gebiet den Alleinvertrieb seiner Erzeugnisse überträgt[...]"; Urteil v. 11.2.1977, BGHZ 68, 340, 343: „(Zur Eingliederung in die Absatzorganisation des Herstellers) gehört in der Regel, dass ihm, wie häufig bei Markenerzeugnissen, der Alleinvertrieb für ein bestimmtes Gebiet übertragen wird[...]".

1119 Zuletzt OLG Saarbrücken BB 1980, 905 f.

1120 BGH BB 1982, 2067.

1121 Argumentativ führte der BGH dazu zutreffend aus, es sei kein innerer Grund dafür erkennbar, der es rechtfertigen könnte, die entsprechende Anwendung des § 89b HGB vom Erfordernis des Alleinvertriebs (mit Gebietsschutz) abhängig zu machen. Auch der Ausgleichsanspruch des Handelsvertreters sei nicht von der Einräumung eines Alleinvertriebsrechts abhängig. Für den Vertragshändler könne daher nichts anderes gelten.

entspricht heute in Deutschland ständiger, gefestigter Rechtsprechung,[1122] so dass es fernliegend erscheint, dass der türkische Gesetzgeber bei der Neufassung von Art. 122 Abs. 5 tHGB Rückgriff auf die zuvor geschilderten Tendenzen in der älteren deutschen Rechtsprechung genommen haben könnte.

Interesssant, und dies könnte allerdings sehr wohl den Hintergrund für die kurzfristige Änderung des Gesetzeswortlauts von Art. 122 Abs. 5 tHGB im laufenden Gesetzgebungsverfahrens gewesen sein, ist indes eine jüngst durch das schweizerische Bundesgericht vollzogene Rechtsprechungsänderung. Nachdem die Rechtsprechung in der Schweiz einen Ausgleichsanspruch für den Vertragshändler in Analogie zu dem Anspruch im Agenturvertragsrecht geregelten Anspruch auf sog. Kundschaftsentschädigung nach Art. 418 u OR – einer Entscheidung des schweizerischen Bundesgerichts aus dem Jahre 1963[1123] folgend – eher verneinte, hat das Bundesgericht diese, im Anschluss an den Trend in der Literatur, nunmehr mit Entscheid vom 22.05.2008 im Grundsatz bejaht.[1124] Demnach könne die wirtschaftliche Situation des Abnehmers in der modernen Form des Alleinvertriebs im Einzelfall durchaus derjenigen eines Agenten (Handelsvertreters) gleichen. Die seitens des Gerichts angeführten Einzelfallumstände[1125], aufgrund derer es im konkreten Fall vom Vorliegen einer mit dem Agenturvertrag vergleichbaren wirtschaftlich-tatsächlichen Interessenlage ausging, erinnern dabei stark an die materiellen Prüfungskriterien, welche auch seitens der deutschen Rechtsprechung für die Bejahung der analogen Anwendbarkeit des § 89b dHGB in Bezug auf Vertragshändlervertragsverhältnisse immer wieder angeführt werden. Ebenso wie die skizzierte ältere deutsche Rechtsprechung nutzt indes auch das schweizerische Bundesgericht nicht den Terminus des „Vertragshändlervertrages“, sondern spricht – vermutlich ohne diesbezügliches Problembewusstsein und schlicht an das typische Erscheinungsbild dieses Vertragstyps in der Praxis anknüpfend – wie selbstverständlich stets vom „Alleinvertriebsvertrag“. Dass diese im konkreten Fall nicht entscheidungsrelevante sprachliche Ungenauigkeit zugleich den Eindruck suggeriert, die Vereinbarung eines Exklusivrechts sei ebenfalls notwendige Analogievoraussetzung für die Zuerkennung des Ausgleichsanspruchs, dürfte dem Gericht dabei freilich entgangen sein. Ein sachlicher Grund für die Beschränkung der entsprechenden Anwendung des Art. 418u SchwOR auf *exklusive* Vertragshändlerverträge ist nach den in Bezug auf § 89b dHGB getroffenen Feststellungen

1122 vgl. Fn. 1092, 1093.

1123 BGE 88 II 169.

1124 BGE 134 III 497.

1125 BGE 134 III 497, 507 f.

jedenfalls nicht zu finden. Auch Kommentierungen aus der Literatur legen die Vermutung nahe, dass die Verwendung des Begriffs des „Alleinvertriebsvertrages" ihre Ursache eher in der Umschreibung der typischen Ausgestaltung des betreffenden Vertragstyps, welcher zu dem Agenturvertrag in Relation gesetzt werden soll, haben, als dass hierdurch tatsächlich eine notwendige Voraussetzung für die analoge Anwendbarkeit des Art. 418u SchwOR aufgezeigt werden sollte. So findet sich etwa in einer Urteilsanmerkung von *Vetsch/von der Crone* in Bezug auf die Definition des Alleinvertriebsvertrages der Hinweis, der Abnehmer der Waren werde an anderer Stelle auch als „Alleinvertreter", „Eigenhändler" oder „Vertragshändler" bezeichnet.[1126] Dass bei derartiger sprachlicher Ungenauigkeit Missverständnissen und Fehlinterpretationen Tür und Tor geöffnet sind, hat nicht zuletzt auch die ältere deutsche Rechtsprechungspraxis und die insoweit für Klarheit sorgende BGH-Entscheidung aus dem Jahre 1982[1127] gezeigt.

Besonders betrüblich ist es nun allerdings, wenn diese sprachlichen Fehlgriffe sich nun nicht mehr nur in Urteilsgründen finden, sondern – wie nun offenbar im neuen türkischen Handelsgesetzbuch geschehen – auch noch Einzug in den Gesetzeswortlaut erhalten. So wird man im vorliegenden Fall – angesichts des eindeutigen Wortlauts von Art. 122 Abs. 5 tHGB und des Umstandes, dass die Beschränkung auf Exklusivverträge erst durch eine Abänderung der zunächst avisierten Neuregelung im Laufe des Gesetzgebungsverfahrens in den Gesetzestext aufgenommen worden ist – kaum um die Annahme umhin kommen, dass insoweit von einer bewussten Entscheidung des Gesetzgebers auszugehen ist. Vor diesem Hintergrund werden die türkischen Gerichte künftig auch kaum einen Spielraum haben, auch einem Vertragshändler ohne Exklusivrecht einen Ausgleichsanspruch zuzubilligen.

Dies erscheint nicht nur aus Gerechtigkeitsgründen[1128] schwer verständlich, sondern eröffnet dem Unternehmer überdies auch noch die Möglichkeit, eine etwaige spätere Zusprechung einer Ausgleichszahlung für die dem Vertragshändler zuzurechnende Kundenkreiserweiterung durch die vertragsgestalterische Vorenthaltung eines exklusiven Gebiets- oder Kundenkreisschutz von vornherein auszuschließen. Hieran vermag auch Art. 122 Abs. 4 i. V. m. Abs. 4 tHGB, wonach der Ausgleichsanspruch grundsätzlich zwingendes Recht darstellt, nichts zu ändern. Denn der Anwendungsbereich des Art. 122 Abs. 5 und damit auch der Verweis auf

---

1126 Vetsch/von der Crone, SZW 2009, 79, 82, Fn. 20.

1127 Vgl. Fn. 1121.

1128 Krüger, in: Informationsbrief der DTJV 2/2011, 6, 12 f.

Art. 122 Abs. 1 bis Abs. 4 tHGB ist – nach dem zuvor Gesagten – für den nicht exklusiven Vertragshändler nämlich erst gar nicht eröffnet.

4. Die Entstehungsvoraussetzungen des Ausgleichsanspruchs

Die Voraussetzungen, unter denen der Vertragshändler den Ausgleichsanspruch geltend machen kann, sind im deutschen Recht § 89b Abs. 1 dHGB (analog) und im türkischen Recht nunmehr Art. 122 Abs. 1 tHGB zu entnehmen.

a. Beendigung des Vertragshändlervertrages

Erste Entstehungsvoraussetzung ist nach § 89b Abs.1 Satz 1 dHGB bzw. Art. 122 Abs. 1 tHGB die wirksame Beendigung des Vertragshändlerverhältnisses. In Betracht kommen insoweit alle Beendigungsgründe, neben der Kündigung also etwa auch dessen einvernehmliche Aufhebung, Zeitablauf eines befristeten Vertrages, der Eintritt einer die Vertragsbeendigung herbeiführenden auflösenden Bedingung, Tod des Vertragshändlers oder Insolvenz des Unternehmers.[1129] Relevanz kann der konkrete Grund der Vertragsbeendigung erst entfalten, wenn es um die Frage nach dem Ausschluss des Ausgleichsanspruchs analog § 89b Abs. 3 dHGB bzw. Art. 122 Abs. 3 tHGB geht. Eine Beendigung des Vertrages i. S. d. § 89b Abs.1 Satz 1 dHGB bzw. Art. 122 Abs. 1 tHGB kann zudem auch dann vorliegen, wenn das Vertragsverhältnis nicht in seinem gesamten Umfang, sondern nur teilweise beendet wird. Auch in diesem Fall steht dem Vertragshändler nämlich ein Ausgleichsanspruch zumindest dann zu, wenn die Teilbeendigung das bisherige Vertragsverhältnis wesentlich, insbesondere durch eine erhebliche Einschränkung des Kundenkreises oder des zugewiesenen Bezirkes, verändert.[1130]

b. Erhebliche Vorteile des Unternehmers nach Vertragsbeendigung aus der Erweiterung des Kundenkreises durch den Vertragshändler

Weitere Anspruchsvoraussetzung ist nach § 89b Abs. 1 Satz 1 Nr. 1 dHGB analog bzw. Art. 122 Abs. 1 lit. a tHGB, dass dem Unternehmer aus einer Geschäftsbeziehung mit neuen Kunden, die der Vertragshändler während seiner Vertragszeit geworben hat, auch nach der Beendigung des Vertragsverhältnisses erhebliche Vorteile erwachsen.

1129 Hopt, in: Baumbach/Hopt, § 89b, Rn. 7; Roth, in: Koller/Roth/Morck, HGB, § 89b, Rn. 3; Wauschkuhn, in: Schultze u.a., Der Vertragshändlervertrag, Rn. 793 ff.

1130 Von Hoyningen-Huene, in: MünchKomm zum HGB, § 89b, Rn. 51.

aa. Neue Kunden

„Neu“ im Sinne der genannten Vorschriften sind solche Kunden, die vor Beginn des Vertragshändlerverhältnisses noch keine Geschäfte mit dem Unternehmer getätigt haben.[1131] Erfasst sind daher in jedem Fall auch solche Kunden, die der Vertragshändler aus einer früheren Händlertätigkeit mitgebracht hat. Aber auch frühere Kunden des Unternehmers, die ihre geschäftlichen Beziehungen zum Unternehmer zwischenzeitlich abgebrochen hatten und diese erst durch die Tätigkeit des Vertragshändlers wieder aufgenommen haben, gelten als Neukunden im Sinne dieser Vorschriften.[1132] Kunden, die der Vertragshändler von seinem Vorgänger übernommen hat, gelten demgegenüber nicht als „neu“ im aufgezeigten Sinne.[1133]

Erforderlich aber auch ausreichend ist, dass die Tätigkeit des Vertragshändlers bei der Gewinnung der betreffenden Neukunden mitursächlich gewesen ist, die Kundenakquise also nicht allein einer Werbeaktion des Unternehmers oder der Empfehlung eines Dritten zu verdanken ist.[1134] Dem auch in diesem Zusammenhang insbesondere in der Automobilbranche gegen die Zuerkennung des Ausgleichsanspruchs gelegentlich vorgetragenen Einwand, die Neukundenakquise sei allein der sog. „Sogwirkung der Marke“ des Herstellers zuzuschreiben und beruhe nicht auf den Werbebemühungen des Vertragshändlers, ist der BGH mit dem Argument entgegen getreten, die Werbung des Vertragshändlers, einschließlich der Kundenbetreuung und der angebotenen Serviceleistungen seien für die Kaufentscheidung der Kunden nach der Lebenserfahrung immer zumindest auch mitursächlich.[1135] Der Gesichtspunkt der „Sogwirkung der Marke“ könne insoweit daher allein im Rahmen des Billigkeitskriteriums von Bedeutung sein.[1136]

Voraussetzung ist nach allgemeiner Meinung weiterhin, dass die vom Vertragshändler geschaffene Kundenbeziehung eine gewisse Nachhaltigkeit besitzt, es sich bei den geworbenen Neukunden also in Abgrenzung zu sog. „Lauf“- oder

---

1131 Wauschkuhn, in: Schultze u.a., Der Vertragshändlervertrag, Rn. 819; Demir-Gökyayla, Milletlerarası Özel Hukukta Tek Satıcılık Sözleşmeleri, S. 254.

1132 Hopt, in: Baumbach/Hopt, § 89b, Rn. 12; Demir-Gökyayla, Milletlerarası Özel Hukukta Tek Satıcılık Sözleşmeleri, S. 254.

1133 Von Hoyningen-Huene, in: MünchKomm zum HGB, § 89b, Rn. 57.

1134 BGH BB 1982, 2067, 2068; BB 1996, 2265, 2267; Wauschkuhn, in: Schultze u.a., Der Vertragshändlervertrag, Rn. 810; Demir-Gökyayla, Milletlerarası Özel Hukukta Tek Satıcılık Sözleşmeleri, S. 254.

1135 BGH NJW 1983, 2877, 2879.

1136 Dazu sogleich, § 4 D. V. 4. d.

„Einzelkunden" um sog. Stammkunden handelt.[1137] Ein „Vorteil" i. S. v. § 89b Abs. 1 Satz 1 Nr. 1 dHGB bzw. Art. 122 Abs. 1 lit. a tHGB erwächst dem Unternehmer nach der Vertragsbeendigung nämlich allein in Bezug auf solche Neukunden, hinsichtlich derer er innerhalb eines überschaubaren Zeitraums, in dem üblicherweise mit Nachbestellungen zu rechnen ist, mit dem Abschluss von Folgegeschäften rechnen kann.[1138] Als Maßstab für die Berechnung dieses Zeitraums bieten sich regelmäßig die übliche Nutzungszeit[1139] der Vertragsware oder deren Lebensdauer[1140] an. In Bezug auf Mehrfachkunden wird in der Regel – vorbehaltlich der Berücksichtigung einer Abwanderungsquote[1141] – davon auszugehen sein, dass sie auch in Zukunft weitere Waren von dem Unternehmer erwerben werden.[1142] Bei Erstkunden, insbesondere im Bereich langlebiger Wirtschaftsgüter, wird demgegenüber unter Berücksichtigung der branchenspezifischen Besonderheiten eine Prognose anzustellen sein, ob und wann mit Wiederholungskäufen gerechnet werden kann.[1143] Werden die Vertragswaren aufgrund ihrer Langlebigkeit nach der allgemeinen Lebenserfahrung in der Regel nur einmal angeschafft – wie z. B. ein Grabstein[1144] oder ein Fertighaus[1145] – so kommt ein Ausgleichsanspruch nicht in Betracht.[1146] Letztlich obliegt die Beurteilung der Frage, welche Kunden als Stammkunden anzusehen sind, indes immer einer tatrichterlichen Würdigung.[1147]

bb. Erweiterung der Geschäftsverbindungen

Analog § 89b Art. 1 Satz 2 dHGB steht es der Werbung eines neuen Kunden gleich, wenn der Vertragshändler die Geschäftsverbindung mit einem Kunden so wesentlich erweitert hat, dass dies wirtschaftlich der Werbung eines neuen Kunden

1137 Canaris, Handelsrecht, S. 273, Rn. 106; Roth, in: Koller/Roth/Morck, HGB § 89b, Rn. 5; Demir-Gökyayla, Milletlerarası Özel Hukukta Tek Satıcılık Sözleşmeleri, S. 254.
1138 BGH WM 1991, 196, 198; Demir-Gökyayla, Milletlerarası Özel Hukukta Tek Satıcılık Sözleşmeleri, S. 254.
1139 Hollmann, BB 1985, 1023, 1031 f.
1140 Van der Moolen, in: Martinek/Semler/Habermeier/Flohr, Handbuch des Vertriebsrechts, § 24, Rn. 48.
1141 Wauschkuhn, in Schultze u.a., Der Vertragshändlervertrag, Rn. 818, 893 ff.
1142 BGH ZIP 1987, 1383, 1386.
1143 BGH BB 1991, 1210, 1211; BB 1996, 2265; BB 1997, 852, 853.
1144 Demir-Gökyayla, Milletlerarası Özel Hukukta Tek Satıcılık Sözleşmeleri, S. 254.
1145 Wauschkuhn, in Schultze u.a., Der Vertragshändlervertrag, Rn. 819.
1146 Demir-Gökyayla, Milletlerarası Özel Hukukta Tek Satıcılık Sözleşmeleri, S. 255.
1147 BGH WM 1987, 1462, 1464; ZIP 2000, 540, 543; Demir-Gökyayla, Milletlerarası Özel Hukukta Tek Satıcılık Sözleşmeleri, S. 255.

entspricht. Die Erweiterung der Geschäftsverbindung kann dabei sowohl quantitativ durch Umsatzsteigerungen in Bezug auf die bereits bisher vertriebenen Produkte als auch qualitativ durch Ausweitung auf zusätzliche, andere Erzeugnisse erfolgen.[1148] Die Umsatzsteigerung muss allerdings stets ihre Ursache in den Vermittlungsbemühungen des Vertragshändlers haben. Umsatzsteigerungen, die alleine auf die steigende Preisentwicklung oder den Eintritt eines vom Vertragshändler nicht beeinflussbaren Ereignisses zurückzuführen sind, genügen daher nicht.[1149] Ausgleichsfähig ist in diesen Fällen der über den bereits vorgefundenen Umsatz hinausgehende Mehrumsatz.[1150]

Obwohl eine entsprechende Bestimmung in der Neuregelung des Art. 122 tHGB keinen Niederschlag gefunden hat, ist es in der türkischen Literatur zu Recht allgemein anerkannt, dass auch nach dem türkischen Recht die wesentliche Erweiterungen der Geschäftsbeziehungen mit Bestandskunden des Unternehmers der Werbung neuer Kunden gleichzusetzen ist.[1151]

cc. Erhebliche Vorteile des Unternehmers

Schließlich müssen dem Unternehmer aus der von dem Vertragshändler geschaffenen bzw. erweiterten Geschäftsverbindung gem. § 89b Abs. 1 Satz 1 Nr. 1 dHGB bzw. Art. 122 Abs. 1 lit. a tHGB „erhebliche Vorteile" erwachsen sein.

„Vorteile" entstehen dem Unternehmer bereits durch die Nutzung der neu vermittelten Kunden bzw. der erweiterten Geschäftsbeziehung, also durch die bloße Aussicht auf einen zukünftigen Gewinn.[1152] Dass der Unternehmer für die Nutzung des Kundenstamms ggf. weitere Aufwendungen, wie den Einsatz neuer Handelsvertreter oder Vertragshändler, aufbringen muss, ist dabei ohne Belang.[1153]

Ob die Vorteile für den Unternehmer „erheblich" sind, richtet sich nach den Umständen des Einzelfalls. Grundsätzlich ist jedoch davon auszugehen, dass die vom Vertragshändler aufgebaute Geschäftsbeziehung auch nach dem Vertragsende fortbesteht. Maßgeblich für die Bemessung der hieraus erwachsenden Vorteile

---

1148 Hopt, in: Baumbach/Hopt, § 89b, Rn. 13.

1149 Von Hoyningen-Huene, in: MünchKomm zum HGB, § 89b, Rn. 63.

1150 Wauschkuhn, in: Schultze u.a., Der Vertragshändlervertrag, Rn. 807.

1151 Demir-Gökyayla, Milletlerarası Özel Hukukta Tek Satıcılık Sözleşmeleri, S. 254; Karasu, AÜHFD 2008, 283, 292; Ayan, Acentenin Denkleştirme Talep Etme Hakkı, S. 170; Şenol, Bayilik Sözleşmesi, S. 266.

1152 Hopt, in: Baumbach/Hopt, § 89b, Rn. 15; Roth, in: Koller/Roth/Morck, HGB, § 89b, Rn. 7.

1153 Wauschkuhn, in: Schultze u.a., Der Vertragshändlervertrag, Rn. 824.

ist sodann der in Bezug auf den durch den Vertragshändler neu geschaffenen Kundenstamm zu erwartende Umsatz.[1154]

Hieraus ergibt sich die Notwendigkeit zur Stellung einer Prognose über die künftige Entwicklung der Verhältnisse zwischen dem Unternehmer und den vom Vertragshändler geworbenen Kunden. Zu prüfen ist dabei – unter Zugrundelegung der Besonderheiten der jeweiligen Branche, der Marktgegebenheiten, der Wettbewerbsbedingungen, der Kundenfluktuation und der Art der Tätigkeit – wie lange und in welchem Umfang die Geschäfte zwischen dem Unternehmer und dem Kunden voraussichtlich fortdauern werden.[1155]

Streitig zwischen dem VIII. und dem I. Zivilsenat des BGH ist die Frage, ob hinsichtlich des Prognosezeitpunkts auf den Zeitpunkt der Beendigung des Vertragshändlervertrags oder erst auf denjenigen der tatrichterlichen Entscheidung abzustellen ist. Letztere Ansicht des I. Zivilsenats[1156] begründet sich damit, dass der Tatrichter andernfalls bei der Berechnung des Ausgleichsanspruchs seine Augen vor der tatsächlichen Entwicklung der Verhältnisse in der Zeit zwischen der Vertragsbeendigung und der letzten mündlichen Verhandlung verschließen müsste.[1157] Diese Ansicht verkennt jedoch, dass der Tatrichter auch zum Zeitpunkt der Urteilsverkündung nach wie vor zur Stellung einer Prognose gezwungen ist, die regelmäßig kein exaktes Spiegelbild der späteren Umsatzentwicklung darstellen wird. Schon in der zweiten Instanz könnte sich die Geschäftsentwicklung wieder gänzlich anders darstellen, als dies noch zum Zeitpunkt der Entscheidung durch den erstinstanzlichen Richter der Fall gewesen ist. Vorzugswürdig erscheint daher die dogmatisch saubere Lösung des VIII. Zivilsenats[1158] hinsichtlich des Prognosezeitpunkts auf den Zeitpunkt der Entstehung des Ausgleichsanspruchs, nämlich die Beendigung des Handelsvertreter- bzw. Vertragshändlervertrages abzustellen.

Ist der Vertragshändler berechtigt, den Kundenstamm nach der Vertragsbeendigung – ohne Verstoß gegen ein Wettbewerbsverbot – ebenfalls weiter zu nutzen oder an einen Dritten zu veräußern, so mindert dies den Ausgleichsanspruch.[1159]

1154 BGH BB 1991, 1210, 1211; Şenol, Bayilik Sözleşmesi, S. 269; Karasu, AÜHFD 2008, 283, 269.

1155 BGH NJW-RR 1993, 221; Demir-Gökyayla, Milletlerarası Özel Hukukta Tek Satıcılık Sözleşmeleri, S. 256.

1156 Vgl. BGH NJW 1965, 1134, 1136; BB 1991, 1210.

1157 Wauschkuhn, in: Schultze u.a., Der Vertragshändlervertrag, Rn. 825.

1158 Vgl. BGH NJW 1998, 71, 75.

1159 Wauschkuhn, in: Schultze u.a., Der Vertragshändlervertrag, Rn. 826 f. m. w. N. aus der Rechtspr.

Entstehen dem Unternehmer letztlich keine Vorteile, weil er die unternehmerische Entscheidung trifft, seinen Geschäftsbetrieb stillzulegen[1160] oder den Kundenstamm unentgeltlich auf ein konzernrechtlich verbundenes Unternehmen zu übertragen[1161], so entfällt eine Ausgleichspflicht, solange der Unternehmer hierbei nicht arglistig zum Nachteil des Vertragshändlers handelt.

c. Verluste des Vertragshändlers aufgrund der Vertragsbeendigung

Als Kehrseite dessen, dass die Möglichkeit der Nutzung des Kundenstamms nach Vertragsbeendigung dem Unternehmer Vorteile bringt, führt der Verlust des Kundenstamms für den Vertragshändler regelmäßig zum Verlust der Händlermarge, die der Vertragshändler bei der Vertragsfortsetzung infolge von Geschäften des Unternehmers mit dem von ihm geworbenen Kundenstamm erzielt hätte. Demgemäß sieht der Art. 122 Abs. 1 lit. b tHGB – in Entsprechung der bis zum 05.08.2009 geltenden Fassung des § 89b Abs. 1 Satz 1 Nr. 2 dHGB – als weitere Anspruchsvoraussetzung vor, dass der Vertragshändler infolge der Beendigung des Vertragsverhältnisses seine Provisionsansprüche verliert, die er bei Fortsetzung desselben aus bereits abgeschlossenen oder in absehbarer Zeit zustande kommenden Geschäften mit den von ihm geworbenen Kunden gehabt hätte. Auch an dieser Stelle bedarf es somit einer Prognose hinsichtlich des zum Zeitpunkt der Vertragsbeendigung zu erwartenden Margenverlusts für den Vertragshändler, welcher an Hand des Umfangs der Nachbestellungen und Folgeaufträge, die innerhalb eines überschaubaren Prognosezeitraums zu erwarten sind, zu errechnen ist.[1162] Spätere unvorhersehbare Entwicklungen der tatsächlichen Gegebenheiten beeinträchtigen dabei die einmal gestellte Prognose wiederum nicht mehr und sind daher für die Höhe des Ausgleichsanspruchs unerheblich.

In der Praxis wird man in Ermangelung entgegenstehender Anhaltspunkte grundsätzlich davon ausgehen können, dass die Prognoseentscheidungen hinsichtlich der künftigen Gewinne des Unternehmers und der Margenverluste des Vertragshändlers übereinstimmen, so dass die Berechnung der Höhe des Ausgleichsanspruchs auf Grundlage von Art. 122 Abs. 1 lit. a und lit. b tHGB in aller Regel zum gleichen Ergebnis führen.[1163]

1160 Hopt, in: Baumbach/Hopt, § 89b, Rn. 20.

1161 BGH BB 1986, 1317 ff.

1162 Hopt, in: Baumbach/Hopt, § 89b, Rn. 23; Demir-Gökyayla, Milletlerarası Özel Hukukta Tek Satıcılık Sözleşmeleri, S. 257.

1163 Demir-Gökyayla, Milletlerarası Özel Hukukta Tek Satıcılık Sözleşmeleri, S. 257; . Karasu, AÜHFD 2008, 283, 298.

Auch die deutsche Rechtsprechung folgerte aus der bis zum August 2009 geltenden Fassung des § 89b Abs. 1 S. 1 Nr. 2 dHGB, dass der Ausgleichsanspruch in keinem Fall höher sein konnte als die auf Seiten des Händlers zu erwartenden Provisions- bzw. Margenverluste. Dies führte im Ergebnis dazu, dass die Höhe des Ausgleichsanspruchs in der Praxis maßgeblich an Hand der wesentlich einfacher[1164] anzustellenden Prognose hinsichtlich der Provisions-/Margenverluste des Händlers errechnet wurde, während man in Bezug auf die Unternehmensvorteile schlicht von einer widerlegbaren Vermutung hinsichtlich eines Gleichlaufs dieser beiden Größen ausging.[1165]

Allerdings entsprach der Wortlaut des § 89b Abs. 1 dHGB a. F. insoweit nicht dem Wortlaut des Art. 17 Abs. 2 lit. a der Handelsvertreter-Richtlinie. Danach stellen die Provisionsverluste des Handelsvertreters keine eigene Anspruchsvoraussetzung dar, sondern sind lediglich im Rahmen der Billigkeitsprüfung zu berücksichtigen. Auf eine entsprechende Vorlage des LG Hamburg[1166] entschied der EuGH mit Urteil v. 26.03.2009[1167] denn auch, dass Art. 17 Abs. 2 lit. a der Richtlinie es nicht erlaube, den Ausgleichsanspruch von vornherein durch die Provisionsverluste des Vertragshändlers infolge der Vertragsbeendigung zu begrenzen, auch wenn die dem Unternehmer verbleibenden Vorteile im Einzelfall höher zu bewerten seien. Die Provisionsverluste seien vielmehr nur als eines von mehreren Kriterien im Rahmen der Billigkeitsprüfung relevant, wobei der Ausgleichsanspruch nicht ausschließlich zum Nachteil des Handelsvertreters nach unten angepasst werden dürfe.[1168] Der deutsche Gesetzgeber hat diese Vorgaben aufgegriffen und den Wortlaut des § 89b dHGB bereits kurze Zeit später, im Juli 2009 an die Handelsvertreter-Richtlinie angepasst.[1169] Danach sind die Provisionsverluste als zwingende Tatbestandsvoraussetzung gemäß der eigenständigen Nr. 2 des § 89b

1164 Vgl. Christoph, NJW 2010, 647, 649; Christoph/Effenberger, KSzW 2010, 183, 186, die zurecht darauf hinweisen, dass die „Vorteile" für den Unternehmer i. S. v. § 89b Abs. 1 Nr. 1 dHGB nur in dessen künftigen Gewinnen gesehen werden können, deren Berechnung allerdings nicht nur aus betriebswirtschaftlicher Sicht auf vielerlei Arten erfolgen kann, sondern im Rahmen der Prognoseentscheidung zudem auch noch einzelkunden- und geschäftsbezogen bestimmt werden müssten.

1165 BGH NJW 1990, 2889, 2891.

1166 LG Hamburg, Beschl. v. 18.6.2007, 415 O 138/06.

1167 EuGH EuZW 2009, 304 („Semen/Tamoil").

1168 EuGH, a.a.O., Tz. 21–24.

1169 Art. 6a des Gesetzes zur Neuregelung der Rechtsverhältnisse bei Schuldverschreibungen aus Gesamtemissionen und zur verbesserten Durchsetzbarkeit von Ansprüchen aus Falschberatung v. 21.7.2009, BGBl. I S. 2512, in Kraft getreten am 5.8.2009.

Abs. 1 Satz 1 dHGB entfallen und wurden als besonderer Billigkeitsumstand in die bisherige Nr. 3 eingefügt.

Gleichwohl dürfte die Praxis wohl auch künftig an der Ermittlung der Unternehmervorteile über den Umweg der Provisionsverluste des Handelsvertreters bzw. die Margenverluste des Vertragshändlers festhalten. So hebt der BGH[1170] auch nach der Gesetzesanpassung des § 89b Abs. 1 dHGB an die Handelsvertreter-Richtlinie weiterhin den engen Zusammenhang zwischen Provisionsverlusten und Unternehmervorteilen hervor und in der Literatur[1171] erfolgt zu Recht der Hinweis, dass die Bezifferung der Unternehmervorteile unter Zugrundelegung seiner eigenen Provisionsverluste für den beweisbelasteten Händler überhaupt die einzig praktikable Berechnungsgrundlage darstellt. Es erscheint daher auch weiterhin interessengerecht, von der Vermutung[1172] auszugehen, dass sich Unternehmervorteile und Vertragshändlerverluste entsprechen und demnach diejenige Partei die Beweislast dafür trägt, dass sie sich auf Abweichungen von dieser Vermutung beruft.[1173]

d. Billigkeit

Wie nun bereits wiederholt angesprochen, hängt die Entstehung des Ausgleichsanspruchs gemäß § 89b Abs.1 Satz 1 Nr. 2 dHGB bzw. Art. 122 Abs. 1 lit. c tHGB schließlich davon ab, dass die Zahlung eines solchen, unter Berücksichtigung aller Umstände, der Billigkeit entspricht. Der Billigkeitsgrundsatz beinhaltet insofern zunächst eine selbständige und zusätzliche echte Anspruchsvoraussetzung, die neben den obengenannten Tatbestandsmerkmalen bei der Anspruchsbegründung zu prüfen ist. Daneben kann die Billigkeitsprüfung die Höhe des zu zahlenden Ausgleichs sowohl nach unten wie auch nach obenhin beeinflussen.[1174] Die Billigkeitsprüfung beinhaltet dabei nichts anderes, als die objektive und transparente Abwägung aller einschlägigen offengelegten Gesichtspunkte und Umstände des Einzelfalles, soweit sie mit dem Vertragsverhältnis im Zusammenhang stehen.[1175] Vertragsfremde Umstände, wie etwa die wirtschaftlichen und sozialen Verhältnisse

---

1170 BGH, Urt. v. 13.1.2010, VIII ZR 25/08.

1171 Christoph/Effenberger, KSzW 2010, 183, 186.

1172 Vom BGH (VIII ZR 25/08) als „Schätzung nach § 287 Abs. 2 ZPO" bezeichnet.

1173 BGH, a.a.O.; Christoph, NJW 2010, 647, 650.

1174 BGH VersR 1961, 222, 223; von Hoyningen-Huene, in: MünchKomm zum HGB, § 89b, Rn. 106 ff.; Christoph/Effenberger KSzW 2010, 187; Demir-Gökyayla, Milletlerarası Özel Hukukta Tek Satıcılık Sözleşmeleri, S. 260.

1175 Von Hoyningen-Huene, in: MünchKomm zum HGB, § 89b, Rn. 87; Hopt, in: Baumbach/Hopt, HGB, § 89b, Rn. 25.

der Parteien, können demgegenüber allenfalls ausnahmsweise Berücksichtigung finden.[1176]

Kriterien, die sich typischerweise mindernd auf den Ausgleichsanspruch des Händlers auswirken,[1177] sind die Einräumung besonders günstiger Vertragsbestimmungen,[1178] der insbesondere aus dem Kfz-Bereich bekannte Gesichtspunkt der sog. „Sogwirkung der Marke“,[1179] außergewöhnliche, über das übliche Maß hinausgehende Aufwendungen für Werbemaßnahmen durch den Unternehmer,[1180] ein vom Vertragshändler verschuldeter Umsatzrückgang im Altkundengeschäft[1181] und sonstige grobe Pflichtverstöße des Vertragshändlers,[1182] die Einräumung einer besonders langen Kündigungsfrist,[1183] die Gewährung der Möglichkeit, den Kundenstamm nach Vertragsende weiter zu nutzen[1184] und Leistungen des Unternehmers zur Alterssicherung des Vertragshändlers.[1185]

Demgegenüber bleiben die Dauer des Vertragsverhältnisses[1186] und die Höhe des vereinbarten Händlerrabatts im Rahmen der Billigkeitsprüfung und für die Höhe des Ausgleichsanspruchs ohne Auswirkung. Die Vertragsdauer spielgelt sich regelmäßig bereits in der Größe des geschaffenen Kundenstamms und damit in der Höhe der erlangten Unternehmervorteile bzw. der durch die Vertragsbeendigung

---

1176 BGH NJW 2003, 1244, 1246; von Hoyningen-Huene, in: MünchKomm zum HGB, § 89b, Rn. 88; Hopt, in: Baumbach/Hopt, § 89b, Rn. 25; Hopt, Handelsvetreterrecht, § 89b, Rn. 33. Vorzugswürdig wohl sogar eher: Westphal, Vertragshändler; Rn. 223; Demir-Gökyayla, Milletlerarası Özel Hukukta Tek Satıcılık Sözleşmeleri, S. 261, die eine Berücksichtigung vertragsfremder Umstände gänzlich ablehnen.

1177 Näher dazu: Von Hoyningen-Huene, in: MünchKomm zum HGB, § 89b, Rn. 107; Wauschkuhn, in: Schultze u.a., Der Vertragshändlervertrag, Rn. 849 ff.

1178 BGHZ 43, 154, 159.

1179 Vgl. dazu auch bereits § 4 D. V. 4. d. Die deutsche Rechtsprechung hat insoweit bereits Pauschalabschläge zwischen 10 % (BGH BB 1996, 1683; BB 2002, 2151) und 25 % (BGH ZIP 1987, 1383; BB 1996, 2265; OLG Köln BB 1995, 2548; Urt. v. 13.01.2010, VIII ZR 25/08) für angemessen erachtet.

1180 BGH NJW 1971, 1611, 1613; NJW 1979, 651, 653.

1181 BGH BB 1990, 1366, 1367.

1182 BGH WM 1981, 817, 818.

1183 BGH WM 1970, 1513, 1515.

1184 BGH BB 1960, 1179; WM 1981, 817, 818; BB 1996, 2265; NJW 1997, 655, 657, wobei dieser Umstand zuletzt sachnäher bereits im Rahmen der Prognosen hinsichtlich der Unternehmervorteile und Verlusten des Vertragshändlers Berücksichtigung fand.

1185 BGH BB 1966, 794; DB 1984, 556; NJW 2003, 1241, 1243.

1186 A.A. Şenol, Bayilik Sözleşmesi, S. 273.

erlittenen Nachteile des Vertragshändlers wider.[1187] Die Einräumung eines besonders hohen Händlerrabatts ist eine eigenverantwortliche Entscheidung des Unternehmers und dient vorrangig der Schaffung einer besonderen Arbeitsmotivation beim Händler.[1188]

Den Parteien ist es unbenommen, bereits im Rahmen des Vertragshändlervertrages eine konkretisierende Regelung bezüglich der Kriterien aufzunehmen, denen im Rahmen der Billigkeitsprüfung ein besonderes Gewicht beigemessen werden soll. Eine gleichzeitige Beschneidung anderer relevanter Billigkeitsaspekte würde indes einen Verstoß gegen die zwingenden Regelungen von § 89b Abs. 4 Satz 1 dHGB bzw. Art. 122 Abs. 4 tHGB begründen und wäre somit unwirksam.[1189]

5. Höhe und Berechnung des Ausgleichsanspruchs

Nach § 89b Abs. 2 dHGB bzw. Art. 122 Abs. 2 tHGB beträgt die Höhe des zu gewährenden Ausgleichs höchstens eine nach dem Durchschnitt der letzten fünf Jahre der Tätigkeit des Handelsvertreters zu berechnende Jahresprovision oder sonstige Jahresvergütung. Bei kürzerer Dauer des Vertragsverhältnisses ist der Durchschnitt während der Dauer der Tätigkeit maßgebend.

Entgegen der Gesetzesbegründung zum neuen tHGB[1190] beinhaltet diese Regelung indes keine Bemessungsgrundlage für den Ausgleichsanspruch, sondern begrenzt diesen gemäß dem eindeutigen Wortlaut lediglich der Höhe nach.[1191] Die konkrete Höhe des Ausgleichsanspruchs ist vielmehr an Hand eines zweistufigen Verfahrens zu bestimmen. Im ersten Schritt ist der sog. „Rohausgleich" an Hand der aufgezeigten Anspruchsvoraussetzungen des § 89b Abs. 1 dHGB bzw. Art. 122 Abs. 1 tHGB zu bestimmen, ehe dieser in einem zweiten Schritt mit dem Ausgleichshöchstbetrag nach Abs. 2 verglichen und so der endgültig zu zahlende Betrag bestimmt werden kann.[1192]

1187 Wauschkuhn, in: Schultze u.a., Der Vertragshändlervertrag, Rn. 860.

1188 BGH BB 1973, 1092.

1189 BGH NJW 2003, 1241, 1243.

1190 Gesetzesbegründung zu Art.122 Abs. 2.

1191 BGH BB 1971, 105; BB 1992, 2385.

1192 Von Hoyningen-Huene, in: MünchKomm zum HGB, § 89b, Rn. 125, 152 ff; Wauschkuhn, in: Schultze u.a., Der Vertragshändlervertrag, Rn. 872 ff.; Ayan, Acentenin Denkleştirme Talep Etme Hakkı, S. 194 ff., jeweils mit Rechenbeispielen.

a. Berechnung des Rohausgleichs

aa. Ermittlung der Vertragshändlerverluste unter Zurückführung der Gewinnmarge auf eine „handelsvertretertypische" Vermittlungsvergütung

Wie bereits dargelegt, dürfte schon allein aus Praktikabilitätsgründen auch nach der jüngsten Gesetzesänderung des § 89 b Abs. 1 dHGB auch im deutschen Recht nach wie vor davon auszugehen sein, dass das maßgebliche Kriterium für die Berechnung des Ausgleichsanspruchs die Höhe der zu erwartenden Verluste des Vertragshändlers darstellt, während bzgl. der zu erwartenden erheblichen Unternehmervorteile prima facie von einem grundsätzlichen Gleichlauf mit dieser Größe auszugehen ist.[1193]

Für die Berechnung der zu prognostizierenden Vertragshändlerverluste hat das Gericht unter Anknüpfung an die Geschäftsentwicklung in der Vergangenheit den Umfang der nach der Vertragsbeendigung mit den vom Vertragshändler neu geworbenen Stammkunden zu erwartenden Nachbestellungen und Folgeaufträge einzuschätzen.[1194] Die Basis für diese Prognose stellen dabei üblicherweise die Umsatzzahlen der letzten zwölf Monate vor Vertragsende, bei kürzerer Vertragsdauer die gesamte Vertragszeit, dar.[1195] Haben die Geschäftszahlen in den letzten zwölf Monaten einen atypischen Verlauf genommen, kann es im Einzelfall geboten sein, auf ein anderes, repräsentativeres Jahr oder einen längerfristigen Jahresdurchschnitt zurückzugreifen.[1196]

Ausgangspunkt für die Bemessung der dem Vertragshändler zugeflossenen Vergütungen ist der sog. Händlerrabatt bzw. Rohertrag[1197] des Vertragshändlers, d. h. die Differenz zwischen den An- und Verkaufspreisen der Vertragswaren, die wirtschaftlich betrachtet die Stelle der Provisionen des Handelsvertreters einnimmt.[1198]

Allerdings darf bei der Berechnung der dem Vertragshändler durch die Vertragsbeendigung entstehenden Verluste nicht die gesamte Marge des Vertragshändlers zugrunde gelegt werden. Vielmehr ist es notwendig, diejenigen Teile des Rabatts bei der Bemessung des Ausgleichsanspruchs herauszurechnen, die der Vertragshändler

1193 Vgl. dazu bereits § 4 D. V. 4. c.

1194 BGH NJW 2000, 1413, 1414.

1195 BGH NJW 1983, 2877, 2879; von Westphalen, DB 1988, Beilage 8, 1, 6 ff.

1196 Wauschkuhn, in: Schultze u.a., Der Vertragshändlervertrag, Rn. 884; Ayan, Acentenin Denkleştirme Talep Etme Hakkı, S. 197.

1197 BGH BB 1996, 2265.

1198 BGH WM 2006, 1403.

aufgrund seiner vom Handelsvertreter abweichenden Stellung für Leistungen erhält, die der Handelsvertreter üblicherweise nicht zu erbringen hat.[1199]

Der Ausgleichsanspruch stellt allein eine Gegenleistung für die Überlassung des vom Handelsvertreter bzw. Vertragshändler erweiterten Kundenstamms dar, so dass andere als vertretertypische Vergütungsbestandteile nicht berücksichtigungsfähig sind. Aus diesem Grund ist der dem Vertragshändler eingeräumte Rabatt bei der konkreten Ausgleichsberechnung nach ständiger Rechtsprechung des BGH auf eine „handelsvertretertypische Vermittlungsprovision zurückzuführen“[1200]. Dies bedeutet zunächst, dass alle Vergütungsbestandteile für händlertypische Tätigkeiten, namentlich solche, die die sachliche und personelle Ausstattung des Betriebs sowie die Werbung, Präsentation und Lagerhaltung abgelten sollen, ebenso als nicht ausgleichsfähige Rabattbestandeile in Abzug zu bringen sind, wie Gegenleistungen des Unternehmers für die Übernahme des Absatz-, Lager-, Preisschwankungs- und Kreditrisikos durch den Vertragshändler.[1201]

Ferner ist der Händlerrabatt in einem weiteren Schritt um diejenigen Anteile zu reduzieren, die der Vertragshändler für solche Leistungen erhält, die nicht seine werbende (vermittelnde) Tätigkeit betreffen, sondern für eine verwaltende (vermittlungsfremde) Tätigkeit gezahlt werden.[1202] Dies betrifft namentlich Zahlungen für die Lagerhaltung, Auslieferung, den Kundendienst oder die Verwendung von Ersatzteilen im Werkstattbetrieb.[1203] Die Bestimmung der berücksichtigungsfähigen und deren Abgrenzung von den nicht berücksichtigungsfähigen Rabattbestandteilen innerhalb des in aller Regel einheitlich gezahlten Händlerrabatts stellt sich in der Praxis häufig als schwierig dar und wird im Prozess wohl regelmäßig die Einholung eines Sachverständigengutachtens erfordern.[1204]

1199 BGHZ 29, 83, 91; WM 1996, 1962; WM 2006, 1403; Urt. v. 13.01.2010, VIII ZR 25/08.

1200 BGH BB 1959, 7; NJW 1996, 2302; DB 2006, 1328; BB 2010, 600.

1201 Zuletzt: BGH, Urt. v. 13.01.2010, VIII ZR 25/08 mit ausführlichen Auseinandersetzung bzgl. der Berücksichtigungsfähigkeit einzelner Rabattbestandteile eines Kfz-Vertragshändlervertrages.

1202 BGH BB 1996, 2265; BGH WM 2006, 1403; Urt. v. 13.01.2010, VIII ZR 25/08.

1203 Wauschkuhn, in: Schultze u.a., Der Vertragshändlervertrag, Rn. 889.

1204 Küstner/von Manteufel, BB 1988, 1972, 1978; vgl. auch Yargıtay 19. HD. 04.05.2000, E. 7724, K. 3470.

bb. Prognosezeitraum

Eine weitere Prognose, die der Tatrichter im Streitfall zu treffen hat, gilt der Frage, für welchen Zeitraum nach der Vertragsbeendigung noch Folgeumsätze mit den vom Vertragshändler neu geworbenen Kunden erwartet werden können. Hierbei ist allen Umständen des konkreten Einzelfalls, insbesondere der durchschnittlichen Nachkaufbereitschaft in Bezug auf die Vertragsware, Rechnung zu tragen. Die deutsche Rechtsprechung ist insoweit wiederholt von vier[1205] bis fünf[1206] Jahren ausgegangen. Allerdings kann bei besonders langlebigen Vertragsprodukten auch ein längerer Prognosezeitraum angezeigt erscheinen.[1207]

cc. Abwanderungsquote

Sodann ist bei der Berechnung des Ausgleichs eine Abwanderungsquote zu berücksichtigen, über deren Ansatz dem Umstand Rechnung getragen wird, dass nicht von allen Stammkunden weitere Folgeaufträge erteilt werden. Die Ermittlung des durch die Abwanderung von Stammkunden zu erwartenden Umsatzrückgangs erfolgt wiederum durch Rückgriff auf die Erfahrungswerte vergangener Geschäftsjahre.[1208] Allerdings bleibt es dem Unternehmer unbenommen, bereits zum Zeitpunkt der Vertragsbeendigung absehbare Umstände darzulegen und zu beweisen, die eine höhere Abwanderungsquote erwarten lassen.

Ist eine konkrete Berechnung der Abwanderungsquote praktisch kaum zu leisten, so hat der erkennende Richter diese wiederum im Rahmen einer tatrichterlichen Ermessensentscheidung zu bemessen. Der BGH hat insoweit bereits jährlich konstante Abwanderungsquoten von 20 % des Basisbetrages[1209] als auch abgestufte Abwanderungsquoten,[1210] etwa von 25 % in den ersten drei und 10 % in den folgenden zwei Jahren eines fünf-Jahres-Prognosezeitraums, für tatrichterlich vertretbar gebilligt.

dd. Billigkeitsprüfung

Abschließend ist die ermittelte Höhe des Rohausgleichs noch unter dem Aspekt der Billigkeit, unter Berücksichtigung aller Umstände des Einzelfalls, zu

1205 BGH BB 1971, 843; OLG Celle VersR 2002, 976, 978.

1206 BGH BB 1996, 1683; BB 1996, 2265, 2267; OLG Saarbrücken NJW-RR 2003, 900, 901.

1207 Thume, in: Thume, Vertriebsrecht, Teil II, Kap. 9, Rn. 54.

1208 Wauschkuhn, in: Schultze u.a., Der Vertragshändlervertrag, Rn. 893.

1209 BGH NJW-RR 2002, 1548, 1553; WM 2006, 1403, 1407.

1210 BGH BB 1996, 2265, 2267; BB 1997, 852, 853.

beleuchten.[1211] Die Billigkeitsprüfung kann sowohl zum gänzlichen Ausschluss des zu zahlenden Ausgleichs oder seiner Minderung, wie auch zur Erhöhung des zuvor berechneten Rohausgleichs führen,[1212] wobei der Tatrichter die konkrete Höhe eines etwaigen Billigkeitsab- oder -zuschlages ebenfalls wiederum im Wege einer Schätzung bestimmen kann.[1213]

b. Höchstgrenze des Ausgleichs

Schließlich ist auf der zweiten Stufe zu prüfen, ob der nach den zuvor beschriebenen Grundsätzen ermittelte Rohausgleich auf Grundlage der Ausgleichshöchstgrenze der § 89b Abs. 2 dHGB bzw. Art. 122 Abs. 2 tHGB, wonach der Ausgleich maximal eine nach dem Durchschnitt der letzten fünf Jahre der Tätigkeit des Händlers berechnete Jahresvergütung beträgt (sog. Kappungsgrenze), entsprechend zu reduzieren ist.[1214]

Bei der Ermittlung dieser Höchstbetragsgrenze ist der gesamte, lediglich um die händlertypischen Vergütungsbestandteile bereinigte Händlerrabatt der letzten fünf Jahre in Ansatz zu bringen. Anders als bei der Berechnung des Rohausgleichs sind also Rabattbestandteile für verwaltende Tätigkeiten des Händlers ebenso in Ansatz zu bringen, wie insbesondere auch sämtliche Rabatte für solche Geschäfte, die der Händler mit den bei Vertragsbeginn übernommenen Altkunden des Unternehmers getätigt hat.[1215]

Übersteigt der so ermittelte Höchstbetrag den zuvor nach Maßgabe der § 89b Abs. 1 dHGB bzw. Art. 122 Abs. 1 tHGB ermittelten Rohausgleich, so bleibt dieser für die Höhe des zu zahlenden Ausgleichs ohne Relevanz. Im umgekehrten Fall begrenzt er den Ausgleichsanspruch auf die entsprechende Höhe.

6. Ausschluss des Ausgleichsanspruchs

§ 89b Abs. 3 dHGB und Art. 122 Abs. 3 tHGB beinhalten besondere Gründe, die den Ausgleichsanspruch zwingend ausschließen. Diese Vorschriften sind eine

1211 Von Hoyningen-Huene, in: MünchKomm zum HGB, § 89b, Rn. 142; Demir-Gökyayla, Milletlerarası Özel Hukukta Tek Satıcılık Sözleşmeleri, S. 261.

1212 Vgl. oben § 4 D. V. 4. c.

1213 BGH BB 1997, 852 ff.

1214 Hopt, Handelsvertreterrecht, § 89b, Rn. 49; Von Hoyningen-Huene, in:MünchKomm zum HGB, § 89b, Rn. 127; Demir-Gökyayla, Milletlerarası Özel Hukukta Tek Satıcılık Sözleşmeleri, S. 263.

1215 BGH BB 1971, 105; BB 1992, 596; van der Moolen, in: Martinek/Semler/Habermeier/Flohr, Handbuch des Vertriebsrechts, § 24 Rn. 109; Ayan, Acentenin Denkleştirme Talep Etme Hakkı, S. 209.

besondere Ausprägung des die gesamten Regelungen des Ausgleichsanspruchs prägenden Billigkeitsgrundsatzes.[1216] Als Ausnahmevorschriften zu dem Grundsatz der Zuerkennung des Ausgleichs sind sie eng auszulegen und auch lediglich begrenzt analogiefähig.[1217] Liegen ihre Voraussetzungen allerdings vor, so entfällt der Ausgleichsanspruch ohne weitere Billigkeitsprüfung.

a. Kündigung durch den Vertragshändler

Nach § 89b Abs. 3 Nr. 1 dHGB und Art. 122 Abs. 3 Alt. 1 tHGB entfällt der Ausgleichsanspruch grundsätzlich dann, wenn der Handelsvertreter das Vertragsverhältnis selbst gekündigt hat, es sei denn, dass ein Verhalten des Unternehmers hierzu begründeten Anlass gegeben hat. Weitere Gegenausnahme, wonach der Anspruch trotz Eigenkündigung des Handelsvertreters aufrecht erhalten bleibt, stellt (allein) nach der deutschen Regelung der Umstand dar, dass dem Handelsvertreter eine Fortsetzung seiner Tätigkeit wegen seines Alters oder wegen Krankheit nicht zugemutet werden kann.

Hinter diesem Ausnahmetatbestand steht der Gedanke, dass der Vertriebsmittler es nicht in der Hand haben soll, „dem Unternehmer den geworbenen Kundenstamm gegen Zahlung eines Ausgleichsanspruchs aufzudrängen".[1218] Diese Billigkeitserwägungen treffen auch auf einen Vertragshändler, dessen Stellung, bei Vorliegen der Analogievoraussetzungen, derjenigen eines Handelsvertreters entspricht, zu.[1219]

aa. Begriff der Eigenkündigung

Nach dem Wortlaut von § 89b Abs. 3 Nr. 1 dHGB und Art. 122 Abs. 3 Alt. 1 tHGB ist es für den Ausschluss des Ausgleichsanspruchs erforderlich, dass die Vertragsbeendigung allein auf einer Eigenkündigung des Handelsvertreters bzw. in deren entsprechender Anwendung des Vertragshändlers beruht. Schließt der Vertragshändler daher etwa mit dem Unternehmer einen Aufhebungsvertrag, um das Vertragsverhältnis vor Ablauf einer Kündigungsfrist zu beenden, so führt dies im Hinblick auf die gebotene enge Auslegung der Ausnahmevorschriften und die in diesem Falle zweiseitige Herbeiführung der Vertragsbeendigung grundsätzlich

---

1216 Vgl. Gesetzesbegründung zum neuen türkischen HGB, Art. 122.

1217 BGH WM 2007, 1042; von Hoyningen-Huene, in: MünchKomm zum HGB, § 89b, Rn. 157; Bieder, NJW 2007, 3471 ff.

1218 Wauschkuhn, in: Schultze u.a., Der Vertragshändlervertrag, Rn. 938; Stupf/Ströbl, MDR 2004, 1209, 1210.

1219 BGH BB 1984, 166; BB 1993, 1312.

nicht zum Anspruchsausschluss.[1220] Nicht erforderlich ist es allerdings, dass das Vertragsverhältnis im Ergebnis auch tatsächlich durch die zunächst ausgesprochene Eigenkündigung des Vertragshändlers beendet wird. So bleibt der Anspruch vielmehr auch dann ausgeschlossen, wenn die Parteien das Vertragsverhältnis noch vor Ablauf der durch die Kündigung des Vertragshändlers in Gang gesetzten Kündigungsfrist einvernehmlich auflösen[1221] oder der Unternehmer im Anschluss seinerseits ebenfalls die Kündigung erklärt.[1222]

Der Eigenkündigung des Vertragshändlers gleichzustellen ist es, wenn der Vertragshändler ein erneutes Vertragsangebot des Unternehmers im Rahmen eines Kettenvertrages oder die Verlängerung des Vertragshändlervertrags mit Verlängerungsoption ablehnt.[1223] Auch in diesen Fällen hängt die Beendigung des Vertrages ausschließlich von der einseitigen Erklärung des Vertragshändlers ab, so dass von einer identischen Interessenlage auszugehen ist.

Diffiziler stellt sich die Situation im Falle einer sog. Strukturkündigung des Unternehmers, also einer durch eine Gesetzesänderung erforderlich gewordenen außerordentlichen Kündigung des bestehenden Händlervertrages, bei gleichzeitiger Vorlage eines neuen, an die geänderte Gesetzeslage angepassten Vertragsangebots, dar.[1224] Haben hier einige deutsche Gerichte die entsprechende Anwendung des § 89b Abs. 3 Nr. 1 dHGB zunächst jedenfalls für den Fall bejaht, dass sich der dem Händler angebotene Folgevertrag in einer Gesamtschau aller Umstände für diesen nicht nachteiliger darstellt als der beendete Vertragshändlervertrag,[1225] so hat der BGH diese Analogie im Jahre 2007[1226] im Rahmen zweier Entscheidungen zurecht abgelehnt.[1227] Die Bestimmung des § 89b Abs. 3 Nr. 1 dHGB setzt voraus, dass der Handelsvertreter (oder Vertragshändler) das Vertragsverhältnis gekündigt hat. Schon daran fehlt es jedoch in diesen Fällen. Der Vertrag endete

1220 Von Hoyningen-Huene, in: MünchKomm zum HGB, § 89b, Rn. 162.

1221 OLG Hamm BB 1987, 1761.

1222 OLG Köln HVR Nr. 292; Wauschkuhn, in: Schultze u.a., Der Vertragshändlervertrag, Rn. 939.

1223 Wauschkuhn, in: Schultze u.a., Der Vertragshändlervertrag, Rn. 951 f.; Stupf/Ströbl, MDR 2004, 1209, 1210 m. w. N. aus der Rechtspr.; von Hoyningen-Huene, in: MünchKomm zum HGB, § 89b, Rn. 161.

1224 So zuletzt häufig geschehen nach Inkrafttreten der neuen Kfz-GVO im Jahre 2002.

1225 LG Köln NJOZ 2006, 1089; LG Frankfurt am Main WRP 2004, 1506 f.; zustimmend Stumpf/Ströbl, MDR 2004, 1209 f.; Wendel, WRP 2004, 1507, 1508.

1226 BGH WM 2007, 1042; SVR 2008, 418.

1227 Zustimmend auch: Hopt, Handelsvertreterrecht, § 89b, Rn. 54; Bieder, NJW 2007, 3471 ff.

nicht durch eine Kündigung des Vertragshändlers, sondern aufgrund einer vom Unternehmer ausgesprochenen Kündigung. Hierfür ist nicht der Ausschlusstatbestand des § 89b Abs. 3 Nr. 1 dHGB, sondern derjenige des § 89b Abs. 3 Nr. 2 dHGB[1228] einschlägig. Die methodischen und sachlichen Voraussetzungen für eine Analogie liegen demnach nicht vor und die Gründe, die den Unternehmer zu der Änderungskündigung veranlasst haben, können ebenso wie die Frage, ob die angebotene Vertragsänderung für den Handelsvertreter oder Vertragshändler zumutbar war nur im Rahmen der allgemeinen Billigkeitsprüfung nach § 89b Abs. 1 Nr. 2 dHGB Berücksichtigung finden.[1229]

bb. Anspruchserhaltung trotz Eigenkündigung

§ 89b Abs. 3 Nr. 1 dHGB und Art. 122 Abs. 3 Alt. 1 tHGB benennen ausdrückliche Ausnahmen, nach denen der Ausgleichsanspruch trotz einer Eigenkündigung des Vertragshändlers gleichwohl nicht entfällt.

i. Kündigung aus „begründetem Anlass“

Der Ausgleichsanspruch geht trotz Eigenkündigung des Vertragshändlers insbesondere dann nicht unter, wenn ein Verhalten des Unternehmers einen begründeten Anlass für die Kündigung gegeben hat. „Begründeter Anlass“ erfordert dabei weniger als ein „wichtiger Grund“ i. S. v. § 89a dHGB bzw. Art. 121 Abs. 1 tHGB. Ausreichend ist insoweit, dass der Vertragshändler durch ein Verhalten des Unternehmers objektiv in eine für ihn nach Treu und Glauben unhaltbare Lage geraten ist,[1230] wobei das Verhalten des Unternehmers nicht einmal das eigentliche Motiv für die Kündigung des Vertragshändlers darstellen muss.[1231] Der Vertragshändler ist weder verpflichtet, den begründeten Anlass in der Kündigungserklärung vorzutragen, noch ist es überhaupt erforderlich, dass ihm dieser zum Zeitpunkt der Kündigung überhaupt bereits bekannt war.[1232] So ist es dem Vertragshändler nach h. M. auch möglich, im Prozess einen solchen Anlass nachzuschieben, der zwar

1228 Dazu sogleich § 4 D. V. 6. b.

1229 BGH WM 2007, 1042.

1230 BGH BB 1963, 917; BB 1996, 235, 236; von Hoyningen-Huene, in: MünchKomm zum HGB, § 89b, Rn. 168; ähnlich auch Karasu, AÜHFD 2008, 283, 305.

1231 BGH BB 1963, 917.

1232 Hopt, Handelsvertreterrecht, § 89b, Rn. 56.

zum Kündigungszeitpunkt bereits vorgelegen, dem Vertragshändler jedoch erst nach der Vertragsbeendigung bekannt geworden ist.[1233]

Von der Rechtsprechung wurde das Vorliegen eines begründeten Anlasses i. S. d. § 89b Abs. 3 Nr. 1 dHGB beispielsweise[1234] bejaht in den Fällen einer unberechtigten Verkleinerung des Vertragsgebietes,[1235] der Einstellung der Produktion der Vertragsware, einer erheblichen Einschränkung der Produktion, die zur Gefährdung der wirtschaftliche Existenz des Vertragshändlers führte,[1236] dem Eintritt einer wirtschaftlich schwierigen Lage des Unternehmers,[1237] einer aus einer Sortimentserweiterung des Unternehmers entstandenen Interessenkollision des Vertragshändlers,[1238] der vertragswidrigen Aufnahme eines parallelen Direktvertriebs durch den Unternehmer[1239] oder der mangelhaften Vertragserfüllung durch den Unternehmer.[1240]

ii. Kündigung wegen Alters oder Krankheit

In Übereinstimmung mit Art. 18 lit. b der Handelsvertreterrichtlinie 86/653/EWG entfällt der Ausgleichsanspruch trotz Eigenkündigung des Vertragshändlers gem. § 89b Abs. 3 Nr.1 dHGB auch dann nicht, wenn dem Handelsvertreter die Fortsetzung seiner Tätigkeit wegen seines Alters oder wegen Krankheit nicht zugemutet werden kann. Dieser zweite Ausnahmetatbestand hat in der Neufassung des Art. 122 Abs. 3 Nr. 1 tHGB trotz dessen offenkundiger Orientierung an der deutschen bzw. der europäischen Rechtslage keinen Niederschlag gefunden.[1241] Im türkischen Recht kann und sollte diesen Umständen daher nur im Rahmen der Billigkeitsprüfung nach Art. 122 Abs. 1 Nr. 3 tHGB Rechnung getragen werden.

1233 BGH BB 1963, 917; Wauschkuhn, in: Schultze u.a., Der Vertragshändlervertrag, Rn. 945.

1234 Weitere Beispiele finden sich bei: Wauschkuhn, in: Schultze u.a., Der Vertragshändlervertrag, Rn. 945

1235 OLG Düsseldorf HVR Nr. 77.

1236 BGH NJW 1976, 671.

1237 BGH NJW 1967, 2153.

1238 BGH BB 1960, 1179.

1239 BGH NJW-RR 1993, 678, 681.

1240 BGH WM 1986, 622.

1241 Kritisch dazu: Demir-Gökyayla, Milletlerarası Özel Hukukta Tek Satıcılık Sözleşmeleri, S. 264; Şenol, Bayilik Sözleşmesi, S. 275; Karasu, AÜHFD 2008, 283, 306.

Von einer ausgleichserhaltenden Kündigung wegen Alters wird regelmäßig nach Erreichen des Rentenalters auszugehen sein.[1242] Der Begriff der Krankheit umfasst alle die Berufsausübung erheblich beeinträchtigende Krankheiten.[1243] Erforderlich ist, dass sie von nicht absehbarer Dauer sind und die Vertriebstätigkeit nicht mit Ersatzkräften behebbar ist.[1244] Dass der Vertragshändler trotz der Krankheit einer anderen beruflichen Tätigkeit nachgeht, schadet der Anspruchserhaltung grundsätzlich nicht, kann jedoch einen im Rahmen der Billigkeitsprüfung beachtlichen Umstand darstellen.[1245]

Bei einer Personengesellschaft können Alter und Krankheit nur dann anspruchserhaltend wirken, wenn die Gesellschaft mit dem betreffenden Gesellschafter „steht und fällt".[1246] Bei einer Kapitalgesellschaft sind Vorstand bzw. Geschäftsführung jederzeit austauschbar, so dass die Ausnahmeregelung des § 89b Abs. 3 Nr. 1 Alt. 2 dHGB praktisch niemals greift.[1247]

Anders als im Falle der Kündigung aus begründetem Anlass soll der Vertragshändler im Fall, dass der anspruchserhaltende Kündigungsgrund in seiner Person begründet liegt, nach der h. M. im deutschen Schrifttum verpflichtet sein, den betreffenden Grund in seiner Kündigungserklärung zu benennen.[1248]

b. Kündigung durch den Unternehmer aus wichtigem Grund

Nach der analogen Anwendung des § 89b Abs. 3 Nr. 2 dHGB bzw. nach Art. 122 Abs. 5, Abs. 3 Alt. 2. tHGB entfällt der Ausgleichsanspruch des Vertragshändlers zudem dann, wenn der Unternehmer das Vertragsverhältnis gekündigt hat und für die Kündigung ein wichtiger Grund wegen schuldhaften Verhaltens des Vertragshändlers vorlag.

Entsprechend dem eindeutigen Wortlaut dieser Vorschriften ist insoweit erforderlich, dass der Unternehmer das Vertragsverhältnis auch tatsächlich kündigt; die bloße Möglichkeit zur Kündigung reicht nicht aus.[1249] Unerheblich ist allerdings, ob die Kündigung als ordentliche oder außerordentliche erfolgt. Geht

1242 Hopt, in: Baumbach/Hopt, § 89b, Rn. 61.
1243 Roth, in: Koller/Roth/Morck, HGB, § 89b, Rn. 16a.
1244 BGH NJW 1995, 1958.
1245 Hopt, Handelsvertreterrecht, § 89b, Rn. 62.
1246 KG Berlin HVR Nr. 659.
1247 OLG Hamm, HVR Nr. 569.
1248 Thume, in: Küstner/Thume, Bd. 2, Kap. XI, Rn. 107; Wauschkuhn, in: Schultze u.a., Der Vertragshändlervertrag, Rn. 950; Schröder, DB 1976, 1269, 1270; a. A: Hopt, in: Baumbach/Hopt, HGB, § 89b Rn. 60.
1249 BGH NJW 1984, 2529, 2530; Karasu, AÜHFD 2008, 283, 305.

die Kündigung wegen zwischenzeitlicher Vertragsbeendigung, etwa aufgrund einer vorherigen Kündigung des Vertragshändlers, ins Leere, so kann der an sich gegebene wichtige Grund zugunsten des Unternehmers lediglich im Rahmen der „Billigkeit" i. S. d. § 89b Abs. 1 Satz 1 Nr. 2 dHGB bzw. 122 Abs. 1 Nr. 3 tHGB berücksichtigt werden.[1250]

Die Ablehnung einer Vertragsverlängerung im Rahmen eines Kettenvertrages oder die Ausschlagung einer Verlängerungsoption wegen eines schuldhaften Verhaltens des Vertragshändlers stehen auch an dieser Stelle der Kündigung seitens des Unternehmers gleich.[1251]

Der Begriff des „wichtigen Grundes" deckt sich inhaltlich mit demjenigen in § 89a dHGB bzw. Art. 121 Abs. 1 tHGB und ist entsprechend auszulegen.[1252] Anders als in jenen Bestimmungen muss der wichtige Grund im Rahmen von § 89b Abs. 3 Nr.2 dHGB bzw. Art. 122 Abs. 3, 2. Alt. tHGB allerdings auf einem „schuldhaften Verhalten" des Vertragshändlers beruhen. Da das Gesetz zudem nicht von „Vertretenmüssen" spricht, sondern explizit auf ein *Verhalten* des Handelsvertreters/Vertragshändlers abstellt, genügt das schuldhafte Verhalten von Erfüllungsgehilfen per se nicht.[1253] Insoweit kommt allenfalls ein Auswahl- oder Überwachungsverschulden des Vertragshändlers bzgl. seiner Erfüllungsgehilfen in Betracht.[1254] Auch im Falle der Kündigung des Vertrages wegen Insolvenz des Vertragshändlers haben deutsche Gerichte bereits wiederholt entschieden, dass der Ausgleichsanspruch lediglich dann entfalle, wenn der Insolvenzgrund auf ein schuldhaftes Verhalten des Vertragshändlers zurückzuführen ist.[1255]

Auslegungsschwierigkeiten im Rahmen dieses Ausschlusstatbestandes haben sich für das deutsche Recht aufgrund des Umstandes ergeben, dass § 89b Abs. 3 Nr.2 dHGB entgegen dem Wortlaut von Art. 18 lit. a der Richtlinie 86/653/EWG lediglich verlangt, dass der Unternehmer das Vertragsverhältnis gekündigt hat und für die Kündigung ein wichtiger Grund wegen schuldhaften Verhaltens des

1250 BGH ZIP 1995, 1001, 1002; Roth, in: Koller/Roth/Morck, HGB, § 89b, Rn. 17; Canaris, Handelsrecht, S. 275, Rn. 119; Karasu, AÜHFD 2008, 283, 307.

1251 Wauschkuhn, in: Schultze u.a., Der Vertragshändlervertrag, Rn. 970.

1252 BGH NJW 2000, 1866, 1867.

1253 Von Hoyningen-Huene, in: MünchKomm zum HGB, § 89b, Rn. 185; Karasu, AÜHFD 2008, 283, 306.

1254 OLG Celle, HVR Nr. 179.

1255 OLG Hamm NJW-RR 2004, 1554; OLG München NJOZ 2006, 3489. Str. ist in diesem Fall allerdings die Frage, welche Partei die Beweislast für das Verschulden des Vertragshändlers an dem Insolvenzfall zu tragen hat. Zum Meinungsstand vgl. Wauschkuhn, in: Schultze u.a., Der Vertragshändlervertrag, Rn. 967.

Vertragshändlers vorlag. Die Kündigung gerade wegen dieses schuldhaften Verhaltens verlangt der Wortlaut der handelsgesetzlichen Bestimmung jedoch nicht. Gestützt auf diese Wortlautauslegung hatte der BGH daher in der Vergangenheit entschieden, dass es ausreiche, wenn der wichtige Kündigungsgrund im Zeitpunkt der Kündigung objektiv vorgelegen habe, ohne dass dieser unbedingt hätte ursächlich für die Kündigung des Unternehmers sein müssen.[1256] Später hatte der BGH sogar einen Anspruchsausschluss für den Fall bejaht, in dem der Unternehmer das Vertragsverhältnis ordentlich gekündigt hatte und der Handelsvertreter sich danach, allerdings noch vor Ablauf der Kündigungsfrist eines Verhaltens schuldig gemacht hatte, das auch eine fristlose Kündigung gerechtfertigt hätte, von dem der Unternehmer jedoch erst nach Vertragsende erfuhr.[1257]

Nachdem diese Rechtsprechungslinie des BGH in der Literatur allerdings mehrheitlich für nicht richtlinienkonform erachtet wurde,[1258] hatte der BGH diese Frage mit Beschluss vom 29.04.2009[1259] dem EuGH zur Vorabentscheidung vorgelegt. Dieser entschied daraufhin mit Urteil vom 28.10.2010,[1260] dass Art. 18 lit. a der Richtlinie 86/653/EWG es nicht zulasse, dass ein selbständiger Handelsvertreter seinen Ausgleich verliere, wenn der Unternehmer ein schuldhaftes Verhalten des Handelsvertreters feststelle, das nach dem Zugang der ordentlichen Kündigung des Vertrages und vor Vertragsende stattgefunden habe und welches eine fristlose Kündigung gerechtfertigt hätte. Argumentativ führt der EuGH insoweit aus, dass die Verwendung der Präposition „wegen“ in Art. 18 lit. a der Richtlinie, für den Willen des Unionsgesetzgebers spreche, dass es für den Ausschluss des Ausgleichsanspruchs eines unmittelbaren Ursachenzusammenhangs zwischen dem schuldhaften Verhalten des Handelsvertreters und der Entscheidung des Unternehmers, den Vertrag zu beenden, bedürfe. Diese Auslegung werde zudem durch die Entstehungsgeschichte der Norm bestätigt. So habe nämlich der Richtlinienvorschlag der Kommission zunächst noch vorgesehen, dass der Ausgleichsanspruch nicht bestehen solle, wenn der Unternehmer das Vertragsverhältnis aufgrund eines vertragswidrigen Verhaltens des Vertragshändlers, dessentwegen dem Unternehmer eine Fortsetzung des Vertragsverhältnisses nicht zugemutet werden kann, „gekündigt hat *oder hätte kündigen können*“. Die letztgenannte Alternative sei jedoch seitens des Unionsgesetzgebers nicht in die Richtlinie aufgenommen worden.

1256 BGHZ 40, 13, Leitsatz.

1257 BGHZ 48, 222, Leitsatz.

1258 Statt vieler: Thume, in: Küstner/Thume, Bd. 2, Kap. XI, Rn. 6, 159 m. w. N.

1259 BGH BB 2010, 335.

1260 EuGH NJW-RR 2011, 255.

Ferner spreche für die dargelegte Auslegung, dass sich die gleiche Präposition in allen Sprachfassungen des Art. 18 lit. a der Richtlinie finde. Schließlich sei Art. 18 lit. a der Richtlinie als Ausnahme von der grundsätzlichen Zuerkennung des Anspruchs des Handelsvertreters eng auszulegen und könne nicht in einer Weise interpretiert werden, die darauf hinaus liefe, dass ein Ausschlussgrund für den Ausgleichsanspruch hinzukomme, der in dieser Bestimmung nicht ausdrücklich vorgesehen sei.

Der BGH hat sich diesen Vorgaben des EuGH angenommen und in dem Urteil zu dem der Vorlage zugrundeliegenden Rechtsstreit unter ausdrücklicher Aufgabe seiner früheren Rechtsprechung entschieden,[1261] dass § 89b Abs. 3 Nr. 2 dHGB aufgrund Art. 18 lit. a der Richtlinie 86/653/EWG richtlinienkonform dahingehend auszulegen sei, dass der Ausgleichsanspruch nach dieser Vorschrift nur dann entfalle, wenn zwischen dem schuldhaften Verhalten des Vertragshändlers und der Kündigung des Unternehmers ein unmittelbarer Ursachenzusammenhang bestehe. Liege dieser Ursachenzusammenhang nicht vor, so könne das objektive Vorliegen eines wichtigen Kündigungsgrundes aufgrund schuldhaften Verhaltens des Vertragshändlers allein im Rahmen der Billigkeitsprüfung nach § 89b Abs. 1 Nr. 2 dHGB zu einer Kürzung, u. U. auch zu einem völligen Ausschluss des Anspruchs führen. Diese Rechtsfolge sei aber nicht zwingend, vielmehr eröffne die allgemeine Billigkeitsprüfung dem Gericht einen weiten Beurteilungsspielraum.[1262]

Interessant war zudem, dass der dargelegte Rechtsstreit tatsächlich keinen Handelsvertreter-, sondern einen Vertragshändlervertrag betraf, ein unmittelbar zwingender Anlass für die Vorlage zum EuGH also überhaupt nicht bestand. Insoweit hat der BGH jedoch ausdrücklich festgestellt, dass die entsprechende Anwendung des Handelsvertreterrechts auf das Rechtsverhältnis der Vertragshändler auch insoweit gelte, als die Auslegung handelsvertreterrechtlicher Bestimmungen durch die Handelsvertreterrichtlinie beeinflusst werde.[1263] Dies erscheint schon aus Gründen einer einheitlichen Anwendung der betreffenden Bestimmungen begrüßenswert.

Auch im türkischen Recht wird man für den Ausschluss des Ausgleichsanspruchs nach Art. 122 Abs. 3 Alt. 2 tHGB das Erfordernis eines unmittelbaren Kausalzusammenhangs zwischen der unternehmerischen Kündigung und dem die Kündigung rechtfertigenden wichtigen Grund wegen schuldhaften Verhaltens des Vertragshändlers bejahen müssen. So beruht auch die Bestimmung des Art.

1261 BGH, Urt. v. 16.02.2011, VIII ZR 226/07, BB 2011, 973 (verkürzt wiedergegeben).
1262 BGH, a.a.O., Tz. 49.
1263 BGH, a.a.O., Tz. 25.

122 tHGB ausweislich ihrer Gesetzesbegründung vorrangig auf den Vorgaben der betreffenden EWG-Richtlinie, wobei die die einzelnen Bestimmungen lediglich ähnlich wie die einschlägigen deutschen und schweizerischen Vorschriften formuliert sind.[1264] Im Wortlaut des Art. 122 Abs. 3 Alt. 2 tHGB kommt das Erfordernis eines direkten Ursachenzusammenhangs zwischen Kündigung und wichtigem Grund durch die Wendung „[...]aufgrund[...]gekündigt wird" („[...]*sebebiyle*[...] feshedilmişse") sodann auch klar zum Ausdruck.

c. Einverständlicher Eintritt eines Dritten

Nach der analogen Anwendung des § 89b Abs. 3 Nr. 3 Hs. 1 dHGB entfällt der Ausgleichsanspruch schließlich dann, wenn ein Dritter aufgrund einer Vereinbarung zwischen Unternehmer und Vertragshändler anstelle des Vertragshändlers in das Vertragsverhältnis eintritt und somit alle Rechte und Pflichten des Vertragshändlers übernimmt.

In der Praxis erhält der Vertragshändler von dem Dritten für die Übertragung seiner Rechte und Pflichten aus dem Vertragshändlervertrag eine entsprechende Gegenleistung. Die Vorschrift bezweckt daher aus Billigkeitsgründen die Vermeidung einer Doppelzahlung an den Vertragshändler.[1265]

Die Übernahme des Vertragsverhältnisses kann zum einen in Form einer echten Vertragsübernahme – entweder in Gestalt eines dreiseitigen Vertrages zwischen Unternehmer, ausscheidenden und neu eintretenden Vertragshändler oder eines zweiseitigen Vertrages zwischen Ausscheidendem und Nachfolger unter Zustimmung des Unternehmers bzw. zwischen Unternehmer und Nachfolger unter Zustimmung des Ausscheidenden – erfolgen. Zum andern kann die Übernahme des Vertragsverhältnisses jedoch auch durch die Aufhebung des alten Vertragshändlervertrages und Abschluss eines neuen, im Wesentlichen inhaltsgleichen Vertrages zwischen Unternehmer und dem Nachfolger des Händlers zustande kommen.[1266]

Weitere Voraussetzung für den Ausschluss des Ausgleichsanspruchs ist gem. § 89b Abs. 3 Nr. 3 Hs. 2 dHGB zudem, dass die betreffende Vereinbarung nicht vor Beendigung des Vertragsverhältnisses geschlossen wird.

Bei der späteren Bemessung des Ausgleichs für den Nachfolger sind die durch den ausgeschiedenen Vertragshändler geworbenen Kunden grundsätzlich nicht zu

---

1264 Gesetzesbegründung zu Art. 122.

1265 Hopt, Handelsvertreterrecht, § 89b, Rn. 68; Wauschkuhn, in: Schultze u.a., Der Vertragshändlervertrag, Rn. 971.

1266 Wauschkuhn, in: Schultze u.a., Der Vertragshändlervertrag, Rn. 972.

berücksichtigen.[1267] Allerdings kann dem Nachfolger nach der Rechtsprechung des BGH bei vorzeitiger Vertragsbeendigung gegen den Unternehmer ein Anspruch auf anteilige Erstattung des an den ausgeschiedenen Vertragshändler gezahlten Betrages zustehen, wenn die Parteien bei Abschluss der Eintrittsvereinbarung von einer Vertragsdauer ausgingen, die es dem Nachfolger ermöglicht hätte, den als Abfindung gezahlten Betrag zu erwirtschaften.[1268]

Der türkische Gesetzgeber hat die einvernehmliche Ablösung des Vertragshändlers durch einen Dritten nicht als zwingenden Ausschlussgrund für den Ausgleichsanspruch in Art. 122 Abs. 3 tHGB aufgenommen. Allerdings wird in der Literatur – soweit ersichtlich unbestritten – vertreten, dass der Ausgleichsanspruch gleichwohl auch nach türkischem Recht im Falle einer einvernehmlichen Ablösung des Vertragshändlers durch einen anderen Händler entfällt, um eine Doppelzahlung des Unternehmers zu vermeiden.[1269] Gestützt wird der Anspruchsausschluss dabei auf die nach Maßgabe des Art. 122 Abs. 1 lit. c tHGB anzustellende Billigkeitsprüfung.[1270]

7. Abdingbarkeit des Ausgleichsanspruchs

Im Hinblick auf das Schutzbedürfnis des im allgemeinen gegenüber dem Unternehmer wirtschaftlich schwächer gestellten Handelsvertreters kann der Ausgleichsanspruch nach der zwingenden Vorschrift des § 89b Abs. 4 Satz 1 dHGB nicht im Voraus ausgeschlossen werden. Auch diese Bestimmung findet nach allgemeiner Meinung auf Vertragshändlerverträge entsprechende Anwendung.[1271] Ob der Vertragshändler dieses Schutzes im Einzelfall auch tatsächlich bedarf, ist dabei nach ständiger Rechtsprechung des BGH irrelevant.[1272] Demgemäß können

1267 BGH NJW 1985, 58; Wauschkuhn, in: Schultze u.a., Der Vertragshändlervertrag, Rn. 974.

1268 BGH NJW 1985, 58, 59.

1269 Ayan, Acentenin Denkleştirme Talep Etme Hakkı, S. 164; Karasu, AÜHFD 2008, 283, 308.

1270 Ds., a.a.O.

1271 BGH BB 1985, 218; BB 1992, 1162; Wauschkuhn, BB 1996, 1517, 1518; Hopt, in: Baumbach/Hopt, HGB, § 89b, Rn 70.

1272 BGH BB 1977, 511; BB 1992, 596, 597; NJW 1996, 2867; a. A. van der Moolen, in: Martinek/Semler/Habermeier/Flohr, Handbuch des Vertriebsrechts, § 24 Rn. 61, 62, wobei die Frage der Schutzbedürftigkeit des Vertragshändlers davon abhänge, inwieweit er sein Investitionskapital auf den Unternehmerbetrieb ausgerichtet habe. Entscheidend sei dabei nicht die Höhe, sondern die Disponibilität des Eigenkapitals des Vertragshändlers.

die Parteien den Ausgleichsanspruch weder durch Individualabreden noch durch Formularverträge[1273] im Voraus ausschließen. Auch ein im Voraus ausgesprochener entgeltlicher oder unentgeltlicher Verzicht auf den Ausgleichsanspruch ist gleichsam unwirksam.[1274]

„Ausschließen" bedeutet dabei nicht nur Totalausschluss; unwirksam sind vielmehr auch solche Abreden, durch die der Anspruch im Ergebnis mehr oder weniger eingeschränkt wird.[1275] Demgemäß sind beispielsweise Abreden, welche die Höhe des Ausgleichsanspruchs begrenzen,[1276] die Verjährungsfrist einseitig zu Lasten des Vertragshändlers verkürzen,[1277] die Vererblichkeit beschränken[1278] oder die Ausschlussgründe des Ausgleichsanspruchs erweitern,[1279] ebenfalls unwirksam.

Beschränkungen oder der Totalausschluss des Ausgleichsanspruchs sind somit erst mit der Beendigung des Vertragsverhältnisses möglich. Wirksam ist jedoch bereits eine Ausschlussvereinbarung, die zeitlich mit der Beendigung des Vertragsverhältnisses zusammentrifft, wobei es insoweit entscheidend auf die rechtliche Beendigung, d. h. den Zeitpunkt des Wirksamwerdens der Kündigung bzw. des Aufhebungsvertrages ankommt.[1280] Die bloß tatsächliche Beendigung der Geschäftsbeziehung ist demgegenüber nach vorzugswürdiger Ansicht noch nicht ausreichend.[1281]

Wiederholt Gegenstand gerichtlicher Entscheidungen war die Frage der Wirksamkeit sog. Einstandszahlungsvereinbarungen, wonach dem Vertragshändler die Übernahme der Vertretung gegen Zahlung eines bestimmten Geldbetrages übergeben wurde, dessen Zahlung bis zum Ende der Vertragsbeziehung gestundet und

---

Vorzugswürdig erscheint m. E. indes die generalisierte Betrachtungsweise des BGH, zumal das Gesetz keinerlei Ansatzpunkt für das Erfordernis eines individuellen Schutzbedürfnisses bietet.

1273 Beim Standardvertrag stützt der BGH die Unwirksamkeit zudem auf § 307 Abs. 2 Nr. 2 BGB.

1274 Von Hoyningen-Huene, in: MünchKomm zum HGB, § 89b, Rn. 198.

1275 BGH NJW 2003, 1244, 1246; Hopt, Handelsvertreterrecht, § 89b, Rn. 70.

1276 BGH WM 1991, 196.

1277 BGH BB 1980, 12; NJW 2003, 1670.

1278 Thume, in: Küstner/Thume, Bd. 2, Kap. XIII, Rn. 31; Löwisch, in: Ebenroth/Boujong/Joost, § 89b Rn. 137.

1279 Wauschkuhn, in: Schultze u.a., Der Vertragshändlervertrag, Rn. 990, auch mit weiteren Beispielen.

1280 BGH BB 1996, 1734.

1281 BGH BB 1990, 1366 (Entscheidung des I. Zivilsenats); a. A. in einer älteren Entscheidung der VIII. Zivilsenat, BB 1971, 104 f.

sodann gegen den Ausgleichsanspruch aufgerechnet wurde. Grundsätzlich hat der BGH die Zahlung eines Einstandspreises für die Übernahme des Kundenstamms für wirksam erachtet.[1282] Soweit solche Einstandszahlungen jedoch für unangemessen hoch erachtet wurden oder diesen kein angemessener Gegenwert gegenüber gestanden haben soll, wurden sie allerdings auch bereits wiederholt als Umgehung von § 89b Abs. 4 Satz 1 dHGB bewertet und damit für unwirksam erklärt.[1283]

Jedenfalls teilweise wird von den Gerichten verlangt, dass die angemessene Gegenleistung in der Aufnahme einer sog. Neukundenregelung in den Vertrag bestehen müsse, nach der die vom Vorgänger geworbenen Kunden bei der Berechnung des Ausgleichsanspruchs am Ende der Vertragsbeziehung als Neukunden des eingetretenen Vertragshändlers zu berücksichtigen seien.[1284] Sei dem Vertriebsmittler im Rahmen einer Einstandszahlungsvereinbarung kein anderer Vorteil eingeräumt worden, so sei der gemeinsame Parteiwille daher auch dahingehend auszulegen, dass die übernommenen Altkunden ausgleichsrechtlich als Neukunden anzusehen seien.[1285]

Unter der bis zum 30.06.2012 geltenden Rechtslage im türkischen Handelsrecht wurden Vereinbarungen, die den Ausgleichsanspruch im Voraus ausschließen, nach h. M. in der türkischen Literatur als sittenwidrig eingestuft und galten daher gem. Art. 20 Abs. 1 tOG a. F. als nichtig.[1286]

1282 BGH HVR Nr. 574.

1283 BGH a.a.O.; OLG Celle HVR Nr. 940; OLG München NJW-RR 1996, 986; OLG Düsseldorf, OLGR Düsseldorf 2003, 183 ff.

1284 OLG München NJOZ 2002, 617; OLG Düsseldorf, OLGR Düsseldorf 2003, 183 ff.

1285 OLG München a.a.O.; OLG Düsseldorf, a.a.O.

1286 Tekinalp, in: FS für Ali Bozer, 1, 17; ds., RIW 1999, 342, 350; Erdem, in: FS für Ünal Tekinalp, 91, 115; Demir-Gökyayla, Milletlerarası Özel Hukukta Tek Satıcılık Sözleşmeleri, S. 271; a. A. Ayan, Acentenin Denkleştirme Talep Etme Hakkı; S. 220.

Der 11. Zivilsenat des Kassationshofes hatte die Unwirksamkeit einer den Portefeuille-Schadensersatz ausschließenden Vereinbarung in einer den Spezialfall eines Versicherungsvertreters betreffenden Entscheidung auf Art. 99 Abs. 2 tOG gestützt (Yargitay 11. HD, 25.12.1996; E. 6699, K. 9192 (www.kazanci.com.tr)). Diese Norm kann allerdings schon deshalb nicht auf sonstige Handelsvertreter- oder Vertragshändlervertragsverhältnisse übertragen werden, weil sie eine Tätigkeit des Schuldners aus einer konzessionsgebundenen Gewerbetätigkeit erfordert. Darüber hinaus passt diese auf Haftungsbeschränkungs- oder -ausschlussvereinbarungen bestimmter Schadensersatzforderungen zugeschnittene Vorschrift auch ihrem Wesen nach nicht auf den Ausgleichsanspruch des Absatzmittlers, näher: Tekinalp, in: FS für Ali Bozer, 1, 17, Rn. 11. Vorzugswürdig erscheint es daher die Nichtigkeit eines

Mit der gesetzlichen Kodifizierung des Ausgleichsanspruchs im neuen türkischen HGB stellt Art. 122 Abs. 4 tHGB nunmehr auch für das türkische Recht ausdrücklich fest, dass auf den Ausgleichsanspruch „nicht im Voraus verzichtet werden kann". Allerdings soll eine Ausschlussvereinbarung zwischen den Parteien nach dem erklärten Willen des Gesetzgebers offenbar bereits zu einem deutlich früheren Zeitpunkt möglich sein, als dies im deutschen Recht der Fall ist. So soll ein Verzicht auf den Ausgleichsanspruch bereits *nach dem Vertragsabschluss* wirksam erklärt werden können, solange dieser weder als Täuschung noch als Umgehung des Art. 122 Abs. 4 tHGB zu qualifizieren sei.[1287] Sei auf den Ausgleichsanspruch wirksam verzichtet worden, so müsse weiterhin sorgfältig geprüft werden, ob dieser Verzicht aufgrund einer Drohung, Zwang oder Ähnlichem erfolgt sei.[1288] Explizit stellt die Gesetzesbegründung heraus, dass alle versteckten Parteivereinbarungen, welche den Verzicht auf den Ausgleichsanspruch als Voraussetzung für den Abschluss des Handelsvertreter- bzw. Vertragshändlervertrages statuieren, als Umgehung dieser Regelung zu werten und daher unwirksam seien.[1289]

8. Form und Frist der Geltendmachung des Ausgleichsanspruchs

Der Ausgleichsanspruch ist gem. § 89b Abs. 4 Satz 2 dHGB bzw. Art. 122 Abs. 4 tHGB innerhalb eines Jahres nach Beendigung des Vertragsverhältnisses geltend zu machen. Zweck dieser Vorschrift ist es, dem Unternehmer möglichst rasch Klarheit darüber zu verschaffen, ob der Handelsvertreter bzw. Vertragshändler einen Ausgleich geltend macht oder nicht.[1290] Die Frist beginnt mit Fälligkeit des Anspruchs, die wiederum mit der rechtlichen Beendigung des Vertragsverhältnisses eintritt.[1291] Es ist dem Vertragshändler jedoch unbenommen, den Anspruch bereits vor dem Vertragsende – beispielsweise im Rahmen

---

Anspruchsausschlusses mit der h. L. gem. Art. 27 tOG über einen Verstoß gegen die guten Sitten zu begründen. So erschiene es nämlich grob unbillig, wenn ein im Grundsatz anerkanntes Recht, welches maßgeblich auf das Leistungs- und Gerechtigkeitsprinzip gestützt wird, mittels einer seitens der stärkeren Vertragspartei durchgesetzten Vertragsklausel, ohne weiteres abbedungen werden könnte.

1287 Gesetzesbegründung zu Art. 122 tHGB.

1288 Gesetzesbegründung zu Art. 122 tHGB.

1289 Gesetzesbegründung zu Art 122 tHGB.

1290 Wauschkuhn, in: Schultze u.a., Der Vertragshändlervertrag, Rn. 1007.

1291 BGH NJW 1998, 71, 75.

seines Kündigungsschreibens[1292] – geltend zu machen, wenn die Geltendmachung zumindest im engen zeitlichen und sachlichen Zusammenhang mit der Vertragsbeendigung steht und das Vertragsende absehbar ist.[1293] Die gesetzlich bestimmte Jahresfrist ist zwingendes Recht und kann durch Parteivereinbarung weder verkürzt noch verlängert werden.[1294]

Die Geltendmachung des Ausgleichsanspruchs bedarf keines besonderen Formerfordernisses und kann schriftlich oder mündlich erfolgen. Erforderlich ist allein, dass der Vertragshändler die Geltendmachung des Anspruchs gegenüber dem Unternehmer eindeutig und unmissverständlich zum Ausdruck bringt.[1295] Auch eine genaue Bezifferung der Anspruchshöhe ist insoweit noch nicht erforderlich.[1296]

Während es in der deutschen Rechtsprechung und Literatur allgemein anerkannt ist, dass es sich bei der Frist des § 89b Abs. 4 Satz 2 dHGB um eine Ausschlussfrist handelt, nach deren Ablauf der Ausgleichsanspruch erlischt,[1297] hat der türkische Gesetzgeber die Frage, ob es sich bei Art. 122 Abs. 4 tHGB um eine Ausschluss- oder Verjährungsfrist handelt, bewusst offen gelassen.

1292 BGH WM 2006, 1789; Demir-Gökyayla, Milletlerarası Özel Hukukta Tek Satıcılık Sözleşmeleri, S. 265.

1293 BGH WM 2006, 1789; Hopt, Handelsvertreterrecht, § 89b, Rn. 78; von Hoyningen-Huene, in: MünchKomm zum HGB, § 89b, Rn. 221; Demir-Gökyayla, Milletlerarası Özel Hukukta Tek Satıcılık Sözleşmeleri, S. 265.

1294 Von Hoyningen-Huene, in: MünchKomm zum HGB, § 89b, Rn. 220, a. A. Hopt, Handelsvertreterrecht, § 89b, Rn. 77; Emde, Vertriebsrecht, § 89b, Rn. 182.

1295 BGH BB 1968, 691; Demir-Gökyayla, Milletlerarası Özel Hukukta Tek Satıcılık Sözleşmeleri, S. 265.

1296 Wauschkuhn, in: Schultze u.a., Der Vertragshändlervertrag, Rn. 1009; Semler, in: Martinek/Semler/Habermeier/Flohr, Handbuch des Vertriebsrechts, § 20, Rn. 105; Demir-Gökyayla, Milletlerarası Özel Hukukta Tek Satıcılık Sözleşmeleri, S. 265.

1297 BGH ZIP 1986, 41; WM 2006, 1788; von Hoyningen-Huene, in: MünchKomm zum HGB, § 89b, Rn. 219; Hopt, Handelsvertreterrecht, § 89b, Rn. 77; Semler, in: Martinek/Semler/Habermeier/Flohr, Handbuch des Vertriebsrechts, § 20, Rn. 105; Genzow Vertragshändlervertrag, Rn. 149.

§ 5 Ergebnis

Der Vertragshändlervertrag ist eine im Wege der Rechtsfortbildung geschaffene Form des mittelbaren Warenabsatzes. Sie ist dadurch gekennzeichnet, dass der Händler die Vertragswaren zwar wie ein Eigenhändler im eigenen Namen und auf eigene Rechnung an- und verkauft und aus der diesbezüglichen Handelsspanne seine Gewinne geriert, er jedoch zugleich durch einen entsprechenden Rahmenvertrag eng in das Vertriebssystem des Unternehmers eingegliedert ist und einer intensiven Bindung an dessen Interessen unterliegt.

Der Vertragshändlervertrag erfährt weder im deutschen noch im türkischen Recht eine nähere gesetzliche Ausgestaltung. So enthält insbesondere auch das neue, am 01.07.2012 in Kraft getretene türkische HGB – mit Ausnahme einer Bestimmung zur entsprechenden Anwendung des gänzlich neu normierten Ausgleichsanspruchs des Handelsvertreters auch für Alleinvertriebshändler – weiterhin keine Regelungen für den Vertragshändlervertrag.

Die für Vertragspraxis daher besonders bedeutsame Frage, ob und inwieweit die Handelsvertreterrechtsvorschriften, insbesondere die für den Handelsvertreter geltenden zwingenden Schutzvorschriften, wegen der Ähnlichkeit dieser Vertragstypen analoge Anwendung auf den Vertragshändlervertrag finden können, lässt sich generell für diejenigen Vorschriften positiv beantworten, die von ihrem Normzweck her auf die charakteristische Innenbeziehung eines Absatzmittlervertrages und nicht auf die unterschiedliche Abwicklungstechnik abstellen. Da die im Jahre 1956 in Kraft getretene Altfassung des tHGB bereits auf einen Entwurf des deutschen Rechtswissenschaftlers Prof. Dr. Hirsch zurückging und die Vorschriften des neuen tHGB durch die angestrebte Angleichung der türkischen Wirtschaftsgesetze an diejenigen der Europäischen Union geprägt sind, sind inhaltliche Unterschiede zwischen dem deutschen und türkischen HGB lediglich noch im Detail zu suchen.

Die Inhaltskontrolle allgemeiner Geschäftsbedingungen erfolgte nach türkischem Recht bis zuletzt noch durch einen Rückgriff auf allgemeine zivilgesetzliche Regelungsinstitute, wie den Grundsatz von Treu und Glauben und des Verbots eines Verstoßes gegen die guten Sitten. Im Zuge der Änderungen des ebenfalls zum 01.07.2012 in Kraft getretenen neuen türkischen Obligationengesetzes hat die AGB-Kontrolle nunmehr jedoch auch im türkischen Recht eine explizite gesetzliche Ausgestaltung erfahren, welche weitgehend an die entsprechenden

Vorschriften des deutschen und schweizerischen Zivilrechts angelehnt ist, ohne mit diesen jedoch vollständig identisch zu sein.

Die Prüfung der Rechtmäßigkeit wettbewerbsbeschränkender Vereinbarungen, bestimmt sich im deutschen Recht vorrangig nach dem Vertrag über die Arbeitsweise der Europäischen Union (AEUV) bzw. – soweit der Vertrag lediglich Auswirkungen innerhalb Deutschlands hat – nach dem GWB, wobei Letzteres mit Inkrafttreten der 7. GWB-Novelle am 01.07.2005 fast vollständig an das europäische Kartellrecht angeglichen wurde. Im türkischen Recht finden sich die diesbezüglichen Vorschriften in dem am 13.12.1994 im Türkischen Amtsblatt veröffentlichte Gesetz über den Schutz des Wettbewerbs (tGSW), welches inhaltlich der Regelungssystematik des AEUV (damals EG) folgt. Insoweit erfüllte der türkische Gesetzgeber wesentliche Vorgaben aus dem am 01.12.1964 in Kraft getretenen Assoziierungsabkommens zwischen der Türkei und der Europäischen Wirtschaftsgemeinschaft und des auf Grundlage dieses Abkommens ergangenen Beschlusses Nr. 1/95 des Assoziierungsrates EG-Türkei, wonach sich die Türkei verpflichtete, ihre bestehenden Rechtsvorschriften im Bereich des Wettbewerbsrechts im Hinblick auf die mit der Zollunion angestrebte wirtschaftliche Integration denen der Europäischen Gemeinschaft anzupassen.

Sowohl das europäische und deutsche als auch das türkische Kartellrecht gehen im Grundsatz vom Verbot wettbewerbsbeschränkender Vereinbarungen aus. Das von europäischen und deutschen Gerichten und Wettbewerbsbehörden entwickelte, insoweit einschränkend wirkende, ungeschriebene Tatbestandsmerkmal des Erfordernisses einer Spürbarkeit der Wettbewerbsbeschränkung (sog. deminimis-Regel) wird seitens des türkischen Wettbewerbsausschusses abgelehnt und der Intensität eines festgestellten Verstoßes lediglich auf der Rechtsfolgenseite Rechnung getragen. Die im Zuge der Änderung des tGSW im Jahre 2008 bereits vorgesehene Aufnahme eines solchen Bagatellkriteriums ist im Laufe des Gesetzgebungsverfahrens wieder herausgenommen worden.

Um allerdings auch den mit der Konzentration des Vertriebes auf ein einzelnes Vertragsprodukt einhergehenden Positiveffekten für die Allgemeinheit Rechnung zu tragen, sehen die Wettbewerbsgesetze unter bestimmten Voraussetzungen Ausnahmen von dem Verbot wettbewerbsbeschränkender Vereinbarungen vor. Besondere Bedeutung kommt dabei den zu diesem Zwecke erlassenen Gruppenfreistellungsverordnungen zu, innerhalb deren Grenzen die Vertragsparteien die Rechtssicherheit genießen, dass ihre potenziell wettbewerbsbeschränkenden Vereinbarungen als mit dem Kartellrecht vereinbar anzusehen sind (sog. safe harbour).

Die in der Praxis bedeutsamste Gruppenfreistellungsverordnung ist diejenige über vertikale Vereinbarungen und abgestimmte Verhaltensweisen (Vertikal-GVO), die aufgrund ihrer Auffangfunktion für sämtliche Branchen, für die eine spezielle GVO nicht besteht, auch als „Schirm-GVO" bezeichnet wird. Für den europäischen Rechtsraum setzte die Europäische Kommission am 1. Juni 2010 die neue Vertikal-GVO Nr. 330/2010 mit einer befristeten Gültigkeitsdauer bis zum 31.05.2022 in Kraft, welche die bis dahin geltende Verordnung Nr. 2790/1999 ablöste. Für die Türkei erließ der zuständige Wettbewerbsausschuss die am 14.02.2002 in Kraft getretene Verordnung Nr. 2002/2, deren Regelungen weitgehend der alten europäischen Vertikal-GVO Nr. 2790/1999 entsprechen.

Da die türkische Vertikal-GVO anders als ihr europäisches Vorbild keine beschränkte Geltungsdauer kennt, besteht für den türkischen Gesetzgeber kein konkreter Anlass, die im europäischen Sekundärrecht zuletzt erfolgten Änderungen zeitnah aufzunehmen und weiterhin für einen weitestgehenden Gleichlauf der Verordnungen zu sorgen. Die in praktischer Hinsicht wohl bedeutsamste Änderung, welche die europäische Vertikal-GVO im Zuge ihrer Neufassung erfahren hat, ist die Einführung einer zweiten generellen Marktanteilsschwelle, wonach ihr Anwendungsbereich nunmehr nur noch dann eröffnet ist, wenn sowohl der Anteil des Lieferanten als auch derjenige des Käufers an dem relevanten Markt nicht mehr als 30 % umfassen. Demgegenüber ist für die Eröffnung des Anwendungsbereichs der tVertikal-GVO – ebenso wie dies im europäischen Recht unter der Geltung der alten Vertikal-GVO Nr. 2790/1999 noch der Fall war – grundsätzlich allein auf den Marktanteil des Unternehmers und im Falle der Vereinbarung einer Alleinbelieferungspflicht des Unternehmers allein auf den Marktanteil des Käufers abzustellen. Während die an dem relevanten Markt nicht zu überschreitenden Anteile nach europäischem Recht seit je her mit 30 % bemessen sind, sperrt der türkische Verordnungsgeber den Anwendungsbereich der tVertikal-GVO gem. des im Jahre 2007 eingeführten Schwellenwerts erst bei einem Marktanteil von 40 %.

Wesentliche sachliche Unterschiede zwischen dem europäischen bzw. deutschen Recht und dem türkischen Recht bestehen auch nach der Neufassung der europäischen Vertikal-GVO nicht. Die dem Rechtsanwender als Auslegungshilfe dienenden, ebenfalls neu gefassten Leitlinien zu der europäischen Vertikal-GVO Nr. 330/2010 sind in einigen Teilen, insbesondere für den Bereich des an wirtschaftlicher Bedeutung enorm zunehmenden Internethandels umfangreich ergänzt worden. Die dort getroffenen Wertungen können in gleicher Weise auch auf die türkische Vertikal-GVO übertragen werden.

Eine letzte Abweichung vom europäischen – und dem daran angelehnten türkischen – Wettbewerbsrecht sieht das deutsche Recht in § 21 Abs. 2 GWB vor.

Nach dieser durch die deutschen Kartellbehörden und Gerichte in der jüngeren Entscheidungspraxis, insbesondere im Bereich vertikaler Preisbindungen, wiederholt herangezogenen Vorschrift bedarf es für die Annahme eines Wettbewerbsverstoßes nicht zwingend des Nachweises einer entsprechenden „Vereinbarung" zwischen den Parteien. Vielmehr können auch bestimmte einseitig durch den Unternehmer angewandte Mittel einen derartigen Verstoß begründen.

Von den branchenspezifischen GVOen kommt im Vertragshändlerrecht insbesondere den vertikalen Kfz-GVOen eine besondere Bedeutung zu. Für diesen Wirtschaftszweig sahen die Verordnungsgeber in der Vergangenheit ein besonderes Bedürfnis, der Auferlegung von Wettbewerbsverboten gegenüber den Händlern entgegenzuwirken und erteilten eine gruppenmäßige Freistellung nach Maßgabe der (alten) europäischen Kfz-GVO 1400/2002 und der einschlägigen türkischen tKfz-GVO Nr. 2005/4 nur noch für solche vertikalen Vereinbarungen, die den Vertragshändler uneingeschränkt zum Mehrmarkenhandel berechtigten. Nachdem entsprechende Marktanalysen für den Automobilsektor indes keine weitergehenden Wettbewerbsbeeinträchtigungen feststellen konnten als in anderen Sektoren, glich der europäische Verordnungsgeber die Vorgaben für die zulässige Vereinbarung von Wettbewerbsverboten in der für den Bereich der Reparatur- und Wartungsarbeiten bereits am 01.06.2010 und für den Bereich des Vertriebes neuer Kraftfahrzeuge zum 01.06.2013 in Kraft tretenden neuen Kfz-GVO Nr. 461/2010 an diejenigen der allgemeinen Vertikal-GVO an. Demnach gelten im europäischen Rechtsraum künftig branchenübergreifend Wettbewerbsverbote mit einer Geltungsdauer bis zu fünf Jahren als freigestellt. Bestrebungen des türkischen Verordnungsgebers eine ähnliche Kehrtwende zu vollziehen sind derzeit nicht ersichtlich.

Die Kündigung des Vertragshändlervertrages unterliegt nach der Neufassung des tHGB nunmehr auch nach türkischem Recht keinem besonderen Formerfordernis mehr.

Nach zutreffender Ansicht finden auf die ordentliche Kündigung eines auf unbestimmte Zeit geschlossenen Vertragshändlervertrages die handelsvertreterrechtlichen Kündigungsfristen analoge Anwendung. Auch wenn insbesondere die gegenüber der deutschen Gesetzeslage noch kürzer bemessene Frist des Art. 121 tHGB von drei Monaten im Einzelfall recht kurz erscheinen mag, sind keine durchschlagenden Argumente ersichtlich, welche die Einhaltung einer gegenüber dem Handelsvertretervertrag längeren Mindestkündigungsfrist erforderlich erscheinen ließen.

Die Konzeption eines Schadensersatzanspruchs des Vertragshändlers für nicht amortisierte Investitionen im Fall der Kündigung des Vertragsverhältnisses durch den Unternehmer (sog. Investitionsersatzanspruch) ist abzulehnen. Vielmehr kommen Ersatzansprüche insoweit allenfalls unter dem Gesichtspunkt einer Verletzung der besonderen vertraglichen Treuepflicht in Betracht.

Die Frage, ob dem Händler nach der Beendigung des Vertragsverhältnisses ein Ausgleichsanspruch für den Aufbau oder die Erweiterung des unternehmerischen Kundenstamms zusteht, ist im deutschen Recht für den Handelsvertreter seit Inkrafttreten des § 89b dHGB durch das Änderungsgesetz zum dHGB von 1953 positiv geregelt. Die Analogiefähigkeit dieser Vorschrift auf das Vertragshändlerrecht wird bereits seit einer Grundsatzentscheidung des BGH aus dem Jahre 1958 in der deutschen Rechtsprechung und Lehre allgemein bejaht. Nach heute gefestigter Rechtsprechung steht dem Vertragshändler ein solcher Anspruch im Einzelfall dann zu, wenn er in wirtschaftlich vergleichbarer Weise wie ein Handelsvertreter in die Absatzorganisation des Unternehmers eingegliedert ist und einer Verpflichtung unterliegt, dem Unternehmer seine Kunden spätestens zum Vertragsende namhaft zu machen.

Das im Jahre 1956 in Kraft getretene türkische Handelsgesetzbuch kannte – trotz seiner engen Anlehnung an das deutsche Gesetz – bis zuletzt eine dem § 89b dHGB vergleichbare Vorschrift nicht. Gleichwohl hatte der Kassationshof einen solchen Ersatzanspruch in zwei Entscheidungen aus dem Jahre 1996 zunächst einem Handelsvertreter und in einer weiteren Entscheidung aus dem Jahre 2000 auch einem als Alleinvertriebshändler agierenden Vertragshändler zugestanden. Dogmatisch lässt sich der als „Portefeuille-Schadensersatz“ bezeichnete Anspruch nach vorzugswürdiger Ansicht auf einen Rückgriff auf die Auffangregelung des Art. 1 Abs. 2 tZGB stützen und seine Anerkennung als Ergebnis richterlicher Rechtsfortbildung bezeichnen.

Mit Inkrafttreten des neuen tHGB enthält Art. 122 tHGB nunmehr eine inhaltlich weitgehend dem § 89b dHGB in dessen bis zum 05.08.2009 gültigen Fassung entsprechende Bestimmung. Sie spricht dem Handelsvertreter nach der Vertragsbeendigung einen angemessenen Ausgleich zu, wenn der Unternehmer aus der Geschäftsverbindung mit Kunden, die der Handelsvertreter geworben hat erhebliche Vorteile hat, dem Handelsvertreter infolge der Vertragsbeendigung Provisionsansprüche entgehen und die Zahlung eines Ausgleichs unter Berücksichtigung aller Umstände der Billigkeit entspricht. Darüber hinaus ordnet Art. 122 Abs. 5 tHGB zudem die Anwendbarkeit dieser Vorschrift auch auf Alleinvertriebshändlerverträge und ähnliche Dauerschuldverhältnisse, in denen der Beauftragte über ein Exklusivrecht verfügt, an.

Für die auch im Rahmen des Änderungsgesetzes zum tHGB v. 26.06.2012 (Gesetz Nr. 6335) unverändert gebliebene Beschränkung der gesetzlichen Verankerung des Ausgleichsanspruchs nach Art. 122 Abs. 5 tHGB allein auf solche Vertragshändlerverträge, in denen der Händler durch die Einräumung eines Exklusivrechts bereits zu Vertragszeiten gegenüber anderen Händlern ohne eine derartige Rechtsposition privilegiert ist, lassen sich sachliche Gründe m. E. nicht finden. Auch wenn die Ursache hierfür vermutlich auf terminologische Missverständnisse zurückzuführen sein dürfte, wird der Rechtsanwender aufgrund des missglückten, aber eindeutigen Wortlauts insoweit jedoch von einer bewussten Entscheidung des Gesetzgebers ausgehen müssen, so dass der Ausgleichsanspruch nach geltendem türkischen Recht allein solchen Vertragshändlern vorbehalten bleibt, die während der Vertragslaufzeit über ein Exklusivrecht verfügten.

Da die gesetzliche Anspruchsgrundlage des Art. 122 Abs. 5 tHGB entsprechende Einschränkungen nicht kennt, kann das Fehlen der aus der deutschen Rechtsprechung für die Anwendung des Ausgleichsanspruchs auf Vertragshändlerverträge bekannten Voraussetzungen der „Eingliederung in die Absatzorganisation" und der „Verpflichtung zur Übertragung des Kundenstamms" nach neuem türkischen Recht nicht zum Anspruchsausschluss führen.

Mit der Anpassung des § 89b dHGB an den Wortlaut des Art. 17 Abs. 2 lit. a der Handelsvertreterrichtlinie zum 05.08.2009 stellen die zu erwartenden Provisionsverluste des Handelsvertreters nach deutschem Recht keine eigene Anspruchsvoraussetzung mehr dar und sind lediglich im Rahmen der Billigkeitsprüfung zu beachten. Auch wenn die Praxis bei der Berechnung des Ausgleichsanspruchs wohl auch künftig primär auf die wesentlich einfacher zu prognostizierenden Provisions-/Margenverluste des Händlers abstellen und hinsichtlich der zu erwartenden Verluste des Unternehmers von einem Gleichlauf dieser Größen ausgehen wird, kann der Ausgleichsanspruch im deutschen Recht daher der Höhe nach nicht mehr von vornherein auf die Höhe der Händlerverluste beschränkt werden.

Aufgrund richtlinienkonformer Auslegung mit Art. 18 lit. a der Handelsvertreterrichtlinie ist es für den Ausschlusstatbestand des § 89b Abs. 3 Nr. 2 dHGB erforderlich, dass zwischen dem schuldhaften Verhalten des Händlers und der Kündigung des Unternehmers ein unmittelbarer Ursachenzusammenhang besteht. In der neuen Bestimmung des Art. 122 Abs. 3 Alt. 2 tHGB kommt das Erfordernis dieses direkten Ursachenzusammenhangs ohnehin klar zum Ausdruck.

Der Ausgleichsanspruch kann sowohl nach der deutschen wie auch nach der türkischen Gesetzeskonzeption im Voraus nicht ausgeschlossen werden. Während diesbezügliche Beschränkungen nach deutschem Rechtsverständnis erst nach der rechtlichen Beendigung des Vertragsverhältnisses möglich sind, geht der türkische Gesetzgeber in der Gesetzesbegründung zu Art. 122 tHGB demgegenüber davon aus, dass ein Verzicht bereits nach Vertragsschluss wirksam erklärt werden könne.

Literaturverzeichnis

Altop, Atilla: Türk Borçlar Kanunu Tasarısındaki Genel İşlem Koşulları Düzenlemesi, in: Prof. Dr. Ergon Çetingil ve Prof. Dr. Rayegan Kenderé 50. Birlikte Çalışma Yılı Armağanı. S. 254–260, İstanbul 2007. Zit.: Altop, in: FS für Ergon Çetingil und Rayegan Kender.

Ansay, Tuğul: Agency, in: Introduction to Turkish Business Law, Den Haag 2001, S. 39–49. Zit.: Ansay, Agency.

Arkan, Sabih: Ticari İşletme Hukuku, 15. Auflage, Ankara 2011.

Ascheid, Reiner/Preis, Ulrich/Schmidt, Ingrid: Kündigungsrecht, Großkommentar zum gesamten Recht der Beendigung von Arbeitsverhältnissen, 4. Auflage, München 2012. Zit.: Bearbeiter, in: Ascheid/Preis/Schmidt, Kündigungsrecht.

Aslan, İ. Yılmaz: Rekabet Hukuku Bakımından Dikey Anlaşmalar – Teori ve Uygulama, Bursa 2004. Zit.: Aslan, Rekabet Hukukunda Dikey Anlaşmalar.

Aslan, İ. Yılmaz: Rekabet Kurulunun Dikey Anlaşmalara İlişkin Yeni Grup Muafiyeti Tebliğinin Getirdikleri, in: Bilgi Toplumunda Hukuk, Ünal Tekinalpé Armağan, Band II, İstanbul 2003, S. 3–25. Zit.: Aslan, Yeni Grup Muafiyet Tebliği.

Atamer, Yeşim M.: Sözleşme Özgürlüğü Sınırlandırılması Sorunu Çerçevesinde Genel İşlem Şartlarının Denetlenmesi, 2. Auflage, İstanbul 2001. Zit.: Atamer, Genel İşlem Şartlarının Denetlenmesi.

Atamer, Yeşim M.: Genel İşlem Şartlarının Denetiminde Yeni Açılımlar: Tüketicinin Korunması Hakkında Kanun mad. 6, Tüketici Sözleşmelerindeki Haksız Şartlar Hakkında Yönetmelik ve Borçlar Kanunu Taslağı mad. 18a–f, in: Prof. Dr. Necip Kocayusufpaşaoğluna Armağan, Ankara 2004, S. 291–331. Zit.: Atamer,Yeni Açılımlar.

Ayan, Özge: Acentenin Denkleştirme Talep Etme Hakkı, Ankara 2008.

Basedow, Jürgen: Zehn Jahre türkisches Wettbewerbsrecht – Ein europäischer Kommentar, in: Kompatibilität des türkischen und europäischen Wirtschaftsrechts, S. 271–282, Tübingen 2009. Zit.: Basedow, in: Atamer/Hopt, Kompatibilität des türkischen und europäischen Wirtschaftsrechts.

Bauer, Michael: Kartellrechtliche Zulässigkeit von Beschränkungen des Internetvertriebs in selektiven Vertriebssystemen, WRP 2003, S. 243–248. Zit.: Bauer, WRP 2003.

Bauer, Michael/de Bronett, Georg-Klaus: Die EU-Gruppenfreistellungsverordnung für vertikale Wettbewerbsbeschränkungen, Köln 2001. Zit.: Bauer/de Bronett, Die Gruppenfreistellungsverordnung für vertikale Wettbewerbsbeschränkungen.

Baumbach Adolf/Hopt Klaus J.: Kommentar zum Handelsgesetzbuch – mit GmnH & Co., Handelsklauseln, Bank- und Börsenrecht, Transportrecht (ohne Seerecht), Band 9, 35. Auflage, München 2012. Zit.: Bearbeiter, in: Baumbach/Hopt, HGB.

Bayreuther Frank: Die Reform der EG-Wettbewerbspolitik gegenüber vertikalen Wettbewerbsbeschränkungen, EWS 2000, S. 106–115. Zit.: Bayreuther, EWS 2000.

Bechtold, Rainer: Zulassungsansprüche zu selektiven Vertriebssystemen unter besonderer Berücksichtigung der Kfz-Vertriebssysteme, NJW 2003, S. 3729–3734. Zit.: Bechtold, NJW 2003.

Bechtold Rainer/Buntscheck, Martin: Die 7. GWB-Novelle und die Entwicklungen des deutschen Kartellrechts 2003 bis 2005, NJW 2005, S. 2966–2973. Zit.: Bechtold/Buntscheck, NJW 2005.

Bechtold, Rainer/Bosch, Wolfgang/Brinker, Ingo/Hirsbrunner, Simon: EG-Kartellrecht Kommentar, 2. Auflage, München 2009. Zit.: Bechtold/Bosch/Brinker/Hirsbrunner, EG-Kartellrecht.

Bieder, Marcus: Ausschluss des Handelsvertreterausgleichsanspruchs in analoger Anwendung des § 89b III HGB, NJW 2007, S. 3471–3474. Zit.: Bieder, NJW 2007.

Bolatoğlu, Hilmi: Grup Muafiyeti Tebliğinde Eşik Sistemine Geçişin İktisadi ve Hukuki Gerekçeleri, in: Rekabet Hukuku ve Dikey Anlaşmalar – 2002/2 Sayılı Grup Muafiyeti Tebliğinde Eşik Sistemine Geçiş; Olası Sorunlar ve Çözüm Önerileri, İstanbul 2009. S. 21–40. Zit.: Bolatoğlu, in: Rekabet Hukuku ve Dikey Anlaşmalar.

Bozbel, Savaş: Die Rechtsfragen der internationalen Handelsvertretungen am Beispiel des deutschen und türkischen Rechts, Frankfurt 2003. Zit.: Bozbel, Rechtsfragen.

Bozbel, Savaş: Allgemeine Geschäftsbedingungen im türkischen Recht, RIW 2004, S. 183–188. Zit.: Bozbel, RIW 2004.

Bozbel, Savaş: Ausgleichsanspruch des türkischen Handelsvertreters und dessen Abdingbarkeit im deutschen-türkischen Rechtsverkehr, RIW 2011, S. 125–133. Zit: Bozbel, RIW 2011.

Bulur, Caner: Tek Satıcılık Sözleşmesi ile Franchise Sözleşmesinin Karşılaştırılması, in: Yeditepe Üniversitesi Hukuk Fakültesi Dergisi-Spezialausgabe: Festschrift für Prof. Dr. Erhan Adal, Band IX, Heft I; İstanbul 2012, S. 755–777. Zit.: Bulur, YÜHFD 2012.

Can Ozan: 6102 Sayılı Türk Ticaret Kanununa Göre Acentelikte Rekabet Yasağı Anlaşması, Ankara 2011. Zit.: Can, Acentelikte Rekabet Yasağı Anlaşması.

Canaris, Claus-Wilhelm: Handelsrecht, 24. Auflage, München 2006. Zit.: Canaris, Handelsrecht.

Christoph, Michael: Muss der Handelsvertreterausgleich neu berechnet werden?, NJW 2010, S. 647–651. Zit.: Christoph, NJW 2010.

Christoph Michael/Effenberger Mathias: Der Ausgleichsanspruch des Vertragshändlers in Deutschland und anderen europäischen Ländern – Neuere Entwicklungen und Tendenzen, KSzW 2010, S. 183–191. Zit.: Christoph/Effenberger, KSzW 2010.

Creutzig, Susanne: Investitionsersatzanspruch des Vertragshändlers: Vergessen, obwohl existenznotwendig?, NJW 2002, S. 3430–3436. Zit.: Creutzig, NJW 2002.

Deister, Jochen: Der Investitionsschutz des Absatzmittlers. Zit.: Deister, Der Investitionsschutz des Absatzmittlers. (Die Arbeit ist abrufbar unter http://www.brainguide.ch/upload/publication/db/vt7f/ae1db6e7b83a193fc2bb717375e7b605_1311535390.pdf).

Demir-Gökyayla, Cemile: Milletlerarası Özel Hukukta Tek Satıcılık Sözleşmeleri, Ankara 2005.

Dieselhorst, Jochen/Luhn, Christopher: Kartellrechtliche Zulässigkeit der Untersagung des Vertriebs über eBay, WRP 2008, S. 1306–1311. Zit.: Dieselhorst/Luhn, WRP 2008.

Ebenroth, Carsten-Thomas: Absatzvermittlungsverträge im Spannungsverhältnis von Kartell- und Zivilrecht, Band 1, Konstanz 1980. Zit.: Ebenroth, Absatzvermittlungsverträge.

Ebenroth, Carsten-Thomas/Abt, Martin: Beendigung von Absatzmittlungsverhältnissen nach dem Recht des EWGV, EWS 1993, S. 81–95. Zit.: Ebenroth/Abt, EWS 1993.

Ebenroth, Carsten-Thomas/Boujong Karlheinz/Joost, Detlev/Strohn, Lutz: Handelsgesetzbuch, Band 1, §§ 1–342e HGB, 2. Auflage, München 2008. Zit.: Ebenroth/Boujong/Joost/Strohn, HGB.

Ebenroth, Carsten-Thomas/Lange, Knut Werner/Mersch, Sabine Anne: Die EG-Gruppenfreistellungsverordnung für Vertriebs- und Kundendienstvereinbarungen über Kraftfahrzeuge, Heidelberg 1995. Zit.: Ebenroth/Lange/Mersch, Kfz-GVO.

Ebenroth, Carsten-Thomas/Parche, Ulrich: Die kartell- und zivilrechtlichen Schranken bei der Umstrukturierung von Absatzmittlungsverhältnissen, BB 1988 Beilage 10, S. 1–33. Zit.: Ebenroth/Parche, BB 1988.

Ebenroth, Carsten-Thomas/Strittmatter Marc: Fremdbestimmte Investitionen in der Umstrukturierung von Absatzmittlungsverhältnissen auf dem Automobilsektor, BB 1993, S. 1521–1535. Zit.: Ebenroth/Strittmatter, BB 1993.

Eckert, Jörn: Die analoge Anwendung des Ausgleichsanspruchs nach § 89b HGB auf Vertragshändler und Franchisenehmer, WM 1991, 1237–1248. Zit.: Eckert, WM 1991.

Emde, Raimond: Das Handelsvertreter – Kartellrecht nach den Leitlinien zur GVO 2790/99, BB 2002, S. 949–955. Zit.: Emde, BB 2002.

Emde, Raimond: Vertriebsrecht- Kommentierung zu §§ 84 bis 92c HGB- Handelsvertreterrecht, Vertragshändlerrecht, Franchiserecht, Berlin 2009. Zit.: Emde, Vertriebsrecht.

Ende, Lothar/Klein, Alexander: Grundzüge des Vertriebsrechts im Internet – Fernabsatz und Vertrieb von Waren und Dienstleistungen-, München 2001. Zit.: Ende/Klein, Vertriebsrecht im Internet.

Ensthaler, Jürgen: Gemeinschaftskommentar zum Handelsgesetzbuch mit UN-Kaufrecht, 7. Auflage, Neuwied 2007. Zit.: Bearbeiter, in: Ensthaler.

Ensthaler, Jürgen/Funk, Michael: Zukunft des selektiven Kfz-Vertriebs – Vertikal-GVO und Leitlinien der Kommission, BB 2000, S. 1685–1693. Zit.: Ensthaler/Funk, BB 2000.

Ensthaler, Jürgen/Gesmann-Nuissl, Dagmar/Stopper, Martin: Ausgleichsansprüche des Kfz-Vertragshändlers für drittbestimmte Investitionen und den Kundenstamm bei ordentlicher Kündigung oder Herabstufung, DB 2003, S. 257–267. Zit.: Ensthaler/Gesmann-Nuissl/Stopper, DB 2003.

Erdem, Ercüment: Tek Satıcılık Sözleşmesinde Denkleştirme Talebi, in: Ünal Tekinalpé Armağan, S. 91–120, Band 1, İstanbul 2003. Zit.: Erdem, in: Ünal Tekinalpé Armağan.

Eren, Fikret: Borçlar Hukuku Genel Hükümler (Schuldrecht – Allgemeiner Teil), 13. Auflage, İstanbul 2011. Zit.: Eren, Borçlar Hukuku.

Evans-von Krbek, Franziska-Sophie: Die analoge Anwendung des Handelsvertreterrechts auf den Vertragshändler. Bielefeld 1976. Zit.: Evans-von Krbek, Die analoge Anwendung des Handelsvertreterrechts auf den Vertragshändler.

Finger, Peter: Die Stellung des Vertragshändlers bei Beendigung des Vertrages, DB 1970, 141–148. Zit.: Finger, DB 1970.

Foth, Dietmar: Der Investitionsersatzanspruch des Vertragshändlers, BB 1987, S. 1270–1274. Zit.: Foth, BB 1987.

Freund, Heinz-Joachim: Kontakt als Druck?, WuW 2011, S. 29–37. Zit.: Freund, WuW 2011.

Funke, Thomas/Just, Nico: Die neue Gruppenfreistellungsverordnung für vertikale Verträge, KSzW 2010, S. 151–163. Zit.: Funke/Just, KSzW 2010.

Gaul, Dieter: Die Abgrenzung nachvertraglicher Geheimhaltungsverpflichtungen gegenüber vertraglichen Wettbewerbsbeschränkungen, ZIP 1988, 689–694. Zit.: Gaul, ZIP 1988.

Genç, Yasemin: Türk Hukukuńda Distribütörlük Sözleşeleri, in: Rekabet Kurumu Perşembe Konferansları 13, Ankara 2001. Zit.: Genç, Distribütörlük Sözleşmeleri.

Genzow, F. Christian: Vertragshändlervertrag, Praxis-Leitfaden für Hersteller, Vertragshändler und ihre Berater. Köln 1996. Zit.: Genzow, Vertragshändlervertrag.

Giesler, Jan Patrick: Praxishandbuch Vertriebsrecht, Bonn 2005. Zit.: Bearbeiter, in: Giesler, Praxishandbuch Vertriebsrecht.

Graf von Westphalen, Friedrich: Der Ausgleichsanspruch des Vertragshändlers in der Kfz-Branche gemäß § 89b HGB analog unter Berücksichtigung der neuesten BGH Judikatur, DB 1988, Beilage 8, S. 1–12. Zit.: von Westphalen, DB 1988, Beilage 8.

Gutbrod, Max B.: Der Vertragshändler-Vertrag zwischen Kartell- und AGB-Recht, EuZW 1991, 235–243. Zit.: Gutbrod, EuZW 1991.

Güngör, Hayriye Gonca: Genel İşlem Koşullarına Bakış ve Öneriler (I), Legal Hukuk Dergisi 2005, S. 2099–2103. Zit.: Güngör, LHD 2005.

Gürzumar, Osman Berat: Zehn Jahre türkisches Wettbewerbsrecht- Ein zusammenfassendes Bild im Lichte des europarechtlichen Harmonisierungsprozesses, in: Kompatibilität des türkischen und europäischen Wirtschaftsrechts, S. 228–270, Tübingen 2009. Zit.: Gürzumar, in: Atamer/Hopt, Kompatibilität des türkischen und europäischen Wirtschaftsrechts.

Gürzumar, Osman Berat: 2002/2 Sayılı Rekabet Kurulu Tebliği Işığında Dikey Anlaşmalar, in: Prof. Dr. Fahiman Tekil'e Armağan, S. 209–272, İstanbul 2003. Zit.: Gürzumar, in: FS für Fahiman Tekil.

Haiber, Hanno Andreas: Der Investitionsersatzanspruch des Eigenhändlers, Grünwald 1995. Zit.: Haiber, Investitionsersatzanspruch.

Hollmann, Hermann H.: Zum Ausgleichsanspruch des Automobil-Vertragshändlers nach § 89b HGB, BB 1985, S. 1023–1033. Zit.: Hollmann, BB 1985.

Hopt, Klaus J.: Handelsvertreterrecht, 4. Auflage, München 2009. Zit.: Hopt, Handelsvertreterrecht.

Hübsch, Gerbert/Hübsch Alexandra: Die neuere Rechtsprechung des Bundesgerichtshofs zum Handelsvertreterrecht, WM Sonderbeilage, Nr. 1/2011, S. 1–15. Zit.: Hübsch/Hübsch, WM Sonderbeilage, Nr. 1/2011.

Imgrund, Jan: Kartellrechtliche Regulierung von Preisbindungen und Preisempfehlungen in Deutschland – Fallstricke in der betrieblichen Praxis, BB 2012, S. 787–792. Zit.: Imgrund, BB 2012.

Immenga, Ulrich/Mestmäcker Ernst-Joachim: Wettbewerbsrecht – Kommentar zum europäischen Kartellrecht, Band 1 EG/Teil 1, 4. Auflage, München 2007. Zit.: Bearbeiter, in: Immenga/Mestmäcker, Wettbewerbsrecht EG, Teil 1.

Immenga, Ulrich/Mestmäcker Ernst-Joachim: Wettbewerbsrecht – Kommentar zum deutschen Kartellrecht, Band 2 GWB, 4. Auflage, München 2007. Zit.: Bearbeiter, in: Immenga/Mestmäcker, GWB Kommentar.

İşgüzar, Hasan: Tek Satıcılık Sözleşmesi, Ankara 1989.

Karasu, Rauf: Türk Ticaret Kanunu ve Türk Ticaret Kanunu Tasarısıńa göre acentanın denkleştirme talebi, AÜHFD 2008, Band 57, Heft 4, S. 283–318. Zit.: Karasu, AÜHFD 2008.

Karayalçın, Yaşar: Ticaret Hukuku 1. Giriş- Ticari İşletme, 3. Auflage, Ankara 1968. Zit.: Karayalçın, Ticaret Hukuku.

Karayalçın, Yaşar: İnhisari Satış Sözleşmesi – Butlan, in: Özel Hukukta Meseleler ve Görüşler- Hukuki Mütalâalar, S. 85–103, Ankara 1975. Zit.: Karayalçın, Meseleler ve Görüşler.

Karayalçın, Yaşar: Yetkili Satıcılık Sözleşmesi, in: Özel Hukukta Meseleler ve Görüşler- Hukuki Mütalâalar V (1992–1996), S. 15–21, Ankara 1997. Zit.: Karayalçın, Yetkili Satıcılık Sözleşmesi.

Kayıhan, Şaban: Türk Hukukuńda Acentelik Sözleşmesi, 4. Auflage, Ankara 2011. Zit.: Kayıhan, Türk Hukukuńda Acentelik Sözleşmesi.

Kendigelen, Abuzer: Yeni Türk Ticaret Kanunu- Degişiklikler, Yenilikler ve İlk Tespitler, İstanbul 2011. Zit.: Kendigelen, Yeni Türk Ticaret Kanunu.

Kendigelen, Abuzer: Gerekçeli-Karşılaştırmalı Yeni Türk Ticaret Kanunu, İstanbul, Mart 2011. Zit.: Kendigelen, Gerekçeli-Karşılaştırmalı Yeni Türk Ticaret Kanunu.

Kılıçoğlu, Ahmet M.: Borçlar Hukuku – Genel Hükümler. 11. Auflage, Ankara 2009. Zit.: Kılıçoğlu, Borçlar Hukuku.

Kırca, Çiğdem: Franchise Sözleşmesi, Ankara 1997. Zit.: Kırca, Franchise Sözleşmesi.

Kiene, Lorenz H.: Der Verkauf einer Handelsvertretung – Rechtliche Besonderheiten bei der Nachfolge im Wege des § 89 b III Nr. 3 HGB, NJW 2006, S. 2007–2011. Zit.: Keine, NJW 2006.

Kirchhoff, Wolfgang: Vertikale Höchstpreisbindungen, in: Festschrift für Günter Hirsch, S. 249–260. München 2008. Zit.: Kirchhoff, in: FS für Günter Hirsch.

Kleinmann, Werner/Siegert, Reinhard: Rückgabe von Lagerwaren und Ersatzteilen nach Beendigung des Kfz- Händlervertrages, BB 2006, S. 785–792. Zit.: Kleinmann/Siegert, BB 2006.

Koçer, Hatice Kurban: Yeni Türk Ticaret Kanununa Göre Tek Satıcının Denkleştirme İstemi, İBD 2012 Bd. 86, Heft 3, S. 274–279. Zit.: Koçer, İBD 2012.

Koller, Ingo/Roth, Wulf-Henning/Morck, Winfried: Kommentar zum Handelsgesetzbuch, 7. Auflage, München 2011. Zit.: Bearbeiter, in: Koller/Roth/Morck, HGB.

Köhler, Helmut: Ausgleichsanspruch des Franchisenehmers: Bestehen, Bemessung, Abwälzung, NJW 1990, S. 1689–1696. Zit.: Köhler, NJW 1990.

Köhler, Helmut/Bornkamm, Joachim: Kommentar zum Gesetz gegen den unlauteren Wettbewerb, Band 13a, 30. Auflage, München 2012. Zit.: Bearbeiter, in: Köhler/Bornkamm, UWG.

Körtek, Yasemin: Das türkische Kartellrecht – Ein Hindernis auf dem Weg in die Europäische Union?, Baden Baden 2005. Zit.: Körtek, Das türkische Kartellrecht.

Krüger, Hilmar: Handelsvertreterrecht auf der Arabischen Halbinsel, in: Festschrift für Gerhard Kegel, Stuttgart 1987, S. 269–301. Zit.: Krüger, in: FS für Gerhard Kegel.

Krüger, Hilmar: Probleme des türkischen Handelsvertreter- und Vertragshändlerrechts, RIW 2009, S. 771–777. Zit.: Krüger, RIW 2009.

Krüger, Hilmar: Zum Ausgleichsanspruchs des Handelsvertreters nach türkischem Recht, in: Informationsbrief der Deutsch-Türkischen Juristenvereinigung, Nr. 2/2011, S. 6–17. Zit.: Krüger, in: Informationsbrief der DTJV 2/2011.

Kurth, Jutta Sabine: Meistbegünstigungsklauseln in Licht der Vertikal-GVO, WuW 2003, S. 28–37. Zit.: Kurth, WuW 2003.

Küstner, Wolfram: Anmerkung zu BGH in: BB 1975, S. 194–195; BB 1975, S. 195–197. Zit.: Küstner, BB 1975 (Anm. zu BGH).

Küstner, Wolfram/Thume, Karl-Heinz: Handbuch des gesamten Außendienstrechts, Band 2, Der Ausgleichsanspruch des Handelsvertreters, Warenvertreter, Versicherungs- und Bausparkassenvertreter. 8. Auflage, Frankfurt am Main 2008. Zit.: Bearbeiter, in: Küstner/Thume, Ausgleichsanspruch.

Küstner, Wolfram/von Manteuffel, Kurt: Berechnung des Ausgleichsanspruchs des Vertragshändlers, BB 1988, S. 1972–1983. Zit.: Küstner/von Manteuffel, BB 1988.

Langen, Eugen/Bunte Hermann-Josef: Kommentar zum deutschen und europäischen Kartellrecht, Band 2, Europäisches Kartellrecht, 11. Auflage, Köln 2011. Zit.: Bearbeiter, in: Langen/Bunte, Kommentar zum deutschen und europäischen Kartellrecht; Bd. 2.

Lettl, Tobias: Die neue Vertikal-GVO (EU Nr. 330/2010), WRP 2010, S. 807–822. Zit.: Lettl, WRP 2010.

Lettl, Tobias: Kartellverbot nach Art. 101 AEUV, §§ 1, 2 GWB und vertikale Preisempfehlung/Preisbindung, WRP 2011, S. 710–736. Zit.: Lettl, WRP 2011.

Liebscher, Christoph/Flohr, Eckhard/Petsche Alexander: Handbuch der EU-Gruppenfreistellungsverordnungen, München 2003. Zit.: Liebscher/Flohr/Petsche: Handbuch der EU-Gruppenfreistellungsverordnungen.

Loewenheim, Ulrich/Meessen, Karl M./Riesenkampff, Alexander: Kartellrecht Kommentar, 2. Auflage, München 2009. Zit.: Bearbeiter, in: Loewenheim/Meessen/Riesenkampff, Kartellrecht.

Martinek, Michael: Aktuelle Fragen des Vertriebsrechts, 3. Auflage, Köln 1992. Zit.: Martinek, Aktuelle Fragen des Vertriebsrechts.

Martinek, Michael: Moderne Vertragstypen, Band II: Franchising, Know-How-Verträge, Management- und Consultingverträge, München 1992. Zit.: Martinek, Moderne Vertragstypen II.

Martinek, Michael/Semler, Franz-Jörg/Habermeier, Stefan/Flohr, Eckhard: Handbuch des Vertriebsrechts, 3. Auflage, München 2010. Zit.: Bearbeiter, in: Martinek/Semler/Habermeier/Flohr, Handbuch des Vertriebsrechts.

Metzlaff, Karsten: Franchisesysteme und EG-Kartellrecht – neueste Entwicklungen, BB 2000, S. 1201–1209. Zit.: Metzlaff, BB 2000.

Meyer, Christian Alexander: Der Alleinvertrieb, Typus, vertragsrechtliche Probleme und Qualifikation im IPR, 2. Auflage, St. Gallen 1992. Zit.: Meyer, Der Alleinvertrieb.

Meyer, Michael: Salto rückwärts im Kartellrecht?, WRP 2004, S. 1456–1464. Zit: Meyer, WRP 2004.

Monti, Mario: A new Strategy for the Single Market – Report to the President of the European Commission, 9 May 2010. (Der Bericht ist abrufbar unter http://ec.europa.eu/bepa/pdf/monti_report_final_10_05_2010_en.pdf).

Münchener Kommentar: Kommentar zum Handelsgesetzbuch, Band 1, Erstes Buch, Handelsstand §§ 1–104a, 3. Auflage, München 2010. Zit.: Bearbeiter, in: MünchKomm zum HGB.

Niebling, Jürgen: Die Beendigung von Vertragshändlerverträgen durch Befristung und ordentliche Kündigung, BB 1996, S. 1727–1732. Zit.: Niebling, BB 1996.

Nolte, Steffen: Reform des EG-Kartellrechts für Vertriebs- und Zulieferverträge, BB 1998, S. 2429–2439. Zit.: Nolte, BB 1998.

Nolte, Steffen: Die neue Kfz-GVO: Kontrahierungszwang und Kündigungsrechte im Werkstattgeschäft, WRP 2005, S. 1124–1132. Zit.: Nolte, WRP 2005.

Oetker, Hartmut: Kommentar zum Handelsgesetzbuch, 2. Auflage, München 2011. Zit.: Bearbeiter, in: Oetker, HGB.

Oetker, Hartmut: Handelsrecht, 6. Auflage, Berlin 2010. Zit.: Oetker, Handelsrecht.

Olgaç, Senai: Kazai ve İlmi İçtihatlarla Türk Borçlar Kanunu- Akdin Nevileri, Cilt II, Art. 182–371, 2. Auflage, İstanbul 1970. Zit.: Olgaç, İçtihatlar.

Palandt, Otto: Kommentar zum Bürgerlichen Gesetzbuch, 71. Auflage, München 2012. Zit.: Bearbeiter, in: Palandt.

Paulusch, Bernd-A.: Die Rechtsprechung des Bundesgerichtshofs zum Kaufrecht, WM Sonderbeilage Nr.1/1995, S. 1–56. Zit.: Paulusch, WM Sonderbeilage Nr. 1/1995.

Pautke Stephanie/Schultze Jörg-Martin: Internet und Vertriebskartellrecht – Hausaufgaben für die europäische Kommission, BB 2001, S. 317–323. Zit.: Pautke/Schultze, BB 2001.

Pfeffer, Joachim: Die Neuordnung der Vertragshändlerverträge in der Automobilbranche, NJW 1985, S. 1241–1247. Zit.: Pfeffer, NJW 1985.

Pischel, Gerhard: Der Internetvertrieb nach der neuen Schirm-Gruppenfreistellungsverordnung für den Vertikalvertrieb und deren Leitlinien, GRUR 2010, S. 972–977. Zit.: Pischel, GRUR 2010.

Polley, Romina/Rhein, Steffen: Anforderungen an die Vereinbarung bzw. abgestimmtes Verhalten bei vertikaler Preisbindung – Praxis des

Bundeskartellamtes und europäische Rechtslage, KsZW 2011, S. 15–24. Zit.: Polley/Rhein, KsZW 2011.

Polley, Romina/Seeliger, Daniela: Die neue Gruppenfreistellungsverordnung für Vertikalverträge Nr. 2790/1999 – Ihre praktische Anwendung, WRP 2000, 1203–1217. Zit.: Polley/Seeliger, WRP 2000.

Poroy, Reha/Yasaman Hamdi: Ticari İşletme Hukuku, 11. Auflage, İstanbul 2006.

Pukall, Kirstin: Neue EU-Gruppenfreistellungsverordnung für Vertriebsbindungen, NJW 2000, S. 1375–1379. Zit.: Pukall, NJW 2000.

Renz, Günther: Das Rechtsverhältnis zwischen dem Vertragshändler und seinem Lieferanten, Heidelberg 1966. Zit.: Renz, Das Rechtsverhältnis.

Rheinländer, Peter: Beschränkungen des Internet-Einzelhandels in selektiven Vertriebssystemen nach Art. 81 EGV, WRP 2005, S. 285–290. Zit.: Rheinländer, WRP 2005.

Rittner, Fritz: Vertragshändler und Vertragshändlervertrag – Bemerkungen zu Peter Ulmers „Vertragshändler“, ZHR 135 (1971), S. 62–77. Zit.: Rittner, ZHR 135 (1971).

Röhricht, Volker/Graf von Westphalen, Friedrich: Handelsgesetzbuch – Kommentar zu Handelsstand, Handelsgesellschaften, Handelsgeschäften und besonderen Handelsverträgen (ohne Bilanz-, Transport- und Seerecht). 3. Auflage. Köln 2008. Zit.: Bearbeiter, in: Röhricht/v. Westphalen, HGB.

Schmidt, Karsten: Kundenstammüberlassung und „Sogwirkung der Marke“: taugliche Kriterien für den Ausgleichsanspruch des Vertragshändlers?, DB 1979, S. 2357–2363. Zit.: Schmidt, DB 1979.

Schmidt, Karsten: Handelsrecht, 5. Auflage, Köln/Berlin/Bonn/München 1999. Zit.: Schmidt, Handelsrecht.

Schriefers, Marcus: Lagerrücknahme bei Vertragsbeendigung des Händlervertrages, BB 1992, S. 2158–2161. Zit.: Schriefers, BB 1992.

Schröder, Georg: Wichtige Gesetzesänderung im Ausgleichsrecht der Handelsvertreter (§ 89 b HGB), DB 1976, S. 1269–1273. Zit.: Schröder, DB 1976.

Schröter, Helmuth/Jakob, Thinam/Mederer, Wolfgang: Kommentar zum europäischen Wettbewerbsrecht, Baden Baden 2003. Zit.: Bearbeiter, in: Schröter/Jakob/Mederer, Kommentar zum Europäischen Wettbewerbsrecht.

Schultze, Jörg-Martin/Pautke, Stephanie/Wagener, Dominique S.: Die Gruppenfreistellungsverordnung für vertikale Vereinbarungen- Praxiskommentar, 3. Auflage, Frankfurt am Main 2011. Zit.: Schultze/Pautke/Wagener, Vertikal-GVO.

Schultze, Jörg Martin/Wauschkuhn, Ulf/Spenner, Katharina/Dau, Carsten: Der Vertragshändlervertrag, 4. Auflage, Frankfurt am Main 2008. Zit.: Bearbeiter, in: Schultze u.a., Der Vertragshändlervertrag.

Schwytz, Ingo: Mindestkündigungsfristen bei Beendigung von Vertragshändlerverträgen, BB 1997, S. 2385–2388. Zit.: Schwytz, BB 1997.

Seeliger, Daniela: EG-Kartellrechtliche Probleme in Vertikalverhältnissen beim Vertrieb über das Internet, WuW 2000, S. 1174–1186. Zit.: Seeliger, WuW 2000.

Semler, Franz-Jörg/Bauer, Michael: Die neue EU-Gruppenfreistellungsverordnung für vertikale Wettbewerbsbeschränkungen – Folgen für die Rechtspraxis, DB 2000, S. 193–200. Zit.: Semler/Bauer, DB 2000.

Skaupy, Walther: Franchising, Handbuch für die Betriebs- und Rechtspraxis. 2. Auflage München 1995. Zit.: Skaupy, Franchising.

Staub, Hermann: Handelsgesetzbuch Großkommentar, Zweiter Band, §§ 48–104, 5. Auflage, Berlin 2008. Zit.: Bearbeiter, in: Staub.

Stumpf, Cordula: Vertragshändlerausgleich analog § 89b HGB – praktische und dogmatische Fehlverortung?, NJW 1998, S. 12–17. Zit.: Stumpf, NJW 1998.

Stumpf, Herbert/Jaletzke, Matthias/Schultze, Jörg-Martin: Der Vertragshändlervertrag, 3. Auflage, Heidelberg 1997. Zit.: Bearbeiter, in: Stumpf/Jaletzke/Schultze, Der Vertragshändlervertrag.

Stumpf, Wolf/Ströbl, Albin: Der Ausgleichsanspruchs eines Kfz-Vertragshändlers, MDR 2004, S. 1209–1213. Zit.: Stumpf/Ströbl, MDR 2004.

Şenol, A. Nilay: Bayilik Sözleşmesi, Sona Ermesi ve Sonuçları, İstanbul 2011. Zit.: Şenol, Bayilik Sözleşmesi.

Tandoğan, Halûk: Tek Satıcılık Sözleşmesi, BATIDER Aralık 1982, Band XI, Nr. 4, S. 1–36. Zit.: Tandoğan, BATIDER 1982.

Tekinalp, Ünal: Türk Hukukuńda Acentanın „Portföy Akçesi“ Talebi, in: Ali Bozeré Armağan, S. 1–17, Ankara 1998. Zit.: Tekinalp, in: FS für Ali Bozer.

Tekinalp, Ünal: Der „Portefeuille“-Schadensersatzanspruch des Handelsvertreters im türkischen Recht, RIW 1999, S. 342–350. Zit.: Tekinalp, RIW 1999.

Tekinalp, Ünal/Çamoğlu, Ersin: Açıklamalı, Notlu ve Karşılaştırmalı Türk Ticaret Kanunu ile Türk Ticaret Kanunuńun Meríyet ve Tatbik Şekli Hakkında Kanun, İstanbul 1966. Zit: Açıklamalı TTK, İstanbul 1966.

Tekinay, Selahattin Sulhi/Akman, Sermet/Burcuoğlu, Haluk/Altop, Atilla: Borçlar Hukuku Genel Hükümler, 7. Auflage, Istanbul 1993. Zit.: Tekinay/Akman/Burcuoğlu/Altop, Borçlar Hukuku.

Teoman, Ömer: Yaşayan Ticaret Hukuku – Hukuki Mütalaalar, Kitap 13: 2008–2009, İstanbul 2010. Zit.: Teoman, Tek Satıcılık.

Thume, Karl-Heinz: Handbuch des gesamten Außendienstrechts, Band 3–Vertriebsrecht–Reisende, Vertragshändler, Kommissionagenten, Versicherungsmakler, Franchising, Direkt-, Struktur- und Internetvertrieb. 3. Auflage, Frankfurt am Main 2009. Zit.: Bearbeiter, in: Thume, Vertriebsrecht.

Topçuoğlu, Metin: Rekabet Hukuku Açısından Acentelik ve Dağıtım Sözleşmeleri, Ankara 2006. Zit: Topçuoğlu, Acentelik ve Dağıtım Sözleşmeleri.

Trube, Claus Moritz: Die gerechtfertigte Diskriminierung nach § 20 Abs. 1 GWB, WRP 2004, S. 861–863. Zit.: Trube, WRP 2004.

Ulmer, Peter: Der Vertragshändler, München 1969.

Ulmer, Peter: Anmerkung zu BGH in: JZ 1971, S. 262–264, JZ 1071, S. 264–266. Zit.: Ulmer, JZ 1971 (Anm. zu BGH).

Ulmer, Peter: Kündigungsschranken im Handels–und Gesellschaftsrecht- Zum Einfluß der Treuepflicht auf die einseitige Vertragsbeendigung, in: Festschrift für Philipp Möhring. München 1975, S. 295–317. Zit.: Ulmer, in: FS für Philipp Möhring.

Ulmer, Peter/Brandner, Hans Erich/Hensen, Horst-Diether: AGB-Recht, Kommentar zu den §§ 305–310 BGB und zum UKlaG, 11. Auflage, Köln 2011. Zit.: Bearbeiter, in: Ulmer/Brandner/Hensen, AGB-Recht.

Ulmer, Peter/Schäfer, Carsten: Zum Anspruch des Kfz-Vertragshändlers gegen den Hersteller auf Zustimmung zur Übernahme einer Zweitvertretung, ZIP 1994, 753–769. Zit.: Ulmer/Schäfer, ZIP 1994.

Ülgen, Hüseyin/Teoman, Ömer/Helvacı, Mehmet/Kendigelen Abuzer/Kaya, Arslan/Nomer-Ertan, N. Füsun: Ticari İşletme Hukuku, İstanbul 2006. Zit.: Ülgen/Teoman/Helvacı/Kendigelen/Kaya/Nomer-Ertan, Ticari İşletme Hukuku.

Vetsch, Johannes/von der Crone, Hans Caspar: Die Kundschaftsentschädigung in Vertriebssystemen, SZW 1/2009, S. 79–93. Zit.: Vetsch/von der Crone, SZW 2009.

Staudinger, J.: Kommentar zum Bürgerlichen Gesetzbuch mit Einführungsgesetz und Nebengesetzen, Buch 2 – Recht der Schuldverhältnisse, §§ 620–630 (Dienstvertragsrecht 3), Berlin 2012. Zit.: Bearbeiter, in: Staudinger.

Wauschkuhn, Ulf: Der Vertragshändlervertrag (nebst Ausgleichsanspruch ohne Kfz- Vertrieb), 3. Auflage, München 2009. Zit.: Wauschkuhn, Der Vertragshändlervertrag.

Wauschkuhn, Ulf: Vereinbarungen im Hinblick auf den Ausgleichsanspruch des Vertragshändlers, BB 1996, S. 1517–1520. Zit.: Wauschkuhn, BB 1996.

Wendel, Dominik: Anmerkung zu LG Frankfurt am Main in: WRP 2004, S. 1506–1507, WRP 2004, S. 1507–1512. Zit.: Wendel, WRP 2004.

Westphal, Bernd: Vertriebsrecht Band 2 – Vertragshändler, Düsseldorf 2000. Zit.: Westphal, Vertragshändler.

Wiedemann, Gerhard: Handbuch des Kartellrechts, 2. Auflage, München 2008. Zit.: Bearbeiter, in: Wiedemann, Kartellrecht.

Wolf, Manfred/Lindacher, Walter F./Pfeiffer, Thomas: AGB-Recht Kommentar, 5. Auflage, München 2009. Zit.: Bearbeiter, in: Wolf/Lindacher/Pfeiffer, AGB-Recht.

Wyniger, Charles: Vom Alleinverkaufsvertrag, insbesondere im internationalen Privatrecht der Schweiz, Bern 1963. Zit.: Wyniger, Alleinverkaufsvertrag.

Yavuz, Cevdet: Türk Borçlar Hukuku- Özel Hükümler, 6. Auflage, İstanbul 2002. Zit: Yavuz, Özel Hükümler.

STUDIEN ZUM VERGLEICHENDEN UND INTERNATIONALEN RECHT

Herausgeber: Bernd von Hoffmann (†), Erik Jayme und Heinz-Peter Mansel

Band 1 Ferdinand Henke: Die Datenschutzkonvention des Europarates. 1986.

Band 2 Peter Czermak: Der express trust im internationalen Privatrecht. 1986.

Band 3 Peter Kindler: Der Ausgleichsanspruch des Handelsvertreters im deutsch-italienischen Warenverkehr. Eine rechtsvergleichende und kollisionsrechtliche Untersuchung. 1987.

Band 4 Wilhelm Denzer: Stellung und Bedeutung des Engineers in den FIDIC-Bauvertragsbedingungen. 1988.

Band 5 Marijan-Maximilian Lederer: Die internationale Enteignung von Mitgliedschaftsrechten unter besonderer Berücksichtigung der französischen Enteignungen 1982. 1989.

Band 6 Rainer Esser: Klagen gegen ausländische Staaten. 1990.

Band 7 Chang Jae-Ok: Auf dem Weg zu einer Materialisierung des Immateriellen? Personen-, Persönlichkeitsschutz und Geldersatz des immateriellen Schadens in rechtsvergleichender Hinsicht am Beispiel des koreanischen und japanischen Zivilrechts unter besonderer Berücksichtigung des deutschen Rechts. 1990.

Band 8 Paul-Frank Weise: Lex mercatoria. Materielles Recht vor der internationalen Handelsschiedsgerichtbarkeit.1990.

Band 9 Werner Born: Der Auftrittsvertrag für Musikgruppen im Bereich der Rock- und Popmusik. 1990.

Band 10 Ralf Erich Jürgens: IPR und Verfassung in Italien und in der Bundesrepublik Deutschland. 1990.

Band 11 Rainer Gildeggen: Internationale Schieds- und Schiedsverfahrensvereinbarungen in Allgemeinen Geschäftsbedingungen vor deutschen Gerichten. 1991.

Band 12 Klaus Grabinski: Die kollisionsrechtliche Behandlung des Durchgriffs bei rechtlich verselbständigten Unternehmen in privater oder öffentlicher Hand. 1991.

Band 13 Dieter Stummel: Konkurs und Integration. Konventionsrechtliche Wege zur Bewältigung grenzüberschreitender Insolvenzverfahren. 1991.

Band 14 Joachim Güntzer: Die Rechtsstellung des Geschäftsführers im spanischen Aktienrecht. Die Neuregelung des spanischen Aktienrechts nach dem Beitritt Spaniens zur EG. 1991.

Band 15 Sabine Isenburg-Epple: Die Berücksichtigung ausländischer Rechtshängigkeit nach dem Europäischen Gerichtsstands- und Vollstreckungsübereinkommen vom 27.9.1968. Untersuchungen zum Anwendungsbereich von Art. 21 EuGVÜ unter schwerpunktmäßiger Behandlung der Frage nach der Bestimmung eines europäischen Streitgegenstandsbegriffs. 1992.

Band 16 Ulrich Nickl: Die Qualifikation der culpa in contrahendo im Internationalen Privatrecht. 1992.

Band 17 Theo Rauh: Leistungserschwerungen im Schuldvertrag. Eine rechtsvergleichende Untersuchung des englischen, US-amerikanischen, französischen und deutschen Rechts unter besonderer Berücksichtigung der gerichtlichen Praxis. 1992.

Band 18 Bernadette Chaussade-Klein: Vorvertragliche "obligation de renseignements" im französischen Recht. 1992.

Band 19 Josef Sievers: Verbraucherschutz gegen unlautere Vertragsbedingungen im französischen Recht. Vom Code civil zum "Code de la consommation" – die Entstehung eines Sonderprivatrechts für Verbraucher. 1993.

Band 20 Achim Schäfer: Grenzüberschreitende Kreditsicherung an Grundstücken, unter besonderer Berücksichtigung des deutschen und italienischen Rechts. 1993.

Band 21 Eugenio Hernández-Breton: Internationale Gerichtsstandsklauseln in Allgemeinen Geschäftsbedingungen. Unter besonderer Berücksichtigung des deutsch-südamerikanischen Rechtsverkehrs (dargestellt am Beispiel Argentinien, Brasilien und Venezuela). 1993.

Band 22 Ingo Reng: Unterhaltsansprüche aufgrund nichtehelicher Lebensgemeinschaft – Internationales Privatrecht und ausländisches materielles Recht. 1994.

Band 23 Stefanie Roloff: Die Geltendmachung ausländischer öffentlicher Ansprüche im Inland. 1994.

Band 24 Katharina Ludwig: Der Vertragsschluß nach UN-Kaufrecht im Spannungsverhältnis von Common Law und Civil Law. Dargestellt auf der Grundlage der Rechtsordnungen Englands und Deutschlands. 1994.

Band 25 Malte Diesselhorst: Mehrparteienschiedsverfahren. Internationale Schiedsverfahren unter Beteiligung von mehr als zwei Parteien. 1994.

Band 26 Manfred Kost: Konsensprobleme im internationalen Schuldvertragsrecht. 1995.

Band 27 Wolff-Heinrich Fleischer: Das italienische Wettbewerbsrecht und die Probleme des selektiven Parfümvertriebs unter Berücksichtigung der Rechtslage in Frankreich und Deutschland. 1995.

Band 28 Angelika Fuchs: Lateinamerikanische Devisenkontrollen in der internationalen Schuldenkrise und Art. VIII Abschn. 2 b) IWF-Abkommen. 1995.

Band 29 Jacques Matthias Aull: Der Geltungsanspruch des EuGVÜ: "Binnensachverhalte" und Internationales Zivilverfahrensrecht in der Europäischen Union. Zur Auslegung von Art. 17 Abs. 1 S. 1 EuGVÜ. 1996.

Band 30 Hartmut Ost: EVÜ und fact doctrine. Konflikte zwischen europäischer IPR-Vereinheitlichung und der Stellung ausländischen Rechts im angelsächsischen Zivilprozeß. 1996.

Band 31 Stefan Wagner: Die Testierfähigkeit im Internationalen Privatrecht. 1996.

Band 32 Wolfgang Jakob Hau: Positive Kompetenzkonflikte im Internationalen Zivilprozeßrecht. Überlegungen zur Bewältigung von *multi-fora disputes*. 1996.

Band 33 Markus Schütz: UN-Kaufrecht und *Culpa in contrahendo*. 1996.

Band 34 Volker Geyrhalter: Das Lösungsrecht des gutgläubigen Erwerbers. Ein "vergessener" Kompromiß und die Auswirkungen auf das heutige deutsche Recht unter besonderer Berücksichtigung des internationalen Sachenrechts. 1996.

Band 35 Andreas Kramer: Abwicklungsstörungen bei Kaufverträgen. Die Lieferung vertragswidriger Sachen im deutschen und italienischen Recht. 1996.

Band 36 Petra Krings: Erfüllungsmodalitäten im internationalen Schuldvertragsrecht. 1997.

Band 37 Tonja Gaibler: Der rechtsgeschäftliche Irrtum im französischen Recht. 1997.

Band 38 Dirk Otto: Rechtsspaltung im indischen Erbrecht. Bedeutung und Auswirkungen auf deutsch-indische Nachlaßfälle. 1997.

Band 39 Gregor W. Decku: Zwischen Vertrag und Delikt. Grenzfälle vertraglicher und deliktischer Haftung dargestellt am Beispiel der Berufs- und Expertenhaftung zum Schutze des Vermögens Dritter im deutschen und englischen Recht. 1997.

Band 40 Gregor W. Decku: Zwischen Vertrag und Delikt. Grenzfälle vertraglicher und deliktischer Haftung dargestellt am Beispiel der Berufs- und Expertenhaftung zum Schutze des Vermögens Dritter im deutschen und englischen Recht. 1997.

Band 41 Ulrike Höpping: Auswirkungen der Warenverkehrsfreiheit auf das IPR unter besonderer Berücksichtigung des Internationalen Produkthaftungsrechts und des Internationalen Vertragsrechts. 1997.

Band 42 Helene Boriths Müller: Die Umsetzung der europäischen Übereinkommen von Rom und Brüssel in das Recht der Mitgliedstaaten. Dargestellt am Beispiel Deutschlands und Dänemarks. 1997.

Band 43 Bernd von Hoffmann / Myong-Chang Hwang (eds.): The Public Concept of Land Ownership. Reports and Discussions of a German-Korean Symposium held in Seoul on October 7-9, 1996. 1997.

Band 44 Oliver Heeder: Fraus legis. Eine rechtsvergleichende Untersuchung über den Vorbehalt der Gesetzesumgehung in Deutschland, Österreich, der Schweiz, Frankreich und Belgien unter besonderer Berücksichtigung des Internationalen Privatrechts. 1998.

Band 45 Heinrich Schütt: Deliktstyp und Internationales Privatrecht. Dargestellt an grenzüberschreitenden Problemen der Arzthaftung. 1998.

Band 46 Axel Steiner: Die stillschweigende Rechtswahl im Prozeß im System der subjektiven Anknüpfungen im deutschen Internationalen Privatrecht. 1998.

Band 47 Martina Schulz: Der Eigentumsvorbehalt in europäischen Rechtsordnungen. Rechtsvergleichende Untersuchung des deutschen, englischen und französischen Rechts unter besonderer Berücksichtigung von Erweiterungen und Verlängerungen. 1998.

Band 48 Karin Dreher: Die Rechtswahl im internationalen Erbrecht. Unter besonderer Berücksichtigung des italienischen IPR-Reformgesetzes N. 218 vom 31. Mai 1995. 1999.

Band 49 Giuliano Gabrielli: Das Verhältnis zwischen der Anfechtung wegen Eigenschaftsirrtums und den Gewährleistungsansprüchen im deutschen, österreichischen und italienischen Recht. 1999.

Band 50 Bernd von Hoffmann / Myong-Chan Hwang (eds.): Developments in Land Law. Reports and Discussions of a German-Korean Symposium held in Berlin and Trier on July 21-24, 1997. 1999.

Band 51 Volker Heidbüchel: Das UNCITRAL-Übereinkommen über unabhängige Garantien und Standby Letters of Credit. Vergleiche mit den Richtlinien der Internationalen Handelskammer, dem deutschen, englischen und US-amerikanischen Recht. 1999.

Band 52 Jan Christoph Nordmeyer: Pflichtteilsansprüche und Wiedervereinigung. Eine systematische Analyse der Ausgleichsansprüche nach BGB-Pflichtteilsrecht unter besonderer Berücksichtigung der durch den Wiedervereinigungsprozeß eingetretenen Wertveränderungen. 1999.

Band 53 Bettina Linder: Vertragsabschluß beim grenzüberschreitenden Verbraucherleasing. 1999.

Band 54 Almontasser Fetih: Die zivilrechtliche Haftung bei Vertragsverhandlungen. Eine rechtsvergleichende Studie zum deutschen, französischen, ägyptischen und islamischen Recht. 2000.

Band 55 Sona Rajani: Die Geltung und Anwendung des Gemeinschaftsrechts im Vereinigten Königreich von Großbritannien und Nordirland. Der Grundsatz der Parlamentssouveränität im Wandel. 2000.

Band 56 Joachim Kayser: Gegenmaßnahmen im Außenwirtschaftsrecht und das System des europäischen Kollisionsrechts. Eine Analyse der EU-Abwehrverordnung gegen die Auswirkungen extraterritorialer Rechtserstreckung eines Drittlandes. 2001.

Band 57 Albrecht Conrad: Qualifikationsfragen des Trust im Europäischen Zivilprozeßrecht. 2001.

Band 58 Bernd Borgmann: Die Entsendung von Arbeitnehmern in der Europäischen Gemeinschaft. Wechselwirkungen zwischen Kollisionsrecht, Grundfreiheiten und Spezialgesetzen. 2001.

Band 59 Aleksandar Jaksic: Arbitration and Human Rights. 2002.

Band 60 Islamisches und arabisches Recht als Problem der Rechtsanwendung. Symposium zu Ehren von Professor Emeritus Dr. iur. Omaia Elwan. Veranstaltet vom Institut für ausländisches und internationales Privat- und Wirtschaftsrecht der Universität Heidelberg und der Gesellschaft für Arabisches und Islamisches Recht e.V. Herausgegeben von Herbert Kronke, Gert Reinhart und Nika Witteborg. 2001.

Band 61 Patrick Fiedler: Stabilisierungsklauseln und materielle Verweisung im internationalen Vertragsrecht. 2001.

Band 62 Werner Mangold: Die Abtretung im Europäischen Kollisionsrecht. Unter besonderer Berücksichtigung des spanischen Rechts. 2001.

Band 63 Eike Dirk Eschenfelder: Beweiserhebung im Ausland und ihre Verwertung im inländischen Zivilprozess. Zur Bedeutung des US-amerikanischen discovery-Verfahrens für das deutsche Erkenntnisverfahren. 2002.

Band 64 Bernd Ehle: Wege zu einer Kohärenz der Rechtsquellen im Europäischen Kollisionsrecht der Verbraucherverträge. 2002.

Band 65 Heiko Lehmkuhl: Das Nacherfüllungsrecht des Verkäufers im UN-Kaufrecht. 2002.

Band 66 Jochen Nikolaus Schlotter: Erbrechtliche Probleme in der Société Privée Européenne. IPR-Harmonisierung im einheitlichen Europäischen Rechtsraum. 2002.

Band 67 Konrad Ost: Doppelrelevante Tatsachen im Internationalen Zivilverfahrensrecht. Zur Prüfung der internationalen Zuständigkeit bei den Gerichtsständen des Erfüllungsortes und der unerlaubten Handlung. 2002.

Band 68 Tobias Bosch: Die Durchbrechungen des Gesamtstatuts im internationalen Ehegüterrecht. Unter besonderer Berücksichtigung deutsch-französischer Rechtsfälle. 2002.

Band 69 Ursula Philipp: Form im amerikanischen Erbrecht. Zwischen Formalismus und harmless error. 2002.

Band 70 Christian Stefan Wolf: Der Begriff der wesentlich engeren Verbindung im Internationalen Sachenrecht. 2002.

Band 71 André Fomferek: Der Schutz des Vermögens Minderjähriger. Ein Vergleich des deutschen und des englischen Rechts unter Berücksichtigung des schottischen und irischen Rechts. 2002.

Band 72 nicht erschienen

Band 73 Markus Dreißigacker: Sprachenfreiheit im Verbrauchervertragsrecht. Der Verbraucher im Spannungsfeld zwischen kultureller Identität und Privatautonomie. 2002.

Band 74 Vassiliki Myller-Igknay: Auskunftsansprüche im griechischen Zivilrecht. Auswirkungen im deutsch-griechischen Rechtsverkehr sowie im deutschen internationalen Privat- und Verfahrensrecht. 2003.

Band 75 Stefan Bruinier: Der Einfluss der Grundfreiheiten auf das Internationale Privatrecht. 2003.

Band 76 Nika Witteborg: Das gemeinsame Sorgerecht nichtverheirateter Eltern. Eine Untersuchung im soziologischen, rechtsgeschichtlichen, verfassungsrechtlichen, rechtsvergleichenden und internationalen Kontext. 2003.

Band 77 Peter Stankewitsch: Entscheidungsnormen im IPR als Wirksamkeitsvoraussetzungen der Rechtswahl. 2003.

Band 78 Jan Wilhelm Ritter: Euro-Einführung und IPR unter besonderer Berücksichtigung nachehelicher Unterhaltsverträge. Eine Untersuchung mit Blick auf das deutsche, französische und schweizerische Recht. 2003.

Band 79 Wolf Richard Herkner: Die Grenzen der Rechtswahl im internationalen Deliktsrecht. 2003.

Band 80 Ira Ditandy: Internationale Zuständigkeit. Neuregelung durch die LOPJ 1985. Vergleich mit dem europäischen Vorbild und Auswirkungen auf das spanische internationale Zivilverfahrensrecht. 2003.

Band 81 Andrea Verena Schefold: Werbung im Internet und das deutsche Internationale Privatrecht. 2004.

Band 82 Klaus Herkenrath: Die Umsetzung der Richtlinie 93/13/EWG über missbräuliche Klauseln in Verbraucherverträgen in Deutschland, dem Vereinigten Königreich, Frankreich und Italien. Auswirkungen nationaler Umsetzungstechniken auf dem Harmonisierungserfolg. 2003.

Band 83 Alexander Thünken: Das kollisionsrechtliche Herkunftslandprinzip. 2003.

Band 84 Barbara v. Daumiller: Die Rechtswahl im italienischen internationalen Erbrecht: und ihre Auswirkungen im deutsch-italienischen Rechtsverkehr. 2003.

Band 85 Robert Mödl: Macht, Verantwortlichkeit und Zurechnung im Konzern. Eine rechtsvergleichende Untersuchung auf der Grundlage des deutschen, spanischen und US-amerikanischen Rechts. 2003.

Band 86 Ursula Kerpen: Das Internationale Privatrecht der Persönlichkeitsrechtsverletzungen. Eine Untersuchung auf rechtsvergleichender Grundlage. 2003.

Band 87 Barbara Ploeckl: Umgangsrechtsstreitigkeiten im deutsch-französischen Rechtsverkehr. Bestehende internationale und nationale Regelungen und der geplante *europäische Besuchstitel*. 2003.

Band 88 Katrin Wannemacher: Die Außenkompetenzen der EG im Bereich des Internationalen Zivilverfahrensrechts. Der räumliche Anwendungsbereich des Art. 65 EGV am Beispiel der EuGVO und der EheVO. 2003.

Band 89 Maren B. Eilinghoff: Das Kollisionsrecht der ungerechtfertigten Bereicherung nach dem IPR-Reformgesetz von 1999. 2004.

Band 90 Patrick Niehr: Die zivilprozessuale Dokumentenvorlegung im deutsch-englischen Rechtshilfeverkehr nach der deutschen und der englischen Prozessrechtsreform. 2004.

Band 91 Anna Christina Gördes: Internationale Zuständigkeit, Anerkennung und Vollstreckung von Entscheidungen über die elterliche Verantwortung. Die VO(EG) Nr. 1347/2000, ihre geplanten Änderungen und das Verhältnis beider zum Minderjährigen- und Kinderschutzabkommen. 2004.

Band 92 Martin Rädler: Rechtsbehelfe des Käufers eines Unternehmens oder einer unternehmerischen Beteiligung gegen den Verkäufer im deutschen und französischen Recht. 2004.

Band 93 Marc-Yngve Dietrich: Rechtsstellung und Beteiligung der Gläubiger im französischen Insolvenzverfahren. 2004.

Band 94 Katia Niemann: Die rechtsgeschäftliche und organschaftliche Stellvertretung und deren kollisionsrechtliche Einordnung. Deutschland und England im Vergleich. 2004.

Band 95 Daniel Ludwig: Neuregelungen des deutschen Internationalen Insolvenzverfahrensrechts. Eine Untersuchung unter vergleichender Heranziehung der Europäischen Insolvenzverordnung. 2004.

Band 96 Cordelia Faulenbach: Der gemeinschaftsrechtliche Vorbehalt im europäischen Wettbewerbsrecht. Die Herkunftslandanknüpfung der E-Commerce-Richtlinie unter dem Einfluss der Grundfreiheiten. 2004.

Band 97 Ulf Dörner: Der Vertragsgerichtsstand nach dem Protokoll von Buenos Aires. 2004.

Band 98 Martin Schmidhuber: Verhaltenskodizes im nationalen und grenzüberschreitenden elektronischen Geschäftsverkehr. Zur Frage der Integration der Selbstregulierung durch Private in die staatliche Rechtsordnung. 2004.

Band 99 Florian Kienle: Die fehlerhafte Banküberweisung im internationalen Rechtsverkehr. Unter besonderer Berücksichtigung des Artikels 4A US Uniform Commercial Code. 2004.

Band 100 Thomas Alexander Brandt: Die Adoption durch eingetragene Lebenspartner im internationalen Privat- und Verfahrensrecht. 2004.

Band 101 Florian Pulkowski: Subunternehmer und Internationales Privatrecht. Der Subunternehmer als Quasi-Verbraucher im Europäischen Kollisionsrecht. 2004.

Band 102 Ulrich Becker: Grundrechtsschutz bei der Anerkennung und Vollstreckbarerklärung im europäischen Zivilverfahrensrecht. Bestimmung der Grenzen für die Einführung eines europäischen Vollstreckungstitels. 2004.

Band 103 Thomas Badelt: Aufrechnung und internationale Zuständigkeit unter besonderer Berücksichtigung des deutsch-spanischen Rechtsverkehrs. 2005.

Band 104 Florian D. Wagner: Vorvertragliche Aufklärungspflichten im internationalen Franchising. Zur Harmonisierung von Delikts- und Vertragsstatut im internationalen Privatrecht unter besonderer Berücksichtigung der Franchise-Gesetzgebung des US-Bundesstaates Kalifornien. 2005.

Band 105 Vera Heine: Die Umsetzung der *EG-Richtlinie über missbräuchliche Klauseln in Verbraucherverträgen* im englischen und deutschen Recht. 2005.

Band 106 Alexander Franz: Überregionale Effektentransaktionen und anwendbares Recht. Eine kollisionsrechtliche Untersuchung unter besonderer Berücksichtigung der Vorschrift des § 17 a DepotG. 2005.

Band 107 Hanna-Maria Uhlenbrock: Gesetzliche Regelungen für nichteheliche Lebensgemeinschaften in Deutschland und Frankreich. Ein Vergleich des Unterhaltsrechts bei der eingetragenen Lebenspartnerschaft und beim Pacte civil de Solidarité. 2005.

Band 108 Katrin Stieß: Anknüpfungen im internationalen Urheberrecht unter Berücksichtigung der neuen Informationstechnologien. 2005.

Band 109 Hendrik Otto: Der gesetzliche Abschlussprüfer im italienischen Recht. Eine rechtsvergleichende Untersuchung unter besonderer Berücksichtigung der zivilrechtlichen Haftung. 2005.

Band 110 Frauke Stuphorn: Bankhaftung für Kreditauskünfte im deutschen und französischen Recht. 2005.

Band 111 Nina Fürer: Die zivilrechtliche Haftung für Raucherschäden. 2005.

Band 112 Giovanni B. Barillà: *Contratto autonomo di garanzia* e *Garantievertrag*. Categorie civilistiche e prassi del commercio. 2005.

Band 113 Timo Torz: Gerichtsstände im Internationalen Insolvenzrecht zur Eröffnung von Partikularinsolvenzverfahren. 2005.

Band 114 Martina Schmid: Die Grenzen der Auslegungskompetenz des EuGH im Vorabentscheidungsverfahren nach Art. 234 EG. Dargestellt am Beispiel der überschießenden Richtlinienumsetzung. 2005.

Band 115 Stephan Lesage-Mathieu: Dispositives Kollisionsrecht im prozessualen Kontext. 2005.

Band 116 Jürgen Görtz: Die subjektiven Grenzen der Rechtskraft US-amerikanischer Urteile. 2005.

Band 117 Vera Hoppe: Die Einbeziehung ausländischer Beteiligter in US-amerikanische class actions. Unter Berücksichtigung des Class Action Fairness Act 2005. 2005.

Band 118 Silke Pütz: Parteiautonomie im internationalen Urhebervertragsrecht – Eine rechtsdogmatische und rechtspolitische Betrachtung der Grenzen freier Rechtswahl im internationalen Urhebervertragsrecht unter besonderer Berücksichtigung des neuen deutschen Urhebervertragsrechts. 2005.

Band 119 Alice Nieroba: Die europäische Rechtshängigkeit nach der EuGVVO (Verordnung (EG) Nr. 44/2001) an der Schnittstelle zum nationalen Zivilprozessrecht. 2006.

Band 120 Jan Kayser: Alternative Formen gerichtlicher und außergerichtlicher Streitbeilegung im deutschen und französischen Zivilprozess. Les modes alternatifs judiciaires et extrajudiciaires de résolution des conflits en procédure civile allemande et française. 2006.

Band 121 Mirko Ehrich: Der internationale Anwendungsbereich des deutschen und französischen Rechts gegen irreführende Werbung. Freie Wahl von Form und Mittel, Rom II und Herkunftslandprinzip. 2006.

Band 122 Daniel Thelen: Die Haftung des Sekundärschädigers für Gewalttaten anderer im US-amerikanischen Deliktsrecht ausgehend von dem Problem rechtsextremistisch motivierter Gewalttaten. 2006.

Band 123 Anne Winterling: Die Entscheidungszuständigkeit in Arbeitssachen im europäischen Zivilverfahrensrecht. 2006.

Band 124 Sarah Gerling: Die Gleichstellung ausländischer mit inländischen Vollstreckungstiteln durch die Verordnung zur Einführung eines Europäischen Vollstreckungstitels für unbestrittene Forderungen. Im Vergleich zum bisherigen Recht und zur Rechtslage in den USA. 2006.

Band 125 Christian Bank: Präventivmaßnahmen börsennotierter Gesellschaften zur Abwehr feindlicher Übernahmeversuche in Deutschland und Großbritannien. Eine rechtsvergleichende Untersuchung des deutschen und britischen Rechts unter Berücksichtigung der Europäischen Übernahmerichtlinie. 2006.

Band 126 Christian Weis: Kaufrechtliche Gewährleistung und Garantievergabe in Deutschland und Spanien. Unter besonderer Berücksichtigung des Unternehmenskaufs. 2006.

Band 127 Emilio Maus Ratz: Der Nacherfüllungsanspruch nach UN-Kaufrecht. Im Lichte der deutschen, spanisch-mexikanischen und US-amerikanischen Rechtswissenschaft. 2006.

Band 128 Constanze Jacobs: Die Sachmängelgewähr im deutschen und belgischen Kaufrecht nach Umsetzung der Verbrauchsgüterkauf-Richtlinie. 2006.

Band 129 Ulrike Teichert: Lückenfüllung im CISG mittels UNIDROIT-Prinzipien – Zugleich ein Beitrag zur Wählbarkeit nichtstaatlichen Rechts. 2007.

Band 130 Sascha Reichardt: Internationale Zuständigkeit im Gerichtsstand der unerlaubten Handlung bei Verletzung europäischer Patente. 2006.

Band 131 Bilgehan Cetiner: Die Sachmängelhaftung des Verkäufers im UN-Kaufrecht und im neuen deutschen Schuldrecht. Eine rechtsvergleichende Studie. 2006.

Band 132 Jan Streer: Die Umsetzung der Verbrauchsgüterkaufrichtlinie im englischen Recht durch die Sale and Supply of Goods to Consumer Regulations 2002. 2007.

Band 133 Kathrin Wannenmacher: Einstweilige Maßnahmen im Anwendungsbereich von Art. 31 EuGVVO in Frankreich und Deutschland: Eine Betrachtung ausgesuchter Verfahren des einstweiligen Rechtsschutzes im internationalen Zivilverfahrensrecht – gerichtliche Zuständigkeit, Anerkennung und Vollstreckung. 2007.

Band 134 Wim Kreytenberg: Die individuelle Schwerpunktbestimmung internationaler Schuldverträge nach der Ausweichklausel des Artikel 4 Absatz 5 Satz 2 EVÜ. Ein Beitrag zur Förderung von Rechtssicherheit und Einzelfallgerechtigkeit im europäischen Kollisionsrecht der Schuldverträge. 2007.

Band 135 Nikolaus Geiben: Der Vorvertrag im Internationalen Privatrecht. Unter besonderer Berücksichtigung des Immobilienerwerbs im portugiesischen und brasilianischen Recht. 2007.

Band 136 Predrag Maksimovic: Der Kapitalschutz im europäischen, serbischen und deutschen Recht der Gesellschaft mit beschränkter Haftung. 2007.

Band 137 Alexander Rathenau: Die Anwendung des EuGVÜ durch portugiesische Gerichte unter Berücksichtigung des autonomen internationalen Zivilverfahrensrechts. 2007.

Band 138 Matthias Creydt: Die Besicherung von Weltraumvermögenswerten. Ein neues einheitliches internationales Sicherungsrecht und dessen Vergleich zum US-amerikanischen Mobiliarsicherungsrecht. 2007.

Band 139 Oliver Borkhardt: Registerpublizität und Kollisionsrecht besitzloser Mobiliarsicherheiten nach dem neuen Art. 9 UCC. 2007.

Band 140 Jens Engelmann-Pilger: Deliktische Haftung für das Fehlverhalten Dritter im Common Law. 2007.

Band 141 Bastian Rotmann: Der Schutz des Dritten in der europäischen Mobiliarzwangsvollstreckung. Eine rechtsvergleichende Untersuchung vor dem Hintergrund der Verordnung (EG) Nr. 805/2004 zur Einführung eines Europäischen Vollstreckungstitels für unbestrittene Forderungen. 2007.

Band 142 Oliver Ratzel: Die Präklusion isolierter Unterhaltsverfahren durch den ausländischen Scheidungsverbund. Zugleich ein Beitrag zur internationalen Verbundszuständigkeit im Lichte der Quellenveränderung. 2007.

Band 143 Bettina Maria Stade: Die Konstitutionalisierung des Zivilprozessrechts in Spanien und Deutschland vor dem Hintergrund der Europäisierung des Zivilprozessrechts. 2007.

Band 144 Julia El-Bitar: Der deutsche und der französische Kulturgüterschutz nach der Umsetzung der Kulturgüterrückgaberichtlinie. Eine materiellrechtliche und kollisionsrechtliche Untersuchung. 2007.

Band 145 Aris Kaschefi: Sachmängelhaftung im französischen Kaufrecht vor und nach Umsetzung der Verbrauchsgüterkaufrichtlinie. Mit rechtsvergleichenden Hinweisen zum deutschen Recht unter besonderer Berücksichtigung von Weiterfressersachverhalten. 2007.

Band 146 Isabel Roth: Die internationale Zuständigkeit deutscher Gerichte bei Persönlichkeitsrechtsverletzungen im Internet. 2007.

Band 147 Theresa Wilhelmi: Das Weltrechtsprinzip im internationalen Privat- und Strafrecht. Zugleich eine Untersuchung zu Parallelitäten, Divergenzen und Interdependenzen von internationalem Privatrecht und internationalem Strafrecht. 2007.

Band 148 Alice Halsdorfer: Privat- und kollisionsrechtliche Folgen der Verletzung von Kulturgüterschutznormen auf der Grundlage des UNESCO-Kulturgutübereinkommens 1970. 2008.

Band 149 Thomas Müller-Froelich: Der Gerichtsstand der Niederlassung im deutsch-amerikanischen Rechtsverkehr. Eine Untersuchung zu Fragen der Entscheidungs- und Anerkennungszuständigkeit. 2008.

Band 150 Christopher Luhn: Privatautonomie und Inhaltskontrolle von Eheverträgen. Ein kritischer Vergleich des deutschen und des australischen Rechts mit Bezügen zum Internationalen Privatrecht. 2008.

Band 151 Kristin Kohler: Die grenzüberschreitende Verbraucherverbandsklage nach dem Unterlassungsklagengesetz im Binnenmarkt. 2008.

Band 152 Dorothee Maria Kaulen: Die Anerkennung von Gesellschaften unter Artikel XXV Abs. 5 S. 2 des deutsch-US-amerikanischen Freundschafts-, Handels- und Schifffahrtsvertrags von 1954. 2008.

Band 153 Birka Vanessa Stroschein: Parteizustellung im Ausland. Eine systemvergleichende Untersuchung des Gemeinschafts- und Staatsvertragsrechts unter Einbeziehung des deutschen, französischen, englischen und US-amerikanischen Zustellungsrechts. 2008.

Band 154 Nancy Gruschinkse: Das europäische Kollisionsrecht der Aufrechnung unter besonderer Beachtung des Insolvenzfalles. 2008.

Band 155 Hans-Christian Frick: Sprachrisiko im Zeitalter des Ethnomarketings. US-amerikanische Erfahrungen und europäische Rechtsentwicklung. 2009.

Band 156 Stephan Mangold: Verbraucherschutz und Kunstkauf im deutschen und europäischen Recht. 2009.

Band 157 Robert Beier: Die gesetzlichen Rechte des überlebenden Ehegatten nach dem deutschen und spanischen Kollisionsrecht. Unter besonderer Berücksichtigung der *viudedad aragonesa*. 2009.

Band 158 Julia-Marie Oppermann: Internationale Handelsschiedsgerichtsbarkeit und Verjährung. 2009.

Band 159 Stephan Boese: Strukturprinzipien im Gläubigerschutz. Eine rechtsvergleichende Untersuchung zur GmbH und zur englischen Limited Company. 2009.

Band 160 Thomas Rosa: Das Kaufrecht nach dem Zivilgesetzbuch der Tschechischen und Slowakischen Republik. Eine rechtsvergleichende Darstellung im Lichte des deutschen Bürgerlichen Gesetzbuches. 2009.

Band 161 Roland Weis: Rechnungslegungspflichten von EU-Scheinauslandsgesellschaften im Land ihrer tatsächlichen wirtschaftlichen Betätigung. Insbesondere im Hinblick auf in Deutschland tätige englische Limiteds. 2009.

Band 162 Henning Frase: "Leoninische Vereinbarungen" und Ergebnisbeteiligungspflicht im deutschen und italienischen Gesellschaftsrecht. Zum *patto leonino* des italienischen Rechts und möglichen Entsprechungen im deutschen Recht. 2010.

Band 163 Christiane Tödter: Europäisches Kindschaftsrecht. Nach der Verordnung (EG) Nr. 2201/2003. 2010.

Band 164 Edda Gampp: *Perpetuatio fori internationalis* im Zivilprozeß und im Verfahren der freiwilligen Gerichtsbarkeit. 2010.

Band 165 Mei Wu: Die Reform des chinesischen Beweisrechts vor dem Hintergrund deutscher und US-amerikanischer Regelungsmodelle. 2010.

Band 166 Corina Leimert: Stand und Entwicklung des italienischen Rechts der Unternehmenszusammenschlüsse (gruppi di società / gruppi di imprese). 2010.

Band 167 Kasim Özen: Die Scheidungsgründe im türkischen Zivilgesetzbuch. 2010.

Band 168 Helena Isabel Maier: Marktortanknüpfung im internationalen Kartelldeliktsrecht. Eine internationalzuständigkeits- und kollisionsrechtliche Untersuchung unter Einbeziehung rechtsvergleichender Überlegungen zum englischen Recht. 2011.

Band 169 Thomas Spernat: Die gleichgeschlechtliche Ehe im Internationalen Privatrecht. Unter besonderer Berücksichtigung des Einflusses des EG-Vertrags. 2011.

Band 170 Max Johann Lipsky: Statutenwechsel im italienischen Sachenrecht – Auswirkungen auf den Im- und Export von Mobiliarsicherheiten. Eine Untersuchung der rechtlichen Beständigkeit dinglicher Kreditsicherheiten im deutsch-italienischen Rechtsverkehr. 2011.

Band 171 Silvia Karolina Seilstorfer: Die Umsetzung der Verbrauchsgüterkaufrichtlinie in Portugal mit rechtsvergleichenden Hinweisen zum deutschen Recht. 2011.

Band 172 Stephan Georg Knöchel: Anerkennung französischer Urteile mit Drittbeteiligung. Eine Untersuchung der Anerkennung von Drittbindungswirkungen nach der EuGVVO und autonomem deutschem Recht. 2011.

Band 173 Kristina Menzel: Vollstreckungsschutz zugunsten privater Altersvorsorge. Eine rechtsvergleichende Untersuchung zum deutschen und schweizerischen Recht. 2011.

Band 174 Manuela Krach: Scheidung auf Mexikanisch. Das materielle Recht der Scheidung im Mehrrechtsstaat Mexiko unter Berücksichtigung von Eheschließung und Ehewirkungen. 2011.

Band 175 Vanessa Sofia Wagner: Verkehrsschutz beim redlichen Erwerb von GmbH-Geschäftsanteilen. Ein Vergleich des Rechts für Gesellschaften mit beschränkter Haftung in Deutschland, England und Italien. 2011.

Band 176 Alexander Swienty: Der Statutenwechsel im deutschen und englischen internationalen Sachenrecht unter besonderer Betrachtung der Kreditsicherungsrechte. 2011.

Band 177 Kathrin Süß: Streitbeilegungsmechanismen im Verbraucherrecht. Unter besonderer Berücksichtigung der australischen Rechtsordnung. 2011.

Band 178 Efe Direnisa: Die materielle Rechtskraft im deutschen und türkischen Zivilverfahrensrecht. 2012.

Band 179 Julia Faenger: Leistungsunabhängige Nebenpflichten zum Schutz des Integritätsinteresses im deutschen und französischen Recht. Eine rechtsvergleichende Betrachtung ausgehend von den Rücksichtspflichten des § 241 Abs. 2 BGB. 2012.

Band 180 Dorothea Heine: Das Kollisionsrecht der Forderungsabtretung. UNCITRAL-Abtretungskonvention und Rom I-Verordnung. 2012.

Band 181 Lisa B. Möll: Kollidierende Rechtswahlklauseln in Allgemeinen Geschäftsbedingungen im internationalen Vertragsrecht. 2012.

Band 182 Jutta Jasmin Uusitalo: Einbeziehung von AGB im unternehmerischen Geschäftsverkehr zwischen Deutschland und Finnland. 2012.

Band 183 Darya Alikhani Chamgardani: Der Allgemeine Teil des iranischen Schuldvertragsrechts. Im Spannungsverhältnis zwischen rezipiertem französischen und traditionellem islamischen Recht. 2013.

Band 184 Volker Anton: Aktuelle Entwicklungen des Bankgeheimnisses im Rechtsvergleich unter besonderer Berücksichtigung seiner exterritorialen Wirkungen. Deutschland, Luxemburg, Österreich, Schweiz und Liechtenstein. 2013.

Band 185 Charlotte Wilhelm: Die Regelung der Geld- und Warenkreditsicherheiten nach dem deutschen Recht im Vergleich zum Draft Common Frame of Reference (DCFR). 2013.

Band 186 Michael Nehmer: Erbunwürdigkeit und Elternunterhalt im Internationalen Privatrecht. Eine historisch-rechtspolitische Betrachtung. 2013.

Band 187 Pınar Şamiloğlu-Riegermann: Türkisches und deutsches Vertragshändlerrecht im Rechtsvergleich. 2014.

Band 188 Elvan Er: Realsicherheiten des türkischen Mobiliarsachenrechts. Eine Darstellung des geltenden türkischen Rechts unter vergleichender Berücksichtigung des deutschen und schweizerischen Kreditsicherungsrechts. 2014.

www.peterlang.com